民国笔记小说粹编编委会

一士类稿 一士剩稿

民国笔记小说粹编

徐一士 著

山西出版传媒集团
三晋出版社

图书在版编目(CIP)数据

一士类稿;一士剩稿 / 徐一士著. —太原:三晋出版社,2022.8

(民国笔记小说粹编)

ISBN 978-7-5457-2452-3

Ⅰ. ①一… Ⅱ. ①徐… Ⅲ. ①笔记小说—小说集—中国—民国 Ⅳ. ①I246.1

中国版本图书馆CIP数据核字(2022)第158523号

一士类稿 一士剩稿

著　　者: 徐一士
责任编辑: 张仲伟
助理编辑: 郭亚林
责任印制: 李佳音
封面设计: 段宇杰

出 版 者: 山西出版传媒集团·三晋出版社
地　　址: 太原市建设南路21号
电　　话: 0351-4956036(总编室)
0351-4922203(印制部)
网　　址: http://www.sjcbs.cn

经 销 者: 新华书店
承 印 者: 山西人民印刷有限责任公司

开　　本: 850mm×1168mm 1/32
印　　张: 16.75
字　　数: 350千字
版　　次: 2022年8月 第1版
印　　次: 2022年9月 第1次印刷
书　　号: ISBN 978-7-5457-2452-3
定　　价: 73.00元

总　序

黄　霖

承蒙三晋出版社的错爱，我遵嘱为他们在《民国笔记小说大观》的基础上再做的选粹本作了这个序。说实话，当时我一听这个书名就感到有点头疼，因为自从1912年王文濡推出《笔记小说大观》以来，究竟如何认识“笔记小说”这个名目可以说是众说纷纭，非三言两语能够说清，再加上手头的事情实在太多，不想去算这笔糊涂账了。但后来一想，近年来我正从研究近代文论的圈子里跨出来，在关注现代的“旧体”文学与文论，“笔记小说”这个名目作为一种文类或文体亮相并引发了争议，也正是从近现代开始的，因此也不妨乘此机会来梳理一下吧。

显然，要辨说“笔记小说”，首先要将“笔记”与“小说”这两个概念简要地说一说。好在古代对这两个概念，大家的认识本来就大致相近。

假如从《庄子·外物》《论语·子张》《荀子·正名》分别所说的“小说”“小道”“小家珍说”算起，“小说”之名是出现得比较早的。到汉代桓谭《新论》所提的“小说”就与20世纪前一般学者所认识的“小说”比较一致了。它指出其特点是"丛残小语，近取譬论，以作短书"。尽管"小说"于"治身理家，有可观之辞"，但据《论衡·谢短篇》等篇的解释，这类"短书"，写的都是"小道"，"非儒者之贵也"。到《汉书·艺文志》就明确在史志目录中将"小说"归为一类，并列出了具体的书名，从中可见，"小说"中既有"史官记事"之作，也有"迂诞依托"之书，另有阐发哲理的议论、风俗逸闻的记载，等等，内容庞杂，范围广泛。以此可见，"小说"这个概念的出现，先是从内容着眼，强调它写的是有别于经传"大道"之外的杂七杂八的"小道"，与此相适应的是在形式上都是"丛残小语"。简言之，所谓"小说"，就是并非正面、集中阐述"大道"的杂、碎文字。

至于"笔记"之名，当后起于文笔相分的六朝。刘勰《文心雕龙·总术》云："今之常言，有文有笔，以为无韵者笔也，有韵者文也。"笔记，当属用无韵之笔随记而成的、有别于经年累月、深思熟虑写就的杂、碎文字。当时之所以起用"笔记"之名，主要是从写作的方式与形式的角度上来考虑的。一时使用这个概念者也较多，如刘勰在《文心雕龙·才略》中明确地提出了有"笔记"之作："路粹、杨修，颇怀笔记之工"，"温太真之笔记，循理而清通，亦笔端之良工也"。差不多同时的萧子显在《南齐书》卷五十二《文学·丘巨源传》中也提到了"笔记"之名。到宋代就有了以"笔记"为名的书籍，如宋祁的《宋景文公笔记》、苏轼的《仇池笔记》等等，久盛不衰。假如也用一语而言之，则所谓“笔记”，就是随笔而记的无韵杂、碎文字。

于此可见，“小说”与“笔记”之别，主要是在起用这两个概念时的着眼点、出发点不同，一是从内容出发，一是从写作的方式出发，在20世纪以前的文献学意义上，它们的实际内涵与外延应该是大致相同的，所谓“笔记”或“小说”，都是指经（正）史之外的，包括各类内容与多种形式的零简短章。它们一般都用的是文言，所以到现代，有人在“小说”之前加了“笔记”，用来与“白话小说”相区别；它们一般成集，但也有单篇或零星几章的，特别是在报刊兴起之后，单篇之作也很多。正因为“小说”与“笔记”两个名目，有异有同，古人又似未见对此有所辨析，只是在各自的著作中自做不同的分类或赋予不同的名目，于是就分分合合，弄得缠夹不清了。

不过，据我粗略的检视，在20世纪以前的漫长历史中，文人墨客或用“小说”之名，或称“笔记”之作，绝大多数并没有将这两个名称合在一起，没有把“笔记小说”或“小说笔记”作为一个文体或文类的名称来使用的。偶尔有之，也是为了文气的连贯而将两者作为相近文体或文类而并列在一起而已。假如当时有标点符号的话，应该是写成“笔记、小说”更为确切，只是当时没有标点符号，就将两者并写在一起了，如宋代史绳祖在《学斋占毕》卷二“蔆蔆二物”条中说：“前辈笔记小说固有字误，或刊本之误，因而后生末学不稽考本出处,承袭谬误甚多。”[①]再如清代王杰所编的《钦定重刻淳化阁帖释文》中有一文写道,“各有专书以纠其失,其他见于古今诗、文及说部、笔记者指摘不胜枚举”。[②] 这里的诗与文、说部与笔记之间都是应该加顿号的,它们都是并称的。再如江藩在说钱大昕治元史时说:“搜罗元人诗文集、小说笔记、金石碑版,重修元史,后恐有违功令,改为《元诗纪事》。”[③]其“小说笔记”也只能看作是性质相近的两类文字并写在一起,也并没有将“小说笔记”四字合在一起看作是一个文体或文类。

时代跨进了20世纪,在新的文学思潮影响下,1902年梁启超在正式发行中国第一本小说杂志《新小说》之前两个月,在《新民丛报》第十四号上发了一篇《中国惟一之文学报〈新小说〉》,对将要发行的《新小说》的宗旨、形式、内容、发行等问题做了介绍,特别详细地对将要发表的各类小说做了分类说明,指出有历史小说、政治小说、哲理科学小说、军事小说、冒险小说、探侦小说、写情小说、语怪小说等不同,这些显然都是从内容上分类的。接下来就从形式上、或者说从文体上指出还有“札记体小说”与“传奇体小说”。在这里,“札记”与“笔记”义同。他特别在“札记”与“小说”之间加了一个“体”字,意义非

---

① 史绳祖《学斋占毕》卷二,文渊阁四库全书本。

② 王杰等辑《钦定石渠宝笈续编》卷二十三,清乾隆末年内府朱丝栏抄嘉庆增补本。

③ 江藩《国朝汉学师承记》卷三,清嘉庆十七年刻本。

凡。这表明在新潮的西方文学观念影响下，他所认识的“小说”已不再是传统的不论在内容上还是形式上都是包罗万象、混沌模糊的一个概念，而是开始将“小说”看作“文学”中的一种自具特色的文体，而“笔记”也只是一种特殊的表现形式与手段。正是在转变了小说观念之后，他在“笔记”与“小说”之间加了一个“体”字，以示这类小说是“笔记”类文体或形式的小说。后在《新小说》正式发行时，他又将“札记体小说”略称为“札记小说”。这种“札记小说”的代表作就是“随意杂录”的“《聊斋》《阅微草堂》之类”。这也就是说，“札记小说”乃是一种用随意笔记的形式写就的如《聊斋志异》《阅微草堂笔记》一类的有故事、有人物，乃至有虚构的文字，也就是“札记体小说”。现在看来，梁启超在新潮的纯文学观念影响下，他心中的“小说”已不同于桓谭、班固到刘知几、胡应麟及四库馆臣笔下的“小说”了。他已将“小说”作为“文学”中的一种独立的文体，不再与“笔记”混同一体，而认为古代作品中“笔记”与“小说”这两者的关系，只能是“笔记体小说”或“小说体笔记”，因而在他主编的《新小说》中发表诸如《啸天庐拾异》《反聊斋》《知新室新译丛》等作品时所标的“札记小说”四个字的含义，实际上已经与古人所用的“笔记小说”之义大相径庭，赋予了“笔记体(类)小说”的新意。这是一次历史性的跨越。自此之后，“札记小说”或“笔记小说”四字的含义，就不再只是“笔记与小说”或者是“笔记加小说”一解，而是另有了一种新义了。而且在这里也清楚地告诉了人们，“笔记”与“小说”两者是不能相混的：在“笔记”中有一类是“小说”，还有许多并不是小说；在小说中有一类是“笔记体”，还有很多是非笔记体的；所谓“札记体小说”或“札记小说”，就是用笔记的手法写成的小说，或者说是归于“笔记”类中的“小说”。

梁启超的看法立即产生了影响。继《新小说》之后，不久发行的一些小说杂志，如《竞立社小说月报》《月月小说》，乃至如以学术为主的《东方杂志》之类也都在这样理解“札记小说”四字的基础上安排了这一专栏，发表了一系列的“笔记体(类)小说”。同时，商务印书馆出版的规模宏大的“说部丛书”，也据梁氏的分类标准，在每一部的封面上大都醒目地标明了是属于某类小说，如政治小说、军事小说等等，其中也有《海外拾遗》《罗刹因果录》等标明是“笔记小说”。此二书，都是分八则，写了各色人等的故事。这里的“笔记”与“小说”之间虽无一个“体”字，但实际就是“笔记体(类)小说”的意思，都是用随笔的形式写成的有故事、有人物、有虚构的作品。乃至在1929年4月2日的《新闻报》的广告栏中刊载大华书店发售的小说，也标明了不同的分类，除了从内容上区别“武侠小说类”“香艳小说类”及新与旧的不同外，另就形式而言也有“笔记小说类”。显然，这个“笔记小说类”也就是“笔记中的小说”或“小说类的笔记”，与梁启超的认识是一脉相承的。

但到民国年间出现了新问题，好编丛书的王文濡，接连编印了《古今说部丛书》《笔记小说大观》《说库》等将传统笔记与小说混在一起的丛书。其用“说部丛书”“说库”之名当无问题，而其于1912年用进步书局之名出版的《笔记小说大观》一书，共分八辑，收220余种作品，体量极大，尽管其书的《凡例》称“所选趋重小说”，但同时又说，“然关于讨论经史异义，阐发诗文要旨”等“古人笔记中往往有之”之作品也不忍“割爱”。且开宗明义第一条就说：“本编纂辑历代笔记，起六朝，迄民国，巨人伟作，收罗殆遍。”其书在报纸上刊载的“预约广告”也说：“《笔记小说大观》，系集汉魏以来笔记二百余种之汇刊，都五百余册。”①都是将“笔记”覆盖了“小说”。可见王文濡心目中还是将“小说”与“笔记”混在一起的。这样一来，同样“笔记小说”四字，自古至今出现了三种理解：一种是古代个别学者将“笔记”与“小说”并称而合在一起；另一种是如梁启超们将“笔记”中可称“小说”的一类称之为“札记体小说”或略称为“札记小说”；再者就是王文濡将“笔记”与“小说”混为一类的“笔记小说”。

由于当时的小说界普遍接受了新潮的小说观，而对古人曾经有过的零星将“笔记”与“小说”并称的情况没有注意，所以一见王文濡将“笔记”与“小说”混为一类就多有不满，如在当时文坛上比较活跃的姚赓夔就撰文说：

---

① 《新闻报》《民国日报》1928年6月19日同载。

> “笔记小说”四字，最不可解。笔记自笔记，小说自小说，岂可相混？笔记而名之以小说，是何异画蛇而添足乎？①

署名玉衡者也发文说：

> 笔记与短篇小说，体裁既异，结构亦不自同。而今之作者，往往互相混淆，是无异于孙周之兄不能辨菽麦。②

《海上繁华梦》作者漱石生也说：

> 笔记有笔记体裁，小说有小说绳墨，二者绝不相混也。③

与此同时，小说界开始注意辨析“笔记”与“小说”的异同。如《申报》1921年3月20日载《笔记与小说之区别》，列举了九条，如云：“笔记须有记载之价值，次之趣味；小说须有百读不厌之精神，次之勿使阅者意懈，目不终篇。”“笔记重实叙，故曰记；小说可虚绘，故曰说。”“笔

---

① 《小说杂谈》，《星期》1922年第29期。

② 《小说管窥》，《星期》1923年7月29日。

③ 《余之古今小说观》，《新月》1925年11月1日。

记叙人物、地址皆有名，示翔实焉；小说多以‘某’代之，或并某字而无之，如‘生’‘女’皆成名称，不妨虚衬也。”为了避免将“笔记”与“小说”混淆，一些学者重拾梁启超的旧话，用“笔记体的小说”[①]“笔记式的小说”[②]或“笔记的小说”[③]等提法来取代容易混淆的“笔记小说”。应该说，假如大家都遵循这样的提法的话，后世就不会产生歧义了。

但问题比较麻烦的是，实际上从梁启超始，既创用“札记体小说”之名，又将之略称为“札记小说”，自乱了阵脚。现经《笔记小说大观》热炒畅销之后，特别经过一些“笔记+小说”类的“笔记小说”选本与丛书的不断亮相（选本与丛书中也有一些是只收“小说”的或只称“笔记”的），还是有相当一部分人将“笔记小说”看成是“笔记+小说”的。“笔记小说”一个名目、两种理解状况就始终存在着。

更使人缠夹不清的是，尽管自20世纪二三十年代后，大多数小说史家与文学史家笔下的“笔记小说”的实际含义已是“笔记类小说”，但他们还是乐此不疲地沿用“笔记小说”来论文与著史。最典型的如郑振铎先生，他在1930年写的专论小说分类的《中国小说的分类及其演化的趋

---

① 叶楚伧《中国小说谈》，《民国日报》1923年7月24日。
② 赵芝岩《小说闲话》，《半月》第3卷第14号。
③ 周群玉《白话文学史大纲》，上海群学社1928年版，第123页。

势》长文中，一方面指责《笔记小说大观》收之太滥，强调“笔记小说”丛书应当编成“故事集”，另一方面还是沿用“笔记小说”之名。他说：

> 第一类是所谓“笔记小说”。这个笔记小说的名称，系指《搜神记》（干宝）、《续齐谐记》（吴均）、《博异志》（谷神子）以至《阅微草堂笔记》（纪昀）一类比较具有多量的琐杂的或神异的“故事”总集而言；范围固不能过于狭小，内容的审查，固不能过于严格，然也不能如前之滥，将一切“杂事”“异闻”“琐语”都包括了进去，有如近日出版的通俗本的“笔记小说大观”。我们应该将他们限于“故事集”的一个标准之下，或至少须是具有大多数的故事的。所谓“琐语”之类的东西，像《计然万物录》（编者注：托名计然著，东汉时成书，原书佚，清茆泮林辑）、《博物记》（汉唐蒙）、《博物志》（晋张华）、《清异录》（宋陶谷）、《杂纂》（唐李商隐）、《幽梦影》（清张潮）、《板桥杂记》（清余怀）；所谓“异闻”之类中的《山海经》《海内十洲记》《神异经》；所谓“杂事”之类中的《摭言》（唐王定保）、《云溪友议》（唐范摅）、《北梦琐言》（宋孙光宪）、《归田录》（宋欧阳修）、《侯鲭录》（宋赵德麟）等

等，都是不能算作“笔记小说”的。[1]

在民国时期另作专论“笔记小说”的是王季思先生。他写的《中国的笔记小说》《中国笔记小说略述》两文内容大致相同。其基本意思也同郑振铎。他说：“就笔记说，凡是纯属学术的讨论与考订的，如《困学纪闻》《日知录》《廿二史札记》《十驾斋养新录》，虽是笔记，却非小说。”除此之外，笔记的“轶事、怪异、诙谐”三类中，不论所写“幻想幻觉”还是“所见所闻”，凡有故事，有人物，“最可见作者及所记人物个性”的，就是“笔记小说”。[2]

民国时期两篇有关“笔记小说”的专论，都是认同用四个字来表达笔记中的小说是一种独立的文体。这样的认知与表达实际上也反映了民国以来绝大多数的文学史、小说史作者的看法。不但如此，以后的文学史、小说史作者大都也是如此，一直到 20 世纪 90 年代所出的几本具有代表意义的“笔记小说史”，乃至目前最流行的袁行霈先生主编的《中国文学史》与袁世硕先生主编的《中国文学史》，都是将“笔记小说”理解为“笔记体小说”而不是“笔记与小说”的。苗壮先生的《笔记小说史》定义“笔记小说”时说：“以笔记形式所写的小说，它以简洁的文言、短

---

① 郑振铎《中国小说的分类及其演化的趋势》，《学生杂志》1930 年第 17 卷第 1 期。

② 王季思《中国的笔记小说》，《战时中学生》1939 年第 9 期；《中国笔记小说略述》，《新学生》1947 年第 4 卷第 2 期。

小的篇幅记叙人物的故事。”[1]而袁行霈先生主编的《中国文学史》说“笔记小说”是“采用文言，篇幅短小，记叙社会上流传的奇异故事、人物的逸闻轶事或其片言只语”。[2]显然，他们都将“小说”之外的“笔记”排斥在“笔记小说”之外。但是，时至今日，人们在沿用这个歧义的“笔记小说”的名目时，已经很少有人再想起历史上曾经用过的“笔记体小说”“笔记式小说”“笔记类小说”这类比较确切的提法了。

从梁启超到郑振铎、王季思，到当代的文学史、小说史作者们，为什么明明心里想要表达的是“札记体小说”，要将“笔记”与“小说”区别开来，认为混入了不少笔记的《笔记小说大观》收得过滥，而最后还是没有鲜明地表示“笔记自笔记，小说自小说”，还是用了一个容易混淆视听的“笔记小说”呢？我想可能主要是汉字构词的特点所造成的。我们的汉字富有弹性，构词时常常留下了活络的空间。“笔记小说”四字，的确可以包容“笔记与小说”“笔记体小说”“笔记小说这一类小说”这三种不同的理解。谁都可以用这四个字来表达，谁都不能算错。再加上传统写诗作文，用四字构词比较上口，特别如梁启超，在为未出的《新小说》做广告时拈出了“札记体小说”，而当《新

① 苗壮《笔记小说史》，浙江古籍出版社1998年版，第4页。

② 袁行霈主编《中国文学史》第三版，第二卷，高等教育出版社2014年版，第153页。

小说》正式付印时，考虑与“历史小说”“政治小说”“科学小说”等并称，就略称为“札记小说”。当时在他心目中，肯定觉得这“札记小说”就等于“札记体小说”，殊不知“札记小说”也可理解成不是“札记体小说”的呢！

再看，从《笔记小说大观》问世以来，陆陆续续用“笔记小说”之名出版的一些选本或丛书，其总体数量虽不能与一些史著与研究著作相比，但其混乱的程度却非常突出。当然，其中也有一些选本或丛书用“笔记小说”或“小说笔记”之名来编选作品时，基本上都是选录了一些有小说意味的作品，如1934年江畬经编选的规模不小的《历代小说笔记选》就是一例。1949年后，如2004年天津古籍出版社出版的《唐宋笔记小说释译》就明确说，“所选篇目以故事性、趣味性的轶事为主”。对于“笔记小说”概念的辨析最为清楚的，要数严杰先生在他编选几种“笔记选”时所写的前言中说的：“笔记小说只是笔记中的一大类”；“笔记大致可以分为三类”，“第一类以记载短小故事为主”，“第二类以历史琐闻为主”，“第三类以考据辩证为主”；“把笔记划分为三大类，并确定笔记小说的范围，需要注意的是，其间界限并不是非常清楚的，只能划出大略的轮廓而已。在确认第一类笔记为笔记小说的同时，也应该承认第二、第三类中也存在着相当数量的小说。笔记小说毕竟不能算是有意识创作的产物，其中的文学成分不是很纯净的”；“我们就不便再把唐传奇当作笔记小说看待了，尽管它同笔记小说有着渊源关系”。[1] 但是，毋庸讳言，还有编选者对于“笔记小说”的概念是缠夹不清的。比如，自《笔记小说大观》之后，1978—1987年台北新兴书局出版的《笔记小说大观丛刊》，1990年、1994年先后由周光培编辑出版的《历代笔记小说汇编》（辽沈书社）、《历代笔记小说集成》（河北教育出版社），1999—2007年上海古籍出版社出版的《历代笔记小说大观》，规模都很庞大，然其所收的没有小说意味的笔记触处可见，显然它们都是受王文濡的影响，将笔记与小说混为一类的。还有的，甚至将传奇、通俗长篇小说都纳入“笔记小说”之内，如有《清代笔记小说类编》一书，其《总序》说：“全书以传奇体小说为入选重点，从清人所作的约一百五十部笔记中选取二百余位作家创作的约一千九百篇作品，按类分编成十卷。”[2]我真不知道他选的究竟是传奇还是笔记。还有的竟然将《岭南逸史》《儒林外史》这样的长篇通俗小说也归入“笔记小说类”。[3] 此外，还有不少人将“笔记小说”与从语言上分类的“文言小说”混为一谈。如江西人民出版社1984年出版的《历代笔记小说选》称：“我国古代短篇小说，可分为两种：一是笔记小说，一是话本小说。前

① 严杰《唐五代笔记小说选译前言》，《唐五代笔记小说选译》，巴蜀书社1990年版，第1—6页。

② 陆林《〈清代笔记小说类编〉总序》，《清代笔记小说类编》，黄山书社1994年版，第3页。

③ 《新闻报》1929年4月2日载大华书局广告。

者是用文言写的，后者是用白话写的。”诸如此类，可见对于“笔记小说”的理解真是五花八门，难怪程毅中、陶敏等先生站在不同的角度上大呼“笔记小说”的提法“于古于今都缺乏科学依据”，[①]“造成了许多混乱”。[②] 的确，这种混乱的局面再也不能继续下去了。

如今，我们要厘清“笔记小说”这个概念，就应该既要尊重历史演变的实际，又要解开一个结。这个结，就是要在正确认识传统的“大文学观”与目录学的基础上，去顺应近现代中西文学交流下的文学观念的通变，接受新的“小说”观，从而重新审视传统的“笔记”与“小说”。我们不能简单地认为接受新的小说观就是“以西律中”，抛弃传统。事实上，中国传统的包括叙事文学观在内的文学观本身也是在不断地发展变化，对于“文学”不同于学术乃至其他所有“文字著于竹帛”者而自具特性的认识也在不断发展与深化。就“小说”而言，对于这一文体的叙事、写人、虚构等特质的认知也是在一步一步地从混沌走向明晰，所以当西方的小说观传入后就能一拍即合，相互融合，形成了一种新的“小说”文体观。20 世纪以来逐步形成的所谓“小说”，乃至“笔记小说”“传奇小说”“话本小说”“章回小说”等名目，都是在立足本土、借镜西方、反复

---

① 程毅中《略谈笔记小说的含义及范围》，《古籍整理研究学刊》1991 年第 2 期。

② 陶敏、刘再华《“笔记小说”与笔记研究》，《文学遗产》2003 年第 2 期。

讨论的过程中形成的具有中国特色的新概念。这种新的小说文体观的确立与分类的细化，正标志着中华民族文化的进步，也显示了我们民族具有包容与消化世界先进文化的胸怀与能力。实际上，我们对于古代与西方的文化，都应该以一种辩证的、发展的、现实的眼光来看待，站在当代的、中国的、科学的立场上来接受与扬弃。承传中华民族文化的优秀精神，不是要倒退，而是要向前。假如今天不接受百年来形成的新的小说观，再将古今两种小说观搅在一起的话，"笔记"与"小说"的糊涂账将是永远算不清楚的了。

当我们辨明"笔记小说"四字的前世今生，再面对现实的发展态势，我相信将来的发展可能不用学者们过多辩说，事实上会"约定俗成"地形成这样的情况："笔记小说"四字即表达了"笔记体小说"或"笔记类小说""笔记式小说"的意思。这已为自梁启超以来的百余年历史所证明，绝大多数小说家及文学史、小说史专家，以及多数"笔记小说"的选本、丛书等出版物，都是将"笔记小说"理解为用笔记体写成的、大致符合现代文体分类中具有"小说"意味的作品。它是"笔记"的，也就是不同于有完整故事的传奇，更不是通俗长篇之作，而是一些随意编录的零简短章；它是含有现代所理解的"小说"意味的，其核心是记事的，或实或虚，或真或幻均可，而不同于传统习用的内容没有边界、相互纠缠不清的"小说""笔记""说部""杂说"等名目了。

至于将“笔记”与“小说”混成一体的、甚至再羼杂“笔记”“小说”之外作品的“笔记小说”观，虽然在一些选本与丛书中偶然还看到，但实际数量是并不多的。而且我们还应该注意到，不少选本与丛书的选家，为了避免混淆“笔记”与“小说”，就干脆只用“笔记”之名而摒弃了因古今理解不同而容易引起歧义的“小说”两字，在《笔记小说大观》之后，就出现了为数不少的唯名“笔记”的选本，如姜亮夫编的《笔记选》(北新书局 1934 年版)、陈幼璞编的《古今名人笔记选》(商务印书馆 1938 年版)、叶楚伧主编的《历代名家笔记类选》(正中书局 1943 年版)、吕叔湘编的《笔记文选读》(文光书店 1946 年版)、刘耀林编的《明清笔记故事选译》(中华书局 1962 年版)、《历代史料笔记丛刊》(中华书局于 1979 年起编刊)、周续赓等编的《历代笔记选注》(北京出版社 1983 年版)、福建师范大学历史系华侨史资料选辑组编的《晚清海外笔记选》(海洋出版社 1983 年版)、卉子编的《中国古代笔记文选读》(四川少年儿童出版社 1986 年版)、偬仕编的《魏晋笔记选》(中国文学出版社 1999 年版)、黄飙编的《历代笔记选析》(海峡文艺出版社 2015 版)、倪进编的《唐宋笔记选注》(上海教育出版社 2016 年版)和《元明笔记选注》(上海教育出版社 2018 年版)等等，其中有的甚至主要或全部收的是“笔记体小说”，也宁可用“笔记”之名而不带“小说”两字了。这与 1983 年江苏广陵古籍刻印社重刊《笔记小说大观》的序言提到的一种看法完全相同：“笔记就是笔记，联带上‘小说’有点不伦不类，不如叫《笔记大观》为好。”①这的确既遵循了传统，又避开了混乱，可谓是明智之举。以后欲将“笔记”与“小说”混为一类的选家，不妨都照此办理，只用“笔记”或“说部”之类中国传统的概念来标名，恐怕不失为一条坚守传统的老路吧！

至于有时要将“笔记”与“小说”放在一起并称的，那就比较简单，只要中间加个顿号就解决了。

这样，用三种方法来表示三类本来纠缠不清的“笔记小说”，就不会相混了。我相信，历史的发展必然会继续沿着百余年来已被多数学者所认同和走过的这条道路继续前进。

行文至此，话归正传。我们打开山西古籍出版社1995年始出版的《民国笔记小说大观》，共有四辑52种，其中除《曾胡治兵语录》一编外，大致都有现代意义上的“小说”味。如今又出《民国笔记小说萃编》凡24种，已无《曾胡治兵语录》一类的笔记了，但其中有三部书也可能会产生一些不同的看法。第一部是刘成禺的《洪宪纪事诗本事簿注》。假如从传统文献分类来看，它的基本性质是一部诗注。但它是用“笔记小说”类的文字来注的，其注98篇文字编撰了丰富而生动的故事，说它是笔记体小说也应该是可以的。第二部是《寒云日记》。“日记”本身

---

① 高斯《重刊〈笔记小说大观〉序》，《笔记小说大观》，江苏广陵古籍刻印社1983年版，第2页。

就是一体。这本日记又夹杂了不少有关诗词的著录、名物的考辨等，然“日记”作为按日所记之笔记，作者又以自己作为中心，用其简约、隽永的文字，逐日记事写情，还是具有一点“小说”因素的。第三部就是缪荃孙之《云自在龛随笔》。从此书的主要成分看，实是一部学术随笔，所记多为金石书画、版本目录之学，但中间亦可见多篇记事写人、饶有文趣之作。所以这三部书，虽然显得各有一点另类的味道，但就其实，用比较宽松的眼光来看，不妨也可列于“笔记小说”之中吧。

至于其他著作，几乎都是记述一些社会生活中的大小事件、人物轶事之类，作者当时往往将它们视为“掌故”“杂史”“稗史”之类的史著，未必认同这也是“小说”。本来，在古代笔记中有小说味的作品主要是两类，一类是记鬼怪，另一类是记人事。记人事的也有虚、实之别，当然是写实的居多。凡所谓稗史、掌故、野史、琐记、轶闻等等，名目繁多，都是以记人叙事为主。在晚清民国时期，倡导科学，因而多视记鬼怪者为迷信，不少作者有意回避。与之相应，此时做笔记者大都自命其作是为了补翼正史。作者又多生于高官世家，或本身就是名流学者，熟稔朝廷内外及学界文场的种种故实，所记多自亲睹亲闻，有的还到图书馆里翻阅书刊查证。笔下虽有一些是梳理了历史上的陈迹，但最可宝贵的是触及了晚清民国时期诸如宫廷斗争、外交风波、官场倾轧、吏治腐败、名臣功过、史事曲折、遗老姿态、名士趣闻等方方面面，且多标榜信实，自诩为良史。固然，这些笔记，从作者的写作意图来看，他们主要是想写“史”，而不是要创作小说。后来的历史研究者们，引用这些民国笔记中的片段时，也往往将它们作为故实来证史。它们“史”的本质毋庸讳言。

强调信实的历史著作，与可以虚构的文学创作，从现代学科分类来看，当然是两个门道。但是，它们最重要的一个内核，即记事，是相同的。古代朝中史官之记事，当然是一件十分严肃的事情，所谓“圣人之记事也，虑之以大，爱之以敬，行之以礼，修之以孝养，纪之以义，终之以仁”（《礼记·文王世子第八》）。但后来到民间记事，就未必如此郑重其事了，所记未必都是国家大事，也有的来自道听途说，再有的加些油盐酱醋，甚至有的还故意幻设了一些故事，于是就出现了所谓“稗史”“野史”“外史”，乃至“谐史”“趣史”之类，虽也称之为“史”，但此史已不同于彼史了。更何况，就是一些纪传体、纪事本末体之类的所谓“正史”之作，所记之事，所写之人，也有的富有文学意味，人们也常将它们当作文学作品来欣赏。一部《史记》，不是在“中国文学史”著作中也有着崇高的地位吗？与此同理，民国间那些用笔记的形式，所记的大大小小的故事、形形色色的人物，不也可以当作文学中的一类“小说”来欣赏吗？

事实正是如此。我们就以颇有代表性的瞿兑之来说吧。他在民国期间大力提倡“掌故学”，其主要精神是为了在“正史”之外用“杂史”来保存与发掘真实而完整的史料。有人称他是继王国维、梁启超之后，可与陈寅恪相颉颃的“史学大师”。[①] 他认为，自宋以后，在“正史”中已找不着“政治社会制度之实际情况”了，这是因为“自来成功者之纪载必流于文饰，而失败者之纪载又每至于湮没无传。凡一种势力之失败，其文献必为胜利者所摧毁压抑”。所以治史者“为救济史裁之拘束，以帮助读史者对于史事之了解”，必须“对于许多重复参错之琐屑”加以综合审核之后，“存真去伪，由伪得真”，所以“杂史之不可废”。更何况到了清末，“文字之禁骤然失效，从前闷着不敢说的一切历史上疑案”，人们都敢说敢写了，再加上私家印书方便，报章杂志风行，笔记杂事轶闻之作就纷然而起，以求在“史学上”做出贡献。同时，从文字表达的角度来看，他认为先前的《史记》《汉书》，“叙述一个重要人物每从一二节上描写，使其人之性情好尚，甚至于声音笑貌跃然纸上，即一代兴亡大事，亦往往从一件事故的发生前后经过著意叙述，使当时参加者之心理，与夫事态之变化都能曲折传出，而其所产生之果自然使读者领会于心。”但“后来史家每办不到而渐趋于官样文章之形式。所以然者，秉笔之人多少有一点公务的史职在身，而后代的文网较为苛密，加之私家的传说太多，不是公认的话不敢说，不是官式的史料不敢依据，因此虽然极好的史裁也受

---

① 周劭《瞿兑之与陈寅恪》，《闲话皇帝》，上海书店1994年版，第113页。

了限制，不能像《史记》那样活泼泼地了。”[1]所以现在他要从“杂史”中找回“正史”中早就不存在的那种“活泼泼”的文字，这也就使他们的“笔记”“掌故”等杂史之作带有了文学味、小说味。他们写的既是史著，但又可视之为“小说”了。且看其《杶庐所闻录》中有一则记张之洞曰：

> 张文襄虽主新政，而思想陈旧，亦出人意表。其在鄂督任时，公文不用新语，必苦思所以代之者。及入管学部，一日稿中偶有新名词。公批曰：“新名词不可用。”部员某年少好事，戏夹签于内曰：“新名词亦新名词，亦不可用。”次日更定上之，而忘去此签。公见而嘶怒，竟日不语，遍翻古书，欲有以折之，卒不可得，乃霁颜谢焉。[2]

此短短数语，将虽主新政、思想仍旧的张之洞，围绕着“新名词”一词，对于属下批评后的神情变化，表现得惟妙惟肖。另见其《辛丑和约余闻》一则，就李鸿章签订和约事，写张之洞与李鸿章因两人所处的地位、经历不同而各持己见，各有意气，只用了一二语，即神情毕现：

---

① 瞿兑之《〈一士类稿〉序》，《一士类稿》，《民国笔记小说大观》第二辑，山西古籍出版社 1996 年版，第 17—27 页。

② 瞿兑之《杶庐所闻录》，《民国笔记小说大观》第一辑，山西古籍出版社 1995 年版，第 27 页。

辛丑议和之役，李鸿章一手主持，不免有徇外人之意太过者。当时急于求成，亦无人起而抗争。惟与俄国单独订密约一事，众议哗然，中外皆不以为然，卒未画押。张之洞、刘坤一争之尤力。相传刘、张联衔电李争持，实出张之手。李愤甚，电致军机处，谓："不意张督任封疆二十年，仍是书生意见。"张闻之亦惭怒，谓人曰："李相办和议事二三次，便为交涉老手耶？"①

与瞿兑之同道的有徐一士，写的笔记小说也多，他们两人一吹一唱，所持的观点完全一致。徐一士也认为笔记首先当写得"不违乎事实，而有益于知闻"，同时要有文采，"或为工丽之章，或具闲逸之致"。但在"专制之朝，王者为防反侧"，迭兴文狱，"故以当时之人而为私家之著作，处境綦难，有时饰为颂扬，良非得已。至清之既亡，则野史如林，群言庞杂，秽闻秘记，累牍连篇，又过于诞肆，楚则失矣，齐亦未为得也。"至于民初设清史馆，所编《清史稿》之类，"取材循官书文件之旧，评赞多夷犹肤饰之词"，根本无当于"史笔"。因此，他要将"有清一代，专三百年中华之政，结五千年专制之局，为世界交通新陈代谢之窔键"中的"是非得失"，"爬梳搜辑"，通过"随笔之体"

① 瞿兑之《杶庐所闻录》，《民国笔记小说大观》第一辑，山西古籍出版社1995年版，第194页。

来“贡一得之愚”。[1] 他自幼就好读《三国演义》《水浒传》《西游记》《封神演义》《聊斋志异》《儒林外史》《隋唐演义》《儿女英雄传》《三侠五义》等“闲书”，以听故事为乐，这种熏陶，就使他的笔记更有小说味了。其他收入此编的诸作，虽然文风有异，繁简有别，但大都如这样的一些文史兼备之作，读来皆有兴味。所以此编名之为《民国笔记小说粹编》，也可谓是名副其实，不知读者以为然否？

2022年1月2日

---

① 徐凌霄、徐一士《〈凌霄一士随笔〉自序》，《凌霄一士随笔》，《民国笔记小说大观》第三辑，山西古籍出版社，1997年版，第8、9页。

编纂凡例

《民国笔记小说粹编》,选编民国时期笔记小说名家名作,呈现民国笔记小说主要面目,以利阅读和研究。

一、命名。笔记小说是对文史掌故笔记著作的传统称谓。《四库全书总目提要》将掌故著作归于杂家及小说家等类,20世纪20年代有集古代掌故笔记著作之大型丛书《笔记小说大观》出版。至90年代,本社出版《民国笔记小说大观》凡四辑52种49册。本次整理选其精要,亦收新品,精编精校,名之曰"民国笔记小说粹编"。

二、收录范围。本丛书主要收录民国时期(1912—1949)撰写或出版过的文史掌故著作。兼收个别清末出版的重要掌故笔记,因这些清末著作实质上是民国笔记的先声,对民国笔记的繁荣发展起过巨大的推动作用;但只限于其作者为入民国后仍从事创作活动并有相当影响者。丛书所收民国笔记均在万字以上,个别有特殊价值的不受字数限制。

三、排版、文字。简体横排。

四、点校、加注。凡有多种版本的,择一善本为底本,他本作参校，需要时出校记；手稿或单一版本的采取自校。整理时原则上保持底本文字原貌，异体字一般统一为规范字（涉及古地名、人名、译名等的字不在此限），凡明显错讹缺衍之字、词，均做改正并加以标示，符号为：原稿残缺或无法辨识的字用“□”标示；错别字后跟改正字外加“（ ）”标示（以下情形不做标示：人名前后不一致的，径改为正确人名；词形不一致，原文即混用的，直接统一改为现代汉语规范字，如“看作”“看做”统一改为“看作”）；缺脱字直接补充字外加“〔 〕”，衍文外加“〈 〉”。丛书正文不加注释，需特殊说明之处，做脚注，或于导言中予以说明。

原书未分段、标点者，均分段并以新式标点标点。如有整段引文或整首诗词等，亦分段。

特别说明：书稿中用语、用字、用法具有时代特征，与现行规范不合的，保留原貌，如“的、地、得”的使用；“右述”“如左”等原有格式标指文字，保留原貌；特殊的公文（如法律条文等），原文未标点，保留原貌；音译外国人名、地名等，保留原貌。

五、撰写导言，拟小标题。本丛书每部书前均由编者撰以导言，对作者生平、版本流变及内容特点等予以简介。对未予随事标题之笔记，凡有条件者，均酌情拟小标题（此种情况须在导言中说明），以便索引及阅读。

六、原书中有“胡清”“发逆”“拳匪”“蛮”“夷”等歧视性称谓，以及某些不当观点，为保存原著全貌，保存原著作者观点，均未予删节或更改，特此申明。

由于时隔久远、资料不足，加之其他种种原因，本丛书虽纠正了原著诸多误载，但绝难尽善尽美，敬希读者予以指正。

民国笔记小说粹编编委会

2022 年 2 月

目　录

一士类稿

一士剩稿

附录

导　言

民国年间，徐一士先生以专于清代及民国初年野史掌故著称，所撰这方面掌故著作甚多，而《一士类稿》《一士谭荟》是其中的代表作。这两部著作最初连载于《古今》《逸经》《国闻周报》等三种刊物上，所述大多是清末民初五六十年间之内的名人轶事，广为当时人所知，而不为其熟悉，所以吸引了大批读者。而徐先生又极善广征博引，连类排比，于材料缕析分明，于人物之关系、性格、特征有全面独到的探寻，常常揭示出一些鲜为人知的幕后秘闻，往往使人读之疑团顿释，不免击节叹赏。于是，这些掌故文章得以一篇篇连载下去，最终在1944年（民国三十三年）由《古今》社编辑成以上所述二部掌故专著。当时，徐先生的好友瞿兑之、孙思昉、谢刚主都欣然为此书写了序言。民国年间的为书作序，许多是碍着情面的，但瞿、孙、谢三位都是当时有名的史学专家，与徐先生朝夕往来，给徐先生此书作序却是由衷之举。因为他们每番读了徐先生此著，都有“奇文共欣赏，疑义相与析”的感觉。特别是瞿兑之先生与徐先生是世交，他的序言由掌故学生发开来，于徐先生对掌故学的贡献及本书特征均有中肯评析，概括为五点：第一，他富于综合能力；第二，他能博取材料；第三，他有极忠实的天性；第四，他有极强的记忆力；第五，他有侦探的眼光。因此，徐先生的掌故著作不是像其他人的掌故著作那样撷取单篇轶事，仅写一得之言，而往往能忠于史实，综合材料，得出不平凡的结论，这是他高于别人之处。

《一士类稿》是按人物分篇记述的，共二十五篇。所述人物有晚清民初军政界巨头左宗棠、陈夔龙、段祺瑞、徐树铮、孙传芳等，亦有文坛巨子王闿运、章炳麟、柯劭忞、陈三立等，至于实业界名流胡雪岩、廖树蘅等也予收入，故而其内容显得十分丰富。许多人至今广为人知，而他们在当时所居的显赫地位，所做的惊天动地的大事或生活琐事，也一定是读者渴望详悉的。如述王闿运撰《湘军志》，在当时有一段扑朔迷离的情节。王氏本为曾国藩幕僚，但因其所言多大而无当，不被重用，无形中酿就了曾、王之间的嫌隙。王闿运受曾纪泽之托撰《湘军志》，本意要追步《史记》，写一部私家信史，故于曾国藩及其湘军将领多有评骘，而非一味谀颂，同时，也不免杂入才人之笔，故多怨气。曾国荃恶而诘斥之，几近毁版，而此书早已付梓，广传民间，腾于众口了。同时，围绕此书的优劣，曾氏弟子众说纷纭，而终于以王定安另撰一部《湘军记》了事，因为是奉命文字，其文采与公允当然难与《湘军志》比肩。私家撰史，自班固而后几无成功之作，多为致谤之道，王闿运撰《湘军志》虽是奉命，不曾尽予遵命，其痛遭挞伐的经历，颇令人深思。

章太炎是清末民初的风云人物，既是革命家，也是国学大师，更是文豪。本书专列四篇记述之，分别为：《谈章炳麟》《章炳麟被羁北京轶事》《大炎琐话》《大炎弟子论述师说》。这四篇文章将章氏一生最辉煌的学术经历都谈到了，假如要做一部章太炎传，徐先生文章里提到的都是最主要的素材。如章太炎禀性孤直，不合流俗，世人目之曰“章疯子”，章氏则自述其“疯”云：

> 大凡非常的议论，不是神经病的人断不能想，就能想亦不敢说。遇着艰难困苦的时候，不是精神病的人断不能百折不回，孤行己意。所以古来有大学问成大事业的，必得有神经病，才能做到。……为这缘故，兄弟承认自己有神经病，也愿诸位同志人人个个都有一两分的神经病。近来传说某某是有神经病，某某也是有神经病，兄弟看来，不怕有神经病，只怕富贵利禄当面现前的时候，那神经病立刻好了，这才是要不得呢！（《谈章炳麟》）

这是一套鼓舞人心、针砭世俗的“疯”论，在那些严肃的史论中，是不易读到的。又章太炎被袁世凯幽禁北京，是他一生中最可谈的大事，本书也有评述。另可参阅《民国笔记小说大观》第一辑马叙伦《石屋余沈》第二十五则《章太炎》。

本书是偏重文坛巨子的，但于政坛风云人物也不忽视，

《谈陈夔龙》《谈段祺瑞》《谈徐树铮》三则可称力作。陈夔龙是晚清大官僚，历任顺天府尹、河南巡抚、漕运总督、直隶总督、北洋大臣等要职，受知于荣禄、庆亲王等。他于晚清政治、军事、外交均亲自参与之。故本文名为述陈氏宦途腾达，实则述晚清朝廷屈辱亡国的历史，颇有可采之处。例如述杨士骧谋求直隶总督，乃因缘陈夔龙于李鸿章面前说项。其实杨曾为李氏幕僚，李氏在谈笑间遂将此任畀于杨氏，同时光顾陈氏的面子。颇能见出李鸿章深谙官场习俗、善于维护自身利益的老辣手段。本书记述段祺瑞具举重若轻的风度、心有余而力不足的悲怆情怀，也有独到处。于徐树铮，则力求描绘他才华横溢的儒将风格、经世治国的壮猷远略，而亦不隐其谋事野心勃勃、处事心狠手辣的另一面目。

由于时代局限，本书中不免有一些不正确的历史观点，为存史起见，不作更动，希望读者注意鉴别。

徐一士，名仁钰，字相甫。笔名一士，江苏宜兴人，约生于1886年前后，少年时久居济南，毕业于山东客籍高等学堂。后供职北京，曾参与《中国大辞典》的编纂，与瞿兑之等创办《中和杂志》，而以著述为主要生涯。晚年不闻其踪迹，约于六十年代初去世。先生家学甚厚，学问深湛，于著作之林留得清名长在，可以不朽矣。

《一士类稿》第二十五篇《谈李经芳》原载《国闻周报》第十一卷第四十四期，是述李鸿章之子李经芳的，有史料价值，且与本书体例一致，故附于最后，以飨读者。

1973年3月，台湾学生书局以“一士剩稿”为名出版了徐一士先生的笔记小说作品选集。此次整理出版《一士类稿》，将《一士剩稿》中与《一士类稿》重合的篇目汰去，仍以“一士剩稿”为名，附于《一士类稿》之后合刊，以“一士类稿·一士剩稿”联名出版。

张继红

一士类稿

瞿　序

徐一士先生最近就他的历年撰述抽编一部《一士类稿》，要我作一篇序，这是极荣幸而且极有意义之事。

因徐先生的文章而想到，所谓掌故学究竟是怎么一回事，应当先加以讨论。我以为中国正史与杂史的分途自宋始。我们读《史记》《汉书》，觉得史家叙述一个重要人物每从一二节上描写，使其人之性情好尚甚至于声音笑貌跃然纸上，即一代兴亡大事亦往往从一件事故的发生前后经过著意叙述，使当时参加者之心理与夫事态之变化都能曲折传出，而其所产生之果自然使读者领会于心。例如《史记》写郦食其劝立六国后张良谏止一事，郦食其的话是有理由的，而张良的话举不出理由。但看他入见高祖时的偶然事态，以及仓卒间借箸代筹的神情，挽回千钧一发的局势就在他临机应变的几句话。可知当时彼此间的微妙心理。这样关系千古治乱的大事，就是这样诙谐似的被决定了。所以不但高祖与张良两个人的个性暴露无遗，而且可以将当时主张恢复封建与主张沿袭秦制的两派人心事和盘托出。司马氏之所以为良史，正在于这些地方。后来史家每办不到而渐趋于官样文章之形式。所以然者，秉笔之人多少有一点公务的史职在身，而后代的文网较为苛密，加之私家的传说太多，不是公认的话不敢说，不是官式的史料不敢依据，因此虽然极好的史裁也受了限制，不能像《史记》那样活泼泼地了。不过唐以前的史家虽或不能尽情发挥，犹能于翦裁去取之间示其微意，使后人善于读书者自己去领会。例如陈寿《三国志》记高贵乡公讨司马昭一事，在本纪里面一字不提，而但载太后令及大将军上言，便是明明告诉后人这两篇文章是一种掩饰之词，更足见高贵乡公之为冤死。所以照这样看来，后世史家所依据之官式史料竟多难于置信。愈是史料完全的愈恐难于置信，若是并完全史料而无之，则更不用说了。良史之苦心，不是细心体会，又有谁知道呢。

有许多的史料不是史家所能亲眼看得到的，这种史料不知埋没掉多少而成为千余年的煨烬尘土了。《文选》载陆机《吊魏武帝文》一篇，自云元康年中游于秘阁而见魏武帝遗令。据其所采用者而观之，则当时史臣所收录者不但是一篇口传的令，而且将弥留顾命时的情形也都记了下来，甚至关于遗令的事后情形也都有一贯的记载，这是很自然的道理。当其大渐时的言语，必不暇自己动笔作书，而必是尽职的侍臣据实笔录以供他日参考。而所说的话又不是都可以公开以示四方的，所以只可存于秘阁，而成为一种秘密文献。这一段记载显示曹操的真性情以及其私人生活家庭状态之一斑，较之任何纪载更有价值，而陈寿作《三国志》时竟未采入。不知是未曾检阅到这件档案呢，还是认为无关于政治而略去不载。总而言之，不能不说史家对于史料之去取虽良史不免有失当的地方。

正史杂史之分途，也可以说就从《三国志》启其端。《三国志》固以文笔严洁见长，而叙写事实亦不免有简略之失，为后世官修史书之徒以勾勒轮廓为尽职的开一先路。至于杂史之多，也就起于三国。因为地方既然分裂，自然各处的纪载不同，有本处的事非本处不能知的，有甲处的事自己纪载不详而转见于乙处、丙处的。其时宣传与反宣传的工作都很厉害。例如《曹瞒传》是吴国人作来骂曹操的，我们知道他有作用，不敢十分相信，然而多少可以看出曹操之为人。又如陈群、华歆、王朗一般人寄书与诸葛亮，明明是代魏国劝降的文字，然而可以反映当时中原士大夫对于流亡在西南者之一种同情。推而至于一切琐屑的遗闻佚事，都有其所涵之意义。所以陈寿不采而裴松之采以为注，现在拿裴注与陈志合看，觉得有许多隐情是陈志所未显言而裴氏以一片深衷极周慎的博引群书替他衬托出来的。杂史之不可废有如此。

自来成功者之纪载必流于文饰，而失败者之纪载又每至于湮没无传。凡一种势力之失败，其文献必为胜利者所摧毁压抑。如三国事实之见于裴注所收，已经极不容易，这是因为三国鼎峙次第灭亡，到了晋武平吴，回顾汉末以来之史事，其间恩怨已经消泯，没有很多避忌，所以才能如此。且私家记载总不容易流传久远，尤其在刻书之风未盛之时，零篇断简，靠着传钞，最难持久。但看司马光修《通鉴》，所采唐及五代之事实见于杂史者多半，今无传本，足见采撷群书是一种极可贵的著述事业。然而这些杂史若一种种单独的看来，大都不免彼此抵牾而生出疑问，又须加以抉择比较审慎而存录之。所以裴氏《三国志注》与司马氏《通鉴考异》为功于史学真不小。

唐人修晋以后的史，很喜欢采录故事，往往琐屑至于类似笑谈。前人颇有不以为然的。这诚然不是史的正裁。然而史家得不着更好的材料，又将如之何呢。就是以故事为史，也还可以考见一时的社会风俗、时代心理，这也不是无益的呀。自宋以后，私家的碑传文字盛行，于是一个人的仕履世系、言论著述倒可以了如指掌，而其人之性情好尚以及其行事之实迹往往不能窥见。于是宋以后之史多是钞录些谀墓之文，一传之中照例是某某字某某，某处人，某科出身，历官某职，某事上疏如何，某年卒，著某书，子某某，几乎成了一种公式，千篇一律，生气全无。这样的史还能算史么？

宋以后的史是必须连同家乘、野史、小说、笔记之流读的。不但事的曲折隐微，人的性情风格，在正史几乎全找不着。就是政治社会制度之实际状况，也必须靠着另外的书来说明。譬如宋元丰之改官制前后种种，在正史上只能知道一个大概。至于究竟怎样运用的，读了庞元英《文昌杂录》、洪迈《容斋随笔》方才能知道得多一点。

照史例的原则说来，纪传体是以人为纲的史，编年体是以时代为纲的史，纪事本末体是以事为纲的史，通典体是以制度门类为纲的史。严格的注重体例组织，则详于此必略于彼，若要打破这个藩篱，将四者通而为一，则必须另有一种新的史裁，融会前人之长，为后人辟一途径。这是现在尚办不到的。为救济史裁之拘束以帮助读史者对于史事之了解，则所谓掌故之学兴焉。

掌故之学究竟是什么呢？下定义殊不容易。但从大体说来，通掌故之学者是能透澈（彻）历史上各时期之政治内容，与夫政治社会各种制度之原委因果，以及其实际运用情状。要达到这种目的，则必须对于各时期之活动人物熟知其世系渊源、师友亲族的各种关系与其活动之事实经过，而又有最重要之先决条件，就是对于许多重复参错之琐屑资料具有综核之能力，存真去伪，由伪得真。这种条件，本来是治史者所当同具。但是所谓掌故学者每被人看作只是胸中装有无数故事的人，则掌故之学便失去真价值，所以既称治掌故，则必须根据实事求是的治史方法才对。然而仅有方法而无实践的经验，也是不行的。中国的社会本来是由于亲族乡党、举主故吏、座主门生、同年同学，乃至部曲宾僚种种关系错综而成。六朝人讲究谱学，但能将这本帐记在心中，已经成为一种专门技能，后世的人事更加复杂，一本帐也记不清楚，必须会合无数本帐方能足见。最好是一生致力于此，若仅恃临时检阅，岂能得当。所以掌故学者之职务，乃是治史者所不能离手的一部活词典。

寻常的解释又以为掌故之学即是典章制度，这种解释自然不是全无理由。关于这一方面的知识，尤其需要实践的经验，许多书策上关于典章制度之纪载，因为名物之变迁，习惯之变迁，每不易于索解。宋初的人为了一个入阁仪的讨论，费了无数唇舌。考其经过乃是因为唐朝的入阁是便殿召对的一种简单仪礼，后来连这简单仪礼也变成稀有的事，因之入阁仪反成朝仪之正了。同一入阁，在某时期是这么一回事，过了这个时期又另是一回事了。这还是名物具在的说法，若在明清两代则并名物也不是了，苟非博通书史而又能以后来的习惯参较而推测之，又安能了然于胸中。宋朝的许多制度，元朝人已经不得其解，元朝的制度，我们也很多不得其解，就是清朝的制度，虽然老辈还在，也有许多知其然而不知其所以然的地方。凡是书策上所不见的，将来必至终古无传。而书策所已载的，也还待后起之疏通证明，方得其用。

即以彰彰于书策者而论，比如侍郎一官，汉朝人所谓官，不过侍郎，断不是唐朝的侍郎，这是有历史常识的都知道的了。唐朝的侍郎又与宋元丰以前的侍郎不同，宋初的六部侍郎不管本部的事。而明清的侍郎又与宋的侍郎不同，宋的尚书、侍郎都算从官，少有参与政务的机会，明清的尚书、侍郎则均成为共同处理政务之一员。至于民国各部的次长，虽与清朝的侍郎近似，实际上亦尚有分别。次长是部中次官，而侍郎则虽名为卿贰，实在与尚书同为一部的长官（部中同称为堂官）。这些都是易于混淆的地方。所贵于掌故之学者，就在能把握其意义而因之豁然贯通，不致于史事有误解。

治近代掌故学之资源，所谓笔记一类书占大部分。明代这种书较多，而传于今者也就有限。清代的名著如王士祯《池北偶谈》、刘廷玑《在园杂识》、查慎行《人海记》、王应奎《柳南随笔》、赵翼《簷曝杂记》、阮葵生《茶余客话》、昭梿《啸亭杂录》、英和《恩福堂笔记》、潘世恩《思补斋笔记》、姚元之《竹叶亭杂记》、梁章钜《归田琐记》、陆以湉《冷庐杂识》、周寿昌《思益堂日札》、陈其元《庸闲斋笔记》、陈康祺《郎潜纪闻》、薛福成《庸盦笔记》……他们多半生当文网严密之时，下笔不敢不慎重，所以大致没有什么无稽之谈。而且他们所处的地位又多是便于考究朝章国故之类的，所以隶事立言大都能不悖于著述之例。决不是泛泛传闻可比。在这几点上是后人胜于前人的一种事情。加以耳目较近，研究起来易感兴趣而且易于着手。按春秋三世之义，所见所闻所传闻，递远则递略，愈近则愈详，然则治掌故必从清代始，这是极自然的。有清末叶文字之禁骤然失效，从前闷着不敢说的一切历史上疑案渐都成为好事者之谈助。于是谈佚闻的纷然而起。数十年来私家刊行的专著以及散见于报章杂志，一鳞片羽不胫而走者，不可胜数。人人感觉兴趣，遂成一时风尚，至今还是方兴未艾。

如果将这些书的内容分析起来，则大概不外乎三类，一是记制度风俗的变迁，或是记某种特殊制度风俗。一是记某人的事迹，或是关于某人的佚话。一是记某事的经过，或是关于某事的特点。此外固然还有，而直接有关于史学者如此而已。这些书大半是拿零星的材料随意写来以资谈助，最普通的缺点是不曾注明出处，所以材料的正确程度大都不易于断定。

至于正经谈到掌故，则有必须注意的以下几点：

第一是作者的问题。寻常人的见解以为凡是身历其境的必然正确，这诚然是比较可取的方法。但是据以往的种种经验看来，实不尽然。著者本身如果与本事有关，则其下笔或不免以下三种意义：一因恩怨而淆乱是非；一因辟谤而加以饰词；一因表襮而多加渲染。三者有一于此，即不能视为正确。唐人关于李、牛之纪载，宋人关于熙宁、元祐及洛蜀之纪载（实则宋人一切纪载都不能说无作用），其例比比，无烦征引。稍有史学常识者也都知道。愈到近代，著书之方法愈工，掩饰变乱之技巧愈进步，意在彼而言在此的不可胜道。其内容所涵之意义，决不是疏浅的读者所能遽察。

第二是时代的问题。以同时人记同时事，虽然其动机能影响其正确程度，但是舍此以外还有什么可依据呢。我们无论如何也只可取其比较可信而已。可是要知道同一亲历其境之人，其所纪述是否不错，还大有分别。就以我们设身处境而论，亲历的事，虽然其情景大致尚在心目，而事实发生之前后当时在场之人物未必能一一记忆真确。动笔的人如不细心推敲，则信笔所至必不免错误。这是确有证据的。《通鉴考异》于晋天福四年下云："五代士人撰录图书多不凭旧文，出于记忆及传闻，虽本国近事亦有牴牾者。"不经《通鉴考异》之考订，读者又何从一望而知其错误呢。

第三是著述能力的问题。同一记事而有工拙之不同，工于记事的能把握一事的中心，自然易得其真象（相）。不然则所记者皆枝叶零星，而离事实愈远。近人每以为就某一个有名的人作一番问答，便可得到些掌故。譬如赛金花的生前就很有人喜欢向他打听他的身世，笔录下来，便成好材料。殊不知赛金花这样的人不是真能谈“天宝遗事”的人，倘竟以他的信口所谈为根据，则未免离题远矣。著作的高低不仅在秉笔之人，也要看他所从听受的人是否够得上供给良好的著作材料。

第四是文字正误的问题。文字上少了小小的一画，便可以引起意外的误会。西洋人记明末的中国海上英雄 Li-mafong 在吕宋与西班牙人战争的事，从前中国的译者因其原文于 m 与 a 之间未曾隔断一小画，遂误译为李马奔。而不知方志中固赫然有林凤之名也。（闽广人多于名上加阿字，故人称之为林阿凤，而西人译其音如此，又粤语林字为闭口音，故读为 Lim，而非 lin。）又如根据西文记载而言台湾史事的，谓清初有高星楷，其人占领台湾奉明正朔。按其事乃是郑成功，郑曾蒙赐姓朱，故其部下称之为国姓爷，由音译译回，乃使大名鼎鼎的郑成功变为面生可疑的高星楷了。两事相类，姑举以为一种特例。至于寻常文字上的舛错，更是往往而有。凡干支数字之类，下笔最易致误，在下笔者出于无心，而考证者遂费无穷唇舌矣。向来考据家都说碑板可以证史文之阙误，诚然这是常有的事，但是必以碑板所有均可补史之阙，碑板与史不同均可正史之误，那也是很危险的。（大概碑志往往根据本家的行状，而行状或出于子弟仓卒撰成，甚或丐人代撰，其不符事实者每不暇详究。又近代习气专以文词为重，并不求其成为信史，故碑志更不可深恃。）以我个人所经历，碑板之误倒有出人意表的，所以误不误须就多数的记载加以鉴别，而不能凭单文孤证。

所以严格的谈掌故，往往将其所记之事与其时其地其人参互钩考起来而发现彼此之间有无数的扞格矛盾。然则这种记事竟绝对不容其存在了么，却又不然。知道他致误的病根而去其误，再从其他方面以证其所余之真，则又不但通此一事而且可因此会通许多事。在掌故学者看来，可有不可信的材料，而没有不可用的材料。乃至平凡而零碎的片纸只字，都是很可宝贵，在某种适当的地方，必有用的。这真需要有老吏断狱的能力，头脑要冷静，记忆要丰富，心思要灵活，眼光要锐敏，不以辨证为目的而却能尽辨证之用，这才是所需要的掌故学者。

我很感觉到掌故学者殊不容易养成，这种学问凭实物研究是不行的，凭书本的知识是不够的，不是有特殊修养，必致于事倍功半。我们现在需要年高阅历多见广闻的人，将他们的知识经验以系统的方法津逮后学，使后来的人可以减少冥行擿埴之苦。

但是世上没有样样俱全的人，假如他本是一个史学家，而又深受老辈的薰（熏）陶，眼见许多旧时代的产物，那是最好的了。不然则本其超群绝伦之智慧，从故纸堆中一一研究出来，凭着智慧的想像以抟捖而成一个真的活动事实，这也是极难能可贵的。但是除了他本身的能力而外，还须有传授他人的能力，使人人可以得其沾溉。这更要紧，更值得我们的宝贵尊重。

徐一士先生的谈掌故出名，由于三十年来在各报纸各杂志所发表的各种稿件。他的号原不是这两字，因为笔名出了名，大家都不大叫他的号了。大家知道他是掌故家，于是他的职业也被埋没了。以我所知，他决不是像普通人所想像（象）的那样掌故家，然而就其治掌故学的能力而论，的确可以突破前人而裨益后人的地方不少。这是值得疏解的。第一，他富于综合研究的能力。他能将许多类似的故事集中一起，而辨别其孰为初祖孰为苗裔，何者相异何者相同。第二，他能博收材料。他的谈掌故，好像取之于笔记及小说者甚多，然决不仅以此为对象，其所驱遣自正史以至集部旁及外国名著时人杂纂，凡有所见均能利用。甚至旁人视为毫无价值的，经他的利用，也无不恰当。第三，他有极忠实的天性。学问的成就，朴诚是第一条件。无论何种学问，自欺欺人，总要露马脚的。他的读书作文，不肯一字放过，不肯有一字不妥，是天赋以治掌故的极好条件。所以他的根柢极充实，而一下笔一开口的时候，都显示极沉着慎重的态度，这不是他的迂阔，而是他最聪明不失败的地方。但是这个道理，别人虽然也知道，却未必像他那样自然，所谓仁者安仁，诚哉其不可及也。第四，他有绝强的记忆力。他的博综固然不必说，若无好的记性，决不能触类旁通，这也不是读死书所能办得到的。他需要记忆古今多少人的名字、籍贯、世系、年代、仕履、师友，尤其近代的人乡会、科分、名次、座主、房师，乃至于某科的什么题目，率能有问必答如响斯应，这不能不说先天后天都有关系，寻常人所不易及。[以我所知，留滞诸友之中，胶西柯燕舲君，于正史、稗史各人物亦均能如数家珍，乃至金石图录、载籍流略、推步占象、州郡山川，种种难于记忆之事皆罗于胸中。尤熟于历代之特殊制度，凡是别人认为诘屈聱（聱）牙不能句读的典章文物，都能疏通证明如指诸掌。与徐君可谓一时二妙，惟柯君不屑意于著述为可惜耳。]第五，他有侦探的眼光。每于人所不经意的地方，一见即能执其间隙。他人纪载之真伪是非，何处是无心之误，何处是征引之误，何处是传闻之误，必难逃其锐目。我们朋友所作的文章，凡是请他过目的，必能看出许多漏洞，使人不得不心悦诚服。我们最易犯的毛病，是长篇文字前后不能照顾，以致语气失去联贯，又据他人的话往往不及考察其有无舛误，他却必能替我们指出。有了这些特长，所以他的成就可以说是掌故家从未到过的境界，也可以说自有徐君而后掌故学可以成为一种专门有系统的学术，可以期待今后的发展。

徐君出自江南世家，久居蓟北，科第簪缨，人伦冠冕，戊戌政变，他的伯父子静先生父子因主维新而躬罹党狱，更是众所共知的。所以他的家世环境又是这样给予他许多便利，能以身当新旧之交而饱闻当世之事。他又随宦外省，兼历京曹，而于各种政治制度皆亲见其实地运用情形。不但此也，还有一件，他虽是五十以上的人，而早年曾受近代式之教育，他长于英文，富于近代学识，所以他的治学，条理绵密，态度谨严，的确是渊源于近代科学思想以及欧文的技术。至于旧学的修养更不必说。旧知识与新训练是不容易备于一身的，徐君这一点资格更是可贵了。

徐君与我虽有世交的关系，而情谊则完全是从学问来的。旧学新知，时常互相浚发。十余年来株守的踪迹相同，思古之幽情也相同，然而只是以彼此讨论为乐而已，也并未曾计议过预备从事于何种学问何种著作，岁月如流，相顾皆成老惫，往者已不可谏，来日更复难知。不免想到他的笔记丛稿，恐怕日久散失未免可惜，于是极力怂恿他早些整理出来，设法先行出版，这话也说了几年了，直至最近方有成议，居然第一部的《一士类稿》可以出书了，出书之后，必能风行一时，不消说得。我所愿在这里唤起读者注意的，则有以下几点。第一，请看他所运用的材料，有许多已经不容易看见的，或是手迹，或是孤本，在当时都是各方面送来借来抄来的，而藏有这些手迹孤本的人，亦必极愿意使他能以长久公之于世，所以这部书之出版，不仅是徐君个人之幸，也是多数人所引以为幸的。第二，请看他的选材，真合于所谓无一字无来历，一句话，决不会有一条不注明出处，不但著述的体裁理应如此，而且徐君之心重在存公是公非，而并不是欲成一家之言，其微意亦可概见。第三，请看他的严正公平态度，个人恩怨固不消说绝对没有。就是有所抑扬，也必先有一番众好之必察焉，众恶之必察焉的手续。实在是众恶的了，也只有哀矜弗喜而决无投井下石。像这样的谈掌故，真可以成为绝学而信今传后了。最后论到文字上的技术，也有他的特长。他所写的各稿，行文不事华藻而措词善合分际，文从字顺，看似平易，却是下字均有斤两，虽喜考证，而笔端不流于沉闷枯燥，仍有含毫邈然之致。不多发议论，而衡断则甚精核，耐人寻绎，大凡繁征博引，往往照顾难周，他却能以一丝不苟的精神处处顾到，左右逢源，妥适周匝，头绪虽多，而组织严密，条理秩然。有时也纵笔题外如所谓“跑野马”者，然若六辔之在手，操纵自如，归宿仍在题中，绝无散漫脱节的毛病。至如涉笔成趣，也每有之，皆能出以自然，余味曲包，而又保持文格，不落鄙猥。荦荦诸端略如上述。文字技术与学识经验相副相得，以成其作风。他对于作品的责任心极重，所以字句上每煞费推敲，读者若不留心，或者但觉其平易，以为写来不甚费力，所谓成如容易却艰辛也。诚然有时很像只是钞录的工作，但决不为读者所嫌恶，反觉引人入胜，读之惟恐纸尽，不是材料与技术两样都臻绝选，何能如此。

我还敢大胆的说，徐君这部书出版以后，或者分批出版以后，其中所征引的书有许多已经极不易得见而又是读者所极渴想的，恐怕要依赖徐君的书而幸传，将来的人或许会从徐君所征引者辑出许多未见的书，如同四库馆臣从《永乐大典》辑出许多佚书一样。（我曾经感觉近人刊布的笔记很有些有价值的，可惜铅印、石印的有很多已经绝版，就是木板书也因为刷印不易，流传有限，而且这类书往往被人看作茶余酒后的消遣品，不是藏书家学问家所重视，甚至于图书馆也不收，也没有人拿来著录作提要，也没有人替他翻板（版）登广告卖钱，久而久之，就是风行一时的书也就可以无影无踪，若是本来不多见的，并书名也必至于湮没了。然而这种书是普通人所极愿意看的，只是苦于看不到。于是怂勇徐君将他所见过的这类书尽量将内容介绍于读者，仿佛作一部笔记选的样子，前一二年曾经发表若干在《中和月刊》，很得读者赞许。）

但是徐君的著述事业岂得以此为其封域。中国史学上待豪杰而兴起的应作的事业尚甚多，如徐君者既受社会的尊敬，而应致之于宽闲静穆的环境，供给物质上种种便利，趁他未至甚老之时，尽其能力，作一更大的史学上贡献，庶几不负天生此材。而徐君犹矻矻穷居，家无长物，参考书籍每仗旁求，钞缮辛劳又乏助力，还要较量米盐奔走衣食，使无一日之闲暇，以尽其所长，读者又岂能不于展卷之余为之浩然而生无限之同情耶！

徐君平日的态度既然是那样的谦虚而谨慎，则我也不敢在他的面前恣意作溢美之词。不但不应作溢美之词，就是恭惟（维）也不是我的意思。我意中所要说的主要之点，还是治掌故学之甘苦。谈掌故或者可以信口乱道，但博听者一时好奇，徐君却不是这样的谈法。他最初固然是为着兴趣，据他说自幼喜欢听人谈旧事，喜欢看小说笔记，也喜欢讨论小说笔记中的故典，而抉发其得失。但是书看得多了，自然而然的引导他走向综合研究的道上，尤其近年谈掌故的书如此之多起来，每每更使他对于这些书有比较辨别之必要。日积月累，便成功（为）他的一种专门。而我们看了他的文章以后，也觉得掌故学的确可以成为一种学问，像他所用的方法是极对的。

假如我是在这里恭惟(维)的话,却并不是恭惟(维)徐君一个人。我认为这宗学问将来必要更进步,而后起之秀必有突过前人的地方。为什么呢。第一,过去的人生在那个环境当中,觉得一切是当然的,是平淡无奇的,是不值一谈的,环境嬗变之后,便又成为陈迹而无从把握了。中国人向来很少保存当代史料的习惯,所以事过境迁都只剩些雪泥鸿爪。今后的人经过从来未有的剧烈变动,历史的观感较前人定觉深切,保存史料的常识亦必较为普遍,于是应用的材料必然较多。虽说近年各种天灾人祸的摧毁损失不少的文献,然而较之前人呢,增广见闻交换信息的机会究竟容易得多了。凭这一点也就有无限的宝藏足供今后的学者的开发。第二,因为近代交通方式的便利,社会各层声气的豁露,事实究竟不容易变乱。纵然人类的感情冲动,一时的政治作用,不免有时操纵着,然而完全颠倒黑白是不行的。加以今后的人能运用科学方法来治史,其鉴别判断发挥的能力必非前人所能及。第三,学问以专而愈精,掌故学范围既如是之广,其中有某种人认为极易了解不需解释的,而另一种人则又认为不得其解,有看似平淡明白的,而细按起来却又说不出其中的委曲。总而言之,需要系统的整理,使每一名词得有正确详尽的解释,时代隔着愈远,则了解愈难而愈不肯轻易放过,其推求之方法亦必愈精。譬如颜师古离汉朝比我们近,然而颜注《汉书》便有许多疏陋的地方,不及近代人之考证精确,并不是说近代人的学问一定胜过颜君,不过近代人读《汉书》之苦甚于颜君，所以不得不认真考究而已。所以将来关于国学的一般趋势，都要比现在进步，但是必须经过若干年之后，有多数专门学者苦心整理出来，使之成为大众能了解能欣赏的东西。在这青黄不接之际，感觉到学术人才之尚不足用，这是有的。以掌故学而论，我与徐君都常常觉得前途很有乐观的气象，而近来同志之多，各有所长，而且能互通声息毫不隔阂，因之而交换见闻的机会不少，实有从前所不及料所不敢望的，这是何等可喜的事。

最后再谈到材料的问题，从前的人固然不甚注意保存史料，就是注意到也苦于没有好的方法，靠着私家抱残守缺终于不中用。近年来风气渐开，大家也知道人事之不可测，惟一的方法是用传播的方法拿来公开，能拿来制成副本或刊印成书固然最好，就是用间接的方法流传也终胜于黯然无闻。有了《古今》这一类的文史刊物，时常介绍点珍贵的文献，真是极有益的事。我与徐君都酷好收集笔记、年谱、日记、书札、家乘一类的书，可是靠着冷摊的踯躅，所得极为有限，有许多收藏家又是不肯轻易以所得示人的。我想徐君之书出版以后，或者有人愿意以其珍贵的家藏借与应用，藉此得供学术界的研究与一般的欣赏，免我们有孤陋寡闻之憾，那又是何等可欣幸的事。

古往今来一切的事，真是浪淘沙一般，依然是这些沙，却被浪一推而又变了一种地位与形式，如是反复无穷，循环不已而推陈出新，所谓掌故当作如是观，所谓治掌故学的方法也当作如是观。

以上所说，质之徐君不知以为如何。因再作二诗以当题词，并为此篇作结。

书供谈助老潜夫，穿穴功深九曲珠；
万卷罗胸竟何益，漫夸肉谱与书厨。

厚诬自昔叹苻生，笔录东轩每任情；
赖尔然犀被幽隐，谤书休更不平鸣。

甲申秋日，兑之。

孙序

江都汪氏之言,有诙诡可观者,尝论荐绅某不在不通之列,旋谓更读书三十年,可望不通;又论扬州通者三,不通者三,然奇不通之数,如程晋芳、任大椿、顾九苞三子,皆该博负重名。疑此非尽汎僄时彦之谓,不然者,不通之训,果如流俗所讥议,此其人固更仆难数,乌得以三尽之,又何待更读书三十年。意者不通云者,特言其明别相而暗共相,此庄周所谓自细视大者不尽;通者有进于是,更能明其共相,此庄周所谓大知观于远近,证向今故之旨欤?湘乡曾氏,有精明高明之说,将无同斯。窃尝持此说柁量人物。宜兴徐君一士,当世通学也,从事撰述,多历年所,先后分载杂志之属。凡所著录,每一事,必网罗旧闻以审其是;每一义,必纠察今昔以观其通。思维缜密,吐词矜慎,未始有毫末爱憎恩怨之私,凌杂其间。于多闻慎言之道,有德有言之义,殆庶几焉。而有清一代掌故,尤所谙孰,盖其强识颖悟,有绝人者,故能殚见洽闻如此。至造次笔札,皆雅驯可诵,间摭俚语新词,而味弥隽永也。读者莫不倾心,往往有菱而不见,争以专刊请。近始辑成《一士类稿》一编,付之剞劂,以饷海内。曩禹县王角山、陈井北两先生亦尝论之，谓所述多朝章国故，闻人雅谭，盖选订成书，取备一代掌故；上剿唐《国史补》，宋《齐东野语》、《龙川志》之类，后有为《清史》注如裴松之者，必见甄录。曾以此转质一士，为所乐闻。何幸今日，克践斯言。惟所蓄美富，斯编数十篇，犹憾其少，既欣然为之序。更愿继是而有请也。孙思昉谨序。

谢　序

有一天的下午，一士给我打电话，因为好久不见了，约我在一个地方谈话，一士住在宣南，我又住在西城，就约会个适中的地方，在琉璃厂来薰阁书店见面。

那天天气非常的热，我在来薰阁等了许久，一士穿着白色短裤褂，也未有着长衫，打着一柄洋伞，到来薰阁来找我。他说，新近古今社替他出一本集子，教我做一篇序。并且说，你如果到上海去的时候，顺便问候一问候古今社的朋友。一士衣服极为质朴，言语极为木讷，老是含着纸烟，谈起话来却极为有趣，不知道他的一定认为乡曲老儒，其实是一位博学的君子。那天来薰阁的伙友，就偷偷地问我，这位先生是谁？我说这是鼎鼎有名的徐一士先生。

我和一士神交虽久，但过从最密，却在事变后那一年，那时我刚从香港回来，家居极为无聊，就常和瞿兑之、徐一士诸兄在一起谈天。事变的初起，生活尚不甚贵，就约会每星期三在一块聚餐，那时在一处聚会的朋友，除了兑之、一士和我以外，还有柯燕舲、孙念希、刘盼遂、孙海波诸兄，共总有七个人，聚会的地点，不是在兑之家，便是在燕舲和我家。我们谈话，上下古今，没有一定范围，总是在寂寞之中，得到一点朋友晤谈的快慰。一士和我都是原籍江南而家居在历下，谈话的资料，老是由西山的斜照，谈到明湖的秋光；尤其是谈到济南吃的小点心，便津津有味，所以我们二人尤为谈得起劲。不久的时光就由兑之发起了国学补修社，是每星期的朝晨，约会莘莘的学子，一起讲学，很有不少的同学，得了不少的益处。后来兑之又约一士主编《中和杂志》，一士所编共出到五卷，常川写稿的人，便是海波和我，在北方刊物中，总算是比较有学术性的杂志。

民国三十一年的秋天，一士又约在上海《古今》杂志上撰稿，在北方为《古今》撰稿的朋友，便有兑之、一士、五知和我这几个人，无形中又得到谈话的一个机会。我是最喜欢跑路的一个人，三十二年的夏天，和三十三年的秋天，我两次到上海去，认识了朱朴之、周黎庵、文载道诸君，承他们恳切的招待，得瞻朴之的精庐，诚所谓爱好自天然，非是一般俗子所可跂及。而我所深幸的，便是南北的学人，都可以接近；朋友之乐，在这个时光，诚是一个不可多得的机会。

可是一士每天要到中南海去办公，我也是一天有一定的工作，所以见面的机会，非先约不可，在一两年前的生活，尚不至于像现在这样贵，我们所约的地点，总是喜欢在中央公园上林春吃茶，顺便吃一点点心，后来上林春是吃不起了，就跑到来薰阁闲坐，有时光请他们老板买一点烧饼和面条，就当晚饭，可是不买他们的书，而且讨扰他们的夜饭，心中总感觉要招店伙的讨厌。

一士兄这部集子，是选近年来所撰有关掌故的文字，仿俞正燮《癸巳类稿》的体裁名为《一士类稿》，我本意是先要拜读一过，得以先睹为快，可惜我到上海，书已付印，不能全读，深以引为憾事，但是一士的学问，我是深感莫及的。

一士长于掌故之学，尤其是对于科举的制度和清季的遗闻，这是任何人没有他那样的熟悉，须知他的从兄徐仁铸先生就是光绪戊戌变政时革新的新党，家学既厚，所以濡染自深。我尝以为有清的历史考证家，多偏重在古代，考证不急时务的名物，看历史成了死板板的东西，纵然把六府三事考证的明明白白，但于历史的动态，与现代时事的关系又有何补？更有史学眼光的，我不能不推重全祖望、劳格这两个人。全氏《鲒埼亭集》真是把南宋和明季遗民，活活的写出，叫我们读了得到不少历史上的兴趣。劳氏《读书杂识》，虽然未成完作，但是他能把治考据的方法，移到治唐宋以后的历史。

复次，清代一般的考据家，他们喜欢考证琐碎无聊的问题，便自以为赅博。例如明季死难的义士，本是极可敬重的一件事，但治考据的史学家，他必定考据某人死在某处，而某人又以为死在某处为非，考来考去，真是不关痛痒。杨秋室的《南疆逸史·跋》，虽然引证博辩，仍不免犯了琐碎的毛病，倒不如近人孟心史先生所撰《心史丛刊》，他所撰《顺治丁酉科场案》《董小宛》《丁香花》诸篇，这样的引人娓娓动听，但是到他老年所撰的《明元清系通记》，反倒有江郎才尽之感，所以我对于史学的见解是：治近古代史不如治近代史,而治近代史或以往有趣味的问题,感觉着更为重要。我很想就这一方面,做一点工作,人们的批评,我们姑且不去管他,但恐怕未必能做好,一士知我者,当不必以我言为谬也。

谢刚主

自　序

余学少根柢，而早岁即喜弄笔墨，其为刊物写稿，始于清宣统间。光阴荏苒，久成陈迹，其迹亦早已不存矣。少年气盛，以为将来可为之事正多，此不过偶尔消遣而已，不料此后长期写稿，若一职业，暮岁犹为之不休。三十余年来，世变日亟，个人之环境亦因之而异。回溯畴曩，渺焉难追。聊就忆及，试话旧事。

在拙稿见于刊物之前，幼年即尝有试写笔记聊以自娱之事。此项雏形（其实够不上说什么雏形）笔记之试写（亦可云偷写），时年甫九岁也。今欲谈此，可将余幼受家庭教育之情形，大致一谈。

吾家累世重家学，学业得力于父兄之教诲者为多，而余所得于塾师者尤鲜，以余幼时乃一逃学之孩子也。余自六岁正式入塾读书，八岁患腹痛之病颇剧，百方调治，而时愈时发，病根久不除。父母钟爱，惧其夭折，对于塾课，特予宽假，到塾与否，颇听自便。余苦塾中拘束，藉此遂得解放，病发时固不上学，即值愈时亦多旷课。其后病不常发，而余之不上学，已习惯而成自然。（惟塾中讲书时，每往听讲，类乎旁听之性质。）有以“赖学”“逃学”相嘲者，不遑顾矣。当此废学之时，而仍与书卷相亲，则以吾父之教，获益甚大。

吾父为余讲书最多，作非正式之教授。教材甚广，盖自经史子集（所谓“正经书”）以至小说之类（所谓“闲书”），不拘一格，随时选讲，讲者娓娓不倦，听者易于领会，教法注重启发读书之兴味，不责其背诵，（于“正经书”，有时亦令将所讲者熟读成诵，然不为定例。）以视塾中读书，有苦乐之不同。

关于“闲书”，曾为讲《三国志演义》，自首至尾，完其全部，（开首十数回讲过后，即令余自讲，吾父听之，酌加指导。）以其为文言而杂白话，得此基础，可为阅读他书之助也。《聊斋志异》，亦在选讲之列。又尝为讲《西厢记》，则惠明下书一段也。此外如《水浒传》《儒林外史》《西游记》《封神演义》《隋唐演义》《儿女英雄传》《三侠五义》，等等，均自阅之。（《红楼梦》，吾父有手批之本，而其时余不喜阅，此书固非稚年所能感觉兴味者也。）

当此之时，科举未废，所谓“书香人家”，多不愿子弟看闲书，致妨“举业”，吾父则利用之以为教材，除鄙恶者外，喜令余辈阅看，而加以指导，为言其价值之高下及优劣工拙之点，时亦于书上加眉批或圈识以示之，俾可触类旁通，此实当时家庭教育所少见者。

“正经书”，除讲过者外，亦每自行阅读，由少而渐多，惜熟读成诵者太少，故至今深感根柢之浅薄焉。（喜读史——实际是看，似受《三国志演义》之影响。此书以史事为纲，虽羼入许多不经之谈，而写来兴会淋漓，能诱启读史之兴趣，并闻其与正史多不合，亦欲以《三国志》相比勘，由此而及其他。至吾父所选讲者，《史记》为多。)

笔记之属，吾父曾为讲《庸盦笔记》等，甚感兴味，亦后来研究近代史实掌故之张本。

吾家有一钞本《彩选百官铎》(明倪元璐所撰之升官图也)，编制颇佳，可于游戏中藉识明代科举、职官等制度。每值岁时令节，家中每为“掷铎”之戏。(平日亦偶为之。“掷”谓掷骰，“铎”以骰行也。)清循明制而有所损益，吾父每为余辈言其因革异同，亦可称为儿童时期之一种关于掌故的教育，诱启之力非细。(余辈因是亦喜“掷”当时——清——之升官图，惜无如倪铎之佳者耳。)

吾父对于家中儿童，常为说故事，或取材于经史之属，或取材于小说戏剧，多与德性及学问有关。余辈以听故事为乐，而儿童教育亦即寓是。

经吾父之讲说，对于昔人之著述，发生浓厚之兴趣，童心忽作动笔之想，(可谓已经“斐然有著述之志”，一笑。)于是裁纸为小册子数本，每本十余页，长宽各二三寸，而作写笔记之尝试焉。所写或记一时之观感，或述吾父所讲说，或书听讲之心得(?)，每则寥寥数语。此虽极其幼稚，却不妨算作余最早之笔记也。犹忆其第一则，题为《月》，文曰：“水中有月，非水月也，乃天月也。”盖观池中月影，偶动文思(?)，遂振笔直书于小册子，稚气真可笑之甚。第二则似系关于孔子、老子学说异同者，则述吾父之语，意在备忘，其原文今已不记得矣。以下尚写有十则左右,均已忘作何语。

九龄童子(且是逃学的童子)而写笔记,当时自觉实为"胆大妄为"之举动,故以秘密出之,极畏人知,一若做下亏心事者。不料秘册忽为吾三兄(龢甫)发见,持而高声朗诵,且曰:"老五做文章矣!"(吾父七子,余次居五。)"做文章"三字,在当时是何等严重,余羞赧之极,大有恨无地缝可钻之势,亟夺回此册而撕碎之,盖第一册未写完即中止。此际情景,大似一幕喜剧也。

吾三兄对吾学业夙极关心,尝正色以不应"赖学"相规诫,既不效,亦于余之看书时相指授,见余秘册后,以为此举虽若可哂,然所写文字均尚通顺,亦属可喜,故劝余继续为之,不必中辍,而余年幼怕羞,不敢再写。迨后来屡以笔记等稿发表于刊物,吾三兄犹话及此事,笑谓"有志竟成"焉。

吾三兄喜买书,旧书而外,新出书报,尤恒购阅,(应书院类课试,常居超等前列,所得奖银,多为买书之用。)阅后每即畀余阅看;且谙习掌故,博闻强记,时为谈说,以记忆力之卓越,加以健谈,于名人轶事及各项制度,历历如数家珍。(谈时或庄或谐,有声有色。)吾四兄(凌霄)及余之致力研究掌故,实吾三兄导其先路,得其指示启发之力甚多,而余实兼受教于三、四两兄也。(吾四兄对余为学业上之指导,亦犹三兄。余于诸兄,均师事,而获益于三、四两兄者居最。)

至余历岁为各刊物写稿之经过,言之孔长,兹不覼缕。所写各稿,前期未经留意藏弃,多致散佚,迨后始事保存,而其间亡失者仍往往有之，惟收拾丛残，所存犹属不少。以质论，固未敢自信，以量论，却不无可观。虽东涂西抹，难入著作之林，而频年矻矻，实为心力所寄。垂老百无一成，此区区者幸尚不为读者所鄙夷。赋性疏拙，素寡交游，而以此颇获文字之交（或相访而识面，或神交而未晤），情谊肫挚，关切逾恒，即写稿之资料，亦每得裨助。此实当日从事写稿时所未敢意料而感激不能忘者，心境上亦赖获慰藉焉。去日苦多，人事无常，旧稿亟宜及时整理成帙，付印问世，以免将来尽归失逸。近承朱朴之、周黎庵两先生，收入《古今丛书》之三，亦征神交关切之雅，因理辑三十余篇，略以类相从（仍各注明某年），以《一士类稿》之名称出版。斯亦余写稿以来一可纪念之事也。吾三兄在日，以余随时写稿，零碎披露，保存甚不易，屡劝出单行本，今乃不及见，思之泫然。

余学识谫陋，拙于文辞，故写稿不敢放言高论，冀免舛谬，所自勉者，首在谨慎，所谓“不求有功，但求无过”，然“无过”不过“求”而已矣，岂易言哉？虽未敢掉以轻心，而能力有限，精神疲敝，仍恐舛谬不乏，所望大雅宏达，不吝教正，幸甚幸甚！

甲申（民国三十三年）孟秋，徐一士。

一　王闿运与《湘军志》

王闿运《湘军志》，虽物论有异同，要为近代杰作。其子代功所编述《湘绮府君年谱》卷二，光绪元年乙亥（四十四岁）云："……十一月遂至长沙。曾丈劼刚适遣使修书，请府君来省议修《湘军志》事，以为洪寇之平，功首湘军，湘军之兴二十余年，回捻平定又已十年（？），当时起义之人，殉难之士，多就湮没，恐传闻失实，功烈不彰，必当勒成一书，以信今而传后。以府君志在撰述，亲同袍泽，亟宜及时编辑，以竟先烈。且文正尝言著述当属之王君，功业或亦未敢多让，今日军志之作，非君而谁？府君不得已诺之。"光绪三年丁丑云："五月，始撰《湘军志》，先阅《方略》诸书。……七月，阅《方略》。八月，因撰《湘军志》，欲离城避嚣，遂假东山何氏宅，根云尚书之故业也。……十一月，检咸丰时旧案关于军事者，及湘军招募遣散年月、统将姓名，欲别作一表以明之，而十不存一，无从稽核，迄未成书。"光绪四年戊寅云："二月，往东山，阅《褒忠录》及《曾胡奏牍》诸篇，作《湘军志·曾军篇》。三月，入城，十二日仍往东山，作《水师篇》成，寄彭丈雪琴商定。四月，命大姊画《湘军志图》，以明进兵方略。……作《曾军后篇》。……六月，还东山，作《江西后篇》。……八月，四川总督丁丈稺璜遣书约往四川，又致书谭丈文卿，属其劝驾。府君答以撰《军志》毕始定行期。作《援江西篇》。九月，仍寓府学宫，十七日步还东山。作《援广西篇》《临淮篇》《援贵州篇》。十月……撰《军志》，作《湖南防守篇》《平捻篇》。十一月，《湘军志》草创毕，始定蜀游。”光绪五年己卯云：“十月，改定《湘军志》。”光绪六年庚辰云：“五月……改《湘军志》。”光绪七年辛巳云：“七月作《湘军志·援蜀篇》《川陕篇》。……闰月作《湘军志·营制篇》。至是《湘军志》始成，曰《湖南防守篇》《曾军篇》《湖北篇》《江西篇》《曾军后篇》《水师篇》《浙江篇》《江西后篇》《临淮篇》《援江西篇》《援广西篇》《援贵州篇》《川陕篇》《平捻篇》《营制篇》《筹饷篇》，凡十六篇，九万余字。诸生（按：成都尊经书院生也。）读《军志》，多言叙事文笔变化者。府君因语之曰：‘曾涤公尝言：画像必以鼻端为主，于文亦然。余文殊不尔，成而后见鼻口位置之美耳。其先固从顶上说到脚底，不暇问鼻端也。八家文凭空造出，故须从鼻起耳。余学古人，如镜取影，故无先后照应也。’……十月，始理归湘事。《湘军志》刻成，取版以归。”卷三光绪八年壬午云：“正月，人日登定王台。城中多言《湘军志》长短者。府君闻之，以谓直笔非私家所宜为，乃送刻版与郭丈筠仙，属其销毁，以息众论。”光绪九年癸未云：“三月……丁稺璜屡书速府君入蜀，且有责言，乃于二十五日买舟东下。……九月……重校《湘军志》毕。蜀中诸生闻原版已送郭氏，故复刻之也。府君因语诸生曰：‘此书信奇作，实亦多所伤，有取祸之道，众人喧哗宜矣。韩退之言修史有人祸天刑，柳子厚驳之固快，然徒大言耳。子厚当之，岂能直笔耶？若以入政事堂相比，则更非也。政事堂就事论事耳，史臣则专以言进退古今人，无故而持大权，制人命，愈称职愈遭忌也。若非史官而言人长短，则人尤伤心矣。’”光绪十二年丙戌云：“七月……陈丈右铭盛推《湘军志》美，然疑其仍有爱憎。府君惜其犹有文士之见，不知怀私文必不能工，轻视文人，故有此见也。”卷四光绪二十三年丁酉云：“六月……答陈深之论文云：‘……单者顿挫以取回转，复者疏宕以行气势，貌神相变，即所谓物杂故文也。故《国策》、《史记》、贾、晁、向、操诸人能用单，《国语》、班书东汉以至梁初善用复，不能者袭其貌。单者纯单，始于北周，而韩愈扬其波，赵宋以后奉宗之，至近代归方而靡矣。复而又复，始于陈隋，而王勃等淈其泥，中唐以后小变焉，至南宋汪、陆而塌矣。元结、孙樵化复为单，庾信、陆贽运单成复，皆似有使转，而终限町畦。卒非先觉，反失故步。故观于汪中、恽敬、袁枚之徒，体格无存，何论气韵？其余如侯、魏之纪事，乃成小说，洪、吴之骈俪，不如律赋，兹非学者之明戒欤？余少学为文，思兼单复，及作《桂阳图志》，下笔自欲陵子长，读之乃颇似《明史》，意甚恶焉。比作《湘军志》，庶乎轶承祚睨蔚宗矣。……’”卷五光绪三十四年戊申云：“五月……时张文襄公改两湖书院为存古学堂，以救新学之弊，研究文史，令代功分教。诸生多问作诗文法者，代功不敢专对，请府君书示后学。……论文曰：'诗有家数，有时代，文无家数，有时代，此论自余发之。……明代无文，以其风尚在制艺，相去辽绝也。茅鹿门始以时文为古文，因取唐宋之似时文者为八家。……余……文，力追班马，极其工力，仅得似《明史》，心甚耻之。及作《湘军志》，乃脱离时代矣。以数十年苦心孤诣，仅仅得免为明文；若学八家，数月可似。……'"闿运撰著此书之缘起暨经过，与夫自道甘苦及工力，略具于斯。

其谓"庶乎轶承祚睨蔚宗"，盖以《湘军志》与《三国志》《后汉书》相衡。又《湘绮楼日记》光绪四年戊寅二月二十七日云："作《湘军篇》，因看前所作者，甚为得意，居然似史公矣；不自料能至此，亦未知有赏音否。"二十八日云："作《曾军篇》成，共十二叶，已得二年军事之大纲矣。甚为得意。"三月十七日云："撰《军志篇》成，读一过，似《史记》，不似余所作诸图志之文，乃悟《史记》诚一家言，修史者不能学也。《通典》《通考》乃可学，郑樵《通志》正学之，亦智矣，惜其笔殊不副，然不自作不知之，则余智不如郑久矣。"则又尝以似《史记》自喜。《史记》之超妙处，《湘军志》虽尚难跻及，而闿运"脱离时代"之说，固可谓非漫自矜夸，以近代人实罕有此种文字也。（所云《湘军篇》，盖属稿之初，有此篇名，旋改为《曾军篇》矣。三月十七日所云，按之前文，当指《胡军篇》，后来始改为《湖北篇》者。）

《湘军志》初刻于川，闿运携版回湘，以湘人之愤怒，乃送版于郭嵩焘销毁，后至川再刻之。《湘绮楼日记》光绪八年壬午正月关于毁版事所记，初七日云："以外间颇欲议论

《湘军志》长短，与书佐卿，属告诸公烧毁之。”十七日云：“锡九来，论《湘军志》版片宜送筠仙。余告之曰：‘吾以直笔非私家所宜，为众掩覆，毁版则可，外人既未出资属我刻，而来索版，是无礼也。君不宜为众人所使，且置身事外，以免咎尤。此版吾既愿毁之，又何劳索？’锡九唯唯而去。”廿日云：“遣送《湘军志》版及印刷书与筠仙，并书与之言：‘本宜交镜初，今从权办也。’”其当时在湘迫于众怒难犯不得不毁版之情形，于此尤可略睹焉。送版及书与郭嵩焘者，盖嵩焘在湘绅中负重望，为反对《湘军志》领袖人物之一也。嵩焘有致陈士杰一书，深斥《湘军志》，可代表反对派之言论。其说云：

> 湘军本末，宜有述录，发议自吴南屏，嵩焘实倡行之，曾劼刚一以属之王壬秋。始见其《曾军篇》，于曾文正多刺议，寓书力戒之。去腊自蜀归，其书遂已刊行。沅浦宫保指证其虚诬处，面加诘斥，几动湘人公愤，将其板（版）销毁，然闻蜀人已有翻刻本，贻毒固无穷矣。壬秋文笔高朗，而专喜讥砭。通志局初开，嵩焘力援之，为罗研生所持，言：“若壬秋至，湘人攻击且尽，曷云志也？”其后所修三志，《东安志》板（版）已毁，《桂阳志》亦有纠缪之作，《衡阳志》托名彭雪琴宫保，无敢议者，衡人私论亦皆隐憾之，自王船山先生已遭其讥议，其他可知，要其失不在秉笔而在包修。劼刚踵行其失，鄙心不能无歉然。因沅浦宫保之言，取其书读之，专叙塔忠武、多忠武战功，湘人一皆从略，江忠烈直没其名，

至江西始载其以一军赴援，并帮办军务之命亦匿不书，而于李勇毅、杨厚庵则竟诋斥之。张笠臣指为诬善之书，且言："楚人读之惨伤，天下之人无不爽心快目。"开端数行中，便谓洪寇之盛，实自湖南始，始合围而纵之，又起偏师追而歼之，直以是蔽罪湖南，亦竟不测壬秋之果为何意也。今其势不能不重加修辑，又万不能开局，当由思贤讲舍任之。壬秋高才积学，极谋以讲舍相属，而终见忤如此，所损声名实多。始悟君子成己成人之学，一皆性之德，于人多伤，终亦不能成己。重为壬秋惜之。

盖纂修《湘军志》一事之发起，旨在表扬湘军功烈，垂乡邦之荣誉，而闿运任此，自出心裁，成一家之言，于发起纂修之本旨，未甚措意，且其为人，固以知兵自负，好谈大略，少年时颇思赞襄军谋，腾骧政路，而挟策以干曾国藩等，率见谓迂阔之谈，落落寡合，无所藉手，志愿弗克一酬，盖不能无觖望。（如与吴大澂书有云："闿运平生志愿，满腹经纶，一不得申，每嗟感遇。"又与左宗棠书有云："闿运行天下，见王公大人众矣，皆无能求贤者。涤丈收人材不求人材，节下用人材不求人材，其余皆不足论此。以胡文忠之明果向道，尚不足知人材，何从而收之用之？故今世真能求贤者，闿运是也；而又在下贱，不与世事，性懒求进，力不能推荐豪杰，以此知天下必不治也。"又与李汉春书有云："陈伯严来，述尊论，见许为霸才，不胜感激。自来曾、胡、左、丁、肃、潘、阎、李诸公，相知者多，其或有许其经济，从无赏其纵横。尝有自挽联云:‘春秋表仅传,正有佳儿学诗礼。’‘纵横志不就,空留高咏满江山。’盖其自负别有在也。而麾下一见便能道其衷曲,曷名钦佩!”均见其自负才猷迈众,不甘徒为文人。)故对于名震一时功成受赏之将帅,虽多写状甚工处,非于表扬无裨,而笔锋所及,每流露不足之感,或涉讽刺,或近揶揄,间有疏略,亦遗口实,湘人恚嫉,有由来矣。他读者亦颇致疑,其不免以爱憎之见影响纪实,固不仅陈宝箴为然也。曾国藩以湘军领袖而居功首,最为群伦所崇仰,《湘军志》于传其苦心义概之外,不乏微词。其弟国荃,论功仅亚国藩,闿运书其功状,亦不如其意。故国荃甚恶而诘斥之,为王定安继撰《湘军记》之张本。

湘军之兴,郭嵩焘、崑焘兄弟,均参谋议。《湘军志》成,两人阅后,各加批识,以纠辨为多。乙卯(民国四年),崑焘、孙振墉辑录成轶(帙),并加笺注,名曰《湘军志平议》,堪为读《湘军志》者之重要参考书。振墉叙有云:

> 曩文正始立营制,先伯祖侍郎公、先祖京卿公,实豫谘议。其后先京卿公,佐湖南抚幕十余年,援师四出,兵饷又皆所手治。尝拟与吴公敏树、罗公汝怀、曹公耀湘等纂《楚军纪事本末》一书,存一代用兵方略;会文襄(正)虑近于张功,事以中辍。已而湘潭王壬秋先生闿运所撰《湘军志》,为文谲奇恣肆,侈论辨而多舛于事实,识者病之。振墉手录先侍郎公暨先京卿公订正是书百数十条,附以笺注,题曰《湘军志平议》。夫前人往矣,当其万折不回,克成大业,要自有常胜之理存,区

区战事粗迹，乌足概其平生；然于军谋之奇正，地形之险夷，贼势之强弱，傥见为粗而遗之，亦治国闻者所深耻也。……君子之立功也，求信于己而已，而立言者贵有以征信于后。孔子称董狐古之良史，为其直也。若是非之与淆，恩怨之或蔽，虽以迁史之文冠百代，世且目为谤书，他何论焉？

其以迁史谤书为说，或即因闿运尝自言似《史记》也。又辛酉（民国十年）跋有云：

湘军开本朝创局，以驯致中兴，王氏挟区区乡曲之私怨而颠倒之，悖矣。考其篇目：始于湖南防守，而江军之援广西阙焉，略兵事之始；成于平捻，而左军之定甘肃、新疆阙焉，没兵事之终；江西既编析为三，而江南安庆不列篇名，以《曾军后篇》统括之，意谓曾文正公功绩第迄于两省而止。即兹荦荦大纲，不免谬误，其书之不足以服人心而彰国论明矣。传曰："心有所好恶，则不得其正。"夫不正由于有好恶，而况好恶之辟之与人异性者欤？余氏肇康云，王志初出，分饷湘人，一时物议沸然，军阀尤愤，王氏将原书次第收回，其亦有不可自坚者邪？朱氏克敬改纂是书，稿佚不传。王氏定安之记，持论稍私于曾忠襄，而文又不逮。盖斯志之流行海内久矣，其贻害岂浅哉？窃尝谓是非者天下之公，维皇降衷所固有也，故孟子曰无是非之心非人，盖是非棼泯，起于一念之微，其始不过语言文字之差耳，浸假发于其事，将使东西易位，玄黄变色，而实祸中于国家矣，

> 尚得为衣冠视息之伦乎？夫以咸同之战迹昭昭在人耳目，而立论诡异如此，其他学说之戾，不言可知也。呜呼！平实之论难工，邪衰之言易悦，末俗异趣，文更甚焉。振墉惧夫王氏之矫诬害正，是以不得不辞而辟之，亦上承先志而已，岂求胜于文辞之末哉？

诋斥尤力。至论篇目之失当，读此书者盖不乏同感，尤于《曾军篇》《曾军后篇》，觉其未安。闿运于此，未闻有所说明，不知当时用意果何若也。郭嵩焘批《湘军志·曾军篇》有云："案湘军之名，创始曾文正公，其后骆文忠用以平蜀，左宗棠用以平浙及闽广，西至甘肃，复新疆万里之地，皆承曾文正公之遗，以湘军为名，是以曾文正公为湘军之大纲。疑此篇当为湘军原始篇，历叙各军分合与其源流本末所以立功之由。以曾军名篇，是谓曾文正公亦统于湘军也。前后叙述，亦与《湘南防守篇》大致无甚区别，于文为复，于所述事实亦为失伦。湘军原始，实由曾文正公，述其原始而后本末分明，未宜混合言之。"又云："以《湘军志》为名，自应以曾文正公创立湘军为主，不宜特立曾军名目，以使有所专属。如江忠烈、王壮武、萧启江、李忠武及今曾威毅伯，皆别立一军为统帅，功绩又最伟，别为一篇可也，不可以施之曾文正也。"又批《曾军后篇》有云："贼踞金陵十余年，克复南京自为湘军一大篇目。湖北、江西各省，皆标立名目，江南攻战事宜，但名《曾军后篇》，并江南之名亦隐之，显示贬斥之意，似未足以服人。"（均见《湘军志平议》。）其言有当，未可目为阿私曾国藩之论也。又其子焯莹《湘军志平议后叙》有云："王氏《湘军志》，文句规放（仿）马迁，篇章祖袭《尚书》；其足惑世诬民，盖又有浮于《三国志演义》也。先兵左尝书戒易布政佩绅，以谓壬秋文辞自优美，足可引为师资，若行政治军，一闻壬秋之言，如饮狂药，不可救疗。彼其视诸老先所挟持以为常胜之理与之异趣也宜已，况济以爱憎予夺之私，更乌惜兴心而嫉妒取快于其说乎？……祸之中于人心风俗，讵减于猛兽洪水者？"亦深诋之。郭氏之攻《湘军志》，盖三世焉。

郭振墉辑录《湘军志平议》成，寄示王先谦、冯煦。先谦复书谓：

> 承示大著《平议》一册，尤深愉快。壬秋此志，湘人咸不谓然，天下皆知。然不明揭其症结所在，则人将以为爱憎毁誉之私，而喜其文笔者，更曲护之，而无能夺其气。犹忆弟衔艰归里时，令伯祖谈及此事，欲以改作见委，卒不果行，盖兵事曲折轻重，非当日身亲目击者不能知其深，事过境迁，化而为文，则人但问其笔墨何如，而兵戈是非无复言之者矣。此所以壬秋志出，君家令伯祖、令祖两公独引为私憾，而他人视之淡如也。今兄取两公当日书眉所评论纠正百数十条，复以官书私录笺注之，为《湘军志平议》一书，使留心世事者，即事征文，虚实立见，且俾后之人知两公苦心所争得失，乃惇史千古之公，非湘军偏隅之事也。从此阅王志者，家置一编，以开迷误，则兄绍述之功在天下矣。

亦湘中有名学者不满意《湘军志》，而助郭氏张目者。阅此，知郭嵩焘曾有请先谦改作之议也。先谦盛推《湘军志平议》，《平议》一书要非苟作，特惜其行世时，闿运未及见，不得闻其对斯之意见与感想何如耳。煦复书谓：

> 荷手翰并《湘军志平议》一册。此书之纰缪，往闻之曾忠襄，几欲得此老而甘心，今已论定，则其名已沦于罗刹鬼国。文正当日，凡湘中才俊，无不延揽，而对于此老，则淡泊遇之如此，益服文正之知人，然不料此老之末路顽钝无耻至是也。为之一叹！

将闿运痛骂一番，似不无过火处。至曾国荃之痛恨《湘军志》，则属实情也。

黎庶昌为曾国藩门下治古文者四大弟子之一，（其他为张裕钊、吴汝纶、薛福成三人。黎与薛文学之功候，视张、吴稍逊，而兼长经济。）对于《湘军志》，却甚为赞赏。其所选辑之《续古文辞类纂》，于叙记类特录《湘军志》之《曾军篇》《曾军后篇》《湖北篇》《水师篇》《营制篇》为一卷，惟标目不曰《湘军志》而曰《湘军水陆战纪》，评注云："此书不著作者名氏，盖湘潭举人王闿运笔也。文质事核，不虚美，不曲讳，其是非颇存咸同朝之真，深合子长叙事意理，近世良史也。大体皆善，今录五篇。"又云："案壬秋原书，本名《湘军志》，此称《湘军水陆战纪》者，据沪上活字本也。"上海书坊，以活字排印，改题《湘军水陆战纪》之名，殆以避时忌之故欤。庶昌不独赏其文词，且赞以良史，许以真核，所见与郭嵩焘辈大异矣。闿运此作，以似《史记》自负，庶昌亦正以斯推之，在闿运尤可云搔着痒处，故对庶昌深有文字相知之感。其与庶昌书有云：

> 文诚（按：谓丁宝桢也。）与闿运为知己，亦犹曾文正之为闿运知己。外间但以未得保荐不入幕府疑之，又焉知真知者乎？前年所作诔文，以限于骈体，词甚隐约，传状既非朋友所作，所言止此而已，较之曾文正身后仅有挽联者，已为多矣。然曾文公事业在《湘军志》者，殊炳炳麟麟，而沅甫以为谤书；竟承特采，曷胜感激！三不朽之业，著一豪俗见不得；节下蝉翼轩冕，一意立言，真人豪也。抑尝论之：孔子云有言者不必有德，此是言语之言；不朽立言，是文言之言；未有无德而有功言者。德者、本也，功、用也，言、体也；平生蕴蓄，一望而知；尤愿先生依经以立干耳。闿运伏处卅年，于诸经稍有发明，惜曾公早逝，未及尽见。

致感之余，并对物论略为辩解，而自示《湘军志》之作，实依经立干，为有德之言焉。其谓曾国藩“事业在《湘军志》者殊炳炳麟麟”，固非无据之饰词，盖《湘军志》之书国藩事，虽间有未甚许可之语气，而国藩之伟大处，忠诚处，实往往可见也。丁曾并论，亦所以自白无诋谤国藩之意。（丁文诚诔，佳作也。陈夔龙为丁宝桢侄婿，所著《梦蕉亭杂记》卷二有云：“湖南湘潭王壬秋太史文，……睥睨一世，……中兴诸将帅，半系旧人，均敬而远之，独与文诚公臭味相投，申之以婚姻。文诚逝世，太史所作诔文，哀感顽艳；其遒丽处，恐六朝人无此手笔。”述其与宝桢之相得，良然；至叹美此作，盖亦未为过誉。挽国藩联，文为：“平生以霍子孟张叔大自期，异地不同功，勘定仅传方面略；经学在纪河间、阮仪征之上，致身何太早，龙蛇遗憾礼堂书。”雄深超卓，亦其杰构，挽曾诸联，斯为健者，亦颇见其对国藩之认识与理解，不同恒流。孙衣言联云：“人间论勋业，但谓如周召虎、唐郭子仪，岂知志在皋夔，别有独居深念事；天下诵文章，殆不愧韩退之、欧阳永叔，却恨老来湜轼，更无便坐雅谈时。”用意略相近，而骏迈处未逮。）

闿运撰《湘军志》时对国藩之情绪，可考之于《湘绮楼日记》。戊寅（光绪四年）二月十一日云：“翻曾涤丈文集，见其少时汲汲皇皇，有侠动之志，因思诸葛孔明自比管乐，殊非淡静者，而两人陈义皆以恬淡为宗，盖补其不足耶。”二十一日云：“作《湘军篇》，颇能传曾侯苦心；其夜遂梦曾。……”二十七日云：“夜览涤公奏，其在江西时，实悲苦，令人泣下，然其苦乃自寻得，于国事无济，且与渠亦无济，反有损，要不能不敬叹，宜其前夜见梦也。世有精诚，定无间于幽明，感怆久之。彼有此一念，决不入地狱。且吾尝怪其相法当刑死，而竟侯相，亦以此心耿耿，可对君父也。余竟不能有此愚诚。‘闻春风之怒号，则寸心欲碎；见贼船之上驶，则绕屋彷徨。’《出师表》无此沉痛。”二十九日云：“作《胡军篇》。看咏芝奏牍，精神殊胜涤公；有才如此，未竟其用，可叹也！”三月十六日云：“看胡奏稿书札及方略，见庚申年事，忽忽不乐。又看曾奏稿，殊矢忠诚之道。曾不如胡明甚，而名重于胡者，其始起至诚且贤，其后不能掩之也。余初未合观两公集，每右曾而左胡，今乃知胡之不可及，惜交臂失此人也。向非余厚曾薄胡，彰著于天下，则今日之论，几何而不疑余之忌盛哉？”十七日云：“欲作《曾军后篇》，连日正不喜曾，乃改撰《水师篇》。”四月十一日云：“作军志。咸丰六年至八年，湖南协济江西军饷银二百九十一万五千两，此左生之功也。左生于江西殊胜曾公。”十二日云：“夜看曾书札，于危苦时不废学，亦可取，而大要为谨守所误，使万民涂炭，犹自以心无愧，则儒者之罪也；似张浚矣。”十四日云：“作军志。叙多功于曾军，使稍生色，亦以对砭其失。军不可惧，孔子以惧教子路，言其轻死耳，非谓行三军当惧也。”十五日云：“作军志。看曾书疏，未尝一日忘惧，似得朱（按：疑应是“宋”字。）儒之精矣，而成就不大，何也？”盖于推许之外，兼有不足之意。国藩用兵，最重“扎硬寨，打死仗”，不尚诡谋奇计，而为人力求稳慎，不喜冒险；闿运固自负权奇郁不得施，对之有不以为然者，加之性好讥评，遂论之如此。撰《湘军志》时之情绪，见于日记者，自可与《湘军志》参阅，然不可过泥，以其日记中多有兴到语、率尔语（且前后不尽一致），著书下笔之际，则较有斟酌，与写日记时之信笔放言，态度上尚颇有谨严与率易之别耳。（其四月二十五日日记云：“作军志，看方略、曾奏将毕矣，然叙次殊不及前，以彭、杨、曾构陈事，三人皆不欲载，有依违也。故修史难，不同时、失实，同时、循情；才学识皆穷，仅记其迹耳。”则自谓有因有所瞻顾而不肯深文之处也。又是月二十二日云：“作军志，序田镇战事颇近小说，然未能割爱也。”盖颇以此役战状写得过于历历如绘自疑，而亦不失为佳文。）

曾国荃之围攻南京，李秀成率师驰救，众远过之，以国荃之坚持，卒不得逞而去，自是南京无援，遂成必破之局。此役关系太平天国之存亡甚大，当时曾国藩之奏报，备陈形势之孤危与战事之剧烈，而日记及家书中有“寸心如焚”“心胆俱碎”等语，想见忧悸之甚，其《金陵湘军陆师昭忠祠记》，亦著其坚苦御敌之状，故此役实国荃所引以自豪者。《湘军志·曾军后篇》叙此云：

同治元年……闰八月，苏常寇来攻曾国荃军，多发西夷火器相烧击，复穴地袭屯垒，连十昼夜不休。九月，浙江寇复来助攻。国藩急征援兵，皆牵制不得赴。国荃以三万人居围中，城寇与援寇相环伺，士卒死伤劳敝，然罕搏战，率恃炮声相震骇，盖寇将骄佚，亦自重其死，又乌合大众，不知选将，比于初起时衰矣。十月，寇解去……

将国荃此一场大功，写得甚简，若无甚奇特。国荃之斥为谤书，盖于此节尤所忿恚也。郭嵩焘云（见《湘军志平议》）：

李秀成以三十万众，困曾三万人，搏战四十余日，用火药轰炸其营垒、破其地道无数，极古今之恶战。壬秋一意掩没其劳，以数语淡淡了之，真令人气沮。

嵩焘且“气沮”，国荃安得而不大怒乎？王定安承国荃之旨而作之《湘军记·围攻金陵下篇》纪此役云：

闰八月，疫犹未已，军士互传染，死者山积。……当是时，群医旁午，病者方资休息，而伪忠王李秀成引兵三十万，自苏常奔至，号六十万，东起方山，西讫板桥镇，连营数百。国荃兵不满三万，贼围之数匝。彭玉麟、杨岳斌水师，皆阻隔不相闻。诸将惩向荣、和春之失，谋溃围就水师，退保芜湖。国藩在安庆，忧之废寝食，飞檄令解围。国荃令于众曰："贼以全力突围，是其故技，向公和公正以退而致挫，今若蹈其覆辙，贼且长驱西上，大局倾覆，何芜湖之能保？夫贼虽众，皆乌合无纪律，且久据吴会，习于骄佚，未尝经大挫，吾正苦其散漫难遍击，今致之来，聚而创之，必狂走，吾乃得专力捣其巢，破之必矣。愿诸君共努力！"诸将诺服。己亥，乃分围师为三，以其二防城贼侵袭，国荃自将其一当援寇。一夕筑小垒无数，障粮道以属之江。贼益番休迭进，蚁傅环攻，累箱实土，以作橹楯，挟西洋开花炮自空下击，所触皆摧。国荃留孱卒守栅，选健者日夜拒战，更代眠食，常以火毬大炮烧贼无算，贼仍抵死弗退，军士伤亡颇众。己酉，部将倪桂节中炮殒。国荃左颊受枪伤，血渍重襟，犹裹创巡营。历半月，贼稍却，而伪堵王黄文金出东坝，攻金宝圩，为李秀成声援，鲍超遣军御之新河庄，为所乘，水师亦困于金柱关。贼焰益张，乃掘地道陷官军垒；国荃屡堵合之，亦时以秽卤倒浸穴中。九月壬子，伪侍王李世贤复自浙江纠众麇至，合秀成军号八十万。国荃度浙寇新来气盛，诫诸将厚集其阵，暇以待之。贼负板担草土填濠，我军拒濠发炮，贼屡却，仍坚壁不出，相持两昼夜，甲寅乃发万人开壁击之，军士气十倍，呼声动天，当者无不摧靡，一日内破坚垒十三，杀八千人。援贼气夺，乃益凿地埋火药。辛酉，两穴同发，土石飞跃如雨，大营墙坍，贼队猛进，国荃督军士露立墙外，环掷火毬，间有枪炮，贼前者既殪，后者复登，逾三时墙缺复合，杀悍寇数千。群贼乃谋昼息宵攻，轮进以疲我，连营周百里，其近者距官军才二十丈，仍潜开隧道，乘雨夜轰之。国荃令各军掘内濠，翼以外墙，破其地洞七，贼计始窘。十月，国荃度贼力疲，可一战破也，乃诫诸将秣厉以俟。壬午，引军出濠，克十余卡，知贼不任战，军益大出。癸未，李臣典等出东路，曾贞干出西路，彭毓橘、萧孚泗等出南路。甲申，天向曙，臣典烧东路四垒，火光烛天，西南诸贼望见汹惧，弃垒逃。贞干侦三汊河贼宵遁，急引兵趋之，遇逃寇则纵兵要击，追之板桥周村，彭毓橘追至牛首山，王可升搜贼方山西，诸贼在东路者绕南门逸，其在西路者走秣陵关，于是苏浙贼数十万皆遁，金陵围师解严。是役也，李秀成率十三伪王赴援，李世贤继之，杨辅清、黄文金围鲍超于宁国，陈坤书出太平，窥金柱关以困水师，悍酋萃一隅，我军几殆惫不振。曾国藩固以进攻金陵为非计，业被围则飞檄调蒋益澧、程学启驰救；益澧在浙，学启在苏，皆有故不得至。国荃孤军居围中，战守四十六日，杀贼五万，我军亦伤亡五千，将士皮肉几尽，军兴来未有如此苦战也。

详叙此役战守之状，写得如火如荼，于国荃尤特为标举，而断以“军兴来未有如此之苦战”，与嵩焘所谓“极古今之恶战”，均以辨正闿运“罕搏战”等语。研究《湘军记》与《湘军志》之异同，此节最宜留意，盖国荃之属定安撰《湘军记》，斯其最大动机也。（定安自叙云：“向张既殒，朱维沦胥。帝曰：‘汝藩，作督三吴；汝荃统师，布政于苏。’乃整其旅，电扫风驱，北斫濡须，南攦芜湖，遂捎秣陵，连壁南都。洪酋恇耆，乃召其徒，其徒百万，封豕训狐，威毅笞之，如割如屠，忠仆侍颠，弃戈而嘘，乃张九罭；周其四阹；两徂寒暑，乃焚厥居。帝嘉乃绩，锡之券书，兄侯弟伯，析圭剖符，紫阁图形，载之典谟。作《围攻金陵下篇》第九。”盛推国荃下金陵之功，亦著重此役之击退李秀成等援师。）平情论之，闿运所谓“罕搏战，率持炮声相震骇”，举重若轻，未免太甚，且词涉轻薄，良有召怒之道，定安为国荃竭力铺叙，亦势所必然，惟闿运之论太平援军方面之弱点，则不尽虚诬，盖太平军已有暮气，亦湘军所由奏绩也。不然，以秀成之智勇能军，将众以临寡，形势上可操必胜之券，何竟不能解金陵之危，使国荃为向荣、和春之续，而逡巡退却，不克再振，坐待“天京”之沦陷，天国之覆亡乎？虽曰国荃武略优长，湘军善于战守，太平军如无弱点，结果当不若是耳。国藩《金陵军营官绅昭忠祠记》有云：

> 当诸将屯驻秣陵，向公荣、张公国梁最负众望，其余智者竭谋，勇者殚力，亦岂不切齿图力，思得当以报国？事会未至，穷天下之力而无如何。彼六七伪王者，各挟数十万之众，代兴迭盛，横行一时，而上游沿江千里，亦足转输盗粮。及贼势将衰，诸酋次第僵毙，而广

封骁竖，至百余王之多，权分而势益散。长江渐清，贼粮渐匮。厥后楚军围金陵，两载而告克。非前者果拙而后者果工也；时未可为，则圣哲亦终无成，时可为，则事半而功倍也，皆天也。

以湘军之成功，归之于时，归之于天，是国藩识度高卓襟怀宏阔处。虽非专指击退援军之役，与闿运所论亦不尽同，而其言太平军方面实有弱点之可乘，则与闿运固无大异也。“贼势将衰”，“比于初起时衰矣”，其意义岂不相通耶？国藩此论，若概目为谦让不矜之意，则体会有失矣。故闿运之说，良有未可抹摋（杀）者。（郭振墉于嵩焘语之笺注，谓：“寇势未衰于初起也。”而所引证佐，未足以破闿运说。）定安叙此，亦未便完全不顾，而若仍之，虑于国荃伟烈若有所损，非“持论稍私于曾忠襄”者所宜，于是于国荃鼓励军心语中，叙入“贼虽众，皆乌合无纪律，且久据吴会，习于骄佚”等语（实犹闿运所谓“寇将骄佚，亦自重其死，又乌合大众，不知选将”也），并著“知贼不任战”语于迭经苦战“国荃度贼力疲，可一战破也”之后。如此写法，俾太平军之弱点，不为遗漏，而在国荃方面，却又占得地步，不至掩其战绩，亦可谓匠意斡旋，良工心苦矣。吾人于此，不宜滑口读过也。

梁启超《中国近三百年学术史》十五、清代学者整理旧学之总成绩（三）——史学有云：“其局部的纪事本末之部，最著者有魏默深源之《圣武记》、王壬秋闿运之《湘军志》等。……壬秋文人，缺乏史德，往往以爱憎颠倒事实。……要之壬秋此书文采可观，其内容则反不如王定安《湘军记》

之翔实也。”扬《湘军记》而抑《湘军志》，其不满《湘军志》处，与陈宝箴所疑相同，闿运所不肯自承者也。定安之撰《湘军记》，分《粤湘战守篇》《湖南防御篇》《规复湖北篇》《援守江西上篇》《援守江西下篇》《规复安徽篇》《绥辑淮甸篇》《围攻金陵上篇》《围攻金陵下篇》《谋苏篇》《谋浙篇》《援广闽篇》《援川陕篇》《平黔篇》《平滇篇》《平捻篇》《平回上篇》《平回下篇》《戡定西域篇》《水陆营制篇》，凡二十篇，以体裁论，颇较《湘军志》为完整。国荃光绪十五年己丑叙有云："今海内又安，湘中宿将存者什二三，惧其战迹之轶也，议为一书，与《方略》相表里，而执笔者传闻异词，乃匄东湖王鼎丞观察定安更为之。鼎丞久从愚兄弟游，谙湘军战事，其所述者，非其所目睹，则其所习闻。书既成，复与湘阴郭筠仙侍郎嵩焘暨下走商订得失，漏者补之，疑者阙之，不为苟同，亦不立异，盖其慎也。”定安自叙有云："及壮，佐湘乡曾文正公戎幕、从今宫太保威毅伯游者二十余年，湘中魁人巨公什识八九，其它偏裨建勋伐者不可胜数，东南兵事，饫闻而熟睹之久矣。其后宦游天津，稍习淮军将帅，而湘阴左文襄公暨今陕甘总督茶陵谭公、新疆巡抚湘乡刘公，钞录西北战事，累数百卷，先后邮书见畀。最后从云贵总督新宁湘乡两刘公家得其章奏遗稿，于是又稍知滇黔越南轶事。自咸同以来，圣主之忧勤，生灵之涂炭，将帅之功罪，庙谟之深远，上稽方略，下采疆臣奏疏，粲然备具，而故老之流传，将裨幕僚之尘谭，苟得其实，必录焉。其或传闻异辞，疑信参半者，宁从阙疑，非真知灼见，不敢诬也。”又云："蒙以不才废弃，居彝陵山中，湘中诸君子，书问相勉，而为此作。自光绪十三年三月讫四月，成第一至第五卷，又自十月讫腊月，成第六至第十一卷。明年五月，放棹南游，客新宁刘氏，湘人士敦促，自八月讫九月，成第十二至第十五卷；而余有江南燕齐之行。过长沙，与郭筠仙侍郎商榷得失，携其稿呈威毅伯曾公。又明年三月，余归东湖。六月，至金陵，……乃续成五卷，自七月讫九月毕事。阅时几三载，凡历游五省，中间人事牵率，忽作忽辍，其执笔为文，九阅月耳。"国荃因不满《湘军志》而属定安改撰之缘起与夫定安撰《湘军记》之经过暨资料，于此可见大凡。盖以《湘军志》为底本，而加以修改与补充，闿运为创作，定安则因其旧而重为编撰（取材《湘军志》处固不鲜），创者每易疏漏，因者易于周密，此亦常理，而资料较富，叙次多较赡备，（亦间有失考处）启超称以"翔实"，非无当也；特闿运之独往独来，少所瞻顾，振笔直书，断制自如，蔚成一家之言，自非定安所逮，而文章之雅健雄奇，使读者感浓厚之兴味，留深刻之印象，恶之者亦叹美不遑，而恚嫉所以益甚焉。世之嗜读《湘军志》者多《湘军记》者少，岂无故哉？（国荃叙《湘军记》，谓："至其叙事简赡，论断精严，则仰睎龙门，俯瞰兰台，伯仲于陈志欧史之间，可谓体大思精，事实而言文者矣。"亦甚赞其文字之工，虽涉过誉，定安要亦能文者，造诣可观，惟难与闿运抗衡耳。）

沃丘仲子（费行简）《近代名人小传》传闿运有云："所为《湘军志》，是非之公，为唐后良史第一，而骄将恶其笔伐，有欲得而甘心者，……”则以门人而赞扬本师，亦略同闿运所谓“此书信奇作，实亦多所伤，有取祸之道，……非史官而言人长短，则人尤伤心矣”之旨也。信史之难，自古所叹，闿运此作，虽可议处甚多，而精气光怪，不可掩遏，实有不朽者存，是在读者之善于别择而已。

——民国二十五年

二　王闿运与肃顺

王闿运撰《记端华肃顺事》，以白其冤，闿运固尝客肃顺所，有相当之交谊也。考二人之相与，盖自咸丰九年己未，时闿运年二十八岁。闿运卒后，其子代功所编述《湘绮府君年谱》卷一纪是年事云：

> 四月，会试榜发报罢，以京师人文渊薮，定计留京，寓居法源寺。于时名贤毕集，清流谋议，每有会宴，多以法源寺为归。时龙文皞臣居户部尚书肃慎公宅，授其子读；李文篁仙供职户部主事，为肃所重赏。肃公才识开朗，文宗信任之，声势烜赫，震于一时，思欲延揽英雄，以收物望，一见府君，激赏之；八旗习俗，喜约异姓为兄弟，又欲为府君入赀为郎，府君固未许也。严先生正基闻之，惧府君得祸，手书诲以立身之道，且举柳柳州急于求进，卒因王叔文得罪，困顿以死，言之深切。府君得书感动，假事至济南，作《上征赋》及《济南途中秋兴》诸诗。尹文杏农耕云赠诗有云："行藏须早决，容易近中年。"盖叹府君之不遇也。
>
> 十一月，李文篁仙因事入狱，府君闻之悲感，作幽

愤诗，又为书致肃裕廷尚书，代叙其愤。

是肃顺延揽闿运，而闿运以严正基之言，未久即引去。肃顺之势方盛，炙手可热，正基已虞其将败，则缘政尚峻厉，怨家甚多，尤以戊午科场大狱，佐文宗申国法以救积弊，锐行诛谴，深为朝列所切齿耳。《年谱》同卷咸丰十年庚申云：

> 三月，复还京师，居法源寺。其时同人居京者，蔡舅与循、郭丈筠仙、龙丈皞臣、邓丈弥之，黔蜀则莫丈子偲、赵丈元卿、李丈眉生，云南则刘丈景韩兄弟，江南则尹丈杏农，江西则高丈伯足、许丈仙屏，迭为文酒之会。其后失意四散，子偲丈述杏农语为诗云："吾军久摧颓，不尔非全倾。诙哉杏公语，沉痛不忍听。"盖胜游文会，未久而风流云散矣。
>
> 四月，曾文正公始授两江总督之命，进驻祁门。府君于八月出京，往祁门视曾。……
>
> 十月，还长沙。

十一年辛酉云：

> 是岁七月，文宗显皇帝晏驾热河，郑怡诸王以宗姻受顾命，立皇太子，改元祺祥，请太后同省章奏。府君与曾书，言宜亲贤并用，以辅幼主，恭亲王宜当国，曾宜自请入觐，申明祖制，庶母后不得临朝，则朝委裘而天下治。曾素谨慎，自以功名大盛，恐蹈权臣干政之嫌，得书不报。厥后朝局纷更，遂致变乱，府君每太息痛恨于其言之不用也。

闿运于咸丰十年回京，或又与肃顺往还，所举迭为文酒之会之同人，不乏与肃顺相善者，肃顺轻满员，而雅重汉人名流也。未几有英法联军之役，继以政变旋作，肃顺坐叛逆被诛，于是同人星散。惟咸丰十年闿运在京亦为日不多，纵与肃顺气谊相投，非必有甚深之关系耳。民国三年，闿运应总统袁世凯之招，北上就职国史馆长，有《法源寺留春会宴集序》之作，文云："法源寺者，故唐悯忠寺也。余以己未赁庑过夏，居及两年。其时夷患初兴，朝议和战，尹杏农主战，郭筠仙主和，而俱为清流，肃裕庭依违和战之间，而号为权臣，余为裕庭知赏，亦善尹、郭，而号为肃党。然清议权谋，皆必有集，则多以法源为归。长夏宴游，悲歌薄醉，虽不同荆卿之饮燕市，要不同魏其之睨两宫。盖其时湘军方盛，曾、胡掎角，天子忧勤，大臣补苴，犹喜金瓯之无缺也。俄而大沽失机，苏杭并陷，余同郭还湘，肃从西幸，京师被寇，龙髯莫攀，顾命八臣，俱从诛贬。自此东南渐定，号为中兴；余则息影山阿，不闻治乱。中间虽两至辇下，率无久留。垂暮之年，忽有游兴，越以甲寅三月，重谒金台。京国同人，既皆失职，其有事者，又异昔时，怀刺不知所投，认启不知所问。乃访旧迹，犹识寺门，遂请导师，代通鄙志，约以春尽之日，会于寺寮。丁香盛开，净筵斯启，群英跫至，喜不遐遗，感往欣今，斐然有作，列其佳什，庶继兰亭，亦述所怀，以和友声云尔。"时年八十三矣；回顾五十余年前事，感慨系之，对于肃顺与己之关系，亦自道其梗概焉。至其咸丰十一年致书曾国藩，主张恭亲王奕䜣当国，为国谋兼为肃顺谋，颇中利害。奕䜣以皇叔而有能名，负重望，使肃顺辈礼下之，引与共事，垂帘之局，盖不易成。孝钦之能倾肃顺辈，正由厚结奕䜣，使为己用耳。闿运怀此，不迳向肃顺建议，而言诸曾国藩，亦见其与肃顺关系之非甚密切也。若夫说国藩以自请入觐，申明祖制，以阻太后之临朝，则殊迂阔而远于事情，国藩非卤莽之流，岂肯冒昧出此，自取咎戾耶？

李篁仙为闿运之友，“湘中五子”之一也，以部曹受肃顺之知遇，竟缘事被肃顺奏劾下狱，故闿运致书肃顺，代鸣不平。民国三年闿运为李氏遗诗作序，述所谓“湘中五子”并李氏受知于肃顺暨获咎情事有云：

> 余故少孤，为叔父所教育，九岁能文，而不喜制举程式，随例肄业城南书院。院长陈先生本钦，名儒也，专攻八比文，礼聘龙先生友夔助校课艺。龙先生熟精四书汇参之学，诸老翰林，如劳、罗诸公，皆推服焉。或聚谈讲论，龙先生来，则莫敢先发言。而余与其长子皞臣交，及武冈二邓子，皆在城南讲舍，李君篁仙亦从其外兄丁果臣居院斋。篁仙早入学补廪生，皞臣亦举丙午乡试，下第还侍父，居内斋，皆谨饬，独余跅弛好大言，篁仙放诞自喜，余尤与相得，日夕过从，皆喜为诗篇，邓弥之尤工五言，每有作皆五言，不取唐宋歌行旧体，故号为学古，其时人不知古诗派别，见五言则号为汉魏，故篁仙以当时酬唱多者自标为“湘中五子”。后以告曾涤丈，罗罗山睡中闻之，惊问曰：“有《近思录》耶？”时道学未衰，故恶五子名云。然篁仙实先工科举学，八比试帖大卷皆甲于四子；由辛亥乡举应丙辰殿

试，卷在进呈十本中，翰林资也。及朝考，误点注，乃置三等，用主事，分户部，以此侘傺，遂懒散不乐曹司趋走，然以才名见重徐侍郎树铭，因见赏于本部尚书肃顺，部事辄咨之。户部亟理财，设官银号凡五，各识以宇记，因曰五宇。官吏因缘亏空，肃尚书治之，设核对处，以篁仙会王郎中正谊办理。银号欠款，当缴铝钱，而辇当十钱抵偿，主者不肯收，辇者委堂下径去。篁仙日趋公，数数见之，漫问白："此钱胡为露积庭下？将破坏矣！"吏具言缴款不收故，则曰："不收，可令更将去。"吏辄应曰："诺。"即呼辇者还其故号。及大治亏空，王郎中以徇纵当送狱待讯。尚书赵公思救之，从容曰："下狱太重；即如李主事，亦当下狱耶！"意以肃善李，必可宽也。肃骤见抵，因发怒曰："皆奏交刑部！"而篁仙入狱。案未结，有夷变，又纵出之；既和，复囚之；改元，不得赦。及诛肃顺，大治肃党，大臣坐罪者相望，篁仙乃以为肃所陷，赦复官。盖在部五年，而在狱两年。

观李氏之事，亦颇见肃顺之铁面无私，不事阿徇。李本被指目为肃党者，乃反于大治肃党时邀赦而复官，斯亦可云趣事。

醒醉生（汪康年）《庄谐选录》卷三云："湖南李篁仙（名榕）、严六皆（名咸，溆浦人）、黄瀚仙、邓弥之、邓保之及王某，为肃门湖南六子，肃败，六子尚在都城。已而李以铸钱事被捕治，余五人始惧，相率仓皇南旋。"所谓王某，即指闿运。如所云，"肃门湖南六子"中，其四为"湘中五子"之李、王、二邓四子焉。其言肃败王尚在都城，闻李被捕治，五人乃相率而去，云云，实误。尤舛者，谓李篁仙名榕；李榕固另有其人也。李篁仙，名寿蓉，湖南长沙人，官至安徽道员；李申甫，名榕，四川剑州（今剑阁县）人，尝为曾国藩幕客，官至湖南布政使。二李虽同时之人，岂可混而为一乎？

闿运辛未（同治十年）三月至京，应会试后，曾存问肃顺家，颇恋恋有故人意。《年谱》中未载其事，《湘绮楼日记》则于此略有所纪，七月事也。摘录如次：

> 六日，……海岸来，翰仙继至，同车入城，至二龙坑劈柴胡同，见豫庭二儿：一曰征善，出继故郑王端华；二曰承善，年十八，甚英发。园亭荒芜，竹树犹茂，台倾池平，为之怅然。
>
> 八日，……故郑王子征善来。余本约豫庭子承善来（字智甫，又云禹阶。其弟同善，字禹襄，独与母出居于外，盖豫庭二妾不和也），而以无衣冠不能至。旗人仍习气，讲排场，不能变也。谈久之，无策可振之。宗室禁严如此，亦定制之未善耶！

是月十五日，闿运即出京，盖临行之前，加以存问，念旧有心，而有爱莫能助之感。忆曾闻人言：闿运此次至京，托名会试，实专为访问肃顺后嗣，厚予资助。殆不尽然。居京数月，将行始诣访，苟专为此事而北上，当不如是耳。《年谱》卷二是年云：

> 正月，府君居衡，已七年，专事撰述，无出游之意。常丈仪畲以为非习劳之义。去岁闻常丈病卒，追其感

意，故复为北游。

三月三日至京师，寓黄文晓岱宅。府君初不欲会试，适值试期，亦不欲示异，遂入试。

谓北游旨在习劳，适值试期，姑与试焉；试期早著功令，相值无乃太巧乎？《日记》四月四日，闻未获售，谓："余来本不为试事，而勉赴试期。"以下颇作悔艾之语，似其时名心犹未能尽忘也。

《清史稿·闿运传》，多用沃丘仲子（费行简，闿运门人也）《近代名人小传》传闿运语，其云"咸丰三年举人，……初馆山东巡抚崇恩，入都就尚书肃顺聘。肃顺奉之若师保，军事多谘而后行。左宗棠之狱，闿运实解之"，本诸《小传》所云"咸丰癸丑举人，以贫就食四方，尝馆山东巡抚崇恩、大学士肃顺所。顺奉之若师保，军事多以谘之。左宗棠之狱，因以得解"也。肃顺纵激赏闿运，何至便"奉之若师保"？在费氏之作《小传》，推美本师，或过其质，犹可说也；正史甄采，自宜加慎。闿运系于咸丰七年丁巳中本省补行壬子（咸丰二年）乙卯（咸丰五年）并科举人。《年谱》卷一是年云：

时江西军务紧急，曾文正公督办军务，江南大营亦于去年失陷，金陵贼酋内乱，唯湖南稍得休息，朝议补行壬子、乙卯两科乡试，放考官举行科场事。或以告府君宜及期应试者，府君见沿途寇盗充斥，度考官必不能至，辄漫应之。已而闻先祖妣言，乃驰至省城录科，遂入试。是岁领乡荐，中式第五名举人。座主为杨君泗荪、钱君桂森，房考官为鲍君聪。

其为是年中举，自无疑义。若咸丰三年癸丑，则并无乡试，闿运岂能为是年举人乎？（又，闿运似亦未尝馆崇恩；《年谱》卷一载其咸丰九年冬十年春间客山东巡抚文煜所，《湘绮楼文集》中有《珍珠泉铭》，即作于十年春在山东巡抚署时，《年谱》亦及之。）未言曾馆崇恩，费氏殆以前后任而误记，《清史稿》均未考而援用耳。（崇恩为文煜之前任。）肃顺于咸丰十年十二月以户部尚书协办大学士，闿运已先于八月往祁门，旋回湘，且肃顺迄被诛未晋正揆，《小传》言“馆大学士肃顺所”，亦稍未谛；《清史稿》作“就尚书肃顺聘”，较合。

至关于左宗棠之狱，肃顺从中为力，俾其得免罹祸，薛福成所谓“肃顺推服楚贤”也。福成《庸盦笔记》卷一言此云：

> ……是时粤贼势甚张，而讨贼将帅之有功者，皆在湖南。……惟肃顺知之已深，颇能倾心推服，平时与座客谈论，常心折曾文正公之识量，胡文忠公之才略。苏常既陷，何桂清以弃城获咎，文宗欲用胡公总督两江，肃顺曰：“胡林翼在湖北措注尽善，未可挪动，不如用曾国藩督两江，则上下游俱得人矣。”上曰：“善。”遂如其议，卒有成功。左文襄之在湖南巡抚幕府也，已革永州镇樊燮控之都察院，而官文恭公督湖广，复严劾之，廷旨敕下文恭密查，如左宗棠果有不法情事，可即就地正法。肃顺告其幕客湖口高心夔碧湄，心夔告衡阳王闿运纫（壬）秋，闿运告翰林院编修郭嵩焘筠仙。郭公固与左公同县，又素佩其经济，倾倒备至，闻之大惊，遣闿

运往求救于肃顺。肃顺曰:“必俟内外臣工有疏保荐,余方能启齿。”郭公方与京卿潘公祖荫同值南书房,乃浼潘公疏荐文襄,而胡文忠公上敬举贤才力图补救一疏,亦荐文襄才可大用,有“名满天下,谤亦随之”之语。上果问肃顺曰:“方今天下多事,左宗棠果长军旅,自当弃瑕录用。”肃顺奏曰:“闻左宗棠在湖南巡抚骆秉章幕中,赞画军谋,迭著成效,骆秉章之功皆其功也。人才难得,自当爱惜。请再密寄官文,录中外保荐各疏,令其察酌情形办理。”从之。官公知朝廷意要用文襄,遂与僚属别商具奏结案,而文襄竟未对簿。俄而曾文正公奏荐,文襄以四品京堂襄办军务,勋望遂日隆焉。此说余闻之高碧湄,未知确否。碧湄与纫(壬)秋皆尝在肃顺家教其子者也。

所述闻诸高心夔(又字伯足)者若是,盖宗棠之狱得解,甚赖肃顺等,闿运亦颇有劳于其间;而曾国藩之督两江,亦出肃顺推荐。(闿运湘潭人,福成曰衡阳者,盖因自避家讳之故,而书其旧籍。)此外更有传说肃顺之荐国藩由于闿运向之推举者,闿运言其诬。《湘绮楼日记》光绪五年乙卯二月七日云:“季怀问曾涤丈督两江,为余荐之于肃裕庭,又言六云身价三千金,皆了无其事,何世人之好刻画无盐也!”时闿运充尊经书院院长,季怀即薛福成之弟福保,为川督丁宝桢幕客,同在成都。六云为闿运之妾。

——民国二十五年

三　湘绮楼之今昔

王闿运一代文豪，其子代功为编年谱，称有《湘绮楼文集》二十六卷，外集二卷，而坊间仅有八卷本，晚年之文，均未收入。曾请宁乡梅伯纪君代访，其家与王氏有旧也。近得来书，亦未见此二十八卷本，盖迄未印行，并谓："湘绮故居，在湘潭之云湖桥，适当湘潭、湘乡之孔道，十年前湘乱迭乘，闻其迭遭兵燹，书籍散失殆尽，但以其后嗣无闻，无从问讯。昨阅《湘报》，有关于湘绮楼纪载一则，故家零落，风流歇绝，良可慨叹。兹持翦报附呈，知亦同此怃然。"所翦示者，为刘湜《湘绮楼追记》，其文云：

> 去年十月间从长沙回到我的故乡——湘潭，……偶然想到一回事，值得我几番追忆。记得发蒙读书时，是在湘绮先生的故宅，而今足足十年了。那时我才十岁，正是□□□闹得很糟，把湘绮楼前的古树，砍得寸木不留，楼虽先年被水浸坍了，得着树木的陪衬，还留有几许风光，经此之后，只留下一块方形的草坪，给人们徘徊凭吊。
>
> 湘绮楼虽然倒了，但是楼后的两进屋还是如故。

每进间有宽大的丹池，所种的花木都已高出屋外，虽然是旧式房屋，可是空气流通，景致也还幽美。（按：丹池，湘语庭院之大者。）

相隔我家，只一条小小的涟水。不记十月那日里，我独自渡过涟水，向十年未到的旧游之地迈进，一会儿已达到了，可是眼前的一切，都不是我脑海中所想到的景象，屋子破了，墙壁已有裂痕，庭子里的花木和果树也不多留，为的已非旧主了！五年前售与周姓，现教局虽有收回公产重修湘绮楼之提议，究没有成为事实，恐终于是个意见。

……在湘绮楼前，触景生情，增加我无限感慨，曾有诗一首云：

湘江口北云峰麓，远树空濛暗幽谷。
松老参天欲化龙，胡为鸟声鸣剥啄！
荒村寥落少人行，但见歌吟樵与牧。
攀跻幽径过山塘①，十年重到湘绮屋。
升阶笑问应门童，自云我是周人仆。
园林寂寞惊萧然，三五昏鸦噪寒木。
人亡物在事全非，感物怀人景触目。
从来大梦果依稀，沧桑非是年华速。
我今涕泪何潸然，徘徊忍向西风哭！

凭吊故居，抚今感昔，阅者想同深感喟也。

---

① 山塘即楼址地名。

王氏有《湘绮楼记》，为清光绪三十三年丁未所作，亦文集八卷本所未收者，兹就钞存者移录于次，俾与刘氏所记并览：

湘绮楼者，余少时与妇同居之室，僦居无楼，假以名之。后倚长沙定王故台，实面湘津。谢拟曹诗曰：高文一何绮，小儒安足为。余好为文而不喜儒生，绮虽未能，是吾志也。宴居一年，湘军治兵，出参军谋，归读我书。邻园有鹤夜鸣，辄起徘徊。赋诗曰：鹤唳华池边，气与空秋爽；平生志江海，低羽归尘鞅。翛然有世外之志。忆弱冠时，梦余所居五楹通楼，前临平田，绿苗无际。后游吴城湖楼，恍惚似之，但白波连山，无稻田耳。及避兵明冈，六年还城，家无儋储，月供房税，靡菽水之福，有泉刀之苦。乃身至广州，求得蛮女，偕妻上湘，借居衡阳，依朋友以资衣食。妾汲妇炊，大治群经，屋壁皆长女篆书。妻妾儿女，夏簟冬炉，每读诵楚词相和。尝寄诗夸示高伯足云：知君一事苦相羡，新得西施能负薪。余之消摇物外，自此始也。然所居有轩无楼，连房五间，前堂两夹，容膝而已。自甲乙迁居，岁逾一纪，潜虬为戾，承水暴涨，山庄沙掩。余方承修《湘军志》，携妾城中。妻孕少子，涉波而免。归视沙浸，未易扫除，乃谋城居，迄无安宅。丙子秋始得陈氏故庐，道光初湘藩裕泰买赠其书记陈花农者也。余旧与丁果臣、张凤衢、彭笛先游，得识其子小农，恒至其居，似甚宽广。至是小农子鲁詹将官蜀，乏赀，以宅质余。余忆前游，欣然许之。丙子十月成券入宅，宅殊湫隘，堂后益暗，乃撤屋作楼，始题旧名。方鸠工筑垣，三营将弁快靴行褂者三四十人，指画楼前，若有所疑。余出问之，则对曰：此楼基公家地也，君何侵焉？询以据，则请验契，以滴水为界，此出滴水方丈，视契良然。余告之曰：此非吾主，吾有所受之也；君等寻前主究之，吾固不吝。期以三日，而四日不至。楼成，徐询其由，则由前军官居之而自侵公地云。楼之后俯临荒园，旷望三方，上作重台，目送湘帆。帉女七八岁，日登危阑，踊跃其颠。余后作其哀词云：居子十年，一日千回；昔诃尔去，今望魂来。记其事也。与余游者莫不登焉。女士则曾彦，杂家文廷式，楼客之异者也。营弁既妒余作楼，乃收其余地作屋数百间，楼便不能空旷。大儿又惧平台之危，乘余出游，拆去重曾，又不能见帆。戊子火灾，大改前制，楼虽岿存，亦并新之，为内外二间，无前四周回阑之制。诸女适人，妻妾殂逝，始去兹楼，移居山庄。年七十，门人张登寿倡议醵金，于山塘作楼，以致庆祝。弟子多闻此言。子妇杨氏兄度敛钱许铭彝，许极以为不然。语闻于余，余以为倡议诚非，阻者亦未是也。为师筑室，亦弟子之职，因惜费而訾之，与己不能而求助者，庸有愈乎？且此议既闻，而夏巡抚唐衡州俱有助资，杨许议废，抑又何说？度幡然更督其工，费四百金，为山中湘绮楼。孤居田边，过者笑之。余不得已，又自作前堂东房，楼乃有寄。然地势迤下，自余室至楼，三下始登，楼顶适与地平，又一奇也。乙巳，风雹吹损窗槛。杨、张皆弃学师倭，不顾湘矣。独余益缮完两楼，城楼更作回廊别室，山楼尽度九经雕板，岁偶一居，忘谁主人。然有楼未若无楼之绮也。人以楼名。长白郑公子远为之图。而城楼左右，尽子妇孙女居室，客不得复上。山楼被风灾时，巡抚特檄委员会县令来勘，即宴于楼。自是客来必宴之。春有桃花牡丹，夏有荷池，秋有红叶远桂，冬有松雪。若使科举不废，练军不兴，则学使案试，朝使督抚阅兵，皆过门停骖，吁其盛也！旧楼记有铭，被火失之。续作新楼记，亦未镌录。今特铭两楼缘起及名楼之意，俾知我者有述焉。丁未中秋王闿运作于清泉东洲黄绮楼。黄绮者，彭雪琴所作以居我，因官官而名之也。

——民国二十六年

四　李慈铭与王闿运

李慈铭同治十一年壬申四月六日日记云：

作书致砚樵，极言作诗甘苦，以砚樵题予诗，谓："初学温李，继规沈宋。"予平生实未尝读此四家诗也。义山七律有逼似少陵者，七绝尤为晚唐以后第一人，五律亦工，古体则全无骨力。飞卿亦有佳处，七绝尤警秀，惟其大旨在揉弄金粉，取悦闺襜。荡子艳词，胡为相拟？至于沈宋，唐人罪人耳。倾邪侧媚，附体佥壬，心术既殊，语言何择？故其为诗，大率沿靡六朝，依托四杰，浮华襞积，略无真诣，间有一二雕琢巧语而已。云卿尚有《卢家少妇》一律，粗成章法，"近乡情更怯"十字，微见性情；延清奸险尤甚，诗直一无可取。盖不肖之徒，虽或有才华，皆是小慧，必不能抒扬理奥，托兴风雅，其辞枝而不理，其气促而不举，纵有巧丽之句，必无完善之篇。砚樵溺志三唐，专务工语，故以此相品藻。予二十年前已薄视淫靡丽制，惟谓此事当以魄力气体，补其性情，幽远清微，传其哀乐，又必本之以经籍，宓之以律法。不名一家，不专一代。疵其浮缛，二陆、三潘亦所弃也；赏其情悟，梅邨、樊榭亦所取也。至于感愤切挚之作，登临闲适之篇，集中所存，自谓虽苏李复生，陶谢可作，不能过也！砚樵之评，实深思之而不可解。以诗而论，世无仲尼，不当在弟子之列，而谓学温岐规沈宋乎！

又云：

前日香涛言：近日称诗家，楚南王壬秋之幽奥与予之明秀，一时殆无伦比。然“明秀”二字足尽予诗乎？盖予近与诸君倡和之作，皆仅取达意，不求高深，而香涛又未尝见予集，故有是言也。若王君之诗，予见其数首，则粗有腔拍，古人糟魄尚未尽得者。其人予两晤之，喜妄言，盖一江湖唇吻之士，而以与予并论，则予之诗亦可知矣！香涛又尝言：“壬秋之学六朝，不及徐青藤。”夫六朝既非幽奥，青藤亦不学六朝，则其视予诗亦并不如青藤矣。以二君之相爱，京师之才亦无如二君者，香涛尤一时杰出，而尚为此言，真赏不逢，斯文将坠，予之碌碌，不可以休乎！逸山尝言：“以王壬秋拟李悉伯，予终不服。”都中知己，惟此君矣。此段议论，当持与晓湖语之。

又云：

学诗之道，必不能专一家，限一代，凡规规摹拟者，必其才力薄弱，中无真诣，循墙摸壁，不可尺寸离也。五古，自枚叔、苏李、子建、仲宣、嗣宗、太冲、景纯、渊明、康乐、延年、明远、元晖、仲言、休文、文通、子寿、襄阳、摩诘、嘉州、常尉、太祝、太白、子美、苏州、退之、子厚，以及宋之子瞻，元之雁门、道园，明之青田、君采、空同、大复，国朝之樊榭，皆独具精诣，卓绝千秋。作诗者当汰其繁芜，取其深蕴，随物赋形，悉为我有。七古，子美一人，足为正宗。退之、子瞻、山谷、务观、遗山、青邱、空同、大复，可称八俊。梅邨别调，具足风流。此外无可学也。五律，自唐迄国朝，佳手林立，更仆难数，清奇浓淡，不名一家，而要以悫实沈著为主。七律，取骨于杜，所以导扬忠爱，结正风骚，而趣悟所昭，体会所及，上自东川、摩诘，下至公安、松圆，皆微妙可参，取材不废。其唐之文房、义山，元之遗山，明之大复、沧溟、弇洲、独漉，国朝之渔洋、樊榭，诣各不同，尤为绝出。七绝，则江宁、右丞、太白、君虞、义山、飞卿、致尧、东坡、放翁、雁门、沧溟、子相、松圆、渔洋、樊榭，十五家皆绝调也。而晚唐北宋，多堪取法，不能悉指。我朝之王厉，尤风雅詟人，瓣香可奉。五绝，则王裴其最著已。平生师资学力，约略在兹，自以为施骤百家，变动万态，而可域之以一二人，赏之以一二字哉！

又云：

道光以后名士，动拟杜韩，槎牙率硬而诗日坏。咸丰以后名士，动拟汉魏，肤浮填砌而诗益坏。道光名士苦于不读书而骛虚名，咸丰名士病在读杂书而喜妄言。

又云：

得砚樵复书，言所评非本意也。再索诗集去。又复一书，备言以人品定诗品之旨。

慈铭评骘诗家，自道所学，略见于斯，而自负之高，意态尤可睹。

王闿运与慈铭，并时噪誉文坛，而慈铭之于诗，深不然之，羞与为伍，盖途辙有异，真未免文人相轻之见也。闿运《诗法一首示黄生》（坊本《湘绮楼文集》未及收）有云：“今欲作诗，但有两派，一五言，一七言。五律则五言之别派，七律亦五律之加增。五绝七绝，乃真兴体。五言法门，皆从此出。既成五言一体，法门乃出，要之只苏、李两派。苏诗宽和，枚乘、曹植、陆机宗之。李诗清劲，刘桢、左思、阮籍宗之。曹操、蔡琰则李之别派，潘岳、颜延之苏之支流。陶、谢俱出自阮，陶诗真率，谢诗超艳。自是以外，皆小名家矣。山水雕缋，未若宫体，故自宋以后，散为有句无章之作，虽似极靡，而实兴体，是古之式也。李唐既兴，陈张复起，融合苏李，以为五言。李、杜继之，与王、孟竞爽。有唐名家，乃有储、高、岑、韦、孟郊诸作，皆不失古法，自写性情，才气所溢，多在七言，歌行突过六朝，直接二曹，则宋之问、刘希夷道其法门，王维、王昌龄、高、岑开其堂奥，李颀兼乎众妙，李、杜极其变态。阎朝隐、顾况、卢仝、刘乂，推宕排阖，韩愈之所羡也。二李（贺、商隐）、温岐、段成式雕章琢句，樊宗师之所羡也。元微之赋望云骓，纵横往来，神似子美，故非乐天之所及。张、王乐府，效法白、傅，亦匹于新丰上阳诸篇乎。退之媿尚诘诎，则近乎戏矣。宋人披昌，其流弊也。诗法既穷，无可生新，物极必反，始兴明派，专事模拟，但能近体，若作五言，不能自达。不失古格而出新意，其魏（源）、邓（辅纶）乎。两君并出邵阳，殆地灵也。零陵作者，三百年来，前有船山，后有魏、邓。鄙人资之，殆兼其长，比之何李李王，譬如楚人学齐语，能为庄岳土谭耳。……诗既分和、劲两派，作者随其所近，自臻极诣。当其下笔，先在选词，斐然成章，然后可裁。……乐必依声，诗必法古，自然之理也。欲己有作，必先有蓄。名篇佳制，手披口吟，非沉浸于中，必不能炳著于外，故余遇学诗人，从不劝进，以其功苦也。古人之诗，尽美尽善矣，典刑不远，又何加焉？但有一戒，必不可元遗山及湘绮楼。遗山初无功力，而欲成大家，取古人之词意而杂糅之，不古不唐，不宋不元；学之必乱。余则尽法古人之美，一一而放之，熔铸而出之；功成未至而谬拟之，必弱必缫，则不成章矣。故诗有家数，犹书有家样，不可不知也。”正可与慈铭所论合看。闿运之所自负，亦大有目无余子之概。若慈铭者殆非所愿齿及云。

范当世在诗家中，亦一时之隽。慈铭与言謇博手札，有云：“所携晾诗，其姓名是否范当世？当世素不知其人，观其诗，甚有才气，然细按之，多未了语，此质美未学之病也。”亦不甚许可，特视论闿运者差胜耳。

文廷式《闻尘偶记》云：“李莼客以就天津书院故，官御史时，于合肥不敢置一词。观其日记，是非亦多颠倒，甚矣文人托身不可不慎也！然莼客秉性狷狭，故终身要无大失，视舞文无行之王闿运，要远过之。”论王、李人品，二者交讥，于慈铭尚有恕词，闿运则不留余地矣。完人本难，廷式亦多遗议也。清流集矢李鸿章，为一时风气，慈铭在言路，不劾鸿章，故廷式病之。以“狷狭”评慈铭，盖确。其日记以意气之盛，时伤偏激，然论学书事，可供甄采，毕生致力，勤而有恒，闿运日记，未能与侔也。廷式尝摘钞慈铭日记，间加批识，并有小序云：“李莼客日记数十册，尚未刊。其中论时事，记掌故，考名物，皆有可采。匆匆阅过，未能甄录，颇觉可惜。兹就其《郇学斋》一种中，略采数条，以著梗概。其日记数年辄改一名，有“越缦堂”“孟学斋”“桃花圣解斋”诸目。（按：桃花圣解斋，‘斋’应作‘盦’。今印本总名曰《越缦堂日记》。）其考据诗词等作，必将付刊，故余特略钞其记时事者。莼客以甲午秋卒。晚年多病，虽居言职，有所欲言，而精力每不逮矣，亦可惜也！”（可参阅平步青所为慈铭传，言卒于十一月二十四日。）

廷式以“舞文无行”斥闿运，慈铭亦以“轻险”等语极诋之。其光绪五年己卯十二月初二日日记云：“阅邹叔绩文集。……遗书前刻楚人王闿运所为传，意求奇崛，而事迹全不分明，支离芜僿，亦多费解。此人盛窃时誉，唇吻激扬，好持长短，虽较赵之谦稍知读书，诗文亦较通顺，而大言诡行，轻险自炫，亦近日江湖佹客一辈中物也。日出久消，终归朽腐，姑记吾言，以验后来而已。”其嫉之更有如是者。之谦与慈铭同里，夙嫌，尤慈铭所恶，日记中每深致轻诋。

——民国二十二年

五　李慈铭与周祖培

李慈铭尝授读周祖培家，祖培相待颇厚，有爱士之雅。祖培之卒，慈铭丁卯五月二十五日日记云："秦镜珊来，言新见邸录，商城相国于四月间薨逝，官其子文令主事，荫一孙举人。相国容容保位，无它可称，而清慎自持，终不失为君子。其于鄙人，亦不足称知己，然三年设醴，久而益敬，且时时称道其文章，颇以国器相期；常谓其门下士曰：'汝辈甲科高第，然学问不能及李君十一。'予甲子京兆落解，为之叹惜累日，是亦可感者矣。追念平生，为之黯惨。"时居母忧在籍也。慈铭性狷傲，不肯轻许达官以知己，而如所云，盖亦未尝无知己之感焉。

癸亥（同治二年）五月，慈铭以捐班郎中签分户部。到部未几，奉派稽核堂印差，深以为苦，辞而未果。其是年日记中道及此事者，如六月初三日云："得署中司务厅知会，予派稽核堂印。向例满汉各八员，须日日进署。生最畏暑，近日炎歊尤酷，支离病甚，又无一钱可名，乃正用此时持事来，殆非人力所能致者也。"初四日云："晨入署，诣司务厅，托其以病代告堂官，改免此差，不可得。……作片致方子望，托其转致首领司，代辞此事。……晡后偶从芝翁谈及署中事，大被嗤笑，盖深以予求免差为不然也。御前仗马，被锦勒，系黄缰，方蹀躞得志，闻山麋野猿羁绁呼嗺声，固无不色然骇者。然芝翁之于予，自非恶意，且谓我能读书而不能作官，尤为切中予病。”祖培“能读书不能作官”之语，对慈铭自是定评。又慈铭是年十一月初二日日记有云：“东坡云：‘乐事可慕，苦事可畏，此是未至时心尔。及苦乐既至，以身履之，求畏慕者不可得；况既过之后，复有何物？’此论诚为名言，然慕与畏犹有不同。慕于功名势位，诚为妄耳；若宫室妻妾饮食之慕，则临时固尚可乐也。畏则虽极至砧斧鼎镬，尔时若实已无法可免，当亦心死，不复觉可畏矣。以予自论，平生所慕者书，所畏者事。书自性命所系，一日不得此书，一日不能不慕。若言所畏，家居时或明日有小事必须出门，先日方寸即觉兀臬。今年到官后，更畏派差使。此虽四月不入署，然日惴惴恐书吏送知会来。以此类推，此心安得有一刻自在处。东坡谓比之寻声捕影系风趁梦，四者犹有仿佛。诚可笑也。呜呼！人生有几许寒暑，乃尽为此幻境消磨；吾心有几许精神，乃禁得此细事胶扰。以后当痛定此心。如近日所最畏者，户部请当月，天坛派陪祀耳。彼进牢户戍绝域者，岁不知几千人，何况入衙署宿郊坛乎？遇虎豹陷盗贼者，岁不知几万人，何况接同僚对吏役乎？”慕书，畏事，自道良然，故久官郎曹，而平日几绝迹于署门，斯亦所谓能读书不能作官耳。统观慈铭日记，固多穷愁之语，而读书之乐，时时可见。此种清福，正自难得。

关于文字者，慈铭是年十二月二十五日日记，述代祖培撰挽袁甲三联事云："前日商城属撰漕帅袁端敏挽联。予始撰云：'尽瘁在江淮，身去功成，千载犹思羊太傅。''哀荣备彝册，子先母老，九原遗恨李临淮。'上联谓端敏移疾后，以苗练复叛，奉诏办团，旋卒于防所，今苗逆已平也；下联谓端敏太夫人犹在堂也。芝翁谓：'佳则佳矣，然太华，请更易之。'因改撰云：'名扬台府，功在江淮，更喜能军传令嗣。''史炳丹青，庙崇俎豆，只怜临奠有高堂。'芝翁大喜曰：'此真字字亲切，不特端敏一生包括，并其家世及身后优崇之典，事事都到，情致缠绵，固非君不办此也。'因激赏不已。予所撰先后之优劣，识者自能辨之。特记于此，以示为贵人作文字之法。"亦颇有致。

《曾文正公日记》影印行世之前，有湘潭王启原所编《求阙斋日记钞》印行，系就日记原文分问学、省克、治道、军谋、伦理、文艺、鉴赏、品藻、颐养、游览十类钞辑，摘撷编次，具有条理，亦颇便阅者。且有印影本中作空白而见于《类钞》之处。戊辰（同治七年）正月十七日日记有云："阅张清恪之子张懿敬公师载所辑课子随笔，皆节钞古人家训名言。大约兴家之道不外内外勤俭，兄弟和睦，子弟谦谨等事，败家则反是。夜接周中堂之子文翕谢余致赙仪之信，则别字甚多，字迹恶劣不堪，大抵门客为之，主人全未寓目。闻周少君平日眼孔甚高，口好雌黄，而丧事潦草如此，殊为可叹。盖达官之子弟，听惯高议论，见惯大排场，往往轻慢师长，讥弹人短，所谓骄也。由骄而奢而淫而佚，以至于无恶不作，皆从骄字生出之弊，而子弟之骄，又多由于父兄为达官者，得运乘时，幸致显宦，遂自忘其本领之低，学识之陋，自骄自满，以致子弟效其骄而不觉。吾家子侄辈，亦多轻慢师长，讥弹人短之恶习。欲求稍有成立，必先力除此习，力戒其骄。欲禁子侄之骄，先戒吾心之自骄自满，愿终身自勉之。因周少君之荒谬不堪，既以面谕纪泽，又详记之于此。"此节中之"周中堂之子文翕""周少君"，影印本均作空白，不观《类钞》，不知所言为谁何矣。"周中堂"即指周祖培，祖培卒于丁卯（同治六年）也。曾国藩日记中，罕对人诃责之词，此特借以训诫子侄，遂不觉词气之峻激，本旨固不在周氏耳。（《类钞》列诸伦理类，亦以此；可与其《家书》《家训》中训诫诸语合看。"欲禁子侄之骄"句之"侄"字，《类钞》误作"弟"。手头之《类钞》，系"上海朝记书庄印行""上海中华书局承印"之本。）使慈铭在京，关于祖培家此类文字，躬为董理，当不致如是。

慈铭回京后，为祖培撰神道碑，并代祖培子撰行述。其日记中纪其经过。辛未（同治十年）九月初四日云："撰《周文勤公神道碑文》，既无行状可据，仅取文勤自癸卯至丁卯日记采缀之。"二十四日云："为允臣代撰《文勤公行述》，至夜分成，约三千六百言，与碑文事同文异而较详密，文勤遗事，搜辑靡遗，至其师弟渊源，家世衰盛，亦俱附见，谨严完美，不见其斡旋诘曲之耑，而气体仍极醇实，自信并世当无二人，而沉埋下僚，无过问者，恐数百年后，当有子云、君山其人，思之而不得也。此文是代人作，例不存稿。"十一月二十日云:“夜周允臣来,送文勤碑铭行述润笔银八十两。”《祖培行述》,慈铭极得意之作也。

——民国二十三年

六　谈章炳麟

章太炎（炳麟），高文硕学，蔚为近代鸿儒。比岁讲学苏州，不与政事，海内推为灵光岿然之国学大师，兹闻遽作古人，莫不悼惜不置，盖实至名归，非倖致也。综其生平，立言多可不朽。虽以个性之特强，有时不免流于偏执，甚且见讥为章疯子，然小疵难掩大醇，今日盖棺论定，此老自足度越恒流，彪炳史册，即其"疯"，亦有未可及者。（清光绪三十二年丙午东渡日本，在留学界及民党欢迎会席上演说有云："大凡非常的议论，不是神经病的人断不能想，就能想亦不敢说。遇着坚（艰）难困苦的时候，不是精神病的人断不能百折不回，孤行己意。所以古来有大学问成大事业的，必得有神经病，才能做到。……为这缘故，兄弟承认自己有神经病，也愿诸位同志人人个个都有一两分的神经病。近来传说某某是有神经病，某某也是有神经病，兄弟看来，不怕有神经病，只怕富贵利禄当面现前的时候，那神经病立刻好了，这才是要不得呢！"章疯子之自量其疯如此，亦隽语也。）

其性孤鲠，故于时流少所许可，尤好讥诃显者，而对于黎元洪，独投分甚深，称道弗衰，其历来文电，比比可征也。所为“大总统黎公碑”，尤详著其善，而深惜其志不获伸。文有云：“公丰肉舒行，身短，望之如千金翁，而自有纯德，不由勉中，爱国恳至，不诛于强大，度越并时数公远甚。始在海军，已习水战；及统陆队十余岁，日讲方略，于行军用兵尤精。山川厄塞，言之若成诵。绝甘分少，与士均劳逸，士无不乐为用者，会倡义（议）诸师旅长，皆自排长兵曹起，或杂山泽耆帅，跅弛志满，教令不行，汉阳败后，公始综百务。未期月，燕吴交捽，日相椎杵，终掩于袁氏。再陟极位，卫士无一人为其素练者。故于民国为首出，而亦因是不得行其学。使公得位乘权十年，边患必不作，陆海亦日知方矣。世之推公，徒以其资望，或乃利以纾祸，不为财用发舒地；虽就大名抱利器，无所措，与委裘奚异？悲夫！”盖赞扬与叹惋兼致，笔健而情挚焉。又云：“炳麟数尝侍公，识言行，其言或隐，即遍询故参佐，故以实录刻石，不敢诬。”只看此处之一“侍”字，章氏岂肯施诸其他曾居高位者乎！文中又有：“……然持承平法过严，绌于发（拨）乱，亦公所短也”等语，略申责备贤者之诣，且所以示“实录”，固不能看作寻常贬词也。

当民国初年章氏被袁世凯羁留于北京时，憔悴抑郁中，曾作《终制》一文，以刘基自况，谓：“功状性行足以上度，其唯青田刘文成公。既密近在五百年，又乡里前文人，非有奇卓难知之事，如有所立，风烈过之矣。遭值昏明异路，谋议随之，则同异复有数端。夫以巨细一端相校，犹有窃比老彭拟及晏子者，况其同者乃在性行身状之间，其异者直遭世污隆云尔，故曰见贤思齐焉。死者如可作也，犹将与征邻德，听其雅训，以督仕人无状之咎。今旦暮绝气，而宅兆未有所定，其唯求文成旧茔禋地，足以容一棺者，托焉安处。”又托杜志远代谋葬地，书谓：“刘公伯温，为中国元勋，平生久慕，欲速营葬地，与刘公冢墓相连，以申九原之慕，亦犹张苍水从鄂王而葬也。君既生长其乡，愿为我求一地，不论风水，但愿地稍高敞，近于刘氏之兆而已。”向往之忱，自负之意，均可概见。其挽黎元洪联，有“继大明太祖而兴”之句，是黎固其心目中之明太祖也。以刘伯温遇明太祖，宜可一伸王佐之志事，而黎氏两居总统之位，章既未为阁员以襄大政，亦未任总统府要职以参密勿，盖气谊虽相投，形迹则非甚亲耳。

黎为临时副总统时，章谒诸武昌，说以与袁作正式大总统之竞选。黎自揣荀如此，必大遭袁忌而速祸，非明哲保身之道，亟乱以他语，与作闲谈，因问及家事，谓：“君中馈久虚，非久计，宜早择佳偶，以为内助。”章初犹以国事关心不遑及此辞，黎更力劝，章意乃决，于是经友人之介绍，与汤国黎女士（时有才女之名）订婚，未几即结婚于上海矣。闻二十余年来，章汤伉俪颇笃；尝有言其不睦者，传闻之误也。

浚县孙思昉君（至诚），好学能文章，于民国二十年受业章氏之门，甚蒙器赏。顷见其所撰《余杭先生伤辞》云：“至诚幼侍角山、井北二先生论文有曰：‘清季文士善反古，湘潭一反而至汉魏，余杭一反而至周秦。’自是为文，往往拟湘潭、余杭以为式，署所居曰‘拜炎揖秋之薖’，窃私淑诸人已夙矣。后遍读先生所为丛书，益叹其小学精邃，跨越近代，仑思洞深，直跻诸子，然犹意先生倜傥之士，不可以绳尺求也。迨辛未始获受业为弟子，乃讶其和易平实，与宋儒为近，开朗潇散，在魏晋之间。孟子云：‘五百年必有名世者。’盖自明清以来，考道论德，未有如夫子者也。初马通伯先生季子文季求先生为书致之当道，时至诚方佐张督绥靖江苏，未即上谒，先生曰：‘稍顉至诚且来，定有以为谋。’文季疑其尚未相见，何以知其任此。曰：‘于其文知之。’是先生知至诚，如九方皋相马于骊黄牝牡外已。先生所以诏至诚者，于教则并重儒道，剀切人事，于政则兼用老韩，以佐百姓，于学则勤求经训，务期有用，于文则先究义法，次辨气体。自愧驽下，竟无以副斯。去秋谒先生姑苏，先生娓娓数千百言，杂以诙谐，神固甚王也。尝曰：‘奇衺怪迂之谭，至今日而极。以今文疑群经，以赝器雠正史，以甲骨黜许书，以臆说诬诸子，甚至斥神禹为虫鱼，以尧舜为虚造，此其祸固烈于秦皇焚书矣。方当以矩薙(䨼)睎承学之士；涂附教猱，我无是也。’然则精研故训，独探眇旨，发千古之绝学，树海内之正宗，微先生我将安仰！奄忽之间，山颓梁坏，内圣外王之业，至此斩其统绪。诗曰：人之云亡，邦国殄瘁，岂不痛乎！辞曰：清朴学，数段王。逮孙俞，犹彀张。梭(后)居上，惟余杭。穷春秋，道大光。旧物赖以复，区夏赖以匡。生不逢尧与舜让，乃践迹于素王。哲人亡，摧栋梁。古人来者不可望，余焉忍终古之茫茫！呜呼哀哉！”于章氏之学术志行，颇得赅要。

孙君为书《谒余杭先生纪语》相示，录之如左：

民国二十年夏，谒余杭章先生沪寓，先生论文曰："文求其工，则代不数人，人不数篇，大非易事，但求能入史斯可矣。若梁启超辈，有一字能入史耶？"或问及吴稚晖之作，曰："吴稚晖何足道哉！所谓苫块昏迷语无伦次者尔！"（按：章、吴相失，尝屡相诋嘲。）次论佛法云："佛法能否转移人心，尚待商兑，盖语其高眇，实非众生所能与，（并谓："尝持此语印光，印光谓：因果之说，固愚夫愚妇所与知，不难普渡众生，然非所语于晚近科学渐明之时也。"）语其浅近，如因果之说，往往不验，又非智士所能信，即当时治法相宗既精且博如欧阳竟无者，犹负气特甚，亦未能出家，习气终难尽绝，疑此尚未足易世也。"至诚曾以书达欧阳大师，意在激成两大师之雄辨，极论佛儒修短，当不减会稽斋头，一义一难，莫不厌心抃舞，快何如之？欧阳大师竟以"四不答"置之。迭函相渎，答书有"孙至诚太笨"之斥。

民国廿四年秋，谒于苏寓，纪述如次：论某公好奇，曰："学说之奇衺，至今日而极，坊表后进者，惟有眎以正轨，岂容教猱升木，如涂涂附？今则以今文疑群经，以赝器校正史，以甲骨黜许书，以臆说诬诸子，甚至以大禹为非人类，以尧舜为无其人，怪诞如此，莫可究诘。彼固曰有左证在，要所谓以不征征其征也不征者已。绝学丧文，将使人忘其种姓，其祸烈于秦皇焚书矣。好奇之弊，可胜慨哉！"答问《章氏丛书》，续编未收文录之故，曰："近所论列，经往以时忌不便布之。而近年多为碑版文字，又迹近谀墓，故未付刊。"

又书轶事数则云：

袁世凯禁之都门时，先生愤甚，于几案旁遍书"袁世凯"三字，日必击之数四。又尝书"死耳"二字为横帔赠人。民国四年书"明年祖龙死"，袁氏果以次年卒，始得释。可云巧合。初山东某氏，曾隶民党籍，自请监视先生，实阴相护持，事之颇谨，暇辄求为作字撰文，更以其先人传志请。先生曰："尔非袁世凯门下小走狗耶？"曰："唯。"曰："自知者明，甚善，当为尔翁作佳传以传之。"然先生后论及袁氏曰："袁世凯亦自可人。当余戟手痛骂时，乃熟视若无睹。近人闻有后言，辄恶之欲其死，孰敢面短之，况痛骂耶？"

孙岳初隶民党，后附曹锟，以事南下，因谒先生沪寓小楼。刺入，先生持杖迟之楼门。孙上，乃迎击之，曰："何物孙岳，亦北洋派鹰犬耳，何面目来此相见！"孙狼狈下；追击之，骂不止云。（孙后竟倒曹。）先生严气正性，嫉恶尤甚，人有不善，辄面加诃斥。晚年于所不善则不见，或见亦不数语，不复谩骂。此盖涵养日深之征；而汤夫人从旁婉劝，亦与有力焉。

先生与人书有云："少年气盛，立说好异前人，由今观之，多穿凿失本意，大氐十可得五耳。假我数年，或可以无大过。"盖晚年趋重平实，与前稍异，庶几从心不逾者已。

曹亚伯尝以所作《民国开创史》就正，并求书联。先生曰："稍缓当好为撰句以应。"曹索甚亟，曰："无已，惟有以杜句移赠。"乃书"英雄割据虽已矣，文采风流今尚存"二语。见者叹其工切。其敏捷如此。

当其被袁世凯拘留，有《上世凯》一书，颇极笑骂之能事，文尤诙谐可喜，并及"考文苑"事，则其志也，兹附缀录之：

前上一书，未见答覆。迩者宪兵虽解，据副司令陆建章言，公以人才缺乏，必欲强留，炳麟不能受此甘言也。若有他故能议公者，岂惟一人？舆论纵不振于中土，若外人之烦言何！炳麟本以共和党独立来相辅助，亦倪至而相行耳，而大总统羁之不舍，既使赵秉钧，以国史相饵，又欲别为置顿，炳麟以深山大泽之夫，天性不能为人门客，游于孙公者旧交也，游于公者初定也，既而食客千人，珠履相耀，炳麟之愚，宁能与鸡鸣狗盗从事耶！史馆之职，盖以直笔绳人，既为群偏所不便，方今上无奸雄，下无大佞，都邑之内，攘攘者穿窬摸金皆是也，纵作史官，亦倡优之数耳！窃闻史迁、陈寿之能谤议，而后嗣乐于览观者，以述汉、魏二武之事也；不幸遇朱全忠、石敬瑭，虽以欧阳公之叹息，欲何观焉！今大总统圣神文武，咸五登三，簪笔而颂功德者，盖以千亿，亦安赖于一人乎？属有武汉人士，招往讲学，北方亦有一二人耸之，愚意北方文化已衰，朝气光融，当江汉合流之地，不欲羁滞幽燕也。必欲蔑弃约法，制人迁居,知大总统恪共宪典,必不为也。饱食终日,无所用心,以与朋辈优游谑浪,炳麟亦不能为也。苟图其大,得屈此身以就晦冥之地,则私心所祈向者,独考文苑一事,经纬国常,著书传世,其职在民而不在官,犹古九两师儒之业。迩者方言、国音字典、文例、文学史、哲学史等,皆未编成,而教育部群吏又盲瞽未有知识,国华日消,民不知本,实愿有以拯济之。同苑须四十人(仿法国成法)。书籍碑版印刷之费,数复不少,非岁得二十四万元不就。若大总统不忘宗国,不欲国性与政治俱衰,炳麟虽狂简,敢不从命?若綮一人以为功,委弃文化以为武,凤翱翔于千仞,览德辉而下之,炳麟其何愧之有!设有不幸,投诸浊流,所甘心也!书此达意,请于三日内答覆。

吴宗慈著《庐山志》,章氏有题辞一篇,警峭可诵,亦足征其倔强之性。《章氏丛书》续编,无《文录》一种,此类文字,见者不多,因亦录次:

余友吴宗慈蔼林,为《庐山志》十二卷,义宁陈翁序之,举目录详矣,复求序于余。余曰:内则栖逸民,外则容桑门者,古之庐山也;以岩穴处驵侩,以灌莽起华屋者,今之庐山也。中国名山数十,自五岳及终南、青城、点苍、峨眉,近道有黄山、括苍,其地或僻左,或当孔道,而船航不得至,独庐山枕大江,蕃客俗士所易窥,其变迁乃如是,固地势然也。虽然,自今而往,山日榩,市日廓,欲隐于其地者,非高贵则不能已。今之情,求仕不获，无足悲；求隐而不得其地以自审者，毋乃天下之至哀欤！蔼林，负俗之才也，曩以议员走南北几十年，不得意而去，其后未尝为不义屈，常居是山，期与昏狂相远，其自重若斯之笃也。所为志笮核去华，于昔之胜迹，今之变故，详矣。《山志》一卷，尤质实，足以备故事。且情之韪非不可知，要之今之庐山，必与蔼林所期者稍远矣，吾乃知天之鼓物，果不与圣人同忧乐也，题其耑云尔。民国二十二年九月，章炳麟。

盖有一肚皮不合时宜之概焉。

——民国二十五年

七　章炳麟被羁北京轶事

（一）

癸丑（民国二年）秋间，章太炎（炳麟）甫度蜜月未久，应共和党之招，由上海抵北京，遂被袁世凯羁留，至丙辰（民国五年）袁死，始得恢复自由而南旋。其间轶事有可述者。

初，共和党与民主党、统一党合组为进步党，与国民党在国会成对峙之势，实受袁世凯操纵。（统一党之初期，章氏本居领袖之地位，后因该党完全为袁氏所用，乃不与闻其事。）该党中之民社派（鄂人居多），持异议，因用共和党之原名，自树一帜，其党魁则仍遥戴黎元洪（时在武昌）领之，本有历史上之关系也。惟党人较少，党势过弱，为谋党之发展计，遂敦请章氏北上，共策进行；以其素善黎氏，且负海内大名，言议为世所重，故力邀其来。章氏亦欲有所擘画，即应招而至，初意小住即行，不料一入都门，竟遭久羁焉。（袁自二次革命之役武力奏功，方以雷霆万钧之势，厉行专制，党务本已无可为，未几国会遭厄，更不在话下矣。）袁世凯以其持论侃侃，好为诋诃，固深忌之，且闻其尝与谋二次革命，尤不慊于怀，对章之来，顿兴“天堂有路尔不走，地狱无门自来投”之感。章氏方作寓于前门内大化石桥共和党本部，自以为无患，而党部门前，已军警布列，名为保护，实行监视，使成“插翅也难逃”之形势矣。

章氏不免大吃一惊，致书袁世凯诘问，置不理，愤郁异常，而莫如之何也。其在京之门人钱玄同等，时往探视，见其忧恚之状，因谋有以慰藉之。玄同之兄恂，时为总统府顾问，与政界不无关系，玄同与商此问题，拟为章谋特设一文化机关，由政府给以相当经费，俾领其事，超然政潮之外，不失治学之本色，庶精神上有所慰藉，较胜不自由之闲居。恂本与章有旧（张之洞之延致章氏，系属恂代为招邀，有此一段因缘），愿为尽力，惟不居要津，与袁氏亦无深交，不便直接进言，乃转托张謇（时为农商总长）言之，并先与章氏商谈，章以无憀之甚，亦颇赞成。章本有设“考文苑”之主张，兹以规模较大，恐难即就，此机关名称拟定为“弘文馆”，作小规模之进行，其工作则为编字典及其他，馆员人选，预定有门人钱玄同、马裕藻、沈兼士、朱希祖等，盖犹师生讲学之性质也。当玄同等以马车迎接章往西城石老娘胡同钱宅与恂面谈此事时，军警及侦探多人乘自行车簇拥于车之前后左右云。（其时北京乘汽车者尚少，马车迎师，即甚恭敬。在清宣统年间，摄政王载沣，以皇父之尊，行元首之事，出行亦不过较阔之马车而已。）

张謇既言诸袁氏，袁氏表示：“只要章太炎不出京，弘文馆之设，自可照办，此不成何等问题也。”并允拨给数千元作开办费；其经常费每月若干，亦大致说定，惟待发表而已。事虽已有成议，而未能即日实行，延滞之间，章氏不能耐矣。

民国三年元旦，钱宅接到章之明信片一纸，若贺年片而语则异乎寻常。开首为“此何年！”三字，以下又有“吾将不复年！”之句。玄同见之，以其措语不祥，虑有意外，翌日亟往省视。至共和党本部，登章氏所寓之楼，则酒气扑鼻，而室中阒其无人，惟章氏新书之字多幅，纵横铺列，几满一室。（酒气由于墨汁中和以烧酒。作字多幅盖为将行应索书者之请。）案头有致黎元洪书稿一通，告别之书也。（文云：“副总统执事：时不我与，岁且更新，烈士暮年，壮心不已，以此为公祝！炳麟羁滞幽都，饱食终日，进不能为民请命，负此国家，退不能阐扬文化，惭于后进，桓魋相迫，惟有冒死而行。三五日当大去，人寿几何，亦或尽此，书与公诀！”时黎氏亦已到京，在总统府中，作瀛台寓公也。）方疑讶间，闻章氏与二三友人上楼，且行且言。入室之后，与玄同略谈数语，即仍与友人谈，所言为明日出京之准备。玄同因问将何往，章氏正襟端坐，肃然而言曰：“长沮桀溺，耦而耕，孔子过之，使子路问！”（歇后语也，《论语》下文为“津”字。）玄同曰：“将往天津耶？”曰：“然。袁世凯欺人，居心叵测，此间不可一日居，明日即先至天津，再由津南下。”曰：“弘文馆事已有成议，何遽行乎？”曰：“袁世凯只能骗尔等，岂能骗我！彼岂真肯拨款以办弘文馆耶！”曰：“袁似不至吝此区区之款，惟官场办事，向来迟缓，弘文馆事之延滞，或亦其常态，盍再稍待乎？”曰：“吾意决矣，必不再留！”玄同虑其出京难成事实，而见其态度极为坚决，不便强谏。翌日，果行，军警等随至东车站而截留之，章惟痛骂袁氏无状而已。旋有大闹总统府之事。

其大闹总统府之一幕喜剧，《纪念碑》（小说名，民国三年十一月出版，写民国二三年间政闻，以讽刺袁世凯为主，著者署“沪隐”，或是一被解散之国会议员，笔墨颇好。）第八回（《章疯子大闹总统府》）特加描写，其文云：

> ……民国三年的新年节，……正月初七日下午傍晚的时候，总统府新华门内，忽听见吵嚷的声音，随后数十兵士，即拥着一人出来，将那一人推至马车中，前后左右，皆有兵士团团的围着，押至宪兵教练所去了。……及细细询问起来，才知道获住的，……是个疯子。……他老先生这一天忽然高兴起来，于清晨八时迳赴总统府，请谒见总统。他身穿一领油烘烘的羊毛皮袄，脚踏着土埋了似的一对破缎靴，手擎着一把白羽扇，不住的挥来挥去；又有光华华的一件东西，叫做甚么勋章，不在胸襟上悬着，却在拿扇子那一只手大指上提着，……歪歪斜斜的坐在总统府招待室里头一张大椅子上，那一种倨傲的样子，无论什么人他都看不到眼里。列位想一想，总统府是何等尊严的地方，凡请见总统的人，是何等礼服礼帽，必恭必敬的样子，尝看见那些进总统府的官吏们，皆是蹑手蹑脚的，连鼻子气儿也不敢出，往来的人虽多，一种肃静无哗的光景，就像没

有一个人一样，那见过这个疯子，这个样儿怪物呢！不消说传事的人一回报，袁总统自然是拒而不见的了。这个疯子真是有点古怪，越说不见他，他是偏要请见。直等到天色已晚，他不但不去，还要搬铺盖进来，在此处值宿。适听见传事的人报大总统延见向次长瑞琨，他发起怒来道："向瑞琨一个小孩子，可以见得，难道我见不得么?"他自言自语，越说越有气，索兴大骂起来。卫兵请他低声些，他即怒卫兵无礼，摔碎茶碗，即向卫兵投去。其初卫兵见他提着一个光华华的东西，思量着他许有些来历，不知道他究竟能吃几碗干饭，也不敢较量，只得由他去闹。随后不知道从什么地方来了一个命令，如此如此，卫兵们就把他拿小鸡子似的从招待室里头拿出来，并拿进马车里去，一溜烟就送到一个地方，把他入了囚笼了。他姓章号太炎，浙江余杭人，讲起旧学来，无人不佩服他，不过因他举动离奇，一般人叫他章疯子。自此以后，章疯子囚犯的时代甚长，由宪兵教练处移囚至龙泉寺，又由龙泉寺移囚至徐医生家，俱是后话。且说章疯子被囚后，也有许多营救他的。有一人转求袁总统最亲信的张秘书，为他缓颊道："袁总统挟有精兵十万，何畏惧一书生，不使回(恢)复其自由呢!"张瞋目答道："太炎的文笔，可横扫千军，亦是可怕的东西!"所以太炎被了囚，人人断其无释放的希望。这是深明白当道的意思的。……

写得活灵活现，虽小说与历史不同，不无特意渲染之处，而大端固可征信也。所云提着之勋章，指民国元年以革命有功授与之勋二位。至所谓“囚笼”“囚犯”，是广义的、精神的，言羁留中之失却自由而已。充类言之，其时黎元洪以副总统居瀛台，受袁世凯之特别优待，亦可作囚笼中之囚犯观。时当隆寒，章身御重裘，而出门必羽扇不离手（在寓中时不然），实一特癖。《逸经》第九期，载冯君所撰《革命逸史》之《章太炎与支那亡国纪念会》一节，纪壬寅章在东京，三月十八日以会事至警署，“长衣下袖，手摇羽扇，颇为路人所注目”。盖此项习惯已久矣。又章氏《宋教仁哀辞》（民国二年春作）有云：“躬与执绋，拜持羽扇，君所好也。”亦其羽扇故事。

自移拘于外城龙泉寺，章益愤恚异常，拒绝官厅供给，惟以来京时旅费所余治餐，所以深绝袁氏，示义不食袁粟之意也。不久，旅费用罄，遂拟绝食。事闻于袁氏，不欲蒙逼死国学大师“读书种子绝矣”之咎，因谆属京师警察总监吴炳湘，妥为设法劝导处置，俾不至以绝食陨生。官医院长徐某，炳湘所亲信，与商此事；乃由徐具一报告书，言章患病，龙泉寺与其病体不相宜，应迁地疗养，即移居东城本司胡同徐之寓中，以便随时调护治疗，一面由徐以医生之资格，慈善家之口吻，说章得允，于是徐遂暂作章之居停主人，绝食之举无形转圜矣。此为是年夏间事。

章氏既到徐寓，以片纸招门人往晤。钱玄同等应命而至，见徐为一白须老者，言谈颇鄙俗。谈次，徐指章而谓钱等曰：“你们老师是大有学问的人，不但我们佩服，就是袁大总统,亦甚为器重。如果你们老师明白大总统的好意,彼此相投,大总统定然另眼看待,决不亏负与他。可是大总统的火性也是利(厉)害的,倘或不知好歹,一定要触怒了他老人家,他老人家也会反脸不认人。扑通一声(言至此,作枪击之势),你们老师的性命难保了! 你们总要常劝劝他才好!"当时徐氏表演得声容并茂,钱等觉无可与语,只好默然,章亦惟微哂而已。(闻章对徐,初以其态度殷勤,谓是长者一流,颇假以词色,且与谈医书尚洽,称其医道不错,嗣以话多不投机,始渐不喜之云。)

在徐寓小住,本暂时办法,善后尚需计议也。袁世凯仍坚不许其出京,至待遇方面,则愿酌供在京之费用,而希望其接眷来京,作久居之计。经黎元洪斡旋其间,遂定议付以五百元之接眷费,并按月付五百元,俾作家用。(其后仅月得三百元,闻有人中饱。或谓即徐所为云。)章以出京既属绝望,乃从黎等之劝告,属门人朱希祖赴沪代迎其妻汤国黎女士北来,一面经人代为觅房,俾移居,旋租得东城钱粮胡同房一所。

斯际之某日,徐氏仆人往请钱玄同到寓。并谓:"非章先生请,乃徐院长请也。"既至,徐出见,怒容满面,曰:"你们老师太不讲交情!"即出章氏所书致汤电稿一纸示之,盖被其截留者,(徐对章本有暗为监视之任务)文为:"北人反复,君勿来!"因又曰:"我待你们老师有何不好,而竟骂我反复!"钱以所谓北人并非指彼向之解释。徐曰:"我是北人,此非骂我而何!"钱复略代解释,遂入见章。章与谈接眷事，谓：“顷更加考虑，袁氏方面，狡诈无诚意，不愿徇其意而接眷，已发电止之矣。”（不知电并未发。）钱加以劝慰，并谓：“师母之来与不来，可俟其斟酌办理，师且静候消息，暂不必再有表示也。”章颔之。

汤夫人不果来，章则迁入钱粮胡同新居矣。此房间数颇多，甚宏敞（上房七开间，厢房亦五开间），章氏一人居之，仆役及庖人等则有十余人之众，皆警察厅派来，以服役而兼监视者也。（章氏居此，以迄民国五年恢复自由。）此房相传为凶宅，翌年（民国四年）章氏长女㸚来京省视，自经于此，迷信者益相诧为凶宅验焉。

以上所述，闻诸钱玄同先生为多，拉杂书之，聊备谈章氏轶事者之参考。（章氏顷于六月十四日卒于苏州，玄同除与在平同门数人以“先师梦奠，惨痛何极”发电致唁外，并挽以长联，有“缵苍水宁人太冲姜斋之遗绪而革命”“萃庄生荀卿子长叔重之道术于一身”等语云。）

（二）

前稿述章氏民国初年被袁世凯羁留于北京时之轶事，兹更据所闻，续为纪述，作前稿之补充。（此次所述，亦闻诸钱玄同先生者为多。）

章氏民国三年夏末，由本司胡同迁入钱粮胡同新居（房租每月五十四元）后，眷属未至，甚感寂寞。未几，其门人黄季刚（侃）应北京大学教席之聘来京，所担任讲授之科目，为中国文学史及词章学，谒章之后，即请求借住章寓，盖词章学教材等在黄觉不甚费力，即可应付裕如，惟文学史一门，其时治者犹罕，编撰讲义，为创作之性质，有详审推求之必要，故欲与章同寓，俾常近本师，遇有疑难之处，可以随时请教也。黄本章氏最得意之弟子，章亦愿其常相晤谈，以稍解郁闷，因欣然许之。不料不数月，而黄突为警察逐出，而章氏因之复有绝食之事。

某日之深夜，黄正在黑甜乡中，忽有警察多人，排闼直入，其势汹汹，立促黄起，谓奉厅中命令，前来令其即时搬出此宅。黄愕然问故，警察惟言奉令办理，催促实行而已。黄谓："我之寓此，系章先生之好意，纵须搬出，亦当俟天明后向章先生告别再行。"警察曰："如使章先生知之，必加阻挠，徒添许多麻烦，故汝宜即搬，不必候见章先生也。"遂不由分说，立将黄氏押出章寓。

黄氏之在章寓，往往早出晚归，且有时寄宿他处，与章亦非每日必见面；翌日章未见黄，以不知其事，故未以为意也。二三日后，他门人有来访候者，乘人力车进大门时，门首岗警即作势欲止之，不顾而入。谈次，章曰："季刚数日不见矣，汝见之否？"经以实告，乃知之。正诧怪间，警察数人入，命来访者速去，并谓以后不准再来，即引之而出。盖章之见客自由亦被剥夺矣。章愤恚极甚，谓凌逼至此，尚有何生趣，于是复实行绝食，以祈速死。当其前清被禁上海西牢时，即曾绝食多日，因同囚之难友相劝而止。在龙泉寺时，又曾一度开始绝食。此次绝食之举，盖第三次也。

其在京之门人钱玄同等闻之，亟起营救，一面上书平政院申诉，一面往见警察总监吴炳湘，力请解除接见来宾之禁，俾可复食。吴以章又绝食，不便过执，乃许其门人及友朋无政治色采者仍得入见。惟章则绝食之后，态度甚坚，钱等竭力劝解，不之从，谷食悉废，仅尚饮茶耳。钱等相商，以滋养品（藕粉之类）少许随时潜入茶内，藉稍补救。章氏旋即疑之，怒谓茶不干净，此策遂失败。诸人彷徨无计，而章绝食垂十日矣。

章恶袁世凯及其党类，波及北人北物。时值冬令，北京御寒之具，多用"白炉子"（烧煤球），若洋炉烟筒之装置，其时用者尚少。章谓北京之用煤球及"白炉子"，为野蛮人之习俗，摒不用，亦不更谋御寒之具，惟以傲骨当严寒，所居房屋高大，益冷，往见者不敢脱大氅，犹时觉冷不可耐。章既绝食，卧于床，床近窗，窗有破处，尤易为寒风所侵，气息奄奄，决意待尽，其状甚凄惨也。而乃绝处逢生，忽有转机。

某日傍晚，马叙伦来慰问，略谈之后，即告辞，章曰："我为垂死之人，此后恐不再见，君可稍留，再话片刻。"时章犹勉强能作语也。马曰："饥甚，亟须回寓进餐。"章曰："此间亦有厨房，可令为君备饭，即在此晚餐。"马曰："对绝食之人，如何能吃得下！君如必欲留我在此吃饭，最好君亦陪我略吃少许，则我即从命而在君旁进餐。"章稍作沉吟，意似谓可。马乃曰："君能略进饮食，甚善，惟绝食有日，不宜太骤，当先啜米汤之类，方无患。"于是章果略饮米汤；自斯遂渐复食，生命得以无恙焉。

马氏是晚自章寓出，即以章氏复食消息语人。翌日，钱玄同往省视，知所言有征。章有一铜制欢喜佛像，作人牛相交之形，制作颇精，以六十元得之，常置案头。钱氏此次往晤，案头忽不见此物，因问何故藏庋。章告以女𤤤昨至矣，此盖章氏复食动机之所以萌，马氏会逢其适耳。章氏三女：长名㸚，时已适龚宝铨，次则于前清章氏入狱时由章之长兄（钱，字椿伯，原名炳森）携去抚养，𤤤其季也，称三小姐，时仅十余龄，甚活泼，当绝食垂尽之顷，爱女北来，天伦至性，岂能无动？故复食得以实现也。

袁世凯每月给章五百元，为一种高等囚粮之性质。此款非直接交付，系展转给与，前为章氏居停主人之官医院长徐某，以与吴炳湘有密切关系，为经手人之一，因之章乃月仅实得三百元，吴氏知而不问，章之门人钱玄同、朱希祖等，亦闻悉其故，而不便明告章氏，恐增其怒也。故章仅知为减发，而不知被人截留。徐以章氏后来不假以词色，衔之，当闻其绝食将殆时，忽来访问，睹其状，以为必无生理，乃向之曰："袁大总统每月白送你五百元，你何等舒服，竟尚不知足，无端绝食，真不知好歹！"言已，冷笑而去。彼只顾奚落章氏，不暇择言，无意中"五百元"脱口而出。钱玄同、朱希祖遂往见吴，谓："徐以经手人之资格，今已明向章先生说出五百元矣；若仍仅与三百元，章先生必以见欺而益愤，绝食岂能挽回乎？"经此一番交涉，此项高等囚粮，以后始得如数给与。

至黄季刚之被逼移寓暨章氏接见来客自由之被剥夺，

以致惹起章氏绝食者，其动机闻颇与章氏之庖人有关，所谓小鳅生大浪也。章在钱粮胡同寓所，所用仆役人庖人等，共有十余人之多，一仆系前由军政执法处长陆建章所荐，曾随侍于龙泉寺，此外则吴炳湘所间接推荐（托与章相稔者出名介绍），盖由警察之类改充，皆负有暗中监视之责者也。庖人某，亦警察出身，技甚劣，以章于饮食素不考较，故能相安。黄季刚则不然，固留意于此者，与章共餐，颇有不能下箸之苦，屡为章言庖人须更换，后并荐一四川厨子代。章氏重违其请，遂遣之去，而改用黄荐之四川厨子。此警察而司庖者，失此优差，愤愤而去。不数日，遂有黄氏被逐等事，盖此人回厅后有所揑报，与有力焉。

章氏嗜学而不好洁，说者谓有王介甫之风。其于饮食，不顾滋味之优劣，菜肴惟就置于最近处者取食之，余纵有珍味，箸弗之及也。此节尤似王氏。宋人朱弁《曲洧旧闻》云：

> 王荆公性简率，不事修饰奉养，衣服垢污，饮食粗恶，一无所择，自少时即然。苏明允著《辨奸》，其言衣臣虏之衣，食犬彘之食，囚首丧面而谈诗书，以为不近人情者，盖谓是也。然少喜与吕惠穆、韩献肃兄弟游。为馆职时，玉汝尝率与同浴于僧寺，潜备新衣一袭，易其敝衣，俟其浴出，俾其从者举以衣之，而不以告。荆公服之如固有，初不以为异也。及为执政，或言其喜食獐脯者，其夫人闻而疑之曰："公平日未尝有择于饮食，何忽独嗜此！"因令问左右执事者曰："何以知公之嗜獐脯耶？"曰："每食不顾他物，而獐脯独尽，是以知之。"

复问:“食时,置獐脯何所?”曰:“在匕箸处。”夫人曰:“明日姑易他物近匕箸。”既而果食他物尽,而獐脯固在;而后人知其特以其近故食之,而初非有所嗜也。人见其太甚,或者多疑其伪云。

王安石与章炳麟为相距近千年之两个大学者,其习性大相类似,可谓后先同揆。王氏被疑为伪,盖非,正书呆子所以为书呆子耳。(章氏不喜浴,王之浴于僧寺,当亦系韩氏强之。)章对于饮食既如此,菜肴上之知识,极有限,当在龙泉寺时,拒绝官方供给,自起火食,司庖者(或即陆建章所荐之仆人兼任)请示作何菜,章想得二种:一为蒸蛋糕,以鸡蛋为食品之最普通者,易于想到也;一为蒸火腿,以火腿为在南中所常食,故亦思及也。二种以外,不复有第三种,于是顿顿蒸火腿、蒸蛋糕矣。及居钱粮胡同,吴炳湘间接荐来之庖人某,亦仍旧贯,以此二种为常备之品。(所谓蒸火腿者,实即以“清酱肉”——北平之一种腌肉,每为火腿之代用品——切片蒸之。)有客共食,始酌添他菜。每日之火食账,则一任其浮冒开销,以章不知物价,且不屑较计钱数也。而银币及钞票,杂置抽屉内,往往听其自取,略不稽考,以故此席遂成优差,胜于供职警察多多,一旦被章因黄言而解雇,遂怀恨在心而谋报复耳。

章被袁氏羁留在京,神经受重大刺激,其时之行为,有可怪者,盖以发泄其愤世嫉俗之意也。自居钱粮胡同,即传集寓中全体仆役,颁示条规,中有:(一)仆役对本主人须称“大人”,对来宾亦须称以“大人”或“老爷”,均不许以“先生”相称。(二)逢阴历初一、十五,须一律向本主人行叩首大礼,以贺朔、望。并谓:“如敢故违,轻则罚跪,重则罚钱。”钱玄同曾问以何故如是好奇,且家仆对主人称“大人”,在前清亦无此例也。(清时主人纵官至极品,其所用仆辈亦只以“老爷”呼之。)章曰:“吾之为此,惟以‘大人’‘老爷’均前清之称谓,若‘先生’者,吾辈革命党创造民国,乃于南京政府规定以代‘大人’‘老爷’,(民元南京内务部曾下令禁称‘大人’‘老爷’,一律改称‘先生’。)今北京仍为帝制余孽所盘据,岂配有‘先生’之称谓乎?此所以示北京犹是‘大人’‘老爷’之世界耳。既犹是‘大人’‘老爷’之世界,叩首之礼,亦固其宜。”

其长女㸚于民国四年至京省父,忽自经而死。章氏作《亡女事略》,其厌世之故,略有所言,然亦未具必死之确因,故以“此何为而然者耶?”作结。至叙其情事,谓:“民国四年四月,㸚如京师省视,言笑未有异也。然燕处辄言死为南面王乐,余与季女㠭常慰藉之,宝铨数引与观乐,或游履林囿间,始终不怡,见树色益忼然若有亡者。九月七日夕,与宝铨、㠭谈笑至乙夜就寝,明旦起视,已自经,足趾未离地,解拊其胸,大气既绝矣。医师数辈,皆言不可治,遂卒。”时㸚婿龚宝铨亦寓章所,㸚与妹㠭同住西厢房,龚住东厢房。据闻㠭以㸚屡欲自杀,甚有戒心,(曾一次自经于树,为㠭所救。)是夜就寝后,甫曙自醒,见㸚不在室内,即大惊,亟起而觅之,则见其自经于章所住上房之堂屋,绳悬于屋之上坎。解下,延汤尔和等救治,谓时间过久,不能再生矣。其死固颇奇也。章尝以长八尺之宣纸，大书“速死”二字，悬于堂屋，以自示其愤恚不欲生之态；叕自经处，适当其旁云。

（三）

前草《章炳麟被羁北京轶事》二篇，先后披露《逸经》第十一、十二两期，内容盖多闻之于钱玄同先生，更以曩所知者相印证，仓卒记述，未能周备，嗣阅《逸经》第十三期所载吴宗慈君之《癸丙之间太炎先生言行轶录》、刘成禺君之《癸丙之间太炎先生记事》（均在刘君《洪宪纪事诗本事〔簿〕注》内），与不佞所记为同时间之事，记载翔赡，多可补拙稿所未及。其谓章氏应共和党之请而入京，系为党人某某所卖，此共和党内部之事，不佞所未能知也。又言章氏出京，党部同人设筵为饯，逆知出京必被阻，约纵酒狂欢以误车表，云云。此节亦不佞所未详，当以躬与其事者之言为可信。其他与拙稿互有详略处，可以参看。

吴君谓：“徐医生寓钱粮胡同，……居近龙泉寺，每先生怒不可遏，监守者辄急请徐至，……乃得由龙泉寺移住徐宅。”此节似未甚谛。徐医生系住本司胡同，章氏由龙泉寺迁居徐宅，后由徐宅更迁钱粮胡同，则为自租之房矣，本司、钱粮二胡同，均在内城东四牌楼间，龙泉寺则在外城之西南隅，相距实甚远也。章氏长女叕自经之原因，不佞不甚了了，惟吴君谓“赴徐宅，诉于先生”云云，据不佞所闻，叕民国四年到京省觐时，章早迁居所租之房（已与徐医生不洽），燚亦即居此，数月后乃自经而死。（章氏所作《亡女事略》一文亦可按。）

又《逸经》第十条所载刘君《洪宪纪事诗本事〔簿〕注》有云："元洪入京，太炎改唐诗讥之曰：'……徒令上将挥神腿，终见降王走火车。……''……西望瑶池见太后（黎入京谒隆裕），南来晦气满民关。云移鹭尾开军帽，日绕猴头识圣颜。一卧瀛台经岁暮，几回请客劝西餐。'某恨太炎，持猴头句说袁，阴使鄂人郑胡等借主持共和党名义，迎章入京，遂安置龙泉寺。"按章氏之安置龙泉寺，诚在黎元洪到京之后，而到京实在黎前，袁世凯非因此诗始诱其入京，动机盖因其于二次革命时发表斥责袁世凯之文字也。章氏民国二年到京之日，虽骤难确忆，而记得总在秋间，（钱君亦谓伊是年九月十三日到京，章已先至而居共和党本部矣。检察厅于章到京后，承袁旨以参加内乱起诉，传章就讯，章以病辞，为十月间事。）至元洪由鄂入京，则时在十一二月间矣。章氏此项谐诗，忆共五首，刘君所引两首外，更有三首，当系在京而于元洪到京后所作耳。"西望瑶池见太后"句，刘君谓"黎入京谒隆裕"，夫隆裕已于是年春间逝世，元洪入京何能相见乎？意者此句或是虚指之词（隆裕或慈禧），如其他首中之"瀛台湖水满时功，景帝旌旗在眼中"欤。

——民国二十五年

八　太炎琐话

章太炎（炳麟）绩学雄文，杰出近代。当有清光绪季叶，即自负极高。其《癸卯狱中自记》云：“上天以国粹付余。自炳麟之初生，迄于今兹，三十有六岁，凤鸟不至，河不出图，惟余以不任宅其位，繄素王素臣之迹是践，岂直抱残守阙而已，又将官其财物，恢明而光大之，怀未得遂，累于仇国，惟金火相革欤，则犹有继述者，至于支那闳硕壮美之学，而遂斩其流绪，国故民纪，绝于余手，是则余之罪也！”意态之轩昂，抱负之伟大，想见俯视群流果于自任之概。辞气甚亢厉，读来却又饶有妩媚之致。其后民初被羁北京时，甲寅五月二十三日家书有云：“研精学术，忝为人师，中间遭离祻乱，辛苦亦已至矣。不死于清廷购捕之时，而死于民国告成之后，又何言哉！吾死已后，中夏文化亦亡矣！”意亦犹之，均自示一身之关系特重也。

太炎此种态度，俨然“斯文在兹”之意也。其师俞荫甫（樾），则对于“斯文在兹”四字，欿然弗敢承焉。俞氏《春在堂随笔》卷八云：“……既得福寿砖之后，越五月，同人又于俞楼后山上得摹崖四大字，曰‘斯文在兹’，皆大惊喜，花农孟薇驰书以告余吴下，谋于西爽亭后辟一门，以通其地。余曰：‘福寿二字，犹可窃以自娱。斯文在兹四字，万难干以取戾，斯举可不必也。’书此四字者，为赵人张奇逢，乃直隶获鹿人也，顺治五年为杭州府知府。自来言西湖金石者均不知有此四字，盖淹没至今而始显者也。”志此四字石刻之发见，而谦让不敢自居，与太炎之态度异矣。

俞氏朴学大师，太炎从学，得力不少，后益精进，蔚成一子，规模境诣，非师门所能限，奇才闳蓄，称霸学林，亦俞门之光也。太炎之论俞氏，如《说林》下有云：“吾生所见凡有五第。研精故训而不支，博考事实而不乱，文理密察，发前修所未见，每下一义，泰山不移，若德清俞先生，定海黄以周，瑞安孙诒让，此其上也。”列为经师之第一流。又《俞先生传》，虽间言其短，仍甚致推崇。至尝有《谢本师》之作，不满俞氏，乃出一时感触，非可一概而论。民初编订《文录》，此篇不收入。

太炎文章，雄劲冠时，骎骎有上追秦汉之势，朱晦翁（熹）有云：“韩文力量不如汉文，汉文不如先秦战国。”见《朱子语类》。又恽子居（敬）《上曹俪笙侍郎书》论古文有云：“文人之见，日胜一日，其力则日逊焉。”均以后世文章其力渐薄难逮古昔为言。太炎之文，能超时代而趋往古，学劬而力尤伟也。其天赋之优，洵属度越恒流。

林琴南（纾）所为小说《畏庐笔记》（民初所作），其《马公琴》一则有云：“客曰：‘……由考据而入古文，如某公者，从游不少，亦可云今日之豪杰，且吾读其文，光怪陆离，深入汉魏之域，子云、相如不过如是。足下苟折节与交，沾其余沈，亦足知名于世。’生笑曰：‘此真每下愈况矣。某公者，挦扯饾饤之学也。记性可云过人，然其所为文，非文也，取古子之文句一一填入本文，如尼僧水田之衣，红绿参错照眼，又患其字之不古，则逐一取换，易常用之字以古字，令人迷惑怪骇，不敢质问，但惊曰博，私诧其奇。夫古人为文，焉有无意境义法可称绝作者。汉文之最宏丽者无如《封禅文》典引及剧秦美新，然细按之，皆有脉络可寻。即《三都》《两京》之赋，中间亦有起伏接笋之笔。某氏但取其皮，不取其骨，一味狂奔，余恒拟为商舶之打货，大包巨篚，经苦力推跌而下，货重而舱震，又益以苦力之呼叫，似极喧腾，实则毫无意味。于是依草附木者尊如亚圣，排斥八家，并集矢于桐城矣。此种狂吠，明之震川固遭其厄，试问弇州晚年何以屈服于震川！天下文字，固有正宗，不能以护法弟子之呐喊及报馆主笔之揄扬即能为蜉蝣之撼也。’”意有所指，似即谓太炎耳。然多非中肯之谈。太炎之文，虽非无可议及不可为训处，而大体无愧卓荦大手笔，固非林氏所能及也。至意境义法之说，章文格老气劲，义蕴闳深，不取摇曳生姿，而意境韵致自具，特未可以桐城义法绳之而已。

林氏此论，对太炎加遗一矢，盖含有报复性质，太炎对林夙尝轻鄙也。其《与人论文书》（清末所作）有云：“并世所见，王闿运能尽雅，其次吴汝纶以下有桐城马其昶为能尽俗（萧穆犹未能尽俗）。下流所仰，乃在严复、林纾之徒。复辞气虽饬，气体比于制举，若将所谓曳行作姿者也。纾视复又弥下，辞无涓选，精采杂污，而更浸润唐人小说之风。夫欲物其体势，视若蔽尘，笑若齵齿，行若曲肩，自以为妍，而只益其丑也。与蒲松龄相次，自饰其辞，而祗敬之，曰此真司马迁、班固之言。（纾自云日以左、国、史、汉、庄、骚教人，未知其所教者何语也。以数公名最高，援以自重，然曩日金人瑞辈亦非不举此自标，盖以猥俗评选之见而论六艺诸子之文，听其发言，知其鄙倍矣。纾弟子记师言，援吴汝纶语以为重。汝纶既殁，其言有无不可知，观吴汝纶所为文辞，不应与纾同其缪妄，或由性不绝人好为奖饰之言乎。）若然者，既不能雅，又不能俗，即复不能比于吴蜀六士矣。"盖贬斥林氏如是。至雅俗之辨，则有云："徒论辞气，大上则雅，其次独贵俗耳。俗者谓土地所生习（《地官·大司徒》注），婚姻丧纪旧所行也（《天官·大宰》注），非猥鄙之谓。孙卿云：'有雅儒者，有俗儒者。'李斯云：'随俗雅化。'夫以俗为缦白，雅乃继起以施章采，政文质不相畔。世有辞言袭常，而不善故训，不綦文理，不致隆高者，然亦自有友纪，窕儇侧媚之辞，薄之则必在绳之外矣，是能俗者也。"吴蜀六士谓八家中之宋六家，欧阳、曾、王、三苏也。太炎讥其"志不师古，乃自以当时决科献书之文为体。"又云："仆重汪中，未尝薄姚鼐、张惠言，姚、张所法，上不过唐宋，然视吴蜀六士为谨。（夸言稍少，此近代文所长。若恽敬之恣，龚自珍之儇，则不可同论。）仆视此虽与宋祁、司马光等，要之文能循俗，后生以是为法，犹有坛宇，不下堕于猥言醜辞，兹所以无废也。"是桐城之文，虽非所深许，然以为有可取而不薄之，特视林为不足依傍桐城，更无论司马迁辈矣。

太炎此篇，更论及小说云："小说者，列在九流十家，不可妄作。上者宋钘著书，上说下教，其意犹与黄老相似，晚世已失其守。其次曲道、人物、风俗、学术、方技，史官所不能志，诸子所不能录者，比于拾遗，故可尚也。（宋人笔记，尚多如此，犹有江左遗意。）其下或及神怪，时有目睹，不乃得之风听，而不刻意构画其事，其辞坦迤，淡乎若无味，恬然若无事者，《搜神记》《幽明录》之伦，亦以可贵。唐人始造意为巫蛊媟嫔之言，（苻秦王嘉作《拾遗记》，已造其端。嘉本道士，不足论，唐时士人乃多为之。）晚世宗之，亦自以小说名，固非其实。夫蒲松龄、林纾之书得以小说署者，亦犹大全讲义诸书傅于六艺儒家也。"溯小说之古体，而病晚世称小说者非其伦，遂不许蒲、林之书以小说署，所见不免太固。古小说文字本简质，后经演化，体裁浸多，领域甚广，附庸蔚为大国，在文学上成一重镇，虽优劣不一，未宜一概抹杀。蒲氏《聊斋志异》，自有其文学价值，其中描写，涉于猥亵，固是一疵，要其大端文字之工处，不可废也。（所著小说，并有《醒世姻缘传》一种，亦为有价值之作，以太炎之论衡之，更不得以小说署矣。）林氏宗尚桐城，于古文致力甚勤，然非有过绝流辈之诣，特移译外国小说，成绩足称。（自撰之小说，则少精神，难相副。）

俞氏《春在堂随笔》卷八云："纪文达公尝言：'《聊斋志异》一书，才子之笔，非著书者之笔也。'先君子亦言：'蒲留仙，才人也，其所藻缋，未脱唐宋人小说窠臼。若纪文达《阅微草堂》五种，专为劝惩起见，叙事简，说理透，不屑屑于描头画角，非留仙所及。'余著《右台仙馆笔记》，以《阅微》为法，而不袭《聊斋》笔意，秉先君子之训也。然《聊斋》藻〈藻〉缋，不失为古艳，后之继《聊斋》而作者，则俗艳而已。甚或庸恶不堪入目，犹自诩为步武《聊斋》，何留仙之不幸也！"（纪氏评论《聊斋志异》之语，详见其门人盛时彦所撰《姑妄听之》——《阅微草堂笔记》五种之一——跋。）以记事之体裁论，《聊斋志异》之作法，于义诚有未妥，然以传奇派之小说论，则本唐人说部而加恢奇，颇多佳制，在文学上之价值，非《阅微草堂笔记》暨《右台仙馆笔记》所逮。至步武《聊斋》者之不足观，亦见蒲氏之作之难能。林氏所撰近乎《聊斋》体之笔记小说，笔墨固亦远逊也。

太炎论文，自抒所见，不同人云亦云，可供读太炎文者之考镜，兼资谈文者之扬榷。文家宗尚不一，见解有殊，盖亦不必过泥耳。

梁任公（启超）《清代学术概论》第二十八节有云："余杭章炳麟少受学于俞樾，治小学极谨严；然固浙东人也，受全祖望、章学诚影响颇深，大究心明清间掌故，排满之信念日烈。"（章学诚虽讲史学，与排满之主张毫无关系，不应列此。）又其《中国近三百年学术史》第四章《清代学术迁变与政治之影响（下）》有云："章太炎（炳麟），他本是考证学出身，又是浙东人，受黄梨洲、全谢山等影响甚深。专提倡种族革命，同时也想把考证学引到新方向。"认太炎为浙东人，实误。余杭，固浙西也。倘系余姚，乃浙东耳。梁氏殆以二

“余”相混而一误再误欤。（忆尝有人撰一书，冒为太炎作品，而署曰“余姚章太炎著”，盖以二县名易相混，使有诘之者，可言此另是一余姚章太炎所著也。因梁事而漫及之，藉发一笑。）

太炎清季鼓吹民族革命，诋斥清帝甚力。迨民国十七年，表章《三字经》，重为修订印行，则有异故态。尝见此书之普通坊本一种，其历史部分，叙至明末乱事，接入有清代兴，云：“乞援师，吴总兵。满入关，据神京。传十世，国号清，至宣统，大宝倾。”注谓：“明总兵吴三桂，招致满人，长驱入关，窃据汉土，改国号曰清，共传十主，二百六十八年。”当为民国初年所增补，不知出谁氏手笔。太炎修订本，叙此则云：“清太祖，兴辽东。金之后，受明封。（注：‘清为金之后，姓爱新觉罗，明代末叶崛起辽东，至太祖始称帝。’）至世祖，乃大同。十二世，清祚终。”（注：“李自成陷北京，吴三桂迎清世祖兵入关，遂代明有天下，传至宣统，逊位民国，凡十主，二百六十八年。自太祖努尔哈赤至宣统，共为十二世。”）对照而观，坊本所云窃据，章本乃曰大同，其对清之态度，不与昔大相径庭乎？盖昔以种族革命者之立场，兹以史家之立场，所谓彼一时此一时，可不以前后相乖为诧也。太炎清季深责曾国藩，晚年则每有誉词，旨亦近之。

拙搞前有述太炎民初被羁北京时轶事二篇（均见《逸经》），其第二（见《逸经》第十二期）述及在东四牌楼钱粮胡同寓所时对仆役颁有规条，其事颇趣，系闻之钱玄同先生。钱君谈此时，谓不能尽忆，仅忆其要者。近于《都门趣话》

（辑者署“大雷啸公”，内容盖录自民初报纸），见有《太炎约仆之条件》一则云：“……一日忽与仆人约曰：“余有仆役应守规则六条，汝辈能恪遵者留，否则去：（一）每日早晚必向我请安；（二）在外见我须垂手鹄立；（三）称我为大人，自称曰奴仆；（四）来客统统曰老爷；（五）有人来访，无论何事，必须回明定夺，不得径行拦阻；（六）每逢朔、望，必向我行一跪三叩首礼。仆人无如何，唯唯而已。或曰：章太炎仆役系某处派来密探，藉以窥其动静者，章故以是侮弄之。未知确否。”有可补充前述之未备者，因更缀录，俾资参阅。（其时太炎仆役，多系便衣警探，负有暗中监视之责。）

——民国三十三年

九　太炎弟子论述师说

（一）

前谈太炎，录孙思昉君（至诚）《谒余杭先生纪语》，昨承姜亮夫君（寅清）由巴黎来书，对此有所引申补充。二君同为章氏弟子，均笃于师门，风义足称。兹录姜君来书如次：

> 顷于《国闻周报》二十五期，读大著载同门孙思昉君《谒余杭先生纪语》，论某公好奇一段，有"今则以今文疑群经，以赝器校正史，以甲骨黜许书，以臆说诬诸子"云云四语，细采文义，观语气轻重急徐之间，与不佞所闻于先生者，小有同异，岂弟子退而异言者欤。此四语适为不佞所曾轻尝，而三数为先生所申诫，又为近来学人所执以为先生疾者，不敢秘其所闻，一任世俗耳食之言，厚诬先生。然先生自有千秋，亦不敢为调停之说，以取售于当世。敢举其平日侍坐所闻一二事，为阁下陈之：

（一）以今文疑群经。先生于经为古文家，此举世之所共知，而壁垒甚严，亦举世之所共知，然于今文家之严守家法者，亦未尝轻蔑。忆井研廖先生既殁，有欲求先生为墓文者，不佞以此进叩，先生惘然相语曰："季平墓志，非我亦不能为。"而于南海立说之不纯者，则颇见诋讥。至廖康而后，先生未尝以经今文家许人，今人亦实无一以今文家之立场疑群经者。疑群经者钱玄同君号为魁首，钱君固先生弟子也。故"今则以今文疑群经"一语，似觉轻重之间，尚可商量。忆初谒先生时，以治经请，先生言以经视经，则宜守家法，不可自乱途辙，杂揉今古。盖不佞亦尝请益予井研，故先生以此绳之也。大抵先生于当时之说经者，皆病其杂乱抄撮，不见矩矱，非必如早年于今文家之说一意作主观之批评也。

（二）以赝器校正史。此与下文"以甲骨黜许书"二语大为当时学人所诟病。盖先生早年于此固曾张其挞伐，盖阮、吴诸家之说不足以服人，而甲骨出处不明，又无其他有力佐证，当时唱之者如刘铁云辈，又非笃行纯学之士，孙诒让亦谨严无他规模，以一融通四会之学人，欲其贸然承认一种新学问，有所不能，亦有所不可，故早年之指陈吉金甲骨之弊者宜也。近年来铜器甲骨之出土者日多，研治者途术亦日精，先生于早年之说，似已不甚坚持。忆二十二年上海同福里座中，偶谈及先生为某氏跋散氏盘中语。先生曾言许叔重《说文解字》亦采山川鼎彝，故金石非不可治，惟赝器太多，辩

(辨)别真伪,恐非目前世人学力所能及,故以证文字大体尚可寻其鳃理,以证史事终觉不安。证史不安,云云,则谓先生蔑弃鼎彝,不如谓尊史过甚为能得其实。先生民族思想最切,近来国事日非,故其缅怀故国之情益甚。晚年以读史召群弟子,而于含"刚中"思想之儒行一文,复数数为世人唱导。其救民之忱,非哗世取宠者之所能望其项背。

(三)以甲骨黜许书。先生早年之不满于甲文,其原因已如上陈,惟以其所疑至晚年仍不得解,故对甲文之态度,较吉金为严肃,而尤不喜人以证古史。忆初谒先生时,先生知不佞为海宁王静安先生弟子,即谓治小学当以许书为准。二十二年春苏州国学会邀不佞演讲,大意以甲文为中国较早之文学,杂证八卦后于甲文及易为春秋战国时术数之学。讲稿刊布后,先生大不悦,以召同门诸君。即不佞游大梁归,已传言唧唧,趋锦帆路拜谒,先生温语喻之曰:"凡学须有益于人,不然亦当有益于事。古史诚荒渺难稽,然立说固与前人违异,亦必其可信乎?治小学为读书一法,偶采吉金可也,泛涉甲文以默契于我心,出之以谨严,亦可也,必以此而证古史,其术最工眇,要近虚造,不可妄作。"继则以"食肉不食马肝未为不知味"为解喻。去年有欧洲之行,先生赐之食,又温语以顾亭林、王而农相勉,复言甲骨不能相信。不佞笑以请曰:"倘有的证,足使先生信其为殷商时物,则先生亦将为之鼓吹乎?"先生笑曰:

“但恐君辈终不能得的证耳。”大抵先生于甲文因其“来历不明”而疑之，此固治学谨严者应有之态度，世人方以此见诟，盖不思之甚耳。

（四）以臆说诬诸子。不佞于诸子素少究心，故侍座时亦从未以此请益，惟少岁偶读《唯识论》后，因以喜读先生《齐物论释》及重释，然多不甚了了，尝一以请教，先生自谦其书为“此亦一种说法”云云，他无所闻。孙君究心诸子，平素所闻当较为多也。

总之，先生于近日学人，皆叹其根柢太浅，言经者泛滥杂抄，不明家法，究习吉金、甲骨者，既好立异说，不根于载籍，而又挦扯正史，以为无益而诬史，为治学者所当谨择而已。细绎先生晚年言学之趣向，大约有二，一欲救世以刚中之气，一欲教人以实用之学，其归在于不忘宗邦之危。刚中则夸诬奇觚皆在当砭之列，实用则怪诞诡谲皆在宜排之数。变更旧常，不轨于典籍，或有危于宗邦者，皆为心所甚忧。此其大校也。不佞所闻如是，所关虽不甚大，然亦学术上之一重公案。孙君所记，语意有待于疏说处，故为补说如是，尚乞附尾大箸（著），刊之周报，使世人勿误解孙君之言，则幸甚矣。途中未以书自随，故但能举此以为验。俟归国后，当为阁下一再详之。

适晤孙君，因以相示，孙君于姜君宗旨，甚表钦佩，旋来书更举师说，以资参验，亦同门切劘之雅也。故并录左：

承示姜君述余杭先生绪论各节，与弟所述小有异同。弟侍余杭先生或后于姜君，似以姜君之言为近是。姜君拥护师门，惧为耳食之言所厚诬，且不为调停之说以阿时，殊深敬佩。兹复将先生自书之言或他人所录曾经鉴定者，移录于次，以供参验，可乎？

（一）以今文疑群经。先生去秋作《制言》发刊词宣言有曰："今国学之所以不振三：一曰毗陵之学，反对古文传记也。二曰南海康氏之徒，以史学为帐簿也。三曰新学之徒，以一切旧籍为不足观也。有是三者，祸几于秦皇焚书矣。"又先生《汉学论》上有曰："清时之言汉学，明故训，甄制度，使三礼辨秩，群经文曲得大通，为功固不细。三礼而外，条法不治者尚过半，而末流适以汉学自弊，则言公羊与说彝器款识者为之也。循公羊之说，周可以黜，鲁可以王，时制可以诡更，事状可以颠倒。以《春秋》为史耶，则沈约、魏收所不为；坚指以为经耶，则吴广之帛书、张角之五斗米道也。清世言公羊已乱视听，今公羊之学虽废，其余毒遗蠚犹在。人人以旧史为不足信，而国之本实蹶矣。"按康南海《新学伪经考》出，则群经之可读者鲜矣；崔适《史记探源》出，则史之可读者鲜矣。近之以尧舜神禹为虚造者，实自康、崔诸为今文学者启之，宜先生之为此言也。

（二）以赝器仇正史。说详先生《星期讲演会记录》第四期《论经史实录不应无故怀疑》（二十四年五月刊行），有曰："今人以为史迹渺茫，求之于史，不如求之于器。器物有，即可证其必有，无则无从证其有无。余谓此拾欧洲考古学者之唾余也。凡荒僻小国，素无史乘，欧洲人欲求之，不得不乞灵于古器。如史乘明白者，何必寻此迂道哉？即如西域三十六国，向无史乘，倘今人得其器物，则可资以为证耳。其次已有史乘，而记载偶疏，有器物在，亦可补其未备。如列传中世系、籍贯、历官之类，史或疏略，碑版在，即可藉以补苴，然此究系小节，无关国家大体。且史乘所载，不下万余人，岂能人人尽为之考？研求历史，须论大体，岂暇逐琐屑之末务？况器物不能离史而自明，如器有秦汉二字，知秦汉二字之意义者，独非史乘所诏示耶？如无史乘，亦无从知秦汉二字为何语也。即如陕西出土之秦汉瓦当，知陕西为秦汉建都之地，乃史乘之力，据史乘然后知瓦当为秦汉之物，否则又何从知之？且离去史乘，每朝之历年即不可知，徒信器物，仅如断烂朝报，何从贯穿？以故以史乘证器物则可，以器物疑史乘则不可；以器物作读史之辅佐品则可，以器物作订史之主要物则不可。如据之而疑信史，乃最愚之事也。不但此也，器物之最要者，为钟鼎、货币、碑版，然钟鼎伪造者多，货币亦有私铸、伪造二者，碑版虽少，今亦有伪作者矣。《韩非子·说林》，齐伐鲁，求谗鼎，鲁以其赝往，是古代亦有伪造之钟鼎也。又《礼记·祭统》，卫孔悝之鼎铭曰，六月丁亥，公假于太庙。据左氏哀十六年传，六月，卫侯饮孔悝酒于平阳，醉而逐之，夜半而遣之。孔氏正义谓即此六月中，先命之，后即逐之。此语最为无赖。夫铸鼎刻铭,事非易易,何能以旬日遽成?以《左传》所载为信,则孔悝之鼎赝而已矣。今人欲以古器订古史,第一须有精到之眼光,能鉴别真伪不爽毫厘,方足以语此。无如历代讲钟鼎者,以伪作真者多,甲以为真,乙以为伪,乙以为真,丙以为伪,彼此互相讥弹,卒无休止,钟鼎自不能言,而真伪又无法可求,何能得其确证哉?且钟鼎及六朝前碑版所载,多不甚著名之人,稍有名即无物可证,夫论史须明大体,不应琐屑以求。如云今人有四万万之多,我能知两万万之姓名,事固非易,要亦何用?今以古器证史则可知其人必有者,盖无几矣。如秦半两钱在,秦诏版在,秦权、秦量在,可证始皇之必有其人矣,然汉高祖即不能证其必有,何也?铜器、货币均无有也。王莽二十品钱(六泉、十布、错刀、契刀、货泉、货布)均在,所谓新量(真假姑不论)者亦在,王莽可证其必有矣,然光武则不能证其必有,何也?铜器、货币均无有也,无从证也。史思明顺天钱、得壹钱均在,今北京法源寺有悯忠寺宝塔颂,镌御史大夫史思明之名,是史思明可证其必有矣,安禄山则不能证其必有,何也?货币、碑版均无有也,无从证也。以故,以器物证史,可得者少,不可得者多,如断线之珠,无从贯穿,试问始皇有,高祖未必有,王莽有,光武未必有,史思明有,安禄山未必有,尚成其为历史耶?以钱币论,唐以后铸钱皆用年号,然宋仁宗改元九次,皇祐、康定之钱,传世无几,宝元以一钱须叠两宝

（宝元，通宝也）未铸，铸皇宋通宝，如以无宝元钱故，即谓宝元之号乃伪造可乎？又明洪武时，铸洪武钱，其后历朝沿用。嘉靖时补铸历朝之钱，然以永乐革除建文年号，故建文钱独不补铸，谓建文一代之事，悉系伪造可乎？果如今世考古之说，钱之为用，非徒可以博当时之利，且可以传万世之名，则钱之为神亦信矣！惜乎晋人作《钱神论》者，只知其一，不知其二也！以碑版论，昔隋文帝子秦王俊死，王府僚佐，请立为碑。文帝曰：欲求名，一卷史传足矣，何用碑为？此语当时谓为通人之论。如依今人之目光言之，则此语真不达之至矣。何则？碑可恃，史不可恃也。然则碑版非徒可以谀墓，几可生死人而肉白骨矣！且也钱币造自政府，铜器铸由贵族，碑版之立，于汉亦须功曹、孝廉以上，而在齐民者绝少，使今有古代齐民之石臼在，亦无从知其属于何人，如此而谓周、秦、汉三代，除政府、贵族、功曹、孝廉而外，齐民无几也，非笑柄而何？钟鼎、货币、碑版三事之外，有无文字，而从古相传为某人之物者，世亦不乏。如晋之武库，藏孔子履，其上并无孔子字样，高祖剑未知有铭与否，王莽头当然头上不致刻字。此三物者，武库失火，同时被焚，以其失传，谓孔子、高祖、王莽均属渺茫，可乎？设或不焚，王莽之头，亦无从知其确为王莽之头也。履也，剑也，亦无从知其属于谁何也。何也？剑与履不能自言也。又有文字本不可知，而后人坚言其为某某字者，如《西京杂记》载夏侯婴求葬地，下有石椁，铭曰：佳城郁郁，三千年见白日，吁嗟滕公居此室。《啸堂集古录》载之，字作墨团，汗漫如朵朵菊花。当时人妄言此为某字，彼为某字。夫铭之真伪不可知，即以为真，又何从知其甲为某字，乙为某字哉？今人信龟甲者又其类也。由此言之，求之钟鼎、货币、碑版，而钟鼎、货币、碑版本身已有不可信者，况即使可信，亦非人人俱有，在古器者皆不甚著名之士，而齐民又大率无有，有文字者如此，无文字者更无从证明，如此欲以器物订史，亦多见其愚而已矣。夫欧人见亡国无史，不得已而求之器物，固不足怪；吾华明明有史，且记述详备，反言史不足信，须恃器物作证，以为书篇易伪，器物难伪，曾亦思书者契也，前人契券流传至后，后人阅之，即可知当时卖买之情状，虽间有伪造，考史者如官府验契，亦可以检察真伪。如不信史而信器，譬如讼庭验契时，法官、两造，并不怀疑，忽有一人出而大言曰，契不足恃，要以当时交易之钱作证，此非至愚而何？妄人之论，本不足辨，无如其说遍于国中，深恐淆惑听闻，抹杀历史，故不惮辞费而辟之，使人不为所愚。”

（三）以甲骨黜许书。说详《章氏国学讲习会讲演纪录》第一期《小学略说》（二十四年十月出书），有曰：“宋人释钟鼎文者大都如望气而知；清人则附会六书，强为解释。夫以钟鼎为古物，以资欣赏，无所不可；若以钟鼎刻镂，校订字书，则适得其反耳。至如今人哗传之龟甲文字,器无征信,语多矫诬。皇古占卜,蓍龟而外,不见其他。《淮南子》云:牛蹄彘颅,亦骨也而世弗灼,必问吉凶于龟者,以其历岁久矣。可见古人稽疑,灵龟而外,不事骨卜。今乃兽骨龟厌,纷然杂陈,稽之典籍,何足信赖?要知骨卜一事,古惟夷貊用之,中土无有也。庄子言宋元君得大龟七十二钻而无遗策,唐李华有《废卜论》,可见龟卜之法,唐代犹存。开元时孟说作《食疗本草》,宋《苏颂图经》及《日华本草》,皆言已卜之龟必有钻孔,名之曰漏天机,虽绝小之龟亦可以钻十孔,钻孔多则谓之败龟板也。夫灼龟之典,载于《周礼》,凿孔以灼,因以观兆;无孔则空气不通,不能施燋,无以观兆。今所得者,累然成贯,而为孔甚少,不可灼卜,或者方士之流,伪作欺人,一如河图洛书之傅合《周易》乎。其文字约略与金文相似,盖造之者亦抚摹钟鼎而异其钩画耳。夫钟鼎文字,尚有半数可认,亦如二王之草书笺帖,十有六七可识,余则难以尽知,不防阙疑存信;彼龟甲文者,果可信耶否耶?”又先生在正风文学院讲研究国学之门径(卓方记录)曰:“又有一事,须为之防,则歧路是也。……某君在中国好谈佛经,至日本则专造赝鼎,谓为某代古物,谓为某人真迹,以欺日本人,既又回国骗中国人。譬如龟甲,在《史记·龟策列传》中,记载甚明。龟非常用之物,必卜时始启之,卜后即藏之。如每卜一事,必刻一次,如周代世用此龟,则一次刻后,二次三次以至多次,又刻在何处？甲骨总云出在河南，是否殷墟亦难确定，而龟甲之文与大篆说文不同，试问如何能识？孙诒让努力欲识之，已受其绐。今人识现在之字，尚须查字典，甲骨文有何书可查，前清好谈籀篆，此种风气，自钟鼎开之。宋欧阳修始好钟鼎，作《集古录》。宋人研究钟鼎，以某字似某字即断为某字。清人视为不妥，遂以此字为象形、此字为会意而解释之。顾必先识此字然后可以知其为象形、会意、指事，若并不识此字，又安能明其所象者何形，所指者何事，所会者何意也？画一〇为日，而世之圆者何限，画一一代天与地，而可代者无穷。兹以天字为喻，解为至高无上，从一大。必先识而后可解曰至高无上从一大，设不识天字，而指一牛字曰，一元大武，此天字也，可乎否乎？然造字之初，或竟写作牛形，未始不可，则又将如何如何作解矣。故清人以六书解字，殆等于测字者类耳。殷去现在三千余年，《汉书·艺文志》记孔子曰：吾犹及史之阙文也。孔子时已有阙文不可识，或尚可问诸故老。凡识字必有师传授，汉人去古未远，古文当尚有人能识。至宋已离汉约千年，邃古文字之音训，已早失传，今乃欲以数千年后之人，而强识数千年前失传之文字，其不邻于武断者几希。识钟鼎字已不免武断，则龟甲文字之认识，其为向壁臆造尤可知，而况乎其多为赝物耶？”

（四）以臆说诬诸子。先生尝语至诚曰：“近人言国学，于经则喜说《周易》，于文字则喜谭龟甲，于子则喜解墨辩,以三者往往其义不可猝识,乃可任以己意,穿凿附会之,其踶非人与己皆不可为正,故无所不可,此所谓罔两易图狗马难效也。至诚颇喜研讨诸子,而及于墨,傥亦以是为诫也耶。”

至先生为廖翁季平铭墓,颇多推挹之言,其视之固不与康南海同类相丑諆,然于其学行,似均有弦外余音。篇首曰:“余始闻南海康有为作《新学伪经考》《孔子改制考》,议论多宗君,意君必牢持董何义者,后稍得其书,颇不应。民国初君以事入京师,与余对语者再,言甚平实,未尝及怪迂也。后其徒稍稍传君说,又绝与常论异。”文尾又有曰:“余闻庄生有言:圣人之所以骇世,神人未尝过而问焉。次及贤人君子亦递如是。余学不敢方君子,君之言,殆超神人过之矣,安能以片辞褒述哉?以君学不纯儒,而行依乎儒者,说经文兼古今,世人猥以君与康氏并论,故为辨其妄云。”廖翁晚年说经多近神话,故文中有怪迂之说,神人之目,此其抑扬诎折之间,旨趣略见。

姜君多见通人,于今文龟甲之学,均尝究心,而尤拳拳师门,其立言较至诚所述为圆,庶几所谓光光相网而无碍者欤。以同门之雅,承切磋之谊,因更为左证,以广其义如此,未知姜君以为何如。

——民国二十五年

（二）

章炳麟在学问上之造诣，实有不磨之价值，士论目以“国学大师”，盖无愧焉。其言论及见解，深可重视。前录姜亮夫、孙思昉两君来书，为《太炎弟子论述师说》，以饷读者，俾作研究章学之助。兹又得姜君由巴黎来书，于师说续有阐述，意甚殷拳，特再移录如下，公诸当世：

前书仓卒，不意有“相网无碍”之誉，愧甚愧甚。孙君举余杭先生自书及亲自鉴定之言以为信鉴，较不佞为翔实。䌷绎文义，幸鄙说之无大违离，于本愿已足；不欲更有他说。惟近来读此文者，颇有误不佞为有所折衷。此四语之深浅，本不足为余杭损益；然与前书初衷颇易，欲为误者一解，用再为申说，即杂引孙君所引各文为喻。

一代学人，自有其一贯之学术思想；此吾人所当知者。先生学术之中心思想，在求“救世之急”，《菿汉微言》之所以作也。而其方法在教人不忘其本。不忘本故尊史，《春秋》史之科条毕具者也，故宗《春秋》。然今文家亦言拯民，亦未尝不言尊史，则史以何者为可征信？公、穀多杂阴阳怪迂之说，说人世惟左氏为最平实，而司马、班、陈皆衍其学，为数千年史宗。故凡先生微义，在于尊史，而《左氏传》为之俶始，以其不为怪迂之说也。此十年前读先生书一得之愚，虽证验未具，而自信不诬也。此义既明，用以采量兹四语，则前书所陈，不待申言而明矣。兹再谛䜌析之如左：

（一）以今文疑群经。今文家一般之现象，在杂揉（糅）阴阳五行家奇异之说。《易》《诗》不关史事（此举大者言），《尚书》所事多在字句间，独三传异说最为奇诡，而公、穀杂揉（糅）为尤甚，以人事推之迂怪，所关盖不仅于礼乐制度之间。故自东京（汉）以来，三传之争最烈，"三统""三世"之说，已令人迷惘，而"素王为汉制法"之语，实等俗世《推背图》《烧饼歌》之流，大为不经，故先生之辟今文，亦以说公、穀者为最，（于公羊之说，则主弃董何而存其真。此于侍坐时屡屡言之。）而《尚书》次之，三家《诗》之异，盖已不甚过问（此亦就量言），是则先生之辟今文者，盖辟其怪迂不近人情之说；非辟全部之今文，如南海之必以一切古文经为刘歆一人所伪也。此即孙君所引先生论汉学一段，已大可作吾说之证。"吴广张角"之言，其微义讵不令人沉痛哉！故"以今文疑群经"之语，不佞所欲申说者，以为不可以辞害义。必欲明以章之，则或可申其义曰："今则以今文怪迂之说疑古史。"重在怪迂。一语之真义，往往当贯其学说之全部。世或将以此词面之言概先生，而耳食不观全书者，将以此致疑矣。

至思昉君按语："南海《新学伪经考》出"云云一段，为另一问题，更望阅者勿以与余杭先生之说相牵合，则幸矣。

（二）以赝器校正史。先生既尊史而又有所征信，自不容妄疑信史。本此一贯之主张，则以吉金文订古史，盖已违异，大可商量。（此不仅于尊史如先生者所以为不可，即海宁王静安先生，博涉群书，贯穿金石，其所论列，亦甚精谨，但读《观堂集林》者，无不能见之也。）先生所甚虑者，恐放者为之，而忘弃旧史挦扯作祟也。然于吉金本身，亦相当承认其价值，一则曰："以器物作读史之辅佐品则可，以器物作订史之主要物则不可。"再则曰："今人欲以古器物订古史，第一须有精到之眼光，能鉴别真伪，不爽毫厘，方足以语此。"又曰："钟鼎伪造者多。"（皆见孙君前文。）其言之平实近人，虽强佼亦无可辩，孙君所引之证，较不佞前书所言为尤温婉矣！大抵世人于先生学行，有一种误解，少年有激论，中年有激行，（即如孙君所记廷辱袁项城等类）而世又传雅谑之号，因以想像（象）其学为戈矛森列，不意其为温婉平易，不伪不饰之学者也。

（三）以甲文黜许书。经古文家多究心小学，故两汉经古文家几无一非小学家。先生于小学，沉雄劲伟，贯穿音义，有三百年来过人之处，然于字形则不甚究心。甲文之要，则专在于形体，其事遂大相左。且甲文形体又与秦篆殊，亦因与汉人所重订之经典文字殊。此事既与尊史之见不相脗合（以其必改史以就甲文故），又与己所持之音义一贯之见相扞格，而征之载籍，又"无足信赖"，故先生辟之，语无游词，则致疑于龟甲兽骨之存在，盖必有之结果。孙君所引两文，皆足以证前书“先生疑虑，晚年仍不得解”之语，惟鄙说有“泛涉甲文，以默契于我心，而出之以谨严”云云，似稍不合。或因不佞于甲文有偏爱，先生知其集习不能解，故因其器而施之教与？

（四）以臆说诬诸子。此事前书既无所陈，兹亦无可辩说。

总之，先生除甲文外，其他三事，皆决无偏执之意。意有急舒言有畛界，此不佞所为断断争辩者也。

上来所陈，皆本于先生之意以立言，是非自当有归于至当者。不佞于先生之学，欣佩无既。然尚有一言不能不为世人告者；先生治学之歆向 vers 与今世学人不相合，此亦不容为讳。近世治学之歆向，在于求“真”，而先生治学之歆向，在于求“用”于救民。苟异词以明之，则求真者在无我而依他起信；求用者在为我而求其益损。求用者在不离故常（离故常则不可用故）；而求真者或且毁其根株。此中并无绝对之是非。此意不明，则论先生者必不免不诬妄，而拥护之者，亦未必得其本真。此前书所以综合先生之学，标二旨，曰：“救世以刚中之气，教人以实用之学”也。此义既明，则一切毁誉，皆当是是非非，各归予至当矣。

不佞尝谓近有四学人，其学说皆可为过去数千年及未来时日作枢纽者，则先生为经小学之纛，井研为经今文之殿，海宁开考古之学，新会启新史之途。不幸十年来先后辞世，使天祸中国，从此而斩，则四先生其将为华夏学术之殿，若黄裔不丧，则四先生盖必为后世之宗师矣。俟归国后，拟合四先生为四君学谱一书。下愚如不佞，不知其能有成否也。信笔布意，不觉其长矣。

——民国二十五年

（三）

兹更接孙思昉君由天津来两书，有所讨论，并录于次，俾参阅焉：

（书一）承视姜君书，弟之所知已尽前楮。惟愿言之怀，犹有绪余，足以渎听者。昔韩昌黎有言：孔子之道大而能博，门弟子不能遍观而尽识也，故学焉而皆得其性之所近；其后离散分处诸侯之国，又各以其所能授弟子，原远而末益分。盖人人之思维，离主观几无客观，故见仁见智，未易强同。姜君固兼宗井研廖氏、海宁王氏之学者也。余杭先生之说适与两氏相反，姜君立言自不能无所依违。他不具论，至谓近世治学之歆向在于求真，先生治学之歆向在于求用，异乎吾所闻矣。先生与王鹤鸣书（见《文录》二）曰：“足下云，儒术在致用，故古文不如今文，朱陆不如颜李。仆以九流著于周秦，凡为学者，非独八儒而已。经师授受，又与儒家异术。商瞿高行铎椒之流，尝事王侯，名不皠皠显著如孟荀鲁连也。《春秋》断狱，《禹贡》治河，三百五篇当谏书，无过以典训缘饰，不即曲学干禄者为之。汉之循吏，吴公张释之朱邑黄霸，少驽如韩延寿，皆以刀笔长民，百姓戴德。仲舒乃为张汤增益苛碎，尝仕江都，民无能称，侔于千驷，此则经术致用，不如法吏明矣。周官九两，曰儒以道得民。郑君曰，儒诸侯保氏，有六艺以教民者。今颜李所治六艺云何？射御犹昔，礼乐即已疏陋。其言书数，非六书九章也。点画乘除以为尽矣，贩夫贩妇以是钩校计簿，何艺之可说？仆谓学者将以求是，有用与否固不暇计。求六艺者究其一端，足以尽形寿，兼则倍是。泛博以为用，此谓九能之事，不可言学。近且翁同龢、潘祖荫之徒，学不覃思，徒捃摭公羊以为奇觚，金石刻画，厚自光宠，然尚不足言致用。康有为善傅会，媚以拨乱之说，又外窃颜李为名高，海内始彬彬向风，其实自欺。诚欲致用，不如椽史识形名者多矣。学者在辨名实，知情伪，虽致用不尚，虽无用不足卑。古之学者学为君也，今之学者学为匠也。为君者南面之术，观世文质而已。为匠者必有规矩绳墨，模形惟肖，审谛如帝，用弥天地，而不求是则绝之。韩非说炳烛尚贤，治则治矣，非其书意。仆谓学者宜以自省。”是先生之学固以求是自揭矣。未闻先生晚年定论有违前说也。

（书二）鄙作《余杭先生伤词》有“勤求经训，务期有用”之语，与先生自述学贵求是不贵致用之说若有殊，其中尚待释疑。盖夫子自道之言与因材施教之说异。学以求是为第一义谛，而致用已落第二义谛矣。《伤词》追述遗训，与其复弟函中语相类。其言曰：“若言精求经训，非自《说文》《尔雅》入手不可。足下疲于吏事，恐不能专意为此，但明练经文，略记注义，亦自有用。”足表学人之治学与俗吏之向学迥不可同日语。然求是与致用云者，特各有所重轻而已，实则言其异，则所谓一致而百虑，言其同，又所谓殊途而同归者矣。先生之言学，侧重求是，而亦不废致用。综观先生致王鹤鸣及至诚书，其意之重轻所在，读者可自得之也。

——民国二十六年

(四)

复接姜君由巴黎来书讨论如下：

孙君第二次辩论，已见《周报》三期。近以一小小译事，书案纷沓，日不暇给，而孙君申辩已非旧时论点，故不欲再有所论列。顷间再翻《周报》，似觉仍有不能已于言者，再拉杂为阁下陈之。

前书“求真”“求用于救民”之言，本为举世之纷纷者发，得孙君一揭，此义益彰，不胜欣快；然果无申释，则不仅不足以解世人之惑，即孙君亦未必能相谅矣。

凡有所成就之学者，必有其道之“全”，然发言盈庭，不能无因时因地而有所摇演谢短，故吾人之论是者，当先得其“全”，得其全，则是非正反真寓之语，厄言曼衍之辞，皆各有其归向，亦各有其相得之谛。自休宁戴君以来，其言足以抗代而确有其“全”者，余杭先生其人也。弟所见余杭先生之“全”，即第一、二两书末段所申之辞，而第一、二两书又皆为此“全”而分解条析者也，即无一语不为此“全”辩。孙君于弟前书条辩分析之言，既已无说，而独标举此义，于弟立论之基，似尚有未晰，而引用证据，似又是先生为某一部分说法之言(辩见后)，有所摇演谢短者，孙君岂仅见其分而未见其全与？

且即以孙君标举之义而论。(弟言“求用于救民”，孙君裁为“求用”，似已非本义，今且不细论。)

所谓“求用”与“求真”，其实并非对立之两事。弟言求用于救民，然未尝言先生“不求真”，惟先生求真之态度，与今世学人异。今之学者为真以求真，而先生则为用以求真。苟以俗设喻，则先生有一付救民之心，而以此必笼照(罩)一切学术，世人则只有向往之学术，而不顾其他。此为推心之论。再以学设喻，举大者言，可以《庄子》内圣外王之说为解。先生盖以求为外王之思而修内圣之道者也。更以儒言为喻，则益觉明白，即《大学》格致修齐之义。今人求学，为格物而格物，致知而致知，前书所谓依他起信者也。先生则意在为修齐而格致，不关修齐以上者不必格致，既格既致，即是求真，故不反对求真，亦且拥护求真，弟亦不言先生不求真。其实举中国数千年来儒者一贯之精神而言(甚至于老庄)，便无不是以求用为欣向，凡稍涉哲学之门者，皆能道之。孙君所闻与弟有异，故以此两事为对立，仅为先生争一“真”字，而又于第二书中(《周报》十四卷第三期中第二书也)“务期有用”一语回惶自护为第一义谛第二义谛之言，其实苟即鄙说而裁之，正不必以为有异也。至谓“而言其异则所谓一致而百虑，言其同又所谓殊途而同归”云云，则为文家虚调，而远于辩(辨)章学术之义矣。

更退一步言，以孙君所引先生与王鹤鸣书而论，此先生以古文家之资格，为经古文作拥护者，诚有“学者将以求是，有用与否不暇计也”之言，(按：“是”与“真”不必相等，兹姑就常识论之。)然此特为经生发，为拥护经古文之经生发，为制敌发，所谓摇演谢短之说也。果必以此而谓不求用专求真，是最真之学莫过于“有规矩绳墨，审谛如帝”，而最疏者莫过于“观世质文而已”(三语皆与王书中语)，孙君又将何辞以为解？弟弓中无先生书，不能自为其说多引左证，即就此次孙君两文中所引之言而论，已足大成吾说。如三十六期引论经史……不应……疑一文，于以碑版补正史列传之缺一事，而曰：“此犹系小节，无关国家大体。”又曰：“研究历史须论大体，岂暇逐琐屑之末务？”此岂纯任一“真”

字而可辩(辨)章者哉?又曰:“我能知两万万人姓名,事固非易,要亦何用?”则明标用字矣。

此次讨论之点,已非前两书论旨,弟本不欲再答,以灾《周报》篇幅,然此事确又为前两书论点之碣础,且亦即两人立言所以异之硕,故不能不一言。近日事乱如麻,而此行来欧,箧中无“线装书”,余杭丛书,不仅续编不能得,即正编亦遍觅不得,故不能所引证;俟归国后当更为文申之,而此次辩论亦请暂止此。

孙君阅及此书,亦又来书论之,仍并录于次:

承睐姜君第三书,本可不再置辨,无庸如郑人争年以后息为胜也。然有不能已于言者。余杭先生自明其学为求是而讥致用,已若揭日月矣,姜君反谓其学为致用而非求是,以先生之说为制敌而发,目以摇演谢短。恶,是何言也!先生之学,以经学为主,而说经以古文为主,譬诸制敌,此乃其大本营所在,而非游击队,傥为之拔赵帜立汉帜,将无以自植坫坛;舍此而言其全,更非弟之所敢知也。至以“规矩绳墨,审谛如帝,观世文质”为言,紬绎原书,不难解悟。盖先生以求是为君,犹庄周所谓无用之用(即间接之用),致用为匠,犹庄周所谓有用之用(即直接之用)。前引易一致百虑之说,即恐其混求是致用之分野,乃以其同而求其异。姜君能使之名实违反,二者易位,以先生所谓求是者即所谓致用耶?吾知远于辩(辨)章者有攸归矣。(即后误引能知两万人姓名之说为言,亦因不辨两者分野故耳。)总之说先生之学，必征诸先生之书，不则如韩非所讥鬼魅易画，远于求是已。候姜君归国，共取先生之书再相质难可也。

姜君来书，并有“归期约在七月中，入故都当能一访高斋，以倾平日渴慕之情”等语，不佞亦甚愿相晤一谈，藉获教益；届时拟介绍两君晤面，以同门之雅，从容扬榷切劘也。

——民国二十六年

一〇　左宗棠与梁启超

湘阴左宗棠与新会梁启超二人对举，似颇兀突。余以其均为清代举人中之杰出者，早有大志，对于仕宦，则左氏志在为督抚，梁氏志在为国势大臣，后各得遂其愿。此点颇为相似，故并述之。

左氏为壬辰（道光十二年）举人，会试三次不第，即弃举业而专治经世之学，知交群推，有名于时。咸丰间军事起，久居湖南巡抚幕府，用兵筹饷诸务，实主持之。（入幕之始，由于湘抚张亮基之敦约，即甚见倚重。张旋署湖广总督，左偕往，未几调抚山东，始辞归。会骆秉章抚湘，又敦聘入幕，倚任尤专，久于其事，左师爷之名大著。）始保同知衔知县，继保同知直隶州知州。（仍居幕宾地位，不以官自待也。）咸丰四年甲寅，督师曾国藩克复岳州，拟为左氏请奖知府并花翎。左氏答刘蓉书言志，力辞此奖，书云："吾非山人，亦非经纶之手，自前年至今，两次窃预保奏，过其所期。来示谓涤公拟以蓝顶花翎尊武侯，大非相处之道。长沙、浏阳、湘潭，兄颇有劳，受之尚可无怍。至此次克复岳州，则相距三百余里，未尝有一日汗马之劳，又未尝偶参帷幄之议，何以处己，何以服人？方望溪与友论出处：'天不欲废吾道，自有堂堂正正登进之阶，何必假史局以起？'此言良是。吾欲做官，则同知直隶州亦官矣，必知府而后为官耶？且鄙人二十年来，所尝留心自信必可称职者，惟知县一官。同知较知县，则贵而无位，高而无民，实非素愿。知府则近民而民不之亲，近官而官不之畏，官职愈大，责任愈重，而报称为难，不可为也。此上惟督抚握一省大权，殊可展布，此又非一蹴所能得者。以蓝顶尊武侯而夺其纶巾，以花翎尊武侯而褫其羽扇，既不当武侯之意，而令此武侯为世讪笑，进退均无所可。涤公质厚，必不解出此，大约必润之从中怂恿，两诸葛又从而媒孽之，遂有此论。润之喜任术，善牢笼，吾向谓其不及我者以此，今竟以此加诸我，尤非所堪，两诸葛懵然为其颠倒，一何可笑！幸此议中辍，可以不提，否则必乞详为涤公陈之。吾自此不敢即萌退志，俟大局戡定，再议安置此身之策。若真以蓝顶加于纶巾之上者，吾当披发入山，誓不复出矣！"语甚恳切，却又极诙谐。由不肯受无功之倖保，说到不愿为（亦可云不屑为）同知及知府，又因之说到督抚权大之可为，意志可知。至言为知县必可称职，知县为亲民之官，官卑而职要，（直隶州知州除领县外有直辖之疆域，其为亲民之官，与知县及散州知州同。）在可为之列，惟此不过就前保官秩所历之阶，作一回顾，实陪衬之笔耳。（知府四品，公服之帽例用青金石顶珠，所谓暗蓝顶也，于是有"蓝顶加于纶巾之上"等趣语。左好以诸葛自况，亦每戏以诸葛称人，书中言及曾胡而外，并言两诸葛，所指为谁，俟考。刘蓉在曾幕见重，或即其一欤。后左氏出湘抚幕，骆秉章督师入川，延刘居幕府，言听计从，卒肃清川乱，并擒获石达开，刘亦颇有诸葛之风者，官至陕抚。）其言督抚非一蹴所能得，料此愿之不易偿也。乃后竟由浙江巡抚而闽浙总督、陕甘总督，以大学士入朝为军机大臣后，又出督两江，且锡爵由一等伯晋二等侯，为清代赫赫名臣，素志得偿，而侯相之尊，更过乎所望矣。（有清故事，汉员进士出身者始得入阁。左以举人破格膺揆席，实为异数，故李鸿章谓之破天荒相公。）

梁氏为己丑（光绪十五年）举人，屡应会试未捷。当戊戌（光绪二十四年）政变，以因康党被名捕，逋亡国外，以言论称雄，仍为政治活动。辛亥（宣统三年）上海报纸有诋之者，梁氏致书其主笔自辩，有云："公等又日日造谣，谓吾运动开党禁，辇致巨金以赂政府，甚且言其曾亲自入京，往某处谒某人，若一一目睹者然。似此记事，则作报者亦何患无新闻哉？吾请开心见诚与公等一言，谓吾不欲开党禁耶，此违心之言也，吾固日夜望之。以私情言，则不亲祖宗邱墓者十余年，堂上有老亲，不得一定省，游子思归，情安能免？以公义言，则吾固日日思有所以自效于祖国也，吾固确自信为现在中国不可少之一人也。虽复时人莫之许，而吾固以此自居而不疑。而吾以所以自处者，又非能如革命党之从事秘密也，恒必张旗鼓以与天下共见。故吾信吾足迹若能履中国之土，则于中国前途必有一部分裨益。谓吾不欲开党禁，此违心之论也。虽然，屈己以求政府，而谓吾为之乎？凡有求于人者恒畏人，吾之言论固日日与天下共见也，曾是乞怜于其人者而乃日日骂其人不遗余力乎？手段与目的相反若是，虽至愚不为也。吾尝有一不惭之大言在此，曰：‘吾之能归国与否，此自关四万万人之福命，非人力所能强致也。’吾知公等闻吾此言，必嗤之以鼻，然人苦不自知，吾亦无如吾何也。故吾常以为天如不死此四万万人者，终必有令我自效之一日。若此四万万人而应堕永劫者，则吾先化为异域之灰尘，固其宜也。是故近年以来，中国有心人，或为吾挚交，或与吾不相识者，常思汲汲运动开党禁，彼固自认为一种义务，吾无从止之，然窃怜其不知命也。而公等乃日日以欲得一官相诮。吾数年来早有一宣言在此矣：‘若梁某某者，除却做国务大臣外，终身决不做一官者也。然苟非能实行吾政见，则亦终身决不做国务大臣者也。’夫以逋亡之身，日夕槁饿，而作此壮语，宁不可笑？虽然，举国笑我，我不为动也。虽以此供公等无数谐谑之资料，吾不恤也。数年以后，无论中国亡与不亡，举国行当思我耳。而公等乃以欲得官相猜，何所见之不广若是？鹓鸾翔寥廓，鸱衔腐鼠而视之曰吓，吾今乃睹子之志矣。”自明决不运动开党禁而求官，一方面则云做官必做国务大臣，余非所屑，且国务大臣必须能实行其政见始做之，若做之则必能自效于国家，为国民造福，一己之出处，四万万人之运命实系焉。自待之重，语气之豪，可谓壮哉！未几武昌事起，举国震动，清室授袁世凯内阁总理大臣，组织内阁，以袁之推荐，任梁为法部副大臣（号曰次官，在部中地位类似今之次长），时党禁已先开矣。梁氏未肯回国就职，固以自忖时会非宜，亦可云副大臣之地位尚未符其国务大臣之志愿也。迨入民国，乃先后为熊（希龄）内阁之司法总长及段（祺瑞）内阁之财政总长，在国务员之列。以级秩论，可谓已达到其未归国前之宣言矣。（辛亥四月，清室以预备实行立宪之理由，变更政府官制，裁旧内阁及军机处，设新式之内阁，为责任内阁之雏形，以总理大臣为领袖，佐以协理大臣二人，各部尚书一律改为大臣，与总协理均为国务大臣，即梁氏所言非此不做者也。迨袁氏组阁，复裁协理大臣，国务大臣惟总理大臣及各部大臣矣。民国初年，号为行内阁制时，责任内阁曰国务院，设国务总理及各部总长，均为国务员，犹之清末之国务大臣也。）惟两次任国务员，皆失意而下台，无甚成绩可称。以事业论，固未副当年之自负，所尝为人注意者，特为熊内阁草大政方针，作言而未行之昙花一现而已。黄远生民国二年九月十一日通信《记新内阁》言及梁氏之加入熊内阁有云："熊氏之被电推为总理也，力辞甚坚，有虽仲尼复生无可为之语。……其以大义相责而促成之者实梁任公。及议院通过后，熊氏复姗姗其来，任公复屡电催之，故熊氏到京后之第一目标，反在任公。其先本以教育部属之，任公坚辞决绝，任公之左右尤代任公坚辞决绝。熊氏乃大不怿，故第一次谈判时，熊实不欢而散。至第二次谈判，熊乃出其最峻厉之词锋与任公交涉矣，谓：'屡次皆公促我来，属我牺牲，而公乃自洁，足见熊希龄三字不抵梁启超名字之尊。'又诘任公以：'公既不出，则张季直、汪伯棠皆牵连不出，熊内阁势将小产，此时进步党将持何等态度？又如公等均不出，熊内阁纯以官僚组织成之，舆论必不满意，此时进步党又将持何等态度？故为进步党计，公亦不可不出。’其词恳切，任公无以难之也。至此时已改换任公为司法部矣。”黄与梁素颇接近，如所云，是其时梁氏虽劝熊组阁，而自身之出处，犹持迟回审顾之态度，未尝不虑任此而不克有为足为盛名之累也。卒以环境关系，竟“试他一试”，一试而失败后，恢复其言论生活，自言愿终身为一学者式之政论家，不复涸入实际之政途矣。未几见猎心喜，又入段内阁为财政总长，再试而再失败焉。盖其人不愧为政论家之权威者，笔挟情感，善于宣传，每发一议，头头是道，其文字魔力，影响甚巨。（晚年关于学术之作，亦多可称。）而政事之才，实极缺乏，故毕生之所成就，终属在彼不在此耳。若左宗棠之如愿而为督抚，所自效于清廷者，武略则平靖内乱，戡定边陲，政谟则尽心民事，为地方多所建设，自另是一种实行家之卓越人才已。（至其晚年以大学士两值枢廷，老矣，且为同列所挤，在朝为时甚暂，相业罕所表见，可不论。）

左氏之中举，几失而竟得之，梁氏则中举后会试，尝一度几中而竟弗售，其事亦可合述。

道光壬辰，左宗植、宗棠兄弟同应湖南乡试，宗植领解，宗棠卷同考官本摈而不荐，循惯例已无取中希望。正考官徐法绩搜遗，得而大赏之，特中第十八名。宗棠对之深有知遇之感。其同治八年己巳为徐撰神道碑叙及此节云：“其年秋，公以礼科掌印给事中主湖南乡试，特诏考官搜遗卷。副考官胡以疾卒于试院，公独校五千余卷，得士如额。解首为湘阴左宗植，搜遗所得首卷为左宗棠，榜吏启糊名，监临巡抚使者吴公荣光，避席揖公贺得人，四座惊叹。”又同治九年庚午《书徐熙庵师家书后》云：“故事，乡试同考官以各省州县官由科目进者为之，凡试卷经同考阅荐而后考官取中，同考所斥为遗卷，考官不复阅也。是科宣宗特命考官搜阅遗卷，胡编修既以疾先卒，公独披览五千余卷，搜遗得六人，余忝居首，书中所称十八名者也。当取中时，公令同考官补荐，不应，徐以新奉谕旨晓之，旋调次场经文卷，传视各同考，乃无异议。礼经文尤为公所欣赏，题为《选士厉兵简练俊杰专任有功》，书中所称经文甚佳者也。后并进览。当时闱中自内帘监试官以下颇疑是卷为温卷也。比启糊名，监临巡抚南海吴公荣光贺得人，在事诸公多有知予姓名者，群疑益解……计同举四十五人中，余齿最少，今亦五十有九。……白头弟子，尚得于横戈跃马时得瞻遗翰，不可得谓非幸也。抑余尤有慨焉。选举废而科目兴，士之为此学者，其始亦干禄耳，然未尝无怀奇负异者出其中，科名之能得士欤，亦士之舍科名末由也。惟朝廷有重士之心，主试者不忍负其一日之长，则兴教劝学，其效将有可睹，于世道人心非小补也。”徐左遇合，良有过于寻常座主门生者，宜左氏惓惓于师门者甚至也。而其最被欣赏之文，题目若与左氏异日事业隐相关合者，殆抱负所在，故言之有物，不同人云亦云欤。“选举废而科目兴”一段，持论亦颇轩爽。人才之出于科举，正以舍是末由耳。考官例得搜遗，惟往往习于省事，仅阅同考官所荐之卷，余置不问。宣宗恐各省同考官屈抑人才，壬辰五月降谕云："三载宾兴，为抡才大典，各直省主试经朕特加简任，宜如何涤虑洗心，认真校阅，务求为国得人。顺天同考官及会试同考官，俱系翰詹科道部属。该员等甲第本高，又经朕亲加校试，尚无荒谬之人充选，所以得人较盛。各直省同考官，则年老举人居多，势不能振作精神悉心阅卷，即有近科进士，亦不免经手簿书钱谷，文理日就荒芜。各省督抚照例考试帘官，仍恐视为具文。全恃主试搜阅落卷，庶可严去取而拔真才。士子握椠怀铅，三年大比，一经屈抑，又须三年考试，或竟有终身沦弃者，岂不可惜？该主试俱系科甲出身，试回思未第之先，芸窗诵读，与多士何异？若止就荐卷照常挑选，而于落卷漠不关情，设身处地，于心何忍？嗣后各直省督抚务将帘官认真考校，不得以年老荒谬之员滥行充数，其典试各员，必须将闱中试卷全行校阅，不得仅就荐卷取中，方为不负委任。……特申诰诫。倘各直省正副考官草率从事，一经朕别有访闻，即将该主试严惩不贷。"左氏所云"特诏考官搜遗卷""朝廷有重士之意"，即谓此，亦科举掌故也。闻同考官某已于左卷加"欠通顺"字样之批条，经徐氏力与争持，始换批补荐。又文学家吴敏树，与左同榜获隽，亦搜遗所得六人之一。

梁启超乙未（光绪二十一年）会试，副考官李文田极赏其卷，已议取中矣，卒为正考官徐桐所厄，以致摈弃。李氏于落卷批"还君明珠双泪垂"之句，以志慨惜，传为文字因缘之佳话。胡思敬《国闻备乘》纪其事云："科场会试，四总裁按中额多寡，平均其数，各定取舍，畸零则定为公额，数百年相沿，遂成故事。乙未会试，徐桐为正总裁，启秀、李文田、唐景崇副之。文田讲西北舆地学，刺取自注《西游记》中语发策，举场莫知所自出，惟梁启超条对甚详。文田得启超卷，不知谁何，欲拔之而额已满，乃邀景崇共诣桐，求以公额处之。桐阅经艺，谨守御纂，凡牵引古义者皆摈黜不录，启超二场书经艺发明孔注，多异说，桐恶之，遂靳公额不予。文田不敢争，景崇因自请撤去一卷，以启超补之，议已成矣。五鼓漏尽，桐致书景崇，言顷所见粤东卷，文字甚背绳尺，必非佳士，不可取，且文田袒庇同乡，不避嫌，词甚厉。景崇以书示文田，文田默然，遂取启超卷批其尾云：'还君明珠双泪垂，恨不相逢未嫁时。'启超后创设《时务报》，乃痛诋科举。是科康有为卷亦文田所拔，廷试后不得馆选，渐萌异志。"据余所闻，李批梁卷，仅"还君明珠双泪垂"七字，未引下句也。梁领得落卷后，见李批而感知己，谒之。李闻其议论，乃大不喜，语人以此人必乱天下。梁主本师康有为（时名祖诒）之学说，宜不相投。又相传徐桐之坚持摈梁，系误以为康氏卷。梁代师被抑，而康竟掇高魁焉（中第五名）。时康名已著，其文字议论为旧派人物所恶，斥以狂妄。（胡谓康"萌异志"者，系指戊戌之事，所撰《壬戌履霜录》诋为谋逆也。）左谓在壬辰湘试同举中齿最少，时年二十一也。梁则十七岁即中举，更为早发，适与左子孝威中举之年龄同。（孝威为同治元年壬戌举人。后亦未成进士。）

——民国三十二年

一一　谈柯劭忞

（一）

近代北方学者，柯劭忞亦有名人物也。劭忞山东胶县人，幼读甚慧，十六岁为生员。嗣于同治九年庚午，中本省丁卯庚午并科举人。年二十一。（榜年十七，盖少报四岁。）六上公车被摈。至光绪十二年丙戌始成进士，入翰林，散馆授职编修。二十七年辛丑简充湖南学政，还京后历官国子监司业、翰林院撰文、侍讲。三十二年丙午，奉派赴日本考察学务，归任贵州提学使，旋开缺在学部丞参上行走，官至典礼院学士。曾充资政院议员，大学堂经科监督，署总监督。当辛亥（宣统三年）革命起，奉命充山东宣慰使兼督办山东团练大臣。鼎革而后，设清史馆，由赵尔巽主之，延任修史之役。尔巽卒，代理馆长。盖《清史稿》之成，与有力焉。卒于民国二十二年，寿八十有四。此其略历也。治学甚勤，所著书以《新元史》为最伟大，名闻遐迩。

劭忞所以成其学，家庭之关系匪鲜，盖良好之基础赖斯也。潍县陈恒庆，其丙戌同年友，且有戚谊，以工部主事官至给事中，外放知府，回籍后于民国初年撰《归里清谭》（又名《谏书稀庵笔记》）中述及劭忞事有云：

> 柯太史凤荪，诗古文渊源家学，别有心传，故兄弟皆成进士，太史文名驰天下。封翁佩韦，虽未得科名，经史之学，具有根柢。太夫人长霞，为掖县李长白之女，诗学三唐，稿中《乱后忆书》一律，京师传诵殆遍。诗云："插架五千卷，竟教一炬亡。斯民同浩劫，此意敢言伤？业废凭儿懒，窗闲觉日长。吟诗怜弱女，空复说三唐。"太史原籍胶州，因捻匪之乱，避居潍邑。李长白后人亦居潍邑，由李季侯丰纶始迁也。季侯为予癸酉同年，太史为予丙戌同年。甲戌会试后，柯李皆下第，同赴河南禹州投亲，已入豫境，离禹城仅九十里，坐车行至深沟，其地两面悬崖，中为大道，雨后山水陡下，季侯淹毙，同死者车夫三四人，骡马十余头。凤荪踞车盖之上，浪冲车倒行，其后悬崖崩塌，车乃止，乃呼救，崖上人缒而上之，竟得生。此行也，得生者凤荪一人，亦云幸矣！太史自言："得生固幸；水退后，一面雇人寻尸，一面雇人赴禹州署送信，夜间尸体在野，一人守之，与群犬酣战，殆竭尽生平之力矣！"太史元配于氏，为予表妹；继配为吴挚甫先生之女。过门后，嘱太史带往寺内前室灵前行礼，见太史所作挽言悬于壁间，嗤其语句多疵，则夫人学问，又加太史一等矣。

可谓一门风雅，劭忞蔚为学人，岂无故哉？闻劭忞幼娴吟咏，七岁时即有“燕子不来春已晚，空庭落尽紫丁香”之句，固征早慧，亦深得力于母教耳。至遇险独存，写来情景可怖，所谓会有天幸也。好谈命运者，殆将援为“大难不死，必有后福”之左验乎！

盛昱，其庚午同年也，为肃亲王永锡之曾孙，协办大学士户部工部尚书敬征之孙，工部侍郎恒恩之子，家世贵盛，生长华膴，光绪间以丁丑（三年）翰林官至国子监祭酒，文采风流，焜耀一时，家有园亭花木之胜，好客，所交类为知名之士，“坐上客长满，樽中酒不空”，“谈笑有鸿儒，往来无白丁”，雅有昔贤风概，京朝胜流，盖无人不道盛伯羲焉。劭忞与为雅故，每参高会，其诗文亦颇获其切劘之益也。盛昱引疾罢官后，卒于光绪二十五年己亥，劭忞于三十一年乙巳序其《郁华阁遗集》云：

> 宗室伯羲先生既卒，门人搜〈其〉其古今体诗，得百二十八首，附以词十三阕，都为四卷。先生庋金石书籍之室曰郁华阁，故名之曰《郁华阁遗集》。先生博闻强识，其考订经史及中外地舆之学，皆精核过人，尤以练习本朝故事为当世所推重。吾友临清徐坊尝谓劭忞曰：“吾辈聆伯羲谭掌故，大至朝章国宪，小至一名一物之细，皆能详其沿袭改变之本末，而因以推见前后治乱之迹。若撮其所言，录为一书，恐二百年来无此著述矣。”劭忞窃叹为知言。昔桐城姚郎中分学问之途有三，曰词章、考据、义理，以劭忞之愚论之，特晚近承学之士派别如此耳，谓学问之途苞于三术，斯不可也。古

之儒者，博综乎先王之制作而深明乎当时之损益，其学如山渊之富，故无所不知，其言如蓍龟之决，故无所不验，如鲁之臧文仲，晋之叔向，郑之子产，所谓闳览博物之君子是也，岂若斗筲之夫，龂龂然守一先生之说，殚精竭力以自画于空疏无用之途哉？先生之学，未知视古之儒者为何如，然近世闳博之君子，未有能及先生者也。先生自通籍至国子祭酒，居官十有四年，忠规谠论，中外叹仰，然不能尽行其志，谢病家居，又十年乃卒，卒之明年而京师之乱作，使先生尚在，则当时耆艾重臣，敬信先生而听其言，必不至崇妖乱而召戎寇，以贻宗社阽危之患也。“人之云亡，邦国殄瘁”，呜呼恫已！劭忞与先生交最久，先生有诗，劭忞必索而观之。先生诗不自收拾，多散佚，故劭忞所见有出于集外者，然无从检觅矣。先生之卒也，劭忞既为文哭之，今读其遗诗，又为之序，以识吾悲，且以见先生之学，其善诗为余事焉。

盛推其掌故之学，盖盛昱甚以此见重侪辈也。此序文字颇工，为劭忞之佳构，而见者不多，故就《郁华阁遗集》所载录之。（劭忞《蓼园文集》，藏于家，未知最近有刻本否。）至谓使盛昱尚在，必无庚子之祸，则未免言之过易。倚义和拳以“扶清灭洋”，孝钦后主持于上，顽固之王大臣逢迎而赞襄之，不惜骈戮异议诸臣以立威，而谓区区一无权之盛昱足挽狂澜乎？

盛昱与劭忞先后为国子监堂官，劭忞甲辰（光绪三十年)官国子监司业,去盛昱庚寅(光绪十六年)之罢祭酒,十余年矣。宜宾陈代卿,咸丰十一年辛酉举人,久官山东州县,劭忞为其胶州任所得士,尝于劭忞官国子司业时,作北京之游,即寓劭忞所,其《节慎斋文存》卷下,有《北游小记》一篇,云:

> 光绪甲辰六月初二,余由津门乘火车入都,……居停主人为柯凤荪少司成,余权胶州时所得士也。时方十四龄,文采斐然,知为远到器,由词馆而洊升京堂,四十余年,见余犹执弟子礼不倦,其血性有过人者。凤荪朴学,不随风气为转移;著有《新元史》,尝得欧洲秘藏历史,为中土所无。余在京见其初稿,以为奇书必传,未知何时告成,俾余全睹为快也。

盖《新元史》之作,为劭忞毕生惟一之大事业,据云积三十年之精力,始克告成,迨此书完全蒇事,享中外大名,代卿不及见之矣。

劭忞于丙戌同年翰林中,夙善徐世昌,晚年尤相亲。世昌为总统时,设诗社于总统府,号曰晚晴,劭忞为社友中最承礼遇者。(世昌所为诗,每就正于劭忞。)劭忞诗集曰《蓼园诗钞》,卷五有《徐总统画江湖垂钓册子》一首云:

> 箬笠蓑衣一钓竿,白蘋洲渚写荒寒。
> 不知渔父住何处,七十二沽烟水宽。

清适可诵。同卷稍后有《挽奉新张忠武公》云:

> 白首论兵气益振,功名何必画麒麟?
> 不怜扩廓奇男子,百战终全牖下身!

连云甲第化烟埃，想见将军血战回。

呜咽菖蒲河里水，十年流尽劫余灰。

为挽张勋之作。玩“百战终全牖下身”之句，盖深嗟其死于牖下，未战死于丁巳（民国六年）复辟之役耳。劭忞工于诗，弗能多录，录斯二者（一淡一浓），略见一斑。

世昌在总统任，下令对《新元史》加以称扬，列为正史，所以示注重文化之意，兼为同年老友助一臂之力也。世昌以总统获法国文学博士学位，劭忞亦缘《新元史》见重东瀛，得日本文学博士，丙戌翰林同时遂有两外国博士，时论荣之；惟世昌系因政治关系，其事有间。（后来日本设东方文化事业总委员会，聘劭忞充委员长，亦征重视，以中国人得日本博士者甚少，耆宿中仅劭忞一人也。）

傅芸子君讲学日本京都帝国大学，余以东京帝国大学博士论文审查会当时对《新元史》所作审查报告推论得失颇详，因函请以关于此事闻诸日友者相告，近承函示：

（一）闻诸仓石武四郎教授：当日审查《新元史》，此邦史学名宿箭内亘博士（东京帝大教授）甚为致力。博士为仓石君高等学校之师，仓石君一日往谒，适值博士为审查《新元史》之工作，皇皇巨著，堆积室中。博士云：“以此书言之，其价值可在博士之上，亦可在博士之下，即此一编，颇难断定。又，原书之异于旧《元史》者，未比较言之，须为之一一查对，以作成报告，故工作颇觉麻烦云。”

（二）据闻东京帝大方面，最初尚无授予凤老博士学位之意；此事系由当日驻华公使小幡酉吉之提议而成。

（三）青木正儿博士云：凤老既得博士后，对于日本之有博士学位者，无不重视。当日有某博士尝往谒，凤老欢迎甚至，礼貌有加，实则此君固虚拥此头衔者也。

虽仅鳞爪，亦颇有致。

劭忞之老友张曼石（景延），于劭忞之卒，挽以长联云："通家三代，公适长我十龄，忆从束发受书，兄事略同师事，窃曾见丹铅瘁力，簪绂趋庭，入跻承明著作之班，出以庠序培材为务，声誉腾乎瀛海，功名付诸儿孙，国变后但闭门吟啸自娱，要勿负平生志耳。青史重完人，想奕世直笔褒题，任置忠义儒林文苑遗逸中，纤悉都无愧色。""远客半年，悔不早归数日，一自下车闻耗，惊心弥复伤心，最难忘饮饯内堂，纵谈陈迹，遍及弱岁钓游所至，屡叹故交存在几希，情词倍极缠绵，体态未尝衰茶，濒行时尚扶杖殷勤相送，谁知即永诀期耶？白头怀旧侣，当此际灵麾展拜，独于乡邻耆老学子孤寒外，凄凉别有余悲。"语甚沉挚，以累代通家，交非恒泛也。此联由安君筠庄钞示，并知曼石先生现居旧都，因思造诣一谈，叩以柯氏轶事，先致一书道意，得复书云："闻声相思久矣，老病颓侵，无能修谒。顷承惠毕，知将枉驾蓬门，欢慰之至。惟日来痰嗽气弱，殊难久谈，容俟少瘥，再为函约可乎？"曼翁高年违豫，暂不便相慁，致妨颐养；他日晤谈后，当更有述。

——民国二十六年

（二）

关于柯凤荪（劭忞），前略有所述。近与其老友章丘张曼石先生（景延，曾为汉军旗籍，复籍章丘）晤谈，于其轶事更有所知，爰续为叙述，以作前稿之补充。

柯氏之大父易堂，曾与曼石之大父荣堂同官于闽，罢官后，曼石之父梦兰受业其门，其后梦兰又延柯父佩韦课子，为曼石之师，柯氏自少年即与曼石相善，曼石挽联谓“通家三代”，以此。梦兰官于豫，历知安阳、遂平、鹿邑诸县，柯氏每随侍其父于县署，力学攻苦，异常勤奋，见者咸加叹异。

当柯氏在籍进学后省父于安阳县署也，其父挈之谒居停暨各幕友。翌日，柯氏如厕，值厕所有修葺之处，帐房幕友某往视，柯见之，不忆昨已见过，且施礼矣，复向之作揖致敬。某方与工人语，未之措意。柯乃大恚，其父睹其愤愤之态，异而询其故，具以状对，于被人看不起之辱，言之有余怒焉。父笑曰：“本来是尔多事。昨日尔已对彼作过揖矣，今日何必又作？尔不过一后生小子，被人看不起，亦甚寻常；使尔能中举中进士者，何人敢看尔不起乎！”柯聆训大为感动，誓努力前程，以雪此耻，故孜孜矻矻，几有废寝忘餐之势。有志者事竟成，卒掇巍科，入词林，为读书人吐气。其父欣然谓之曰：“尔当深谢某氏；非由彼之一激，尔未必能成名也！”

以用功太过之故，柯氏少年多病，在鹿邑县署时，尝身兼咯血、梦遗、关格、怔忡四大症，甚为憔悴，识者多忧其不寿，而晚年身体康强，享八十余之高龄，为当日所料不到者。柯氏兼通医理，亦即由少年多病而留意岐黄之故。又闻其父一日晨起，入其室，见烟气弥漫，盖时当冬令，柯氏坐近炉火，衣袖误被燃着，而柯方执卷讽诵，神与古会，毫不知觉也。其父于其勤学，甚嘉之，而亦未尝不以书呆戒之云。（柯氏书淫之癖，据闻实颇有父风，其父固亦酷嗜书卷而因之若有几分呆气者。）

前稿述柯氏与李季侯（丰纶）由京至豫，途中遇险，李氏淹毙一节，引陈恒庆《归里清谭》所载。兹闻曼翁所谈，于情事尤详。李氏字吉侯，为柯之母舅，其外舅宫子猷时官河南禹州（今禹县）知州，李以娇客管帐房事务，入京会试，与柯同下第，作伴回豫，柯俟送李到禹县后，再自回遂平。当行至新郑打尖，旅店主人谓曰："天色骤变，将有大雨，前途有深沟，遇雨恐遭大险，今日宜宿此，明日看天色再行为妥。"李不听，而又不急行，以有芙蓉之癖，过瘾既毕，始从容就道。行至两面皆山之深沟，大雨倾盆而至，山水齐下，遂罹祸难。李、柯同乘一车，当此危急之际，柯闻李惊呼曰："有性命之忧矣！"（指此数字即当时李出诸口者，盖平日作惯文字，临危犹于无意中掉文也。）迨柯顾视，即失李所在，盖已作波臣矣。时车已入水，水且挟车而行，柯升踞车盖之上，得免冲入水中。幸雨止，附近村庄有土人李长年者，十余龄之少年也，闻呼救之声而至，率人从崖上缒救，柯乃获庆更生。其车夫人等均得救，骡马亦均尚未毙，独李吉侯无踪，禹州署得讯后所遣之人翌日始得其尸于数里外之某处。此次祸难，死者仅李吉侯一人。使李从旅店主人之言，可不死；立时速行，亦可不死；其卒与祸会，以陨其生，知其事者或谓盖属前定焉。又，当李氏由旅店登程，车甫行数步，李忽作应答之声，柯讶而问之，李曰："适闻有人呼我也。"其实当时并无人相呼。事后柯氏与人谈及，亦以为异。此皆曼石亲闻诸柯氏者。（李长年为柯之救命恩人，知柯为名孝廉，甚为钦敬，因拜为义父，此亦患难中一段佳话。）

柯氏既脱险，归至遂平，叩见其父后，见案头有某书一部，亟取而阅览，于遭险之事，一语不遑提及也。其父检点其行装等，睹水渍之痕，询之，而柯氏方聚精会神以阅书，其味醰醰然，未暇即对。其父旋于其携回之书箱中，见有《萝月山房诗集》一册，李吉侯所作也，因问及李氏，柯对曰："死矣。"而仍手不释卷，神不他属。父怒，夺其书而掷诸地，诃之曰："尔舅身故，是何等事，乃竟不一言，书呆子之呆，一至于此耶！"复询其详，始备言途中遇祸之经过焉。柯氏沉酣典籍，近于入魔，其事固多可笑，而后来之克为有名学者，未尝不得力于此种书淫之精神耳。"用志不纷，乃凝于神"，其是之谓欤。

此次险事而外，柯氏又尝遇一险。在鹿邑时，侍父并偕曼石兄弟三人（均柯父门人）由县署往张老庄看牡丹，分乘骡车三辆（柯父与曼石一辆，柯氏与曼石之弟一辆，曼石之兄暨仆人一辆），路经涡河寨（其地为鹿邑名胜之一，所谓"涡水风帆"也），出寨门即下坡而过桥，地势陡峻，柯氏所乘车，以车夫指挥失宜，车忽由坡斜下，不当桥而当河，河水颇深，下必无幸，以地势关系，骡行迅疾，车夫不能止之，其危险可想。当斯之时，突见一人，奔至骡前，以手控衔，骡立止，柯与曼石之弟遂得无恙。（此人为一挑粪者，不受谢，匆匆即去。）涡河寨之险与新郑道上之险，情事虽有小大之不同，而性命亦在呼吸之间矣。

曼石之父梦兰交卸鹿邑篆务赴省垣，眷属侨寓商丘，柯父以年老辞馆休养，梦兰即欲以柯氏为曼石兄弟之师，柯父以累世通家之谊，辈行早定，不可忽改，遂使柯氏仍以平交之称谓，与曼石兄弟共治课业，切磋而兼指导，并为批改文字，此曼石挽联所以云"兄事略同师事"也。

时柯氏兼治算学，系由《知不足斋丛书》中检出旧算学书数种，加以研习，亦时与曼石等讲论，并仿制古算学仪器，盖致力甚勤也。初尝以不解天元（即今之代数）之术，恒示闷闷，而钻研弗懈。一日晨起，语曼石曰："吾将通天元矣，昨晚梦梅定九相访也。"午餐之际，忽喜跃而起，高声曰："我懂得了！"因即为曼石等言天元之术，如何如何，口讲指画，兴高采烈。其事颇类所谓"思之思之，鬼神通之"者，斯亦足见其治学婞挚之一斑矣。

柯氏晚年在旧都与曼石时相过从，每自叹衰老，而精神固尚矍铄，步履亦尚清健也。民国二十二年春间相晤，柯氏与纵谈旧事，感慨系之，并劝其将平生所为诗，整理编次，付诸剞劂（劂），而以作序自任。曼石欣然诺之，会因事赴豫，即携稿以行，在豫编次就绪。此归旧都，惊闻柯氏卒三日矣，人琴之痛，不同泛泛，故挽联有“远客半年，悔不早归数日，一自下车闻耗，惊心弥复伤心。”等语也。是年夏，柯氏以胃部旧病复发，入德国医院调养粗痊，归寓后，以幼子昌汾赴曲阜孔氏就姻，携新妇归来，在报子街聚贤堂开贺宴宾，柯以病后精神犹不佳，未亲往，令子辈招待而已。宴后，其友多人复至其太仆寺街寓所当面道喜，柯氏不得不亲与周旋。竟缘过劳复病，再入医院，诊治无效，遂以不起云。

其大父易堂之轶事，亦有可述，兹附志之。易堂道咸间宦于闽，以才调自憙，疏狂傲物。夏间出门，赤足乘轿，行至街衢，加两足于扶手板上。值某官之轿，迎面而来；某官素短视，见其足之高拱，以为向己拱手为礼也，亟拱手答礼。此事传为笑柄，某官深憾之。未几，易堂在噶吗兰同知任被参夺职，据闻即与此事有关。其被参之考语，有“诗酒风流”字样，同折被参者中，有一人之考语曰“烟霞痼疾”云云，以系瘾君子也。二人之考语，并传于时。易堂罢官后，在闽课徒自给，落莫以终。弥留之日，赋诗告诀云：

魂将离处著精神，生死关头认得真。
此去定知无后悔，再来应不昧前因。
可怜到底为穷鬼，却喜从今见故人。
闻道昭明犹孽报，愿临阿鼻与相亲！

襟怀若揭，情致卓然，才人吐属，如见其人矣。梦兰有《哭业师柯易堂夫子八律》，亦情文交至之作，警句如“挂冠归去惜余年，诗酒生涯即散仙。傲骨更谁怜白发，豪情直欲问青天。”“老去江湖犹作客，年来心事半书空。满天风雨人何在？千里家山梦未通。”（夫子罢官后，柯欲还乡，不果。）均挚切动人。

清诗人前乎易堂而亦以诗酒字样见列弹章者，有黄莘田（任）。陈其元《庸闲斋笔记》卷五云：“永福黄莘田（任），官广东四会县知县，放情诗酒。大吏以‘饮酒赋诗，不理民事’劾之，莘田闻之忻然，解组日即将‘饮酒赋诗不理民事奉旨革职’十二字自旌其舟而归。”可与易堂事合看，特易堂未遂还乡之愿耳。

——民国二十六年

一二　谈陈三立

散原老人义宁陈伯严（三立），雅望清标，耆年宿学，萧然物外，不染尘氛，溯其生平，盖以贵公子而为真名士，虽尝登甲榜，官京曹，而早非仕宦中人，诗文所诣均精，亦足俯视群流。兹就所知，试谈其略。

光绪八年壬午，陈宝琛典试江西，散原为所得士，深邀鉴赏，师弟之谊颇笃，晚年情感尤挚。八十生日，宝琛赠诗云："平生相许后凋松，投老匡山第几峰？见早至今思曲突，梦清特地省闻钟。真源忠孝吾犹敬，余事诗文世所宗。五十年来彭蠡月，可能重照两龙钟？"想见白头师弟之风义。诗之首句，本事即在壬午闱中。洪钧（同治戊辰状元，宝琛同年友也）时以江西学政充乡试监临，与宝琛论取士之法，谓宜取才华英发之士，以符"春风桃李"之旨。宝琛则谓宜以"岁寒松柏"为尚，遂以"岁寒然后知松柏之后凋"命题，入彀者多知名士，散原与焉。"平生相许后凋松"，五十年往事重提也。（此诗初稿，本以"相期无负后凋松"之句切壬午之遇合，曾为陈苍虬诵之，后经改定写赠。）民国二十三年，散原北上，省其师。师年八十七，弟年八十二，皤然二老，聚首旧都，共话畴曩，盖欢然亦复黯然云。翌年，宝琛卒，散原挽以诗云：“一掷耆贤与世违，猥成后死更何依！倾谈侍坐空留梦，启圣回天俟见几。终出精魂亲斗极，早彰风节动宫闱。平生余事仍难及，冠古诗篇欲表微。”语极工炼沈著，于宝琛生平暨本人关系，均道得出，可与宝琛赠诗合看。并挽以联云：“沆瀣之契，依慕之私，幸及残年偿小聚。”“运会所遭，辅导所系，务摅素抱见孤忠。”亦甚挚切。

壬午乡举后，旋于丙戌会试中式，是年未应殿试，己丑成进士，以主事分吏部行走。时有吏部书吏某冠服来贺，散原误以为搢绅一流，以宾礼接见；书吏亦昂然自居于敌体。继知其为部胥，乃大怒，厉声挥之出。书吏惭沮而去，犹以“不得庶常，何必怪我！”为言，盖强颜自饰之词，散原岂以未入翰林而迁怒乎？部吏弄权，势成积重，吏部尤甚，兹竟贸然与本部司员抗礼，实大悖体制，散原折其僭妄，弗予假借，亦颇见风骨。散原非无经世之志，而在部党浮沉郎署，难有展布，未几遂翛然引去，侍亲任所。其父右铭翁（宝箴）在湖南巡抚任，励精图治，举行新政，丁酉、戊戌间，湘省政绩烂然，冠于各省，散原之趋庭赞画，固与有力。

当是时，散原共谭壮飞（嗣同，湖北巡抚继洵子）、陶拙存（葆廉，陕甘总督模子）、吴彦复（保初，故广东水师提督长庆子）以四公子见称于世，皆学识为一时之俊者，而陈谭二公子之名尤著。（丁叔疋惠康，故福建巡抚日昌子，时亦有名，四公子之称，或以丁易陶，原非固定也。）

戊戌政变，德宗被囚，孝钦临朝，京内外诸臣视谓新党者，获咎有差。右铭翁革职永不叙用，散原亦坐“招引奸邪”一并革职。所谓奸邪，指梁启超辈也。散原《崝庐记》有云：“初吾父为湖南巡抚，痛窳败无以为国，方深观三代教育理人之原，颇采泰西富强所已效相表里者，放（仿）行其法。会天子慨然更化，力新政，吾父图之益自憙，竟用此得罪。”言之有余喟已。方德宗之锐意维新，颇为流俗所诧，及政变，轻薄者为联以嘲陈徐两家，以“徐徐云尔”对“陈陈相因”，“礼部侍郎，兵部侍郎”对“徐氏父子，陈氏父子”，时先二伯父子静公亦父子获咎也。（先二伯父在礼部侍郎任革职下狱，先从兄研甫在湖南学政任革职永不叙用。所谓兵部侍郎，指巡抚例加兵部侍郎衔。）

自是虽忧国之念未泯，而不再与闻政事，惟以文章行谊，为世推重。光绪三十年，诏戊戌以党案获咎者，除康梁外，悉予开复原衔。疆吏有欲荐请起用者，坚谢之。尝一度为南浔铁路总理，特以乡望见推，未几即辞去。入民国后，卓然介立，声誉益隆，海内想望丰采，有矜式群伦之概焉。

其为诗，工力甚深，神清致远，名满天下，后学所宗。陈衍《石遗室诗话》卷一有云：

> 伯严论诗，最恶俗恶熟，尝评某也纱帽气，某也馆阁气。余谓亦不尽然。即如张广雅（之洞）诗，人多讥其念念不忘在督部（时督武昌），其实则何过哉？此正广雅长处。如……数诗，皆可谓绵邈尺素，滂沛寸心，《广雅堂集》中之最工者，然东来温峤，西上陶桓，牛渚江波，武昌官柳，文武也，旆旌也，鼓角也，汀州冠盖也，

以及岘首之碑，新亭之泪，江乡之梦，青琐湛辈之同浮沉，秋色寒烟之穷塞主，事事皆节镇故事，亦复是广雅口气，所谓诗中有人在也。伯严不甚喜广雅诗，故语以持平之论；伯严亦以为然。

衍为张之洞幕客，有知遇之感；其以“诗中有人在”为之洞“纱帽气”辩解，论颇通达。之洞高位饶宦情，人与散原大异其趣，诗亦不妨与散原大异其趣也。而散原格律之严，亦于斯可略睹矣。

吾兄彬彬尝谓：“散原老人之诗，标格清俊。新派、海派固不通唱和，即在京式诸吟侣中，亦似落落寡合，每见离群孤往。昔年北政府盛时，闽赣派诗团优游于江亭后海，或沽上之中原酒楼，往来频数，酬唱无虚；陈则驻景南天，茕茕匡庐钟阜间，冥索狂探，自饶真赏。及戊辰首会迁移，故都荒落，诗人泰半南去，此叟忽尔北来，省其师陈弢庵，得‘残年小聚’之欢。壬子间杨昀谷赠诗：‘四海无家对影孤，余生犹幸有江湖。’足为诗人写照。曩者春明胜流云集，则苏赣间有江湖；今日南中裙屐雨稠，则旧王城为江湖。颇闻北徙之故，乃不胜要津风雅之追求。有介挈登堂者，有排闼径入者，江干车马，蓬户喧阗，悉奉斗山，愿闻玄秘。解围乏术，乃思依琼岛作桃源。此中委曲，殆非世俗所能喻，而其支离突兀，掉臂游行，迥异常人，尤可钦焉。综览散原精舍诗，所最推许者，当属通州范当世肯堂，集中投赠独繁而挚。一作云：‘公知吾意亦何有，道在人群更不喧。’又曰：‘万古酒杯犹照世，两人鬓影自摇天。’此‘使君与操’之胜概也。于范作《甲午天津中秋玩月》,叹为‘苏黄而下无此奇’,报以“得有斯人力复古,公然高咏气横秋”,恰与范之兀傲健举相称。彼皆‘为诗而诗,人格与诗格,大致不远,自足睥睨一世矣’。”所论可质识者。

其文亦清醇雅健,格严气遒,颇守桐城派之戒律,而能自抒所得,弗为桐城派所囿,蔚成散原之文。所为《龙壁山房文集叙》有云:

> 窃以文章之不敝,亦不敝于其心之所至而已。涵诸古而不诬,征诸己而不馁。其一时兴废盛衰之间,类曹好曹恶,异同攻尚之习,竞以为胜,非君子之所汲汲也。桐城家之言兴,相奖以束于一途,固以严天下之辨矣,而墨守之过;狃于意局,或无以餍高材者之心,然而其所自建立,究其指要准古先之言,皆足达其心之淑懿,条贯于事物,倡一世于物则乐易之途,以互殚其能,而不为奇邪诡辨,淫志而破道,阶于浮夸之尤。传曰:言有宗,出辞气斯远鄙倍,盖庶几有取焉。

盖自道为文之宗旨如是,其才思功候更足相副,宜一篇既出,率为并时文家所称服也。新城王晋卿(树枏,今春卒于北平,寿八十六),与散原年辈相若(丙戌同年),所为文亦有盛名,或以南陈北王并称。王氏著作颇多,特以文家境诣论,似犹略逊于散原耳。

散原性极诚笃,善奖掖后进,而于漫欲借以标榜或大言过实者,亦能立辨。闻居南京时,一日有民元曾开府边圉之某氏来,哆言其记诵之博。散原问平日治何书最勤最熟。

某氏答曰:“致力甚勤者,殆不胜枚举;即如四史,人多苦其卷帙浩繁,而我能背诵不遗一字也。”散原曰:“是诚不易。适为一文,欲引用天官书,苦不甚忆,君既精熟如此,请为我诵之,省翻检之劳多矣。”某氏瞠目赧颜而退。此事颇趣,亦大言过实之良规也。

属稿甫竟,接孙思昉君来书,中有述及闻诸佛学家欧阳竟无(渐)关于散原者一节,谓:“闻欧阳大师谈:陈散原先生,性渊默,寡言笑,高年而步履甚健,登山临水,终日不疲。民国二十年,曾游匡庐龙潭,散原赏其幽邃。大师请选石为书散潭刻之,以易今名,散原谢未遑也。大师有诗纪游曰:‘予六十年不识匡庐,散原已北,改辕而南,相逢而笑,遂游黄龙,悲鸿、次彭、登恪诸君俱在,盛事一时,诗纪之。’‘剩有婆娑一散原,天工鬼使凑征辕。黄龙见后解真见,摩诘言穷是至言。如我啬夫论喋喋,感公长者意浑浑。黄花翠竹都饶笑,秀北能南两勿谖。’读诗想见二老风流云。”

——民国二十五年

一三　谈廖树蘅

（一）

宁乡廖荪畡（树蘅）起诸生，为湘中宿儒，学行为一时胜流所引重，工诗文，事功则见诸常宁水口山矿务，绩效大彰，世所艳称。卒于癸亥（民国十二年），寿八十有四。其次子基棫撰行状，所叙有云：

> 岁乙未，义宁陈公宝箴抚湘，明年大兴矿政。先是陈公备兵辰沅，延府君课其次子三畏，其长子三立与府君尤善，故陈公父子知府君深，遂委办常宁水口山矿务。矿场在万山中，地狭隘，商人开采久，千疮百孔，积潦甚深，交夏至即当停采。府君傍皇（彷徨）筹度，得开明礲一法，将朽壤揭去，开一大口，上哆下敛，使积潦归于一泓，用田家龙骨车戽之，水易尽，然后隧地深入。规画既定，削牍上陈，已报允，讵兴工两月，主省局者悉反前议，谓古今中外无此办法，函牍交驰，百端诮让，府君不为动。……至十月乃获大矿，明礲成效卓著，泰东

西人来视矿者,咸……极言土法之善,水口山之名,已喧腾中外矣。戊戌,府君部选宜章训导,巡抚俞公廉三以水口山不能易人,遂调署清泉,兼顾矿场。……会朝廷召试经济特科,俞公及柯督学劭忞各疏举府君名以应,府君以年老辞未赴。岁癸卯,俞公移晋抚,继之者赵公尔巽,初履任,即调府君主省局,水口山委先兄基植接办。先兄悉遵府君成画,前后十六年,都费银一百一十九万两,而加设西法厂实占十之四五焉,获利在六百万两外。府君既入省局,将积弊彻底廓清,常谓治矿如经商,当保官本,图渐进,毋务恢张。在事八年,官商大和,利无旁溢。巡抚岑公春蓂以府君有功湘矿,特奏保举,……再疏请,以分部主事得赏三品衔二等商勋。府君办矿虽久,然未经手一钱。当开工时,作文誓山神,有"洗手奉公,勉存朝气。有渝此盟,明神殛之"等语;而言者不察,谓有私财数十万,府君亦勿与辨也。……改革后,幅巾还山,不一与闻世事。

其绩业可于此得其大凡。

廖氏外孙梅伯纪君既寄示所钞行状等,并录王闿运所为寿廖七十序见畀,坊本《湘绮楼文集》未及收者也。文云:

近世论士必曰热心,而刘岘庄尚书独自号冷隐,若冰炭之不相合也。非热不足以济人,非冷不足以应世。士君子怀才抱道,要必有发见之时,乃后不为虚声,不然者,岩穴枯槁而自以为冷,声华喧赫而自以为热,其可嗤也均矣。当东南鼎沸之时，天下波靡，而独有湘乡曾侯倡为求人才分国忧之言，于是左、胡和之，虽走卒下吏，一艺之长，得以自达。闿运弱冠亦与其议论，湖外人才搜访遍矣，宁乡近邑，廖氏名族，有荪畡先生者，与刘克庵兄弟游，称名诸生，竟寂然不相闻。其后湘军愈昌，谓将分旄，而周提督得称大将，专阃固原，乃始礼接之，邀游列营，历览关原，赋诗而还。陈巡抚故宦湘中，颇与唱酬，名声乃稍稍闻于省城，未几而海外耀兵，疆臣失职，征调惶扰，陈君自鄂臬调藩畿辅，江湖波荡，而先生拿扁舟，越重湖，游虎邱而还，其于世盖翛然矣，可谓冷矣。俄而陈君抚湘，康、梁得志，亟用热心之言，举国若狂。湘人被知用者皆旋踵放弃，独常宁矿利大效，海外腾书以为巨厂；部尚书移文湘抚称廖氏私产，即先生为陈抚所开辟也。方其受事时，与巡抚约，一不得掣肘，荐一人，授一策，即请退矣，故其举事皆自经画，以成此伟绩。无尺寸之柄，而御数千万人，外排众议，内检罅漏，为湖南所恃以立国，陈抚所赖以雪谤。身杂丁役之间，躬畚锸之事，食不兼味，居不重幕，亦哑然自笑，不自知其何所求也。人之目之者，皆以拥厚资，握全权，一语不合，则以求去要必胜，省局尝欲驾驭之，排挤之，而卒不能。徐视其容色，听其言论，若不知有开矿之利，而遑恤人言乎？闿运长先生八岁，相见时年逾六十矣，未暇问其设施，但观其诗文春容高华，无寒俭之音，不与冷官相称。未几果以学官改部司，主省局，天下言矿政者交推之，而亦垂垂老矣。今年正满七十，同事诸君皆欲称觞致词，而以余知先生最深，属为文张之。予以为先生性冷而心热，蓄道德能文章而不见用，偶见之于纤小之事，已冠当时，名海内，使其柄大政，课功效，必能扩充之无疑也。士无所挟持，诚虚生耳，虽膺高爵享厚禄何益？先生家固小康，以勤俭治之，男妇各有所职，六丈夫子，俱有才能，恂恂雍雍，门庭儒雅，尤余所叹羡。尝戏语之云："君母自夸能教，此福非他人所及也。生平得接贤人君子众矣，先生得天独厚，而不自表襮，特假矿以发之。今七十既老，当古人致政之年，宜及斯时谢事闲居，饮酒赋诗，传子课孙，以福泽长曾元，而何汲汲远游，避客遁世之为？"先生笑曰："吾前者西征东游，子未闻一言，今独欲吾具衣冠，延贺客，仆仆亟拜，以为子酒肉计，子言谬也。姑待吾归而论之。"然闿运窃自喜相见晚而相知深，吾文果足用也，遂书以为寿。

文饶趣味，亦颇足征。廖尝居其同里提督周达武幕府，序所谓周提督也。（达武《武军纪略》一书，自述蜀黔战事，文字颇工，即廖氏代撰。）王氏为不赞成戊戌新政者，故于陈宝箴有不满之词。廖氏《珠泉草庐文录》，弁以王氏所为序，同为坊本王集所无，并录于下：

珠泉草庐诗文，余皆得而读之。诗裔皇中宫音，尝决其非乡曲穷愁文士。文因小见大，务为有用之作，不甚雕绘，颇取韩退之气盛言宜之说，沛然而来，忽然而止，于今所谓古文家者，皆有合焉。余之得奉教也，由陈右铭。右铭罢官旅湘，为余亟称廖君能文词；及其抚湘，乃倚以主矿政。余窃意文人不耐杂，不虞君之肯为用也。既而右铭罢去，矿利大兴，海内皆推廖君所主为第一，直省无敢比者，无有称其文诗者矣。独张子虞、柯凤笙前后督湘学，稍知其能诗。余虽勉与君唱和，于古文义法未之窥也。昔归熙甫论王元美，以为庸妄巨子，余之不见屏而猥承相与论文，岂非幸与？退之非薄六朝，余不敢擅论八家，盖人各有能有不能，而余之论君文，曾不敢谓当君意也。丙午小寒日，王闿运题。

又有阎镇珩所为序云：

前明茅氏八家之选，议者或疑其未公，近世益之为十家，然李之学优于孙，而其才实非子厚匹也。明嘉隆诸子，貌为秦汉，当时已不厌人心，惟震川自比介甫、子固，至今犹师法之不已，然未有齿及王李者，盖文章贵真不贵伪，王李之效秦汉，伪也，震川之为八家，真也，惟真则可久，其伪者特蜉蝣之旦暮而已。与震川同时有摹效史迁者，震川为文讥之，比于东里效西施之颦。夫人才之高下不同，古今之时变亦异，必欲舍我而效人，如邯郸学步，直匍匐而归耳。善夫曹子桓之言曰，文章者人之精神，形躯有时而敝，精神终古不泯，学者诚知文章为吾之精神，则必实道其胸中之所得，使真气沛然，不可抑遏，如是虽欲无久于世得乎？廖君荪畡，积其所为文成一巨册，间使人走遗予，且俾商论。予读之,真气充溢,绝不为俗儒摩拟之习,至其状写景物,尤出之以自然。廖君其深于古者与。然吾闻文章之体莫尚乎简洁而精严,望溪标举义法二字,原出于《史记》年表序,百余年来,人人诵言义法,然为之而能简洁精严者盖亦少矣。姬传之才,不逮八家远甚,惟其善于修饰,工于淘洗,故古光油然,为世所宝重。廖君诚能于此求之,其必有进乎今之所得者矣。丙午小阳月,石门阎镇珩序。

王序涉及义法及八家之类,似即针对阎序而发者。

——民国二十六年

(二)

廖氏有自订年谱,稿藏于家,未经刊印。曩承其外孙梅君节录见寄,虽未获其全,得此亦大足供览。兹移录于左,以公诸世:

光绪二年丙子三十七岁　七月,长沙录科列第一名。九月落解归。义宁陈公右铭由镇筸道解任回省主营务,约明年司其笺牍,兼教读。新主纪元,州县例举孝廉方正,知县唐公步瀛拟以树蘅应之。自知不称力辞,唐公亦不另举。

光绪三年丁丑三十八岁　是岁馆陈氏闲园,在长沙局关祠右。学生三人,陈公次子三畏,兄子三恪,侄婿黄黼丞。时公以内艰辞去戎政,无笺奏之烦,专主课徒。公营葬平江。公子三立,字伯严,同居园舍。五月,隆无誉观易与湘乡王文鼎来家。无誉有嵇绍之痛,遁迹梅山二十年。此次为怨家牵涉,拟游关陇避之。予引之闲园,与宁州父子相见。宁州赏其诗,为之序行,所谓《罘罳山人集》也。临别赠诗。七月,因事暂归,伯严赋诗两首。十一月二十五日,雪,梦至山,下有寺院,与一同行者立山上,赋诗一首。醒时残灯未烬,亟起录之。初宁州公喜谈矿,著有《馈贫》一策,予读之未敢以为然也。及公抚湘,丙申正月以常宁水口山银场见委,则山中景物,与梦中所见无异。事兆于二十年前。以予不乐谈矿,偏以相属,亦若苍苍者故以此相靳。凡事前定,岂非然哉?

光绪四年戊寅三十九岁　是岁馆闲园。三月,丰城毛庆蕃实君来湘,同寓园庐。四月,伯严邀同实君作麓山游,作游记一首。六日复与两君游衡山,寓祝圣寺,听默安人谈禅。七月回长沙,作《游衡山记》。腊月,伯严送其弟就婚永州。解馆归。

光绪五年己卯四十岁　是岁唐公步瀛官益阳知县,具书招司教读,兼阅课卷。三月赴馆。作书寄伯严云:与子之别,八易弦朏,日月不居,思之成痗。虽音书往复,不废存问,而风雨萧寥,终伤遐阻。离索已来,鄙吝弥甚。方干射策,一第犹悭,阚泽佣书,半菽不饱。嘉平旋里,方拟抱汉阴之瓮,耕谷口之田,晒庭柯以怡颜，拥图书以适性，上奉老母，左顾儒人，窃此余闲，以苏劳轴，而乐山明府谬采虚声，远贻书币，必欲牵率顽钝，供其指臂，重违其意，欲罢不能，始以今日达于署园。山桃方华，覆压芳榭，池水解冰，照我尘容，而牙琴罢张，柯笛辍响，顾念昔者，味同嚼蜡。安得与吾子举酒命醽，一续坠欢也！仆生三十九年矣，昧道懵学，有靦面目，惟无耻之耻，粗知奉教于子舆，不德之德，雅愿观型于太上，即长此终古，亦无闷焉。自非亲昵，不敢宣言，鲍子知我，如何如何？尊公名业，群流仰镜，民之秉彝，好是懿德，明德之后，必有达人，时时读书，盛勖光采。四月，闻罘罳山人没于县人喻太守光容宁灵官舍，已逾岁矣。至是得其寄予与伯严诗，盖绝笔也。读之不胜哀惋。诗云：秋风又到天心阁，乡思遥连地肺山。九日黄花开渐淡，经年白雁去无还。奇文欣赏荒凉夜，才子声名顾及闲，早晚曰归犹未得，离亭衰柳共跻攀。山人在宁灵有《西征前后集》《宁灵消食录》，光容均为付刊，派人护其丧回湘。后予丐湘潭王先生壬父撰传。其诗集则予与义宁父子所校刊也。

光绪七年辛巳四十二岁　七月，陈公右铭赴河北道任，至省送行。

光绪九年癸未四十四岁　是岁三月刘君朴堂邀赴杭州访义宁陈廉访，不果。

光绪十年甲申四十五岁　周军门达武请撰其蜀黔两省战事，辞之不获，勉诺之。

光绪十一年乙酉四十六岁　是岁家居。三月葺西园茅庐，浚池种树。陈考功三立撰《珠泉草庐记》。四月将甘泉赍来《武字营军牍编志略》二卷，托名周君自撰，徇其意也。八月，挈基植秋试，假寓福源巷。右铭廉访自武林免官来湘，偕罗惺四太守来寓。本届四书文题"而尽力乎沟洫"，予文取资《沟洫志》《河渠书》，右公极赏之。

光绪十二年丙戌四十七岁　四月，陈生三畏暴亡，寓通泰街蜕园，父兄均不在，余临其丧，一哀出涕。九月，《武军志》成。右铭廉访笑谓何必借名领军，徒使周老五得名，然人莫不知出宁乡廖秀才手也，尤以弁言为工，谓雅似古微堂文。

光绪十三年丁亥四十八岁　是岁馆罗氏。时义宁公父子居蜕园，相距甚近。罗顺循、曾舣庵、杜元穆、王伯亮、陈伯涛、文道希常来陈宅，文酒之会，几无虚日，每会必驰函相召。

光绪十五年己丑五十岁　三月寓书伯严考功，托为罘罳山人世兄蓼荪谋事，回报已交新化邹代钧录入测绘学堂。

光绪十九年癸巳五十四岁　是岁居玉潭书院。二月巡抚吴大澂巡阅过县，书《小雅》"鹤鸣于九皋"两章手卷，后书"癸巳暮春书奉笙陔明经以致思慕之忱"。公工小篆，此帧尤极斯邈之能。先询知县郑之梁，拟造庐相访。之梁以乡居隔城远，始以篆轴交郑转付。余与公素未谋面，自来不曾奔走声气以希当道之知，不知何以过蒙殷勤。据郑云，盖欲邀余至求贤讲舍也。十一月，发长沙，拟游明圣庙。至武昌，值陈公右铭以明日赴直隶藩司任，即夕见之。明日与通州范当世送之登舟。居数日，雇轮东下。

光绪二十一年乙未五十六岁　二月，由上海换江轮返汉口，过江访伯严，留居旧邸，招饮菱湖楼。伯严为予序诗，劝刊行。十一月，陈公右铭抚湘，奏兴矿务，属为襄事，诺献岁赴省面商进止。

光绪二十二年丙申五十七岁　是岁正月往长沙省城。巡抚陈公右铭委以常宁水口山矿务，素乏讲求，未敢自信，重违其意，勉诺试办。先与公约，既经信委，请饬官局勿荐人，勿掣肘，勿以意度未曾经临之事谕办，有效幸也，无效自行投劾，不烦举错。公韪之。以二月二十八日由省河角解缆，儿子基植随侍。三月初四日抵衡州。十一日至隔水口山十里之松柏市。市濒湘水，距衡州府城百五十里。初至僦何姓市楼以居。常宁故耒阳分邑，矿场居钟湘两水之间。钟水入湘之口，名茭源。宋时于此置茭源银场监。明薛文清瑄亦尝职此。距此三里许，有山名龙王，形势嵯峨，高出云表，奇石错立，有高至数丈者。石为磺气所蚀，玲珑如太湖灵璧，色深黝，山腰石礲，纵横穿凿，深入无间，峰势攲斜，若将堕落，开始不知几千百年也。时吾县喻光后仙乔奉檄主办此山之矿。水口脉络，由龙王山来，产矿之所曰余家田，土人呼平垄曰町畦，亦名町里，纵横不过数十丈，后左右略有小阜，前有小港，直达溪河，无所谓山也。历年山氓都向町里开挖，千疮百孔，积潦渟淤，已成病块。左阜曰铜鼓墙，右曰锡坑。亦间有开礲口者。特不如町之多。环町草棚鳞次，以百千计，大都借拾遗矿为名，窝娼聚赌，贩卖鸦片，生事召闹，靡所不为。居既稠杂，气候堙结，夏秋之交，疾疫繁兴，火警亦频。遍谕棚户，予以搬迁之费，令于山口另行搭盖，并清查户口，编造保甲，颁发门牌，设立墙长，以时稽查。惟废洞交午，町地受戕已深，不将朽壤揭去，必如山氓办法，春夏便当停采。因思长沙以下，煅灰采煤，均有明礲暗礲两种。暗礲者如本山现行之法，掘洞支木深入地底是也。明礲则敞开大口，刨去疏恶之土，略同山农开挖塘池，聚四山之潦于一泓。舍竹筒车笨室之制，改用农家龙骨车，一条可抵竹车六条之用。水潦既尽，另于槽底隧地深入，而墙坑两山之水既有所归，更可多开礲路，是为事一而两得。筹度既定，削牍上陈。时官矿总局提调用事，牍上报允，且多嘉奖之语，不知因何见忤，悉翻前议，竟舍暗就明，古今中外无此办法，为之必无成。督过之严，几同骂座。余始知官习之难除，先请之不能蒙贷也。既已兴工，欲罢不能，上书争之，仍不纳。直待邹君代钧奉院委来山，目击情形，极力赞成，始免纷纭。计自八月见矿，九月迭出，十月则所获更多。事既粗有眉目，重以磺气蒸蚀，水土恶劣，无日不病，遂以十月赴省面辞。比奉抚院批云:该绅开办水口山,用心良苦,收效亦最速,且于地方民情,亦甚惬洽。平时久负贤能之望,临事益征名实之符,佩慰何已?该绅学识优长,性情诚笃,方将发摅素蕴,宏济艰难,矿务特其见端耳。本部院不自忖量,创为此举,所望二三君子共相赞助,以底于成,何得遽思高蹈,翱翔云霄之表乎?尚共勉竟前功,以副勤望。所请应毋庸议。是日陈公大宴官士于庭,笑问树蘅曰:批语何如?余曰:米汁虽甘,然偃鼠腹小,恐不能吸尽西江也。座客与公皆大笑。余时犹怀去心,友人张琳、杨鼎勋均劝其不必固辞,遂仍回银场。

光绪二十三年丁酉五十八岁　是岁正月在松柏。初二日晓起,儿子基棫猝问天禧是何年代,语以宋真宗辽末帝皆以此纪年,汝何以及此。具云:顷梦至市南古樟下有宅,极宏丽,门署延室二字。右有跋云:保此令名,以全其德。惟彼汶汶,不受污蔑,不丰不俭,是为先生之宅。噫,微斯人孰能若此!末署天禧四年谦叟。考辽天禧只一年,宋真宗五次建元,天禧属第四次,凡五年。此云四年,其为真宗时可知。而梦境迷离,未由推测,姑录于籍,以纪其异。二月,棫回家。市商议建神庙于樟下,以余稍谙修造,请绘屋图。计长十三丈,横八丈,凡为屋二十间,有室有门,有楼有厦,凡如庙制罔不备。四月破土开基,则地下故有石址,与图绘靡分寸之不合,众咸讶焉。明年棫复来,览之惊异,以谓梦中所见，与此无殊，惟南北异向耳。吾尝以此索解于人，不可得。又十年，为丁未岁。湘潭王闿运壬甫来观水口山银场，夜宿松柏，闻此一段因缘，谓寇平仲谪道州，在天禧四年，当日建宅，盖以馆莱公也。回衡州，手书延室二大字，并原跋，撰文记之。夫梦幻境也，幻极而真机露焉。余一生悲愉欣戚，皆先有梦兆，如丁丑十一月二十五日闲园梦中所拟七言长句其一也。（原诗刊集中）今基棫之梦尤奇。岂非事皆前定足以澹人世计较之心哉？二月，巡抚陈公阅边，由永州便道来山视矿。适余就山筑屋成，县尹龙起涛即于局所置顿，厨传极腆，陈公一茶而去。三月，以晶莹矿石五枚上之巡抚陈公，媵之以诗。（诗刊集中）

光绪二十四年戊戌五十九岁　是岁在水口山银场。二月赴省吊陈中丞夫人之丧。县人周汉，恶外邦见凌，著书诋之。臬使黄遵宪言于巡抚陈公，将其二品衔道员咨革，下狱。余为缓颊，公意已移。汉字铁真，人称为铁道人，性倔强，不愿出狱。道人以此蒙祸，诚属无谓，然当道怒此灌夫，亦未必成绝大交涉也。施者受者，所见各殊，无从解纷。五月得选授宜章训导之信。八月陈中丞因事去位，承其任者为山阴俞公廉三。十月赴省辞矿差，公未允，遂乞假还山度岁，场事暂交儿子基植照料。

光绪二十五年己亥六十岁　是岁俞公以宜章隔常宁远，不能兼顾矿场，咨调清泉训导。清泉缺较优美，余辞焉。公不可，曰：与君无私，无庸辞也。晤前任梅君鎏，亦曰，此席谊当属君。吾之莅此也，曾于梦中得句云：湖海句留十二年。吾由湖南海防例入粟得此职，今恰一纪，宁非数乎？余遂以四月挈眷履任。自是一年强半居官，命儿子植分管银场事。学署在小西门外，与衡阳学同在一隅。右为先圣庙，衡清未分治时所立也。再右为西湖书院、西湖观、文昌阁、衡清书院。崇楹巨栋，绵亘湖堧、荷田十顷，连成一泔。湖水清泚，以在西郭外，遂蒙西湖之称。视杭之明圣，具体而微。学署之右，有濂溪祠，为茂叔外家郑向故宅。方志载元公寓此最久。余题学署楹柱云：此间亦号西湖，十里烟波千柳树。遗构犹邻茂叔，一庭芳草万荷花。又客座联云：午榻梦初圆，小雨凉生乌帽影。水风香不断，白莲花是窃丝魂。时湘潭王先生壬甫主讲船山书院，余弱冠即闻声思慕，至此始接笑谈。先生谓联语不类校官所拟，且不似湖南人吐属。赠诗云：林屋比邻高露山，却因远士识孱颜。卅年诗句吟边马，一笑闲官似白鹇。尊酒未遑寻竹石，荒崖且为辟榛菅。喜君暂出酬知己，但炼金砂莫闭关。后书：荪畡先生与予邻近，而初未相见，数于陈右铭处闻之。陈来抚湘，以矿务为累，以荪畡一矿有效。承命索诗，辄成奉赞。云云。

光绪二十六年庚子六十一岁　是岁在清泉学署。郡人经商衡州者卅余户，议设会馆潇湘门外，请湘潭王先生壬甫与予主任其事。购买某氏废祠，撤故营，新增其式，廓中庭，设李瞿两真人神牌，以其皆长沙人也。十二月，巡抚俞公廉三赴矿场阅视。时采出之矿运鄂售与洋栈者，入银以百余万计，场上犹皑素山积。公谕省局于余利项下提银五千两充本山之赏。总局区分此款，以四分之三作常宁通县积谷书院之用，并分及该县散职佐弁，与汉口、松柏两处委员，其及银场者甚少。事为巡抚所闻，以为不应滥及场外人，檄树蘅将数核减。余上书辞焉。

光绪二十七年辛丑六十二岁　是岁在清泉学任。正月，奉院令下省。衡州因教案停学政试五年，拟衡清附长沙考试。中丞召商一是，虚怀询问，属勤攻其短，有贤者风矣。

光绪二十八年壬寅六十三岁　是岁在清泉学任。三月，柯学使劭忞按部永州。时衡州停考，仅留一宿，索余近作，谬相推许，谓近体湘绮不能过。用纨扇写所作七律三首见赠，诗甚佳，录之左方。诗云：嵽嵲霜崖抱郡楼，旗竿晚掣朔风遒。地分二陕桃林近，水迸三门竹箭流。望气应知行在所，论都再见帝王州。潼关近得平安报，父老迎銮涕泪收。（陕州作。）殿前折槛尚嶙峋，欲挽滔滔又乞身。百二山河秦得地，五千甲盾越无人。论都事大关宗祏，抗疏名高动缙绅。见说曹羁三谏去，不堪西望属车尘。（送夏伯定乞假归。）赑屃春寒析酒醒，长安二月雪填城。青山海上无田里，白首天涯有弟兄。道远衣裘常恨薄，名高官职不嫌轻。东坡底事悲清颖，十日匆匆已送行。（家兄敬儒入觐行在将归，以诗送之。）四月，挈儿子杰栋回长沙应学院试。七月毕考，归珠泉草庐。八月朔，赴衡州，杰儿随行。一日抵湘潭，取道南岳，至祝圣寺，访默安上人。日尚早，上人坚留宿，遍约福严上封诸方丈入席，以檀施见称。余愕然。具道戊寅六月余与陈三立、毛庆蕃同来宿寺中，殿宇岌岌将颓，时主修岳庙者为李方伯元度，赖余介义宁陈公一言，求庙工竣后分盈羡重新此寺，坚致视前有加，山上同参，无日不感发踪之力，相与尸祝也。事隔卅年，回首前尘，如烟如梦，非诸辨（辩）才说出因缘，几忘之矣。作诗二首赠默公。抚院俞保举经济特科，凡六人：三品衔内阁中书浏阳欧阳中鹄，署山西宁远县通判江宁举人吴廷燮，宜章县训导宁乡廖树蘅，举人湘潭梁焕奎，山阴副贡生傅以潜，湘潭县廪贡生王代功。树蘅考语：学问渊博，践履笃实，性情爽直，条理井然。经史而外，中西政艺讲求有素。调署清泉县训导，委令就近办理常宁水口矿务，已著成效。臣于前年赴衡州阅兵，亲往查看，见该山横亘十余里，厂屋栉比，丁夫数千，悉以兵法部勒，井然不紊，足征威足御众，力能任事。其时学院柯特疏加保。随由排封催赴省领咨，有毋得匏系一官辜负破格求才之意云。自顾疲钝，不能应召，具启辞之。

光绪三十二年丙午六十七岁　是岁在长沙矿局。正月初九日王湘绮先生自省城来，邀作沩山游。十一日启行，宿横市。十二日黄材早尖，申刻抵密印寺。（寺门楹联云：雷雨护龙湫，洗钵安禅，昨夜梦伽蓝微笑；松花迷鹿径，鸣钟入定，何人知节度重来？）十三日方丈寄云陪观优钵昙花泉。春晴水涸，非复飞花溅雪之观。未刻下山，宿横市。十四日渡沩水，经滩山铺，穿麦田，未刻至灰汤关庙。饭后偕湘绮观汤泉。夜宿庙中。十五日早起，与湘绮分袂，回云湖桥，计百里。予以午后归家。连日湘绮皆有诗索和，余不工步韵，勉应之。（诗刊集中）笠云上人和韵云：瘦骨曾从访月山，巉如蜀道喜追扳。净瓶早岁成高躅，吟砚何年对碧鬟。世外桃花云罨霭，梦中飞瀑水回环。吁嗟末路艰难日，谁为降龙置钵间。问法求寻湘水西，沿流归梦不曾迷。俯参白足千年迹，记踏丹崖万仞梯。埋骨塔高存古寺，回心桥在枕寒溪。鼻头牵出沩山牯，往事从君得再提。湘绮见余和韵，笑曰：诚如柯凤荪云近体无以过君。及见上人作，驰函相告曰：和尚压倒廖王矣。石门阎镜蓉镇珩，以所著《北岳山房文集》其门下陶履谦致赠，旋来相访，畅论文章风会得失，甚有意识。惜其目眵难久视，步履亦艰，不能常晤谈。随以历年所为散文乞序。明日至寓所遐龄庵报步，已脱稿矣。（文刊集首）

光绪三十三年丁未六十八岁　是岁巡警道赖承裕属拟上岑抚院请释周汉出狱禀稿云：敬禀者：已革二品衔陕西候补道周汉，湖南宁乡人，光绪某年为传刻单片诋毁外人，经督宪张委员来湘，毁其板片，奏请革职。

不料二十四年外间仍有讪詈泰西人揭帖，署名周孔徒。时当议款初成，前院宪陈恐因此肇生衅隙，饬将该革员发司羁管，无非假惩儆以图保全。不谓该革员入狱之后，激于忧愤，言动失常。庚子八月以后，忧愤愈剧，绝粒纵饮，以祈速死不得。七年以来，仅以瓜果菜茹充食，米汁未尝入口，无谷气养脏，致便溺频数，视息仅存。其愚可悯，其苦可矜。查该革员髫龄入学，弱冠从戎，涉历艰难，屡濒危险。其从刘襄勤出师西徼，硖口达坂城等役，与士卒植立冰天炮弹间，往往彻夜不曾收队，坚忍卓绝，至今湘军将士犹能言之。甄叙微劳，得保今职。该革员笃于天属，痛其故父生员周瑞西死难广西，终身疏布菲食，不肯赴人宴会。同怀弟周浑同居襄勤幕中，感疾而殒，创痛益深。由此绝意进取，牒请开去本官，以所袭云骑尉世职咨归湘标候补。事虽过中，亦因感愤太深，为此不情之请。回湘之后，专刻善书，到处散发。其劝妇女不缠足，与今所行天足会略同。徒以不顾利害，干冒世忌，致撄法网。在该革员早拼一死，无所顾忌，惟以宽仁敦大之朝，独令此忠近于愚之人身填牢户，良用惜之。查该革员年已七十，衡以古礼耄悼不加之义，亦在矜宥之条，况当日徒有愤戾之空文，尚无挑衅之实害。某等谊托交亲，居同州壤，欲为讼冤，匪伊朝夕。合亟仰恳宪恩，疏求宽释。想该革员难后气平，年齿夙暮，必不再丛世忌，重烦廑虑矣。某等无任屏营待命之至。牍上，即允用像从送出，汉不肯行，逾年始归，病殁于家。

又《宁乡县志》列传云：“廖树蘅，字荪畡，廪贡生。祖含章，性孝友，亲没哀毁尽礼，与兄景福析居有年，复合爨，并让产之半与之，乡里称焉。父新端，以廉正见重县令，咸丰时檄使治一方之事，亭决可否，一秉至公。树蘅生而英迈豁朗，自幼读书，即厌薄科举，毅然思有以自立。为文劲气郁勃，曲折当事理，尤留心邑故，所述多表彰文献之作。诗则芬芳悱恻，翛然意远。服膺宋张宣公告孝宗晓事者难得之言，及近代顾亭林所述孔子“博学于文”“行己有耻”二语，以此自勉，亦以勖人。主讲玉潭书院时，仿桐城姚鼐，义理、考据、词章，分门课士，学风丕变。家既中落，益务自刻励，未尝以贫困干人。光绪丁丑，义宁陈宝箴官湘中，闻树蘅名，招之课子。宝箴深器重之。乙未宝箴复巡抚湖南，大兴矿务，委树蘅主常宁水口山。山与龙王山接壤，其地甚狭，多积潦。土人用暗礲开采，春水氾滥，妨工作。树蘅创开明礲法，决一大口，上哆下敛，令水归一壑，用田家龙骨车戽之。议上，众大哗，宝箴令以便宜从事，遂毅然行之，未数月，效大著。树蘅先以训导注选，未几授宜章训导。宝箴檄移署清泉，兼治矿务。在事八年，赢利六百万。会诏开经济特科，巡抚俞廉三、提学柯劭忞举树蘅以应，辞未赴试。赵尔巽继为湘抚，调树蘅绾总局，湘矿益大振。最后巡抚岑春蓂奏叙前劳，乃以主事分部加三品衔给二等商勋。改革后，退老于家。县中日月多故，其忧伤憔悴之旨悉寓之于诗，未尝一问世事，闻者叹其高致。平生孝友睦姻任恤之行，称于宗族乡党者甚众。卒年八十有四。子六。长基植，字璧耘，附贡生，……后乃佐其父治矿水口山。趋公之暇，按时读经文，精录礼经成帙，皆于工次成之。树蘅绾矿省局，大府以基植能，令继其任，保训导，给四等商勋。在事亦八年，以国变归。先树蘅数年卒。……”家世生平，略具于斯。其以宜章训导调署清泉训导，传言巡抚陈宝箴檄，据谱实俞廉三在湘抚任内事也。（檄由藩司下，为通例，特此由巡抚主张耳。）又传谓“巡抚岑春蓂奏叙前劳。乃以主事分部加三品衔给二等商勋”。若主事由保案而得者，其实调主省局之后，以训导官卑，乃援例入赀为分部主事（并加四品衔），倘崇体制，与保案无关。（其《珠泉草庐诗后集》卷一诗题中有云，“癸卯，赵公尔巽继任，檄余莞省局事。……丙午，大府以校官难统治全矿，命捐分部主事加四品衔，非余意也。”）农工商部奏定商勋之制，廖氏办矿著效，以有功实业经奏保而得二等商勋三品衔之奖。（其子基植亦得四等商勋，应予五品顶戴，此亦一时制度也。）又据行状（次子基械述），所著书已刊行者曰《珠泉草庐文集》二卷，《诗钞》四卷，《诗后集》二卷，《茭源银场录》二卷，《武军纪略》二卷，《祠志续编》三卷，未刊行者《读史录》二卷，《文后集》一卷，《杂著》一卷，《书牍》十卷，《笔记》二十二卷，《骈文》一卷，《自订年谱》二卷。（《茭源银场录》，吾所见惟署卷一之一册，为水口山办矿之公牍，而别有《茭源银场诗录》一册，为咏矿事者，并刊列友好之赠诗，未知是否即以诗录作卷二也。）

关于廖氏之主事与三品衔，又按桐城姚永朴《三品衔分部主事宁乡廖君墓志铭》所叙云："最后由宜章训导叙前劳以主事分部加三品衔"，亦混两事为一。姚文叙事著"据状"字样，廖氏次子基棫所撰行状乃谓："巡抚岑公春蓂以府君有功湘矿特奏保举，……再疏请，以分部主事得赏三品衔二等商勋。"虽省略主事所由来一层，而言以分部主事得赏，何尝如姚氏所云乎？（"以分部主事"与"以主事分部"不同）姚氏之为古文，渊源家学，讲求义法，有名于时。此作文字亦颇清适，而于此实不免疏舛焉。廖氏父子商勋之奖，关乎当时制度。姚氏略而不书，殆以其名不古雅，然亦为不应漏略者。（古文家叙事，往往省所不应省，而谓之雅洁，实为非宜。）

——民国三十二年

一四　谈隆观易

隆山人名观易，字无誉，别号卧侯，宁乡畸士，诗才清妙，交廖树蘅，因并与陈三立及其父宝箴相识，均爱重之。宝箴为刊其《罘罳草堂诗集》，弁以序云：

> 宁乡隆君无誉，诗人也。其里中友笙陔廖君，既馆于予，乃数为予言无誉之人之诗。无誉伏处穷山中，无名声于时，一卷啸吟，冥思孤往，憔悴而专一。其为诗垂三十年，屡变其体，所得诗逾六七千首，今存者亦千首有奇。然无誉尝一游秦中而归，故今诗言边事者为多焉。今年九月，无誉复有秦陇出塞之行，假道长沙，过宿笙陔斋中，予得与相见，接其论议，读所撰著文字，根柢郁茂，其经世之志，略见于斯矣。既而取阅其《罘罳草堂诗卷》，则逢源杜与韩，语言之妙类大苏，而似归宿于吾乡山谷老人，世之号为能诗者未易而有也。无誉自言，向读朱文公《中庸注》至"静深而有本"之语，恍然悟诗教之宗，故其诗淡简以温，志深味隐，充充乎若不可穷。往尝论今之为诗者，大抵气矜而辞费，否则病为貌袭焉，而窃喜子瞻称山谷"御风骑气以与造物者

游”之言，谓为得其诗之真，而颇怪世少知之而为之者，盖乡先辈声响歇绝，殆千数百年于兹矣。读无誉诗，其庶几遇之也。无誉将行，予与笙陔以其诗无副本，虑亡阙于道里之险难，相与尼留其稿，而略为择录若干首，付之剞劂，兼以质无誉塞外云。光绪三年嘉平月，义宁陈宝箴。

是编营始丁丑之冬，寻以人事牵迫，辄舍去，今年春夏，以手民劣恶，别录为编，选良董成，历月凡五，用既厥工，未几而无誉之赴（讣）至，盖无誉已于戊寅冬十月病殁甘肃之宁夏官幕矣。呜呼，以无誉之才之学之年，而不获竟其志业，以大白诸世，而遂以客死，岂非其命邪！抑无誉敝精力于吟咏声病之间，而因以戕其生邪！独恨懒漫侵寻，未克寄无誉是编，商略取置，使一及见之，然亦不谓无誉之遽止于此也！抚校遗编，为之雪涕。己卯夏五月，宝箴附识。

三立与王闿运各为作传，其文如下：

三立《隆观易传》：隆观易，字无誉，长沙宁乡人也。幼奇慧，年十三以诗谒湘乡曾文正公，由是数从曾公游，遂通经史百家之书。父艺虎为里豪所中，陷于狱。艺虎故才士，亦曾公所引重也。观易乃阴干曾公，豪闻而惧，私念艺虎交厚曾公，罪当出，即出当杀我，遂贿狱卒毙艺虎。观易哀愤，穷日夜谋杀豪，以死无恨。未几豪病死，于是观易谢绝人世，敝精力呕血为诗歌。斗室空山，憔悴枯槁，其志深故其道隐，其怨长故其词约而多端。同治中，县人喻光容者官甘肃狄道州，招观易。光容起自兵间，为牧守，顾雅好儒学，与观易相得甚欢，为留二年而归。当是时，相国左公次第定回疆，规善后，观易客游其间，就所知陈书相国言边事。相国高才素嫚，又观易乡里后进，而相国更事久，益儿子畜之，得观易书，笑曰："隆氏子亦上书言事耶！"然观易所言实良策，后相国所施设，竟多与观易合云。观易既归，益放其意为诗，自比苏轼、陈师道。光绪三年，复就光容于宁灵，至数月卒，年四十一。观易少负气跅弛，喜言大略，议论踔厉纵横，机牙四应，无不人人绌伏。后更摧挫抑敛，恂恂如处子。人有称誉，则惶恐引避；有毁之者，必谢过，曰："死罪！诚如公言。"终不复辨。卒后，湖湘间颇重视观易诗，后生学徒，多效其体，观易之名浸昌矣。所著书曰《禹贡水经考》《经义知新录》《六百日通》《西征续觚》《西征续集》《宁灵消食录》《罘罳草堂诗文》，凡若干卷。赞曰：业业隆生，狂狷之间。固穷无恶，猎艺斯专。观俗秦坂，咏志湘川。风犹孔硕，留规后贤。

闿运《隆观易小传》：隆观易，字无誉，宁乡人也。父任侠，为里豪所仇。观易年十余，避走衡阳，易姓名，居莲湖书院，从生童诵读，颖异劬学，诗文幽苦。衡阳欧阳生时为馆师，察异之，诘其自来，具诉其冤。生女夫曾国藩适以侍郎治兵衡州，移文宁乡，悉反其事，捕系其父所怨家数十人，欲穷治其狱。时骆秉章为巡抚，以国藩侵官权，固不乐，里豪乃遍诉其县吏士，因左宗棠告巡抚，径下檄用便宜斩其父，事又大反。观易甫归，遇奇变，即又窜走山谷间。有廖翁者，知其冤，客舍之，资其衣食。观易学亦日进。既逃死不敢出，唯与二三相知不涉世事者以诗写其忧，不袭于古，由发抒其愤，所遭际然也。岁久，事益解，而怨家犹盛，不敢入城市者二三十年。县人文武达者皆无因与相识，后乃识廖树蘅。树蘅奇其才，哀其遇，稍稍言于官士间。义宁陈宝箴，好奇士也，得见观易，特以为诗人之穷者，又隐厄不自拔耳，然尤喜其诗，为之刊行，间以示人，人亦未之问也。观易既久抑不得奋，思游关陇从军绝塞以自振。光绪初过宝箴寓邸，辞而行，行未至嘉峪，道卒，年四十一。妻某氏，困约时所娶也，有子某，贫不能自存。树蘅合其友数人经纪之，出其诗以示王闿运。

王闿运曰：自军兴以来，搜求振拔文武之材多矣，曾侯尤好文，一介之士，一语之善，未尝不知赏也。余居家亦汲汲于遗才，自谓无遗焉矣，乃初不知有隆生；知之矣，不知其厄穷之由。夫文章易见耳，当吾之身。百里之内，而使斯人颠倒侘傺以终，可不悲乎！

廖树蘅曰：湘绮此文，较骈枝室尤佳，波澜格局略同，高老过之，学以年进也。论词得史公之遗，令人往复不尽，卧侯不死矣！

其人其诗，于一序二传，可知其概。闿运所叙，与三立间有异同。观易父之死，陈传谓里豪贿狱卒毙之，王传则云骆秉章下檄斩之，其事不侔矣。（树蘅子基棫，于《宁乡县志》传观易，此节谓：“观易……乞援曾公，诺之。仇闻而惧，观易未及反，而艺虎已先毙矣。”传末附叙其子云：“子志毅，诸生，未几亦卒。”）王传（坊本《湘绮楼文集》未载）树蘅特加称叹；文固佳，然论词与寿树蘅七十序之“当东南鼎沸之时，天下波（披）靡，而独有湘乡曾侯倡为求人才分国忧之言，于是左胡和之，虽走卒下吏，一艺之长，得以自达。闿运弱冠亦与其议论，湖外人才搜访遍矣，宁乡近邑，廖氏名族，有荪畡先生者，与刘克庵兄弟游，称名诸生，竟寂然不相闻”，略〔嫌〕词意近复，似均不无矜气。（寿廖之作，时期似在传隆之后。）

——民国二十六年

一五　谈吴士鉴

钱唐吴䌹斋（士鉴）近卒于里，清季词臣中著淹雅之誉者也。光绪己丑举人，壬辰榜眼，以翰林院编修直南书房，官至侍读，历充癸巳、甲午顺天乡试，戊戌会试同考官，江西学政，资政院议员。著述颇富，尤致力于史。（著有《晋书斠注》等。）其壬辰会试之获售，盖几失而得之。卷在同考官第六房吴鸿甲手，头场已屏而不荐，迨阅第三场对策，乃叹其渊博精切，深得奥窔，始行补荐，竟获中式。时先研甫兄亦与分校（第十五房），闱中知其事也。揭晓后，鸿甲语人："䌹斋头场文，复视亦甚工，不知初阅何以懵懂一时也。"乡会试专重头场（"四书"文），久成惯例。头场不荐，二（"五经"文）、三（对策）场纵有佳文，房考亦多漫不经意，难望见长。同光间潘祖荫、翁同龢为大臣中讲学问者，屡掌文衡，矫空疏之习，每主试，必属房考留意经策，于策尤重条对明晰，以瞻实学而劝博览。是科同龢为正考官（祁世长、霍穆欢、李端棻副之），䌹斋以第三场文特工得隽以此。考同龢日记，是年三月十五日云："策题：论语古注，新旧唐书，荀子，东三省形势，农政。"闻䌹斋第三题文最为同龢所赏云。

先研甫兄与炯斋交甚厚，其诗，辛卯有《和吴公簪》云：

后起英流近有无？少文情愿屈张敷。
文章气谊莺求友，学问渊源彗画涂。
藏室相将探柱下，选楼何必坠江都。
无端引入西州感，接响谟觞谓可须。

结语谓潘尚书。

《次吴公簪韵一首》云：

年辈平亭亦复佳，论交杵臼素心谐。
通经早陋桓荣说，谭艺如亲彗地侪。
愧我诗痴终俗学，羡君作健有高怀。
纠唐刊汉无穷事，此事还须戒搰埋！

《偶成四绝索吴公簪和》云：

文通掞藻笔花吐，高密研经带草舒。
欲向谁家丐膏馥，白云窗下一踟蹰。

议家聚讼总支离，坐雾懵然讵有知？
尽揽天光归眼底，可能不被古人欺？

宗英闲世每相望，索隐书成补子长。
孝穆鸿篇楚金传，岂宜便作鲁灵光？

文章自昔论流别，我溯宗风爱六朝。
读史缀成文笔考，起衰一语太浮嚣。

壬辰有《仲夏贻吴公訾》(公訾先以纸属书,即书此归之)云:

吾郡有先正,伟哉孙与洪。放眼观谟觞,合志犹巨邛。
媢学不知倦,孟晋相磨砻。当时投赠篇,谓与元白同。
修途奋长辔,身约道自丰。纂著各逾尺,林苑光熊熊。
湛卢烛牛斗,联步登南宫。丁未及庚戌,五色云呈空。
信夫和氏宝,三献无终穷。春华而秋实,稽古荣厥躬。
羽琌山人言,科亦因人崇。矫矫延陵子,崭然头角雄。
绮年奉庭诰,诵书犹拨葑。铅椠五官技,时或笺鱼虫。
纠谬复刊误,磊落怀宗英。遗篇网典午,著录观其通。
缀文擅均体,色如汉时红。倾盖欢平生,英石初叩桐。
所居数廛隔,晰夕相过从。滞义得诠解,旷焉发我蒙。
间以唱酬乐,飞章走诗筒。昂藏逸天骥,仪曜占逵鸿。
金门授笔札,孤罴出深丛。长安千丈尘,马蹄疾于虹。
袭迹翔紫霄,风矩开良弓。未壮掇高第,姚声迈终童。
顾余不舞鹤,内镜渐悾悾。延对误蝇点,失次成笼东。
浮荣亦何介?出门忻有功。虽异七年长,石交契深衷。
敬以一言赠,努力弹飞翀。观水必观海,陟山必陟嵩。
益揽天禄储,便腹还求充。宏裁兰台令,朴学丁孝公。
师旷亦有言,盛年日方中。积德比于玉,砥行方诸铜。
蔚为庙堂器,名实俱宠炭。平津与卷施,倘克追乾隆。
长谣尘清听,献乐操土风。细书不嫌挤,义在他山攻。

想见友朋唱酬切磋之雅,而于所学亦可略睹焉。绚斋诗,庚寅有《酬徐缦愔》云：

幽州万士几人佳？把臂先知夙好谐。
清鉴每从高构定，微讴愿与薛谭侪。
西京师法陈经义，北极风云拓壮怀。
莽荡平原一冯吊，台荒燕草久沉埋。

卷葹才调百年无，振笔看君盛藻敷。
蛙紫烦嚣今贯俗，文章流别古分涂（途）。
群言要使归函雅，十载何当共炼都。
为抱冰弦弹瑟瑟，游鱼六马漫相须。

辛卯有《缦愔小剧诗以询之》云：

徐生江海姿，笔锋骋遒健。高哦扬天葩，新篇辄盈寸。
俗音洗于遮，繁条割藟蔓。金精匪贵多，魁纪一斑见。
我时从之语，轻师觊挑战。鼓复喑强挝，旗靡冀仍建。
多君善诱敌，欲使倾心献。异器处甘酒，殊筐居调饭。
良谭高晷移，一豁尘襟闷。竭来君敞门，为苦头风眩。
思深摧肝脾，毋乃耽吟倦。流观千金方，静检服石论。
医理与药瀹，然反自不变。持养贵得宜，勿使荣卫困。
我亦病烦郁，欧温致憀溷。上药渺石芝，下药再三噀。
神气不能王，六藉未搜编。鸿笔思前贤，笃艺畏时彦。
但期葆岁寒，窥道破颃顿。高名非所希，千载亦风电。

可合看。

己未（民国八年），絧斋序先研甫兄《涵斋遗稿》云：

光绪戊子、己丑间，海宇无事，朝廷右文。一〔二名〕公巨卿，主持风会。凡以科目进者，多闳通渊赡之才。论者谓嘉庆己未而后，得人以己丑为最。余以是年冬公车入都，始识徐君缦愔，继获交江君建霞。二君以己丑入词馆。缦愔治经史词章，建霞精目录金石之学，皆得其乡先生劭叔宀、顾涧蘋之遗绪。三人者，月必数见，见则钩钚辨析，移晷忘倦，而缦愔之群从艺甫、莹甫与其姊婿言謇博，又皆潜心竺学，如骖之靳。壬辰余获馆选，于二君为后辈。文字觞咏之会，始无虚日。甲午东事起，缦愔刳心时变，与余纵览移译之书，博考裨瀛之事，颇有志于用世。会建霞视学湘中，广开风气，迂旧之儒，咸诋諆之，而余与缦愔曾不以此稍挫其志。丁丑缦愔入湘，继建霞之任，于此始与缦愔别。国门执手，百感苍凉，盖已知朝局之必有变也！明年政变勃兴，缦愔落职，建霞亦牵连罢斥。缦愔奔母丧还都，相见呜悒，仍以致用相期。无何，庚子乱作，余间关赴秦，旋至南昌，即闻缦愔之讣，哭不成声，作诗吊之。（按：其诗云："修门欂櫨首相知，别后江湖杳梦思。太岁龙蛇天地黯，文人鹏鸟古今悲。伟高诀别谁为友？阳羡无田尚有儿。后死非才徒负负，欲呼阊阖望迷离。"）三两年间，建霞、謇博先后下世。而朝野蜩螗，国事隳坏，驯致有辛亥之变。莹甫憔悴怫郁，亦以不起。回忆当年雄睨高谈，履綦相错，其豪迈隽爽之气，如在目前，独余犹苟活人间，百无一效。艺甫则试吏汴中，湛冥廿载，亦可想见其意气之消沮矣。缦愔有子曰肖研，能读父书，搜辑遗诗，录为一卷，余又以遗文一首归之。芝焚兰瘁，馨烈犹存。缦愔生平交游学术，略具于斯。因述余两人交谊之终始，弁诸简端。缦愔之诗，清丽遒逸，能函雅故，与乾嘉学人相近。（下略）

情文相生，言之有物，不徒足见两人交谊也。絅斋辛卯有《简徐艺甫即送还宜兴》诗云：

清时纠履盛高宾，欲访槐街迹已陈[①]。
我辈耽吟犹有癖，矮笺秃笔斗清新。

由来杞梓推南族，岂独何家大小山？
疑义就君如折狱，金根伏猎不须删。

豹台说礼今谁嗣？湖海填词旧有图。
百载宗风能继起，伫看间气跃锟铻。

善卷洞外碧云披，想见图成瑞应时。
欲鬄苔封摹旧篆，与君同访国山碑。

王伯恭《蜷庐随笔》云："庚寅五月，余应学正学录试，吴子修太史亦为其子士鉴买卷入场。榜发，士鉴落第。亡弟仲高适在京，谓余曰：'是儿若中进士，决可问鼎。'盖士鉴为仲高之表内侄，固深知之也。壬辰士鉴果得榜眼及第，仲高亡已二年矣。士鉴旋入南书房，屡得试差，子修亦恒掌文衡。父子同时为名翰林，洵为嘉话。子修尤为福人也。"

---

① 君居上斜衔，即查初白顾侠君诸先生倡和之地。

盖絅斋未捷会试之前，人已以鼎甲期之矣。子修先生（庆坻）先于丙戌入翰林，相距仅六年。（授职编修，相距仅三年。）

上文述及其壬辰会试获售之几失而得，顷见其子秉澂、承湜等所为行状，记其乡会及殿试时事云：

> 戊子乡试，以先王父官词林，入官卷。典试钱樨庵阁学桂森甚赏二三场经策，以额满见遗，深致惋惜。时先王父修《杭州府志》"艺文志""儒林""文苑传"未成而入都，府君并续成之。己丑乡试，中第四十四名。典试为顺德李仲约侍郎文田、衡山陈伯商编修鼎。撤棘时，先七叔祖宝坚先中三十四名。监临崧镇青中丞骏谓："官卷只两名，乃中在一家！"命取试卷磨勘，无瑕可指。陈编修以卷出己手，不敢与争。李侍郎乃言，"浙江官卷，二三场无如此之博雅者，且功令弥封，凭文取士，更无官卷不准中在一家之例。"故府君述及此事，常有平生第一知己之感。冬间奉先王母挈眷入都，谒李仲约侍郎，始告以治舆地之学。次年复试，取列一等第一名。阅卷大臣为番禺许筠庵督部应骙，嘉定廖仲山尚书寿恒，瑞安黄漱兰侍郎体芳。府君至是声誉益起，日下知名之士，咸愿折节与交。会试报罢后，益专心舆地之学，尽阅张月斋、何愿船、徐星伯诸家之书。又于暇时讲求金石，遍搜厂肆，得拓本益多。考证地理官制，积有跋尾若干通。是为《九钟精舍金石跋尾》之创始。壬辰会试，中第三十七名，出吴唱初编修房。总

裁为常熟翁叔平师相同龢，寿阳祁子禾尚书世长，宗室霍慎斋阁学穆欢，贵筑李苾园尚书端棻。吴编修阅第一场制艺，初未呈荐。及见二三场，已三月杪，以示袁忠节。忠节曰："此人必非自田间来者，吾知其人，以浙卷不敢言。"因举三场条对东三省舆地甚翔实，遍告同考诸君，相率踵吴编修室，询此卷荐否。后经监试谢南川待御隽杭怂恿，始于四月朔呈诸翁相。时浙卷二十四名已定，翁相以府君卷为通才，不忍抑置，最后始撤去一卷，以府君补之。尝语同官曰："吴某某实吾门之马郑也！"及殿试，策问四道，第一道为西藏地理，府君卷独条晰无遗。读卷大臣为钱塘汪柳门侍郎鸣銮。故事，读卷八人，依阁部官阶先后为位次，各就其所读卷分定甲乙。待标识定毕，乃由首席大臣取前列十卷进呈御览，然诸大臣手中各有第一，初不相谋，仍依宪纲之次序为甲第之高下。及胪唱，府君以第二人及第，则又翁相国力主之也。（按：读卷八人次序为额勒和布、恩承、翁同龢、李鸿藻、启秀、薛允升、汪鸣銮、陈学棻。）

所叙会试情事，可与拙稿印证。至其著作，行状云："生平著述，有《补晋书经籍志》四卷，《晋书斠注》一百三十卷，《九钟精舍金石跋尾》甲乙编各一卷，《敦煌唐写本经典释文校语》二卷，《羼吉轩经眼录》一卷，《含嘉室诗集》八卷，《文集》四卷，《商周彝器释例》一卷，《西洋历史讲义》若干卷。惟《文集》及《经眼录》《彝器释例》《西史讲义》尚未刊行，余者悉已付梓。《晋书斠注》尤为府君极意经营之作，盖此书撰自甲辰，复得吴兴刘丈翰怡承幹之助，成于甲子，刻于丁卯，经历二十余年，而从事搜讨，则远在癸巳甲午间也。”其《西洋历史讲义》为进呈之作。行状云：“宣统元年……奉命轮班撰呈各国历史讲义。初次进呈，召见于养心殿东室。翌日明谕褒奖，谓：‘所进讲义，尚属可观。’其时进讲者凡十四人，每日二人轮班，各进一篇，七日一周。府君所撰西史讲义，皆亲自属稿，于历次交涉之失败及强国凭陵之前事，痛切言之。”关于纂修清史，行状云：“甲寅夏，清史馆长赵次珊丈尔巽聘府君为纂修。时馆事草创，亟待府君商订体例，搜集材料。粗就侍，奉先王父召归。既而赵次丈以列传事有所商榷，手书敦促，并厚致薪糈及聘金，府君皆却不受。终以史事重要，重来京邸，担任总纂，未观厥成，复以先王父母年高多恙，仍回绪里养。”吴氏撰有《纂修清史商例》，见民国五年出版之《中国学报》。

——民国二十二年

一六　谈陈夔龙

陈夔龙筱石，胜清之显宦，民国之遗老也。当辛亥革命之起，方在直隶总督任，颇力为清室保境，国体变更，引疾去职，遂为上海租界之寓公，度其优游之岁月，今年八十一矣。其离任时，有《乞病获请赋此留别》诗云：

茫茫难问梦中天，草草劳人暂息肩。
赐履忝居群牧长，挂冠犹及国门前。
仓皇铤走中原鹿，哀怨空闻蜀道鹃。
七十二沽春水绿[①]，烟波一曲好停船。

惭愧苍生留雨霖，十年旄节主恩深。
朅来大陆浮云幻，忍见虞渊白日沉！
谁为两间留正气？剧怜一病负初心。
河桥多少新栽柳，雪后婆娑感不禁。

多谢群公卧辙劳，早从市上识荆高。
能创霸业先延隗，萧愧无规赖有曹。

① 卸篆日适值立春。

秦地十城求赵璧，吴淞一水试并刀。
眼前无限沧桑恨，此地寻源或种桃。

艰难回首又庚辛，祖帐今多去国臣。
华屋顿添知己泪，布衣犹是秀才身。
百年养士宁无报，一柱擎天别有人。
寄语幽燕诸父老，彩幡仍报汉宫春。

又其《水流云在图记》下册《津沽留别》一则云：

> 辛亥六月，余病疡苦剧，卧治官书，心窃苦之，累疏乞请开缺，未邀俞允。迨八月而武昌变起，各省响应，土崩瓦解，驯至不可收拾，岂天心之易醉，抑人谋之不臧。直隶为北门重镇，屏蔽京师，筹饷征兵，关系最为紧要。余以病躯尸位，智力几穷，誓以一身报国；幸文武共济和衷，绅民咸知大义，屡濒危险，卒庆安全，诚非初愿所及，而余病莫能兴矣。嘉平望后，蒙恩赏假三个月安心调理，十八日交卸督篆，稍息仔肩。……回忆信睦尊俎，骋怀风月，时局变迁，抑郁其谁共语耶！

又其《梦蕉亭杂记》卷二有云：

> 直隶一省，于全国分崩离析之秋，卒能烽火不惊，诚属徼天之幸。直至逊诏将下，余适乞病获请，得以完全疆宇还之朝廷，痛定思痛，有余恫焉。

均见遗臣之口吻，而其自明为故主保境之劳，亦情见乎词也。民国成立以后，胜清旧臣，愿比殷顽，以遗老自待者，穷乏憔悴者不少。夔龙则以久膺封疆膴仕，宦囊较丰，故生计颇为饶裕，楼名花近，友联逸社（社友余肇康和夔龙感旧诗所谓“桃源尚是人间世，花近楼高且纵观”也）。声伎遣意，诗酒怡情，娱老有方，耄而犹健，晚境之佳，侪辈罕能及之焉。

夔龙为贵州贵阳府（今贵阳）〔人〕。（其家本非黔人，父以知县官黔省，卒于黔，夔龙兄弟占贵阳籍。）幼年丧父，家境颇艰，实以寒士起也。《水流云在图记》上册《机声课读》一则云：

> 同治甲子六月，先光禄公捐馆侨舍，越明年乙丑十月，嫡母杨太夫人亦见背。龙兄弟三人，迭丁不造，露立茕茕。先母姜太夫人辞甘茹苦，伤亡念存，特延师课读于家；虽饔飧不给，而馔食必丰。或劝使余兄弟弃学就贾，太夫人应曰：“一息尚存，不忍使廉吏之子沦于驵侩也！”时烽火四达，斗米千钱，太夫人以纺绩得赀，藉供馆谷，往往机杼之声，与余兄弟诵读之声彻于（按：疑是‘宵’字笔误）达旦，虽陶称截发，欧美（母）画荻，曷以逾焉？……

厥后夔龙与兄夔麟、夔麒均以科第入仕，夔龙官至总督为最显。

夔龙以光绪十二年丙戌成进士（时年三十），美风仪，能文词，由兵部主事历迁郎中，以敏干为上官所赏，兼充总理各国事务衙门章京，佐理外交，亦有能名，以总理衙门保案擢内阁侍读学士，遂跻京堂之列。荣禄长兵部，并直总署，夙嘉器之，比总统武卫全军，引入幕府。庚子之乱，夔龙方以顺天府丞兼署府尹，有地方之责，颇濒于危，旋调署太仆寺卿。(《梦蕉亭杂记》卷一纪此云:“余以署任人员,日在枪炮林中,力顾考成,代人受过,太觉不值,言于文忠,请令王君培佑回府尹任。文忠初不允奏,嗣以端邸与余有意见,恐蹈危机,因奏饬王培佑回本任。太后谓:‘陈夔龙署事以来,百废俱举,且经手承办要件甚多,何能听其交卸?’文忠谓:‘陈夔龙奉办各要件,已有端倪,既有本任人员,似应令其到任历练,俾免旷职。’太后始允;既而曰:‘陈夔龙办事得力,无端令其交卸,未免面子太下不去。’文忠谓:‘诚如上言;查王培佑现署太仆寺卿,亦系三品大员,可否即令陈夔龙署理?’旨曰可。余遂于七月十二日卸府尹任。迨二十一日北京不守,两宫西狩,余无守土之责,获免清议,惟有惭汗而已!”当危疑险棘之时,赖荣禄之力,得卸艰巨之任而居闲职,深自幸也,而荣禄对夔龙之爱护,亦足见一斑。所谓端邸与有意见,指端王载漪曾封奏请诛十五人,首李鸿章,次王文韶,而殿以卸(夔)龙,经荣禄面奏其谬,得解,事亦详《杂记》此节。)外兵入京,两宫出走,派大学士崑冈等为留京办事大臣,夔龙与焉,又拜顺天府尹之命(署理,旋即真除),庆王奕劻、大学士李鸿章奉命为议和全权大臣,奕劻随扈,由怀来县折回,先鸿章到京,奏派夔龙偕侍郎那桐随同办理,故《辛丑和约》之订立,夔龙亦参与其间。(《水流云在图记》上册《严城决策》一则云:“庚子、辛丑间,余以京兆尹兼留京办事大臣,并随办和议,时九门以内,敌军驻守,九门以外,拳势犹张,镇抚之宜,万端棘手,议款一日不定,则联军一日不撤,忧宗社之震惊,悯生民之涂炭,中宵起舞,悲愤填膺，亭秋谓余曰：'各国处连鸡之势，欲偿款而非在侵略明矣，盍将所侦敌情密以上闻，使九重深知其艰，庶诸公得伸其志；不然，筑室道谋，纷纷无益也。'余亟以白两全权大臣，佥韪其说，属即创草，达于行在，由是天心厌祸，各国亦如约缔盟，诚非始愿所及。故寿亭秋五十诗云：'十丈红尘照直庐，连鸡九国快驱除。艰难行在余清泪，辛苦危城伴索居。客邸幸安同幕燕，敌情先察见渊鱼。留台驰奏和戎策，烧烛深宵代检书。'盖纪实也。"亭秋为其妻许氏之字。如所云，夔龙于此，甚得内助之力焉。夔龙初娶于周，再娶于丁，又继娶于许。辛亥武昌起义后，袁世凯谋再起，奕劻辈援之，授意夔龙奏保，夔龙不允，据闻亦从许言。）辛丑回銮，先期派夔龙与左都御史张百熙等充承修跸路大臣。（时夔龙已简授河南布政使，尚留府尹任。此项工程，正阳门城楼未即修复，后夔龙在漕督任内捐银一万两倡修之。）未几擢署漕运总督，乃为开府大吏矣。迎銮途次，拜命真除。癸卯（光绪二十九年）移河南巡抚。（翌年甲辰，充会试知贡举。此差外吏例不能充，兹以借闱开封，得以巡抚充之，深以为荣。）丙午（光绪三十二年）调抚江苏，翌年丁未擢授四川总督，请假回籍省墓，未即之任，翌年戊申调督湖广，翌年己酉（宣统元年）复调督直隶，至辛亥革命去职。其略历如是。

光绪丙戌进士，官总督者三人，为同榜中最红者。丁未三月徐世昌以民政部尚书外简新设之东三省总督，七月杨士骧以山东巡抚升署直隶总督（翌年真除），夔龙以江苏巡抚升补四川总督，同在一年。（此总督指地方总督；漕运虽亦总督，地位与巡抚相等。）盖同年进士而为同年总督矣。（士骧卒于直隶总督任，世昌清末官至大学士内阁协理大臣。）三人之中，徐、杨均翰林，夔龙则部曹，而显达最早，当其为漕督时，士骧不过通永道，世昌犹翰林院编修耳。士骧之得补道缺，据夔龙所述，实赖其提挈。《梦蕉亭杂记》卷二云：

丙戌同年杨莲甫制军，向官京师，所居相距窎远，不常把晤，仅于春秋期会，尊酒言欢。君以编修改官直隶道员，庚子随李文忠公来京议款，余时官京尹，襄办和议，与君时相过从，患难论交，情非恒泛。岁杪通永道出缺，藩司〔周〕玉山方伯言之李文忠，请以君奏补，张幼樵学士时在幕府，亦为君说项，文忠终以君到直资格太浅，未经允诺。犹记小除夕日君匆遽造余，详述前事，以余系府尹，此项奏件例会衔，并述周张二君语，谓非余力向文忠陈说，难冀有成，且时甚促，一过新年，正月初五文忠寿辰，保定署臬司某君来京祝厘，资格较深，恐文忠意有所属，语次情形极为迫切；余以同年至好，又系分内应办之事，允于除日往见文忠。讵到时文忠正会晤德公使，……迨德使去后，文忠拟暂休息。余揆此情势，恐难进言，而莲甫守催不已，只好姑为关说。文忠谓："莲甫虽系翰林出身，第官直日浅，此缺尚有尽先应补之人，长官亦须稍存公道。"余谓："公言诚是；直省候补人员虽多，但从公于患难中者目前仅莲甫一人，劳绩亦不可没。公昨谓行在诸公均蒙优叙，然则从公于贤良寺者不应得优叙乎？"公笑曰："我已知莲甫托君前来说话，君与彼为同年，又系大京兆，例须会衔，我若奏补他员，恐君不肯画诺矣！请如君议。”余亦笑对曰：“某所言实系力崇公道，并非专顾私交。”此时窗外环而听者多人，知事已谐，玉山方伯趋而前曰：“稿已办就，请即书奏。”余亦列衔书奏讫，与方伯退入莲甫室。适吏部尚书嘉定徐颂阁先生在坐，闻之，谓余曰：“莲甫得缺太便宜，但须说明如何应酬我，否则交部议奏时我必议驳！”余笑曰：“公喜食福全馆，莲甫治具尤精，多备盛筵饫公，余亦得叨坐末，何如？”均各大笑。讵知莲甫官符如火，奏到竟邀特允，不交部议，尚书挟持一饭而不可得。厥后余抚汴，莲甫任直臬，拟保升豫蕃，为余臂助，项城阻之。不数年，莲甫已继项城为直督，而余督直反在其后，功名迟速，庸有定乎？莲甫归道山，未经国变，可谓全福。公子辈承其余荫，各自成立，长者尤恭谨，克世其家，故人有子，为之欣喜不置。

通永道兼为直隶总督暨顺天府尹所属，故夔龙以府尹之资格，为请于李鸿章（大学士领直督）。士骧之官直督，先于夔龙，夔龙叹其功名之速，以直督兼北洋大臣，为各督之领袖，夔龙留别诗所谓“赐履忝居群牧长”。（自设东三省总督，列衔曾在直督之前，惟直督为畿辅重臣，事实上犹居“群牧长”之地位。）“故人有子”，言之若有余美，盖夔龙无子，颇引为缺憾耳。（世昌亦无子。）至对于世昌，则以满清遗臣之立场，对其为民国之国务卿且居大总统之位，深表不满。辛酉十二月下旬（民国十一年一二月间）所为诗有句云："龙头休浪执，腹尾会平分。"用华歆与邴原管宁之典，以示异趣。自注云："同年生有曾厕清班，膺膴仕，迄今仍靦踞高位者；余与尧衢则当日之两曹郎也。"时世昌在大总统任，所指显然矣。（尧衢为长沙余肇康字，亦其丙戌同年，以部曹官至江西按察使，因教案罢，起为法部参议，又缘事黜免。入民国后，侨民（居）海上，以遗老与夔龙唱和于逸社。）然如己未（民国八年）诗题有"寄谢齐照岩中丞杭州""并怀沈冕士中丞山东"等语，齐耀珊、沈铭昌清季均仅至监司，不能有中丞之称，盖以浙江省长、山东省长准浙江巡抚、山东巡抚而称之，是对民国总统下之高位亦未尝漠视。

世昌为壬午（光绪八年）举人，士骧为乙酉（光绪十一年）举人，夔龙则乙亥（光绪元年）即已中举，时年甫十九，其进学在壬申（同治十一年），年十六。民国年二十一年，又届壬申，于旧例有重游泮水之典。赋诗（用赵翼重游泮宫诗韵）云：

其一

五夜书灯映柳塘，弱龄初采泮芹香。
道人再作游仙梦，老衲重登选佛场。
发箧莫寻陈蠹简[①]，压箱犹剩旧萤囊[②]。
园桥此日如观礼，谁识当年瘦沈郎[③]！

---

① 童时书院课卷，曾请弢庵太傅题句，旋复失去。
② 往日上学书包，由先妣亲制，迄今尚存。
③ 赵诗末韵，他本押长字，当是初刊本。

其二

龙门百尺溯前游，温峤甘居第二流[①]。
齿亚洪乔宜把臂[②]，才输颖士愿低头[③]。
漫劳门左争题凤[④]，差免墙东学侩牛[⑤]。
幸拾一衿聊慰母，焚膏犹记夜窗幽。

其三

风景河山举目殊，江关萧瑟负终繻。
凡才敢诩空群马，晚景翻怜过隙驹。
白发慵搔非故我，蓝袍重著感今吾[⑥]。
举幡又见新人贵，老谢盐车悔识途。

其四

数仞墙高许再循，检场灯火最相亲。
桐宫献艺狂书草[⑦]，藜阁观光利用宾[⑧]。

---

① 榜发名列第二。

② 余年十六入庠，齿最少，同岁同榜有殷君诰。

③ 榜首萧君射斗，后中甲戌进士。

④ 与伯兄少石、仲兄幼石先后得科第。

⑤ 先光禄公弃养，余始八龄。家贫，有劝学贾者，先妣姜太夫人未允，力延师课读。

⑥ 黔俗，新秀才释菜日，例著蓝衫拜客。

⑦ 试题“于桐”二字，极枯窘，同试有阁笔者。

⑧ 学使刘藜阁检讨青照，极荷青睐。

旧揭浮签留示客[①],同题团榜慨无人[②]。

假年还向天公乞,桂籍秋风杏苑春[③]。

原唱及和作刊为《壁水春长集》,以获赏匾额曰“壁水春长”也。其乡举在光绪乙亥,时年十九,至今年乃甲子一周,因是恩科,循旧例准上届正科(同治癸酉)以民国二十二年癸酉为重宴鹿鸣之期,是年又有诗:

其一

白发依然举子忙,耄荒惭对五经房[④]。

甫看蓂荚新年绿,回忆槐花旧日黄。

棘院又来前度客,苹筵重上至公堂。

孔怀顿触令原恸,不共吹笙并鼓簧[⑤]。

其二

当年恩榜庆龙飞,奉使双星曜锁闱。

毕卓通才便腹笥[⑥],张华博物副腰围[⑦]。

浓圈墨笔兼蓝笔[⑧],暗点朱衣赋翠衣[⑨]。

---

① 蒋励堂相国有《赋童试浮签诗》,广征题咏。

② 考录先发团榜。

③ 明年重宴鹿鸣;重宴恩荣之期则在十年后矣。

④ 定制,房考入闱,各分一经。

⑤ 先兄少石先生癸酉孝廉,惜已仙逝。

⑥ 正考毕东屏师保厘,蕲水人,庚申翰林。

⑦ 副考张兰轩师清华,番禺人,乙丑翰林。

⑧ 考房谢小蘧师绍曾,南康籍,贵州拣发知县,壬子举人。

⑨ 试场诗题:山色朝晴翠染衣。

岂有文章惊海内[①],科名草绿报春晖[②]。

其三

园桥碧水爱春长[③],又逐秋风战士场。

年比看羊苏典属[④],才输倚马左文襄[⑤]。

月宫在昔香飘桂,云海而今劫换桑。

高会傥延三益友,他题请试互评量[⑥]。

其四

宦迹东西印雪鸿[⑦],龙门跋浪鲤鱼风。

梁园造榜人犹在[⑧],罗甸观场我尚童。

明镜双看衰鬓白,公车五踏软尘红[⑨]。

头衔乍换渐非分,雅什重赓句未工。

一时和者尤夥。以夔龙两诗可为科举旧闻之谈助,故录之。

---

① 用成句。试场首题:焕乎其有文章。

② 赴宴归来,先母姜太夫人率子祀先,喜极而涕。

③ 昨岁重游泮官,荷颁到"壁水春长"御书横额。

④ 十九岁获中。

⑤ 湘阴左恪靖侯相国壬辰乡举三场试卷硃墨本十四,至今完好,近日文孙乞余题词。

⑥ 今年重宴鹿鸣者,近日所知,尚有湘潭秦子质军门炳直、泸州高蔚然太官(守)树、无锡杨小荔太守志濂。

⑦ 余宦游行省。

⑧ 癸卯河南乡试,余充监临。是科撤棘后,乡举遂废。

⑨ 五上春官,始成进士。

(其“假年还向天公乞,桂籍秋风杏苑春”之句,望于重宴鹿鸣之后更能及旧例重宴恩荣之期;时在民国三十五年丙戌(戌),年正九十矣。)夔龙与秦炳直(清末以臬司迁提督)同以重宴鹿鸣获太子少保衔之赐,和者因多以宫保称之云。是年陈秦及高树、杨志濂而外,吴郁生(元和人,字蔚若,似亦邀加衔)、缪润绂(正白旗汉军人,字东麟)亦光绪乙亥举人,旧例同有重宴鹿鸣之资格者。秦、高、杨、缪诸同年和作,并录如次,俾汇览焉:

秦诗:

科名早达多成毁,甲第迁移变屈伸。
惟有圣皇宏造士,必推元命乐嘉宾。
三章观始赓宵雅,一德能终信老臣。
黔楚风云联属久,宫袍双著拜恩纶。

高诗:

其一

奔驰皇路半生忙,老耄归田昼闭房[①]。
君或理须饶茜碧[②],时当举足踏槐黄。
丁年赴省观苹宴[③],亥岁登科别草堂[④]。
两姓弟昆全盛日,一门唱和沸笙簧。

---

① 住卧室闭门不出。

② 树须发皆白,公必不然。

③ 树十六岁入学,十八岁丁卯赴乡试。

④ 乙到(亥)登科,游浣花草堂归里,未北上。两弟中举后乃偕赴京。

其二

丹诰荧煌御翰飞，天惠宠渥到秋闱。
庄书悬壁金泥饰，大笔如椽玉带围。
白下今留黄阁老，蓝衫昔换紫罗衣。
长春行在褒耄旧，万里晴光望彩晖[①]。

其三

秋闱四赴首途长，席帽芒鞋屡入场。
嗜古尊经开学校，怜才爱士遇文襄[②]。
生资固陋嗤高叟，赋命清寒类子桑。
一路荣华到开府，何堪郡守并衡量！

其四

何时北雁语南鸿，捷报传来耳畔风。
例举先朝谈贡举，门旌罗甸励儿童[③]。
老臣谢表孤衷白，贺客盈庭醉面红[④]。
自笑江淹才早尽，口占俚句未能工。

---

① 泸县数月阴雨，近日晴。此首诗望我公重赴鹿鸣有恩旨。
② 乙亥张文襄调树入尊经书院。
③ 公之罗甸及沪上大门，应悬匾以鼓励后辈儿童。
④ 公届时当置酒酌客。

杨诗：

其一

千门看榜万人忙，瑞来珠联星聚房。
已入网珊量尺玉，不嫌伏早骋飞黄。
黔灵秀出牂柯郡，绿野花添丛桂堂。
今日鹿鸣诗再赋，九州几辈协笙簧。

其二

鱼跃登龙鹢退飞，升沈途判系春闱。
樗材我分青毡守，花兆公宜金带围。
贡举兼知持节针，疆圻遍历挂冠衣。
科名草已无根久，犹托苔岑映碧晖。

其三

黄发丹忱恩眷长，宫花簪自少年场。
臣称耋老命重异，天焕文章耀七襄。
待得春归还染柳，宁因河改悔栽桑？
齿居三益蒙何敢，山海壤流窃忖量。

其四

望公遵渚逐飞鸿，迎侍鼋头趋下风。
韩尹〔推〕敲宠岛佛，宋人献颂愧辕童。
居夷觚梦萦甜黑，入洛车尘忆软红。
恨昔未为梁苑客，巴词不获附邹工。

缪诗：

其一

乡闱回首捷三场，花信番风过眼忙[①]。
碑字未堙先圣庙[②]，艺文曾刻聚奎堂[③]。
名标北榜邀魁选[④]，遇感南丰燕瓣香[⑤]。
惆怅种桃人去远[⑥]，重来仙观有刘郎。

其二

凌云发轫路先探，洄溯名场述美谈。
家庆幸登恩榜再[⑦]，公才杰出鼎元三[⑧]。
音传鹊报邀亲喜[⑨]，会际龙飞沐泽覃。
荣被宠光臣草莽，记陪秋宴酒尊酣。

---

① 时年二十四。

② 乡试恩榜例于文庙前树题名碑，与进士同。

③ 首艺并诗倖与闱刻。

④ 名次第八。

⑤ 房师鲁芝友，南丰人。

⑥ 毛旭初、崇文山、殷谱经、徐荫轩四座主化去已久。

⑦ 先堂叔祖际唐公举咸丰纪元辛亥京兆榜。

⑧ 丙子曹竹铭、庚辰黄慎之、癸未陈冠生三殿撰并同是科京兆榜。

⑨ 先母爱新觉罗太恭人盼子成名心切，闻报喜极。

其三

贤登天府数同俦，问有晨星几个留。
炊熟黄粱寻昨梦，香分丹桂快前游。
歌诗恍听群鸣鹿，策杖偕来健倚鸠。
自信黔中声望卓①，湘潭②无锡③更泸州④。

其四

易名偶比宋司空⑤，敢道扬云异曲工⑥。
五上春官叨馆职⑦，九膺民牧剩清风⑧。
济南流寓渐高隐⑨，海内同年有巨公⑩。
懋典优隆天万里，白头双对夕阳红。

旧梦重温情态宛然。

夔龙宦途腾踔，世颇以巧宦目之，而其自叙有云（见《梦蕉亭杂记》卷一）："……丙戌一榜，同年置身青云；亦未有如余之早者，然余仕途升阶，仍系拾级以进，初无躐等之获，

---

① 公籍隶贵阳。
② 秦子质军门炳直。
③ 杨小荔太守志濂。
④ 高蔚然太守树。三人均乙亥同年，寿八十以上。
⑤ 绂榜名裕绂，散馆后改。宋庠本名郊。
⑥ 公乡举名亦与今异。
⑦ 癸未、丙戌、丁丑三科未赴试，及壬辰始登第，与馆选。
⑧ 改官山左，洊擢临清直牧，膺民社者凡九。
⑨ 国变解冠客历下。
⑩ 公前开府北直。

捷径之干，此无他，时会不值，则一第如登天之难，遭际适逢，则入座如拾芥之易，其中殆有天焉，非人世恒情所能揣测者也。”盖所历多系应升之阶，未为超擢不次，惟官符如火，迅疾过于同侪，故人惊其速化耳。（五上公车，始成进士，故言登第之难。）其官督抚，无赫赫之名，而为政尚以稳静见称，其《自叙》有云（同上）：“所可以自慰者，厥有三端，一不联络新学家，二不敷衍留学生，三不延纳假名士。衙斋以内，案无积牍，门少杂宾，幕府清秋，依然书生本色。连圻僚友，有讥余太旧者，有笑余徒自苦者，甚有为以上诸流人作介绍者，均一笑置之，宁守吾素而已。”盖自示为保守一派，而不赞成并时之号为时髦督抚一流，争藉所谓新政以出风头者也。至其由京职外任，其间几生波折。辛丑既简放河南布政使，几内升外务部侍郎，夔龙深幸未成事实。《自叙》有云（同上）：“外部徐进斋侍郎忽焉病逝，……先是李相宣言：‘陈筱石外放藩司，我不赞成。目今外交人才少，此人应留京大用。’闻之，切切私虑，以汴藩夙称优缺，京僚获简，不啻登仙，若改京职，依然清苦；讵事有出意外者。武进某京卿，外交、财政均其所长，而尤醉心督抚，一闻进斋之耗，恐被特简，特密电西安政府，谓那琴轩侍郎曾任斯职，必堪胜任。进斋遗摺上，琴轩果奉简矣。”斯时夔龙不耐久任京职之清苦，亟思外用，俾饶家计，侍郎位虽高于藩司，亦甚不乐为焉。纪昀《滦阳消夏录》二，谈八字有云：“无锡邹小山先生夫人，与安州陈密山先生夫人，八字干支并同，小山先生官礼部侍郎，密山先生官贵州布政使，均二品也，论爵布政不及侍郎之尊，禄则侍郎不及布政之厚，互相补矣。”以夔龙论，河南布政使与外务部侍郎，“厚”与“尊”二者不可得兼，夔龙宁愿舍“尊”而取“厚”，未几迳擢漕督，抚豫苏，督鄂直，固“尊”“厚”兼致。名实俱优矣。使果以外务部侍郎而长居京秩，宦囊殊为减色耳。“武进某京卿”，指盛宣怀。宣怀未遂督抚之愿，致审则由于官营实业，又当别论。其家财之巨，自远非夔龙所及也。

庆王奕劻继荣禄而为枢臣领袖，以贪庸为清议所鄙，庚戌（宣统二年）正月御史江春霖以“老奸窃位，多引匪人”劾之，词连夔龙及朱家宝（云南人），谓：“直隶总督陈夔龙则其干女婿，安徽巡抚朱家宝之子朱纶则其子载振之干儿。”奉旨诘其“果何所据而言”，复奏谓：“陈夔龙继妻为前军机大臣许庚身庶妹，称四姑奶，曾拜奕劻福晋为义母。许宅寓苏州娄门内，王府致馈，皆用黄匣，苏人言之凿凿。夔龙赴川督任，妻畏道难逗留汉口，旋调两湖，实奕劻力。朱纶拜载振为义父，系由袁世凯引进。光绪三十四年二月，朱纶曾到其父吉抚署内，购备貂褂、人参、珍珠、补服等件送礼。朱家宝每于大庭广众夸子之能，不以此事为讳，现犹不时往来邸第，难掩众人耳目。”奉旨斥以“毫无确据，恣意牵扯，谬妄已极”，“莠言乱政，有妨大局”，“任意诋诬”，“轻于污蔑”，“实不称言官之职”，命回原衙门行走。（春霖本由翰林院检讨迁御史。）当是时，春霖直声震朝野。宣武门外北半截胡同广和楼酒肆有不署名之题壁诗二首云：

居然满汉一家人，干女干儿色色新。

也当朱陈通嫁娶，本来云贵是乡亲。
莺声呖呖呼爹日，豚子依依恋母辰。
一种风情谁识得？劝君何必问前因。

一堂二代作干爷，喜气重重出一家。
照例定应呼格格，请安应不唤爸爸。
岐王宅里开新样，江令归来有旧衙。
儿自弄璋翁弄瓦，寄生草对寄生花。

谑虐之甚，一时哄传焉，或谓罗惇曧所作也。《梦蕉亭杂记》卷二有云："庚戌正月枢臣南海戴文诚逝世，辇毂之下，喧传余将内召入辅，惎余者嗾使言官某侍御以不根之言妄行参劾，仰荷圣明垂鉴，令该御史明白回奏，卒以妄行诬蔑不称言职从宽饬回原衙门行走。"即对此项参案之自辨。(至关于由川督改授鄂督，据云实乖本愿，有"鄂省财政枯窘，债台高筑，较之川省财力丰富，不啻天渊，岂可以此易彼"，及"张文襄公督鄂垂二十年，百废具举，规模宏肆，第鄂系中省，财锱只有此数，取锱铢而用泥沙，不无极盛难继之感"等语。亦见《杂记》卷二。)

——民国二十六年

一七　谈段祺瑞

段祺瑞于十一月二日卒于上海，以系“三造共和”之民国元老，闻者多致嗟悼焉。段氏早有知兵之名，佐袁世凯治军北洋，共王士珍、冯国璋称北洋三杰。其后当时势之推移，崭然有以自见，遂陟高位，执国柄，举措设施，动关大局，蔚为民国史上有声有色之人物。天津《大公报》三日短评《吊段芝泉先生》有云：“段先生对于中华民国的关系之大，为孙中山先生及袁项城以外之第一人。”盖的论也。文学非所长，然颇留心翰墨，所作亦有别饶意致者。如民国十五年在临时执政任时所撰《因雪记》云：

> 丙寅正月五日卯正，披短衣，著下裳，净面漱口后，念净古(口)真言，披长衣，念净衣真言，整冠，取念珠，放下蒲团，跏趺西向坐，冥目宁神，虔诵佛号，廿转数珠，合掌读愿文，顶礼已，启目，垂手，收念珠入袋中，起身，去蒲团；五年余如一日也。持烟及盒，排闼穿房，入外客厅，刘玉堂、周尧阶、汪云峰拥坐奕案，俱起逆余；云峰让一坐。尧阶久不奕，欲先试之，让三子，两局俱北；云峰继之，所负之数与尧阶两枰等。适点心至，馒

首两碟，食其一，又尽麦粥两盂。刘谓雪似嫌小，举目视之，屋垣皆白。遂出念珠，默诵而行，出后门，过上房，赴后园，沿荷池，循引路，搴衣登山。安仁亭近在右侧，但不能穷千里之目，转而左向，更上，至正道亭。旋视远迩，一白无边，苍松翠柏，点缀摇曳，清气袭人，爽朗过望。因思厉气久钟，不雨雪已数月，既雪矣，乖戾之意大杀，人民灾劫或可豁除；然环顾豫鄂鲁直临榆张北，阴云惨淡，兵气沉霾，自顾职之所在，不免忧从中来。纲纪荡然已久，太阿倒持有年，人事计穷，欲速不达，心力交瘁，徒劳无补，惟有曲致虔诚，默祷上苍，由无量之慈悲，启一线之生机已耳。越涵慧亭，俯首降阶，遵曲径，穿小桥，傍石洞，绕山阳，过宅神祠，归坐内客厅。如意轮王咒百十一遍，往生咒倍之，大明三真言、往生真言等，接续诵毕；完一日之课程。遂援笔志之，以启发儿曹之文思。

一篇短文，有叙事，有写景，有感慨，有议论，以文家境诣言，虽尚欠功候，而无冗语，无华饰，真率而具朴拙之趣。本非文人，不必以文人之文绳之也。

时当大局风云日亟，政府地位，危疑震撼，若不可终日。段氏身为执政，忧念中犹有悠闲之态，盖果于用人，已惟主其大纲，不必躬亲诸务，亦其素习然也；惟责任则自负，政治上无论成败，从不诿过于下耳。（临时执政制度，本不设国务总理，后为应付环境，始增置之，若代负责任者，不过权宜之计，非段氏真不肯负责也。）又尝闻人谈其任边防督办时轶事。欧战既停,段由参战督办改称边防督办,其机关则由督办参战处改称督办边防处(所练参战军亦改称边防军),处中事务,向委僚属处理,惟大事至府学胡同私邸启白而已(时吉兆胡同巨宅尚未建成)。一日雪后,偶至街头散步,顾谓随行之小僮曰:"边防处距此远否?"对以不远。曰:"可导我往彼一视。"比至,欲入,卫士见此叟步行而来,衣冠朴旧,因厉声呵止。僮斥之曰:"此督办也,汝等何敢尔!"卫士愕然请罪,阍者亟报处中重要职员,恭迎入督办室。众以今日督办忽莅,不知有何大事,肃侍敬候训示。段微笑曰:"街头步雪,乘兴闲游至此;诸君不必在此招待,可即各治其事。"众乃爽然而退。段在督办室小憩,旋就处中巡览一过,仍由小僮待送,缓步而归。其暇逸之度,尤可概见。

李鸿章为段之乡前辈,以声望之隆,当晚清同、光、宣之际,一言"合肥",皆知所指为李氏也。自入民〔国〕,段氏乃继之而起,专"合肥"之称,先后若相辉映。段有《先贤咏》云:

昆仑三千脉,吾皖居其中。江淮夹肥水,层峦起重重。
英贤应运起,蔚然闲气钟。肃毅天人姿,器识尤恢宏。
勋望诚灿烂,宛如万丈虹。盛年入曾幕,文正极推崇。
发逆据白下,十三秋复冬。分疆且不可,遣军犹北攻。
开科已取士,坛坫以争雄。公奋投笔起,淮将征匆匆。
移师当沪渎,神速建奇功。一战克大敌,中外咸靖恭。
全苏勘定后,抚篆摄旌庸。助攻金陵复,鸟兽散群凶。

还师定中原，捻匪无遗踪。分军靖秦陇，归来戍辽东。
卅载镇北洋，国际庆交融。甲午败于日，失不尽在公。
寅僚不相能，未除芥蒂胸。力言战不可，枢府不相容。
已筹三千万，意在添艨艟。不图柄政者，偏作林园供。
海军突相遇，交绥首大同。损伤相伯仲，几难判拙工。
策画设尽用，我力已倍充。胜负究谁属，准情自明通。
及至论成败，集矢于厥躬。继起督两粤，远谪示恩隆。
庚子拳乱作，权贵靡从风。德使竟遇害，八国兴兵戎。
转战迫畿辅，无以挫有锋。銮舆俱西幸，都城为之空。
联军客为主，洞穿乾清宫。责难津津道，要协更无穷。
仰面朝霄汉，气焰陵华崧。环顾海内士，樽俎谁折冲？
五洲所信仰，惟有李文忠。国危而复安，深赖一老翁。

雅有劲气，亦未可以诗人之诗绳之（诗中叙李事，间有未尽谛处，无关宏旨），要见其对乡先贤钦慕之意耳。段在职时之肯负责任，盖有李氏之风。鸿章子经方与段稔交，观其与客奕，有诗云：

俨同运甓惜光阴，镇日敲棋玉漏沉。
代谢几人称国手，后先一著见天心。
漫争黑白分疆界，转瞬兴亡即古今。
局罢请君观局外，纵横南北气萧森。

段和韵云：

孜孜闻道惜分阴，国势飘摇虑陆沉。
颠倒是非偏鼓舌，踌躇枢府费机心。
纲维一破那如昔，虞诈纷争到直今。

恶贯满盈终有报，难欺造物见严森。

有一又首云：

披裘玩雪不知寒，庭角初春赏牡丹。
放眼天空观自在，关心国势敢辞难？
众生且愿同登岸，沧海何忧既倒澜？
砭痛契深瘳厥疾，回环三复竟忘餐。

题为《伯行枉诗且有颂不忘规之语次韵奉答》，原唱未详。

段之《策国篇》，为十年以前自抒经国抱负之作，亦可觇其志也。诗云：

乡镇聚为邑，联邑以成国。国家幅帽(员)广，画省为区域。
民与国一体，忍令自残贼？利害关国家，胡可安缄默？
果具真知见，兴邦言难得。民智苦不齐，胸襟寡翰墨。
发言徒盈庭，转致生惶惑。政府省长设，各国垂典则。
邑宰如家督，权限赖修饬。统治成一贯，筹策纡奇特。
政不在多言，天健无休息。晚近纲纪驰，高位佥人弋。
武夫竞干政，举国受掊克。扰攘无宁土，自反多愧色。
往事不堪言，扫除勿粉饰。日新循序进，廉耻继道德。
农时失已久，肌(饥)寒兼忧逼。民瘼先所急，务令足衣食。
靖共期力行，百司各循职。良善勤讲诱，去莠惩奸慝。
言出法必随，不容有窥测。土沃人烟稀，无过于朔北。
旷土五分二，博种资地力。兵民移实边，十省两千亿。
内地生计裕，边疆更繁殖。道路广修筑，交通无闭塞。
集我国人资，银行大组织。独立官府外，经理总黜陟。
发达新事业，随时相辅翊。输入减漏卮，制造精品式。

肥料酌土宜，灌溉通沟洫。比户余粟布，孝弟申宜亟。既富而后教，登峰务造极。国际蒸蒸上，谁复我挫折？

关怀国事之忧，溢于言表。

——民国二十五年

一八　谈徐树铮

徐树铮为民国史上有名人物，与政治军事均有重要关系，誉者钦其壮猷远略，毁者病其辣手野心，而其人起家诸生，雅好文事，与柯劭忞、王树枬（柟）、马其昶、林纾、姚永朴、永概诸人游，盖有儒将之风，阅《视昔轩遗稿》，其文及诗词，颇有功候，不乏斐然之作，不仅以人传也。《致柯凤孙王晋卿马通伯书》云：

……读《易》后，发愿总集群经，遍为点读。年来奔走四方，形劳而神豫，无时无地，盖未尝不以丹铅典籍自随。近"十三经"中，惟余公、穀未毕，非不知贪多之为害，特以不能详博，何繇返约，故亦不惮其繁也。尝考"十三经"之称，传记训诂，杂羼并列，未为的当，拟提出《尔雅》，仍以《大学》《中庸》还小戴之旧，而以大戴并立，附《国语》《国策》于《左氏传》后，合为十五经，再于《尔雅》后增取《方言》《释名》《说文》《广雅》，共成经训二十种，中国经世大文，殆可包举无遗。读者各尽资力所能，专治其一二，或普读其大凡。国家兴学育材，此为之基，立贤行政，此为之准，然后益以艺事之学，分门隶事，群智得其范围，古今两无偏泥，神州决漭，庶免陆沉之惨，特不知何日能观厥成耳。诸子、诸史、骚赋、诗歌、填词、南北曲、八比文，皆中国文学粹腋，不可不各有最辑，拟定为目录，广求名宿耆贤审慎抉择后，刊布于世，俾勤读之士有所依归，近日文人之恶孽，著述之芜秽，或不至永为人心大患，亦治世之要也。此事重大，尚未敢轻有所表著，然权富可剥，功名可弃，此则毕生以之，穷通决无二致，非外物所得而夺矣。……闻叔节病颇殆，每念及辄为之累日不怡；傥竟不起，宁不又少一人？天果欲仍以文化起吾中国，甚愿天之先有以起吾叔节。一粒之谷，食之不足饱，种之则可推衍陇亩，蕃育万方，非细故也。

又《上段执政书》云：

……反政以来，文教废坠，道德沦亡，读书种子，日少一日，如柯先生劭忞、王先生树枏、马先生其昶，经术词章，为世所师，皆已年逾七十。若姚永朴、胡玉缙、贾恩绂、陈汉章诸先生，年辈差后，亦皆六十内外。其他政论家流，虽有富赡文学者，然操行杂驳，于公私邪正多不能自持。而海内宿儒为树铮所不及知者，尤不知凡几。此数叟者，蛰居都门，著书讲学，矻矻罔惓，拟恳厚赠禄养，矜式国人，并饬梁秘书长鸿志、张帮办伯英、正志学校张校长庆琦，时为钧座存问，俾各身心安泰，保此斯文一脉。林畏庐与姚叔节两先生先后病殁，至为痛惜。树铮辟地频年，奔走南北，兄姊亲爱，死丧迭仍，皆为私痛，未至过戚，惟两翁之殁，不能去怀，每一念及，辄复涕零。两翁者于钧座有旧，从学满天下，身后清苦，请饬存恤其家，使遐迩共歌钧座崇儒重道之雅，争奋求学，文化庶几复兴。钧座不欲重整吾华厚施当世则已，如欲之，舍昌明经训无他术也。为长治久安计，练百万雄兵不如尊圣兴学信仰斯文义节之士。袁、黎、冯、徐诸氏，能取之而不能终之，可为殷鉴。物质器械，取人成法即足给用，礼乐政刑，非求之己国不足统摄民情，且各邦政学皆在我经训下，二十年之后，全球大小诸国不尊我经训为政治最精义轨者，树铮不敢复言读书妄论天下事矣。惟钧座及时图之。

二篇均其晚年文字，治学之志尚，经国之意见，与夫慕重师儒之情怀，大氐可睹。此种议论，自不免以思想迂旧见诮，而致力甚勤，信持极笃，要为自抒所是。至如《谢龚郅初赠倭刀》诗云："横海归来壮，风云变态多。宝刀堪赠我，世事竟如何？击楫会宵舞，逢人莫浩歌。为君勤拂拭，明日斫蛟鼍。"则表露其武健之本色。而《平报》周年纪念日感言云：

……余军人也，军人之天职在保民，在卫国，而保民之良法在去暴，卫国之能事在却敌，然则军人者杀人之人耳。夫彼人祖宗数十世延传之祀续，而我以利刃斩之，彼人数十寒暑坚（艰）苦化生以有其身，而我以顷刻死之，然则天下至不平之事孰有过于杀人哉？而余顾悍然为之，然则余殆不平之人耳。虽然，一家哭何如一路哭？惩一劝百，杀以止杀，非圣人之所谓仁术者乎？毋亦平天下之道固有赖于是者乎？……故愿为记者进一言曰：我国破坏之余，建设未集，法纪荡然，道德扫地，元凶巨憝，间出扰害，贤路未尽登庸，宵小或仍窃政，朝野隐痛，常郁郁多不平之气。暴之不除，良何由安？故欲平国民不平之气，非余辈保国卫民之军人杀人不可。欲杀人而仍不失人心之平，非扶持正论之记者倾注余辈军人杀人之目，参仿余辈军人杀人之腕，以著笔著述鼓吹杀人之事业不可。《平报》素详军事，语皆翔实，执笔者之性理似于余辈军人为近，或者不以余言为河汉也。余请拭目以观后效。

其个性尤充分呈见，觉杀气满纸矣。其师段祺瑞清末官江北提督时，曾自制长联，悬诸廨园，有“好一派肃杀情形”之句（见沃丘仲子——费行简——《段祺瑞》），殆可移作此文评语。俞仲华（万春）《荡寇志》结子云：“话说那嵇仲张公统领三十六员雷将，扫平梁山泊斩尽宋江等一百单八人之后，民间起了四句谣歌，叫做：‘天遣魔君杀不平，不平人杀不平人，不平又杀不平者，杀尽不平方太平。’这四句歌乃是一个有才之士编造出来的，一时京都互相传诵，本来不是童谣，后来却应了一起奇事。……”此文此歌合看颇有相得益彰之趣。（又按：此“四句歌谣”实本于陶宗仪《辍耕录》卷二十七所载《扶箕诗》。）又此文开端云：

偶忆昨为民国二年十月三十日之夜，畏庐老人招饮，座客多《平报》记者，偶谈及越朝十一月一日为《平报》周年纪念日，于是群谋所以为《平报》祝者。畏庐老人谓余曰："子雅与《平报》诸记者善，殆不能无言矣。"此以昕夕卒卒，未敢诺于口也。顷自外归，足甫及书斋之槛，则十月三十一日《平报》又已裒然置案头。念余素性不喜读报，又时殊剧忙，虽余常御之案，中西京外报纸数十种，堆置靡弗备，而其得阑入余目，分其秒刻之暇，翛然以愒余者，《平报》外无一也。然则《平报周年纪念日》，实余读《平报周年纪念日》也。《平报周年纪念日》，余固不必有言，余读《平报周年纪念日》，余又乌可以无言？……

自道与《平报》之关系如此。按《平报》在并时诸报中，有特别之色采，群称为陆军部机关报。时祺瑞为陆军总长，树铮以次长实主部务，故又见称树铮之机关报。主编辑者为臧荫松，林纾则排日为撰笔记，曰《铁笛亭琐记》。是时树铮与诸文人交游日浅，渐染未深，文事造诣，不逮后此。此文以"以观后效"作结，既登报端，阅者或传以为笑，谓此徐次长对《平报》之训令也。迨祺瑞、树铮见猜于袁世凯，《平报》遂停刊。(《铁笛亭琐记》曾由《平报》社出单行本，后归商务印书馆出版，改名《畏庐琐记》。)其后又有一小型报曰《平报》，名适同而已。迁都以还，"平报"复为北平各报之通称，犹之称津报、沪报等矣。

——民国二十四年

一九　谈孙传芳

佛堂溅血，一棺戢身，十年前威震东南之孙联帅遂长已矣。其事迹有足述者。

入民国后，北洋系大将山东人为多，吴佩孚、孙传芳其后起而负重名者也。传芳之视佩孚，知名于时尤较后，盖受佩孚赏拔而始得所凭藉，浸以大显焉。传芳久在鄂，隶王占元部下，洊至第二师师长，犹若碌碌未有奇节。占元解职，传芳自结于佩孚，得拜长江上游总司令之命，稍露头角矣。然是官仅领空名，无土地，无人民，养望而已。旋承佩孚之命，统兵定闽，因任福建督理，乃得膺封疆重寄，而犹觉偏隅不足以大有为，且虑此役有功之师长周荫人亦欲一握疆符，遂以闽督让之（先已保为帮办），而己以闽粤边防督办之空衔，聊示兼圻之意。江浙齐卢战起，以闽赣联军总司令之名义攻浙，藉内应而直抵杭州，乃代卢永祥作督，抚循军民，声闻日著。时曹锟为总统，除令督浙外，且授以闽浙巡阅使之头衔，名实均为兼圻重镇，与苏皖赣巡阅使齐燮元并称东南大帅焉。凡是均与佩孚有息息相通之关系。未几，锟被囚，佩孚丧师，段祺瑞为临时执政，永祥以宣抚使挟奉军南下，燮元、传芳组织江浙联军以拒之。（齐称第一路总司令，孙称第二路总司令。）燮元军当前敌，战不利，传芳见几撤兵自全，不与燮元同败，执政府仍以浙江军事善后督办畀之。迨奉将杨宇霆督苏，传芳一面虚与周旋，一面密与诸将结合，准备既成，突发讨奉通电，率师入苏。宇霆仓皇退却，传芳遂奄有江苏。盖得浙得苏，咸如发蒙振落之易，其智略良有过人者也。

传芳既得江苏，且乘势而逐去皖督姜登选，亦奉将也。执政府即令传芳督苏，而传芳则先已自称苏皖赣浙闽五省联军总司令，盖兼有两巡阅使之地盘（亦即清代两江闽浙两总督之地盘），五省将帅，悉秉号令，意气发舒，声威远播，“联帅”之称自此始。虽势力范围较佩孚“洛阳虎视”（康有为祝佩孚五十寿联语）时，尚有未逮，而结合之坚实则过之矣。闻当时苏省某巨绅致传芳贺电有云：“钱武肃开府十三州，吴越奉其正朔。郭令公中书二十四考，朝野仰若天神。”亦可略见威震东南群流翕附之一斑焉。此为传芳最得意之时代。

佩孚再起后，党军由湘入鄂，佩孚势不支，促传芳由江西出兵攻湘相援，传芳陈师江西，军容甚盛，而迟迟不发。迨佩孚败退，始与党军接触，屡战受挫，遂失赣省。既退归南京，知颓势难挽，乃微服赴津谒张作霖，俯首输诚，蕲共御党军，作霖许之。能伸能屈，传芳有焉。旋传芳地盘尽失，乃至山东依张宗昌，宗昌兄事之。作霖为大元帅，以传芳为第一方面军团长，宗昌为第二方面军团长，共任津浦线之军事。传芳曾一度乘蒋介石宣告下野之机会，将选锋反攻南京，血战于龙潭，以众寡不敌，卒大败，传芳逃而免，部下几无一生还，当时皆作殊死战也。事虽不成，宗昌及褚玉璞皆服其勇；传芳则痛哭曰："精锐已丧，后无能为矣。"玉璞召集部曲，训话曰："你们算得什么队伍，像孙联帅的兵，那才真是队伍呢！"其后党军进攻山东，传芳军视张褚所部，犹为劲旅，遂由济宁规取徐州，颇有进展，丰沛均入掌握，而宗昌正面奔溃，由韩庄退至泰安，传芳归路断绝，率部奋勇冲回。晤宗昌后，面责其偾事，宗昌惟自批其颊，连称"该死"。迨退出济南，传芳先至北京谒作霖，谈作战计划。（相传作霖诘以"你的仗是怎么打的？"传芳答："打的不错，已去徐州不远，如效坤正面不生变化，徐州早已取得。"问："部下损失若干？"答："无损失。"问："枪械尚有多少？"答："每兵两杆。"作霖诧问何以，传芳曰："效坤兵溃，沿途遗弃枪械，俯拾即是，惜一人只有两手，若三手，则每兵三杆矣！"作霖大笑，慰劳甚至。）张学良劝作霖罢兵，作霖曰："馨远尚言能战，何遽服输乎？"传芳经学良设法婉劝，始不再言可战。未几作霖出关遘难，学良亦遵国府电令东归，约传芳同行。传芳召集所部重要将领郑俊彦、李宝章等，征询善后意见。俊彦等先请示主帅有何成算。传芳曰："我军现只有两条路可走：一即在关内占据地盘，与直鲁军（张褚所部）相呼应，静待机会，再图发展；一即投降党军耳。至全军随同奉军出关，则为事实上所办不到，因奉方已苦兵多，势难强其兼为我军筹饷糈也。"俊彦等不置可否，惟谓将士疲惫已甚。传芳喻其意,即曰:“士各有志,我不相强。”于是全军向党军投降;传芳仅率学兵一营赴奉,由学良代为安插,从此联帅不掌兵符矣。

当传芳与学良及杨宇霆等同车离北京时,沿途虑有危险,随时试探前进,车行极迟,空中且时有党军飞机侦察,车中人多有惧色;传芳则言笑自若,弗改常度,遇车停时,每下车散步,若甚暇逸者,同车者皆称其胆大也。既抵奉,学良优礼之,传芳雄心亦尚未已,后鉴于宇霆之死,恐以锋铓(芒)取咎,乃深自韬抑云。近岁作天津寓公,共靳云鹏等逃禅诵经,法号智圆,若与世相忘者。本月(十一月)十三日在居士林为施从滨之女剑翘枪击陨命。一代英物,遂如斯结局。天津居士林为云鹏所发起组织,林长即彼。《大公报》载其十四日谈话有云:

> 馨远系余劝其学佛,平日作功夫甚为认真,诚心忏悔。除每遇星期一、三、五来诵经外,在家作功夫更勤,每日必三次拜佛,每次必行大拜二十四拜,所以两年以来神色大变,与前判若两人。其夫人亦作功夫甚勤。立志改过,专心忏悔,而犹遭此惨变,殊出人意料之外,几使人改过无由,自新亦不可得。(靳氏言至此,不觉拍案叹息。)……此风万不可长。……人非圣贤,谁能无过,要在知过改过。若努力改过犹遭不测,则无出路可想。

传芳学佛之近况盖若是,云鹏伤类之感亦足睹。施从滨者,宿将,久官鲁省,历任镇守使等要职。传芳略地苏皖时,张宗昌以鲁督出兵与战而败，从滨被俘，传芳杀之。其后孙、张弃怨成好，共事一方，而从滨则既死矣。以学佛之有名军人而遭暗杀，传芳盖与张绍曾同；以有名军人而被暗杀于报仇，其事又若与徐树铮、张宗昌相类焉。兹四人者，虽有等差，要皆民国史上得占一席地者也。

传芳由闽入浙，抵杭州之日，雷峰塔崩圮，谈休咎者以为不祥之征，而传芳无恙，驯且以浙江为根据地，一跃而为五省联帅焉。在浙时收拾民心，与地方感情颇不恶。比至苏，首裁附加捐税，民誉大起。农田以负担减轻而涨价，闻最贵者至每亩值一百五十元云。某绅献策，请行亩捐，每亩征银二角，以助军费，传芳弗许也。（至赴赣督师时，以军用浩繁，乃行之以应急。）失败后，在江浙尚不无去思，亦自有因耳。至其在赣顿兵不动，自老其师，坐失机宜，以取覆败，说者谓初意盖不欲己尽其力而使吴佩孚收其功（传芳已尊显，佩孚犹以部曲将视之，传芳意不能平），且有与党军妥协之一种幻想云。

——民国二十四年

二〇　谈胡雪岩

杭人胡光墉（字雪岩）以商业称霸，名著中外，声势烜赫。至光绪九年癸未，所业倒闭，举国震动，实距今年癸未六十年前一大事也。其人虽以失败终，溯其生平，要为一非常之人物。其盛衰之际，令人兴感。李莼客（慈铭）《越缦堂日记》癸未十一月初七日云："昨日杭人胡光墉所设阜康钱铺忽闭。光墉者，东南大侠，与西洋诸夷交。国家所借夷银曰洋款，其息甚重，皆光墉主之。左湘阴西征，军饷皆倚光墉以办，凡江浙诸行省有大役大赈，事非属光墉若弗克举者。故以小贩贱竖，官至江西候补道，衔至布政使，阶至头品顶带（戴），服至黄马褂，累赏御书。营大宅于杭州城中，连亘数坊，皆规禁籞参西法而为之，屡毁屡造。所蓄良贱妇女以百数，多出劫敚。亦颇为小惠，置药肆，设善局，施棺衣，为饘鬻。时出微利以饵杭士大夫。杭士大夫尊之如父，有翰林而称门生者。其邸店遍于南北。阜康之号，杭州、上海、宁波皆有之，其出入皆千万计。都中富者，自王公以下，争寄重资为奇赢。前日之晡，忽天津电报言其南中有亏折，都人闻之，竞往取所寄者，一时无以应，夜半遂溃，劫攘一空。闻恭邸、文协揆等皆折阅百余万，亦有寒士得数百金托权子母为生命者，同归于尽。今日闻内城钱铺曰四大恒者，京师货殖之总会也，以阜康故亦被挤危甚。此亦都市之变故矣。”

初十日云：“作片致介唐，属代取见（现）银，以今日闻四恒号将闭，山西人所设汇局皆被挤危甚也。使诸肆尽闭，京师无富商大贾，外内货贝不通，劫夺将起，司农仰屋之筹益无可为矣。”略述胡氏之为人，北京当阜康号倒闭时之景象，亦于斯可见其大致焉。（李谓杭士大夫尊之如父，盖不免过甚其词。日记中对杭人每好轻诋，颇有浙东西畛域之见。又日记同治五年丙寅四月二十三日言及胡事云：“张某，邑之大驵，庚申、辛酉间，与杭人胡雪岩，操奇赢，各挟术相欺诈，银价旦夕轻重，或相县至数百千万，钱法以之大坏，商贾遂共煽惑为观望，主军需者至持饷不发。胡倚故巡抚王壮愍，而张与前知府怀清昵，益树势倾轧。越事之败，实由两人。……胡雪岩者，本贾竖，以子母术游贵要间。壮愍故以聚敛进，自守杭州至抚浙，皆倚之，遂日骄侈，姬侍十余人，服食拟于王者，官亦至监司。左宫保初至，欲理其罪，未几复宠，军中所需，皆倚取办，益擅吴越之利。杭之士大夫有志行者皆贱之，不肯出共事，故益专。其材盖出张某上远甚。……亦牵连记于此，以验其他日之败。”可与癸未所记合看，盖李于十余年前已言其必败矣。）文协揆，谓协办大学士刑部尚书文煜，素有富名者也。给事中邓承修旋劾文煜存阜康银号银数至七十余万之多，请饬查明确数，究所从来,据实参处。十九日奉谕著顺天府确查具奏。顺天府兼尹毕道远府尹周家楣查覆,奏称查核阜康号票根簿内有联号开列银四十六万两,第一号上注明文宅字样,除前江西布政使文辉呈请究追阜康银款十万两称由文煜代为经手外,其余三十六万两簿中只注文宅字样,云云。二十五日奉谕著文煜明白回奏。文煜奏称由道员升至督抚,屡管税务,所得廉俸历年积至三十六万两,陆续交阜康号存放,云云。二十六日奉谕:“所奏尚无掩饰,惟为数较多,著责令捐银十万两,即由顺天府向该号商按照官款如数追出,以充公用。”文煜饶于财,此外当尚多,以追银十万两归公了事,不予深究矣。(又有前驻藏帮办大臣锡缜,以报捐八旗官学用款,请将阜康商号存银万两饬追归公,于十二月上奏。初九日奉谕:“所奏殊属取巧,著将原折掷还。”给事中郑溥元劾锡缜前在户部与姚觐元、董儁翰、启续等表里为奸,家称巨富,请派员查参,云云。十四日奉谕:“锡缜久经告病开缺,已往之事,姑免深究,惟该给事中称其任意渎奏,实属咎无可辞,锡缜著交部严加议处。至所称告病未经销假人员应否呈递奏折之处,著请部查明具奏。”二十五日谕:“锡缜著照兵部议降四级调用,不准抵销,并折罚所兼世职半俸九年,免其降调世职。至告病人员,虽据查无不准递折明文,惟究于体制未合,嗣后凡告病未经销假者概不准自行递折奏事。”其事亦可附述。姚觐元辈昔为户部司员,官至司道,上年壬午阎敬铭任户部尚书后,以在部旧事被劾褫职,锡缜亦曾官户部司员者也。)

胡受左宗棠知遇器使，筹饷购械，左氏深资其力，（为借洋款，以助西征，亦中国外债史初期可特书者。光绪三年五月左氏奏明借定洋款——由汇丰银行借银五百万两——一折，言每月一分二厘五毫起息。）屡经奏奖，俾邀异数。其称道之词，见于奏议者，如同治五年十一月附陈胡道往来照料听候差遣片，谓："道员胡光墉素敢任事，不避嫌怨，从前在浙历办军粮军火，实为缓急可恃。咸丰十一年冬杭城垂陷，胡光墉航海运粮，兼备子药，力图援应，载至钱塘江，为重围所阻，心力俱瘁，至今言之，犹有遗憾。臣入浙以后，委任益专，卒得其力。实属深明大义不可多得之员。惟切直太过，每招人忌。……臣稔知其任事之诚，招忌之故。"

同治十年九月办理粮饷各员请奖片，谓："布政使衔福建补用道胡光墉，设局上海，购运西洋军火枪炮，转运东南协饷，每遇军用艰巨饷需缺乏之时，不待臣缄续相商，必设法筹解，以维大局。"同治十二年四月请赏道员胡光墉母匾额折，谓："浙江绅士布政使衔在籍福建〈补〉补道胡光墉，经臣奏派办理臣军上海采运局务，已逾八年，转运输将，毫无缺误。臣军西征度陇，所历多荒瘠寒苦之区，又值频年兵燹，人物凋残殆尽，本省辖境，无可设措，各省关欠解协饷，陈陈相因，不以时至，每年准发足饷，先犹以两月为度，继则仅发年杪一月，而犹虞不能如期收到，转散各营。每年岁事将阑，辄束手悬盼，忧惶靡已。胡光墉接臣预筹出息借济缄牍，无不殚诚竭虑，黾勉求之，始向洋商筹借巨款，格于两江督臣非体之议中止，继屡向华商筹借，均如期解到，幸慰军心。去冬华商借款不敷，胡光墉勉竭己资，并劝各亲友助同出借，计借十万两，以副期限，不取息银。其力顾军需深明大义如此。上海为洋商会集之所，泰西各国，枪炮火器，泛海来售，竞以新式相耀。臣于闽浙总督任内，饬胡光墉挑择精良，不分新旧，惟以便利适用为要。嗣调督陕甘，委办上海转运局务兼照料福建轮船事宜。胡光墉于外洋各器械到沪，随时详细禀知，备陈良楛利钝情形，伺其价值平减，广为收购，运解军前，臣军实资其用。其购到普洛斯后膛螺丝开花大炮及后膛七响洋枪，精巧绝伦，攻坚致远，尤为利器，各军营竞欲得之，而价值并未多费。其孜孜奉公如此。同治十年，奉伊母胡金氏之命，以直省水灾较广，捐制棉衣一万件，嗣复添制棉衣五千件，并捐牛具籽种银一万两，以津郡积潦未消，籽种不齐，续捐足制钱一万串，以助泄水籽种之需。此外办运浙江赈米，奉委采办闽米，运送上海，装载赴津。迭经直隶闽浙督抚臣先后奏明在案。去年臣以甘肃苦寒，兵燹之余，百货昂贵，种棉织布之利，土民向所不谙，无衣之患，甚于无食，而边地降雪最早，每值严寒，冻毙者所在皆是，现值饷需奇绌，势难分兵勇御寒之具遍惠寒民，因念江南布棉价廉，人多好义，爰檄饬该道捐棉衣，并许俟集有成数专折请奖。旋据该道禀称，伊母年届七旬，屡饬该道毋以宰割为寿，令将平日节缩所存，捐制加厚加长棉衣二万件，以给边荒穷窭，并亲率家属，逐件按验，其有制办未善者，立令更换，该道又另劝捐棉衣裤八千件，均于去年七月间运交臣军后路粮台，输解前来。臣去冬转饬散给，所全甚多。”

又光绪四年三月胡光墉请予恩施片，谓：“浙江在籍绅士布政使衔江西补用道胡光墉，上年闻陕省亢旱成灾，饥民待赈孔亟，拟捐银二万两白米一万五千石装运赴汉口飞挽入秦。臣因道远运艰，饬改捐银两，兹据禀称改捐银三万两，共捐实银五万两解陕备赈。即前截留备购东洋米之洋款三十万两，亦已改银轻赍到甘。并据该道呈开，捐输江苏沭阳县赈务制钱三万串，捐输山东赈银二万两、白米五千石、制钱三千一百串，又劝捐新棉衣三万件，捐山西赈银一万五千两，并捐河南赈银一万五千两，只因目击时艰，念灾民饥饿流离之苦，竭力捐助，不敢仰邀奖叙等情前来。臣维胡光墉自奏派办理臣军上海采运局务，已历十余载，转运输将，毫无遗误，其经手购买外洋火器，必详察良楛利钝，伺其价值平减，广为收购。遇泰西各国出有新式枪炮，随时购解来甘。如前购之布洛斯后膛螺丝开花大炮，用攻金积堡贼巢，下坚堡数百坐（座），攻西宁之小峡口，当者辟易，上年用以攻达板城，测准连轰，安夷震惧无措，贼畏之如神，官军亦羡为利器，争欲得之。现在陆续运解来甘者，大小尚存数十尊，后膛马步枪亦数千杆。各营军迅利无前，关陇新疆速定，虽曰兵精，亦由器利，则胡光墉之功实有不可没者。至臣军饷项，全赖东南各省关协款接济，而催领频仍，转运艰险，多系胡光墉一手经理，遇有缺乏，胡光墉必先事筹维，借凑预解，洋款迟到，即筹借华商巨款补之，臣军倚赖尤深，人所共见。此次新疆底定，核其功绩，实与前敌将领无殊。臣不敢稍加矜诩，自蹈欺诬之咎，亦何敢稍从掩抑，致负捐助之忱。兹就胡光墉呈报捐赈各款，合计银钱米价棉衣及水陆运解脚价，估计已在二十万内外，而捐助陕甘赈款，为数尤多，又历年指解陕甘各军营应验膏丹丸散及道地药材，凡西北备觅不出者，无不应时而至，总计亦成巨款。其好义之诚用情之挚如此。察看绅富独力呈捐，无如其多者。”由此三奏所云，左对胡之知赏倚重与胡之功状可睹矣。

其见于左氏书牍者，如壬申（同治十一年）答杨石泉，谓：“胡雪岩，商贾中奇男子也。浙人始訾之，近亦无甚议论。”又见于家书者，如乙丑（同治四年）三月与孝威（其长子），谓：“胡雪岩人虽出于商贾，却有豪侠之概。前次浙亡时，曾出死力相救。上年入浙，渠办赈抚，亦实有功桑梓。外问（间）因请托未遂，又有冒领难民子女者被其峻拒，故不免蜚语之加。我上年已有所闻，细加访察，尚无其事。至其广置妾媵，乃从前杭州未复时事。古人云：人必好色也，然后人疑其淫。谓其自取之道则可耳。现在伊尚未来闽，我亦未再催。尔于此事，既有所闻，自当禀知，但不宜向人多言，致惹议论。”可与同治五年奏片所陈招忌一节合看。左氏排物议而器使之，倚以集事，可谓能度外用人者已。至胡以好色贻讥，其后来商业上之一败涂地，亦颇因奢淫之故也。

曾劼刚（纪泽）《使西日记》光绪五年己卯云：“十二月初二日：葛德立言及胡雪岩之代借洋款，洋人得息八厘，而胡道报一分五厘。奸商谋利，病民蠹国，虽籍没其资财，科以汉奸之罪，殆不为枉，而复委任之，良可慨已！”于胡氏为左借款事深斥之。

沃丘仲子（费行简）《近代名人小传》传胡于货殖，据云：“同治间足以操纵江浙商业为外人所信服者，光墉一人而已。浙人，字雪岩。（初学贾钱肆中，一日突有人来，谓为湘军营官，饷弗继，欲假二千元。适主事者咸外出，唯光墉留，贸然许之，约翌日至取资，逾时众归，闻而大哗，主者立逐之出，然亦不敢毁约。越日其人来，如数以贷，未浃旬，竟携资来偿，本息弗绌，唯问前慨假我资者，乃一少年，今何不在。肆人诡以病对。时光墉已潦倒甚，偶踽踽行河上，忽值是人，问子病当瘥，对不病，曰不病何状若是，对无业故憔悴。其人大诧，语以肆人语。光墉亦倾告前事，曰是则我害子矣。遂延致军中，为易衣进餐，谓：自得资给诸卒，皆踊跃赴敌，遂克近邑。今我有资十万，皆得自贼中者，固不足告外人，钦子诚实，且坐吾累，愿以资贷子设肆可乎？欣然承之。自是左军所至，势若破竹，浙东西及入闽皆定。诸将既得贼中辎货多，而克城皆置局榷税，饷入亦丰，莫不储之光墉所。及宗棠北伐回捻，又檄令购运军食，其时肆中湘人存资过千万，乃并治丝茶药诸业。当大乱新平，旧商零落，乃以丰财捷足，百业并举。迄同治壬申。私财亦二千万。乃假洋债，助宗棠出关。时已官道员，遂晋头品顶带（戴）黄马褂，然光墉特幸逢时会，非真有奇计雄略，既富显，唯知奢纵，用人第取先意承志者，老成羞之，肆渐中亏，对洋商屡食言，信誉日堕，不十年所营皆败，且亏军需帑，至褫职监追，宾客尽散，姬妾潜逃，只堂上一衰母耳。愤死。余一药肆，为人所得，仍其旧名，岁给资千余以赡光墉家而已。从来成败无若其速者。”亦可备览。惟所述多不了了。胡早已受知于王有龄，商而且官，声势颇张，岂迨左军入浙尚学贾钱肆乎?)

刘声木(体仁)《异辞录》卷二云:

清史而立货殖传，则莫胡光墉若。光墉字雪岩，杭之仁和人。江南大营围寇于金陵，江浙编(遍)处不安，道路阻滞，光墉于其间操奇赢，使银价旦夕轻重，遂以致富。

王壮愍自苏藩至浙抚，皆倚之办饷，接济大营毋匮。左文襄至浙，初闻谤言，欲加以罪，一见大加赏识，军需之事，一以任之。西征之役，偶乏，则借外债，尤非光墉弗克举。迭经保案，赏头品衔翎三代封典，俨然显宦，特旨赏布政司衔赏黄马褂，尤为异数矣。

光墉藉官款周转，开设阜康银肆，其子店遍于南北，富名震乎内外，佥以为陶朱、猗顿之流，官商寄顿赀财，动辄巨万，尤足壮其声势。江浙丝茧向为出口大宗，夷商把持，无能与竞，光墉以一人之力，垄断居奇，市值涨落，外国不能操纵，农民咸利赖之，国库支绌，有时常通有无，颇恃以为缓急之计。

先文庄(编者按:指刘秉璋)抚浙之初，藩库欠光墉资二十万，尚不知其为何如也。光墉见，称述中堂不置，而莫明其为谁，问之乃湘阴也。笑而遣之。未久光墉以破产闻。先是关外军需咸经光墉之肆，频年外洋丝市不振，光墉虽多智，在同光时代，世界交通未若今便，不通译者每昧外情，且海陆运输，利权久失，彼能来我不能往，财货山积，一有朽腐，尽丧其赀，于是不得已而贱售，西语谓之拍卖，遂露窘状，上海道邵小村观察本有应缴西饷，靳不之予，光墉迫不可耐，风声四播，取存款者云集潮涌，支持不经日而肆闭。

光墉有银号一、典二十有九、田地万亩，其他财货称是。上海、杭州各营大宅，其杭宅尤为富丽，皆规禁籞仿西法，屡毁屡造，中蓄姬妾辈十余人。先一日光墉由沪而杭，尽呼之集一堂，自私室出，立即下键，予以五百金遣去，不得归取物，有怀挟者任之。光墉选艳，惟爱幼孀，以为淫佚恣意之便，本无一人崇尚名节，故一哄而散，毋稍留恋。

次日光墉将其业产簿据献于文庄，不稍隐匿，在落魄之中，气概光明，曾未少贬抑。文庄为设局清理，令候补州县二十九人接收各典，皆踧踖莫知所对语。文庄谓此二十九人者曰：诸君学古入官，独不思他日积赀致富设典肆以谋生乎？收典犹开典也，不外验赀查账而已。

文协揆存款三十五万，疏请捐出十万报效公帑，其余求追，以胡庆余堂药肆之半予之。孙子授侍郎，乃文庄庚申同年也，有万金在其银肆内。张幼樵学士来书云：子授得失尚觉坦然，而家人皇遽，虑无以为生计，乞为援手。亦诺焉。其外京朝外省追债之书，积之可以丈尺计，则一时阛阓中扰乱情形，可想见已。

前一岁有僧以赀五百元存于杭城典肆，肆以为方外书名不便，拒而不纳，僧以木鱼敲于门外，三日三夜。光墉偶过其处，问故许之。及是僧至取款，不与，则敲木鱼不止。肆夥笑谓之曰：和尚汝昔以三日三夜之力而敲入，今欲以三日三夜之力敲出，不可得也。不得已而以妇人衣裤折价相抵。僧持泣曰：僧携此他往，诚不知死所矣。挥泪而去。其流毒类如是。

是时贾商贩竖，挟胡氏物出售者，其类不可胜数，罔不显其奢丽。其屋上雕镂，室中几案，园内树石，每易一主，辄迁移以去，至于清亡而未已。

光墉未几即死，其母旋亡，距七十寿辰不足一岁。杭人谑之曰：使母早三月逝，当备极荣哀之礼，此老妇人真以寿为戚矣。

《海上花列传》中黎篆鸿即光墉也。语焉未详。传中有女婿朱淑人，今亦无考。然“光墉有后嗣，庆余堂之半仍为彼有，营业至今不衰云”。虽间有未尽谛处，而大体盖颇翔实。（文庄为刘父秉璋谥）

醒醉生（汪康年）《庄谐选录》卷十二云：

杭人胡某，富埒封君，为近今数十年所罕见，而荒淫奢侈，亦迥寻常所有。后卒以是致败。兹就平日所闻者诠次于后，亦足资鉴戒矣。胡有财神之目，相传胡幼时作徒于某店，夜卧柜台上，半夜忽闻有人声，急呼众起,果得一贼,已僵矣。久之始醒。众询其故,则叩首言:贫不能自存,故逾垣入,冀有所获,不意甫入门,即见一金面神卧于桌上,遂不觉惊骇欲绝。众乃扶而释之,咸窃窃奇胡。

胡后为某钱店司会计,有李中丞者,时以某官候补于浙,落拓不得志,一日诣其店告贷,众慢不为礼,胡独殷勤备至,且假以私财,某感之,誓有以报。迨后扬历封疆,开府浙江,甫到任,即下檄各县曰:凡解粮饷者必由胡某汇兑,否则不纳。众微知其故,于是钱粮上兑,无不托诸胡,胡遂以是致富。

左文襄收复杭州时,胡亦由上海回杭,或有以蜚语上闻者,左怒,胡进谒,即盛气相待,且言将即日参奏。次日胡忽进米十数舟于左,并具禀言:匪围杭城之际,某实领官款若干万两往上海办米,迨运回杭,则城已失陷,无可交代,又不能听其霉变,故只得运回上海变卖,今闻王师大捷,仍以所领银购米回杭,以便销差,非有他故也。时东南数省,当沦陷后,赤地千里,左方以缺饷为虑,得胡禀,大喜过望,乃更倾心待胡,凡善后诸事,悉以委之,胡由是愈富。

左文襄西征时,苦军饷无所出,乃令胡为贷于某银行,以七厘行息。左藉此得率军出关,故不以利重为嫌,其实此款即由银行刷印股票,贷诸华人,以四厘行息,三厘则银行与胡各分其半也。忆某年银行之执事人回国,香港诸西人共饯之,半坐,忽一人起而问曰:诸君今日饯某，为公事乎？为私情乎？众曰：自然是为公事。其人徐言曰：彼为左大人经理借款，曾告我四厘行息，我昨获见其合同底稿，乃是七厘行息，何也？执事人色沮，噤不能答，众亦失色而散。

胡姬妾极多，于所居之室作数长弄，诸妾以次处其中，各占一室，若宫中之永巷然。胡不甚省其名，每夕由侍婢以银盘进，盘储牙牌无数，胡随手拈得一牌，婢即按牌后所镌之姓名呼入侍寝，每夕率以为常。

胡酷好女色，每微服游行街市，见有姿色美丽者，即令门客访其居址姓氏，向之关说，除身价任索不计外，并允与其父若夫或兄弟一美馆，于是凡妇女之无志节者，男子之阘茸者，无不惟命是听，而其市肆店号所用之夥友，大半恃有内宠，干没诓骗无所不至，遂至于败。

胡荒淫过度，精力不继，有以京都狗皮膏献者，胡得之大喜，盖他春药皆系煎剂或丸药之类，虽暂济一时，然日久易致他疾，惟狗皮膏只贴于涌泉穴中，事毕即弃去，其药性不经脏腑，故较他药为善，然京中他店所售皆伪物，即有真者，而火候失宜，皆不见效，惟一家独得秘传，擅名一时，而有时亦以旧物欺人，伪作新者，故胡每岁必嘱其至戚挟巨金入京监制，以供一年之用，所费亦不赀。某年有人于津沽道中遇其戚某，询以何往，彼亦不讳言，并告以制膏法，惜日久忘之矣。

胡败后，自知不能再如前挥霍，乃先遣散其姬妾之平常者，令其家属领归，室中所有亦任其携去，所得不亚中人之产。迨后事渐亟，谣言将有籍没之举，乃亟择留其最心爱者数人，余皆遣去，则所携已不及前，然犹珠翠盈头绮罗被体也。暨疾亟，其家人并其所留之姬追去，则徒手而出，一无所得矣。其不幸如此。

江浙诸省，于胡败后，商务大为减色，论者谓不下于庚申之劫，盖其时惟官款及诸势要之存款，尚能勒取其居室市肆古玩为抵，此外若各善堂、各行号、各官民之存款，则皆无可追索，相率饮恨吞声而已。胡死之次年，值中元节，杭例有盂兰盆会之举，有轻薄子故于其居室前设一醮坛，悬蟒袍、补服、大帽、皂靴及烟具、赌具诸寓于壁，旁悬一团扇，题其上曰雪岩仁兄大人法正，见者粲然。怨毒之于人亦甚矣哉！

胡之母享年九十余。当胡未败时，为母称觞于西湖云林寺，自山门直至方丈房，悬挂称寿之文，几无隙地，自官绅以至戚族，登堂祝寿者踵相接。暨胡殁后，母亦继殁，则其亲友方避匿不遑，到者寥寥。其家新被查抄之命，虑人指摘，丧仪一切，惟务减杀，无复前之铺张矣。论者或比诸《红楼梦》之史太君，洵然。

论曰：综胡之一生言之，抑亦一时无两人也。当其受知湘阴相国，主持善后诸事，始则设粥厂，设难民局，设义烈遗阡，继而设善堂，设义塾，设医局，修复名胜寺院，凡养生送死赈财恤穷之政，无不备举，朝廷有大军旅，各行省有大灾荒，皆捐输巨万金不少吝，以是屡拜乐善好施之嘉奖，由布政使衔候选道被一品之封典，且赠及三代如其官，外人之商于华者，亦信为巨富，中朝向之假贷，苟得胡署名纸尾，则事必成，至于委巷小民，白屋寒士，待胡而举火者，咸颂胡祷胡不置。呜呼，何其盛也！及其败也，此方以侵蚀库款被县官封闭告，彼即以夥友无良挟赀远遁告，身败名裂，莫为援手，宾客绝迹，姬妾云散，其后判若两人。呜呼，何其衰也！岂生平所获皆不义之财，故悖入者亦悖出欤？抑务广而荒，受逾于器，人满则天概之，故及身而败欤？梁武帝有言曰：自我得之，自我失之，亦复何憾。其斯人之定论也夫。（又卷四云："杭胡雪岩盛时，尝于冬日施丐，每人棉衣一件又钱二百文，一时托钵之流颂德不置。"）

又李伯元（宝嘉）《南亭笔记》卷十五云：

浙江巨商，雪岩，受左文襄特达之知，赏黄褂加红顶，遭逢之盛，几无其匹，后以亏空公款奉旨查抄，文襄再三为力，脱于文网，未几郁郁而终。冰山易倒，令人浩叹。胡好骨董，以故门庭若市，真伪杂陈，胡亦不暇鉴别，但择价昂者留之而已。一日有客以铜鼎出售，索八百金，且告之曰：此系实价，并不赚钱也。胡闻之颇不悦，曰：尔于我处不赚钱，更待何时耶？遂如数给之，挥之使去，曰：以后可不必来矣。其豪奢皆类此。每晨起，取翡翠盘盛青黄赤白黑诸宝石若干枚，凝神注视之，约一时许，始起而盥濯，谓之养目，洵是奇闻。胡有妾三十六人，以牙签识其名，每夜抽之，得某妾乃以某妾侍其寝。厅事间四壁皆设尊罍，略无空隙，皆秦汉物，每值千金，以碗砂捣细涂墙，扪之有棱，可以百年不朽。园内仙人洞，状如地窑，几榻之类，行行整列。六七月，胡御重衣偃卧其中，不复知世界内尚有炎尘况味，花晨月夕，必令诸妾衣诸色衣连翩而坐，胡左顾右盼，以为乐事。或言胡尝使诸妾衣红蓝比甲，上书车马炮，有一台，高盈丈，画为方罫，诸妾遥遥对峙，胡与夫人据阑干上，以竿指挥之。谓为下活棋，亦可为别开生面矣。胡尝衣敝衣过一妓家，妓慢之不为礼，一老妪殷殷讯问，胡感其诚，坐移时而去。明日使馈老妪以蒲包二，启视之，粲粲然金叶也。妓大悔，复使老妪踵其门，请胡命驾。胡默然无一语，但撚须微笑而已。胡尝过一成衣铺，有女倚门而立，颇苗条，胡注目观之。女觉，乃阖门而入。胡恚，使人说其父，欲纳之为妾，其父靳而不予。许以七千圆，遂成议。择期某日，燕宾客，酒罢入洞房，开尊独饮，醉后令女裸卧于床。仆擎巨烛侍其旁，胡回环审视，轩髯大笑曰：汝前日不使我看，今竟何如？已而匆匆出宿他所，诘旦遣妪告于女曰：房中所有悉将去，可改嫁他人，此间固无从位置也。女如言获二万余金，归诸父，遂成巨富。胡尝观剧，时周凤林初次登台，胡与李长寿遥遥相对，各加重赏。胡命以筐盛银千两，倾之如雨，数十年来无有能继其后者。

胡败日，预得查抄信，侵晨坐厅事间，召诸妾入。诸妾自房出，则悉扃以钥，已而每人予五百金，麾之使去。其有已加妆饰者，则珠翠等尚可值数千金，其猝不及防者，除五百金外，惟所着衣数袭，余皆一无所有。胡所居门窗户闼，其屈戌皆以云白铜熔铸而成，查抄后，当事者恐为他人盗去，悉拔之使下，堆废屋中，充梁塞栋。胡既以助筹军饷受知于左文襄公，财势盛极一时，故各省大吏之以私款托存者不可胜计，胡以拥资更豪，乃有活财神之目，迨事败后，官场之索提存款者亦最先，有亲至者，有委员者，纷纷然坌息而来，聚于一堂。方扰攘间，左文襄忽鸣驺至。先是司账某知事不了，已先期远扬，故头绪益繁乱，至不可问。文襄乃按簿亲为查询，而诸员至是皆嗫嚅不敢直对，至有十余万仅认一二千金者，盖恐干严诘款之来处也。文襄亦将机就计，提笔为之涂改，故不一刻数百万存款仅以三十余万了之。胡之败也，亏倒文文达公煜存款七十万两，因托德馨料理，言官劾之，谓文何得有如许巨资，朝旨令其明白回奏，后以历任粤海关监督、福州将军等优缺廉俸所入为对，并请报效十万，竟蒙赏收。此项乃议以庆余堂房屋作抵。其屋估价二十万，尚余十万令胡自取为糊口之资。德之用心可为厚矣。胡豪富之名，更驾潘梅溪而上。败后以天马皮、四脚裤货诸衣市，尚值万马金。肆中截长补短，改为外褂，到省人员多购之，后知其故，竟至无人过问。胡第三子名大均，后以知府候补某省，每年必返杭一次，为收雪记招牌租金三千两也。胡既败，分遣各妾，金珠悉令将去。某年其第三子大均回浙，一妾依然未嫁，闻而探视。无何妾病，即卒于大均处。检其所携之筐，只珠二颗，值银一万两，他物称是，可想见胡平日之豪奢矣。胡之舆夫，相随既久，亦拥巨资。舆夫有家，兼畜婢仆，入夜舆夫返，则佥呼曰：老爷回来了，快些烧汤洗脚。一舆夫而至于此，真是千古罕闻。

又卷二云：

德晓峰中丞馨任浙藩时，议者多谓其簠簋不饬，然甲申年富商胡雪岩所开阜康银号骤然倒闭，德与胡素相得，密遣心腹于库中提银二万赴阜康，凡存款不及千者悉付之。或曰：是库银也，焉得如是？德曰：无妨也，吾尚欠伊银二万两，以此相抵可也。更遣心腹语胡曰：更深后予自来。届时德果微服而至，与之作长夜谈，翌晨将胡所有契据合同满贮四大筐，舁回署内，而使幕友代为勾稽。后所还公私各款，皆出于是。人始服德之用心。后德谓人曰："余岂不知向胡追迫，倘胡情急自尽，则二百余万之巨款将何所取偿乎？我非袒胡，实为大局起见也。左文襄西征之役，赖胡筹饷，得不支绌，亦与胡最契，以德调处胡事甚善，密保之，擢至江西巡抚。后以演剧为南皮所劾，遂罢官归。

凡是之类，为关于此"活财神"之传说。所述事迹，堪备节取，未宜尽信，盖或溢其量，或相抵牾，或涉不经，或杂神话，纷纭恍惚。虽云实录，(《庄谐选录》所述，盖胜于《南亭笔记》，可采处较多，叙次亦较整齐。《南亭笔记》至谓左宗棠莅杭躬为胡处理债务，真奇谈之尤。）要见“活财神”之名，震于流俗，是以众说腾播。真伪羼错，口耳相传，入于记载，其盛其衰，亦一沧桑，渲染处可作小说读也。（有一章回体小说，名《胡雪岩演义》，上海出版，编者署陈得康，演其豪奢之状，并及家庭琐事，笔墨略仿《红楼梦》，惟仅十二回，篇幅无多云。）

陈云笙（代卿）《慎节斋〔文〕存》卷上有《胡光墉》一篇云：

> 浙江巡抚王壮烈公有龄，幼随父观察浙江，父卒于官，眷属淹滞不能归，僦居杭州。一日有钱肆夥友胡光墉见王子而异其相，谓之曰：君非庸人，胡落拓至此？王以先人宦贫对。胡问有官乎，曰曾捐盐课大使，无力入都。问需几何，曰五百金。胡约明日至某肆茗谈。翌日王至，胡已先在，谓王曰：吾尝读相人书，君骨法当大贵。吾为东君收某五百金在此，请以畀子，速入都图之。王不可，曰：此非君金而为我用，主者其能置君耶？吾不能以此相累。胡曰：子毋然，吾自有说。吾无家只一命，即索去无益于彼，而坐失五百金无着，彼必不为。请放心持去，得意速还，毋相忘也。王持金北上，至天津，闻有星使何侍郎桂清赴南省查办事件，乃当年同砚席友也。先是王随父任，初就傅，何父方司阍署中，有子幼慧，观察喜之，命入塾与子伴读，既长能文章，举本省贤书，入都赴礼部试，遂不复见，不意邂逅于此，即投刺谒之。何见王惊喜，握手道故，欢逾平生，问何往，王

告之故。何公曰:此不足为。浙抚某公吾故人也,今与一函,子持往谒,必重用,胜此万万矣。王持书谒浙抚,抚军细询家世,即以粮台总办委之。王得檄,乃出语胡,取前假五百金加息偿之,命胡辞旧主自设钱肆,号曰阜康。王在粮台积功保知府。旋补杭州府,升道员,陈臬开藩,不数载简放浙江巡抚。时胡亦保牧令,即命接管粮台,胡益得大发舒,钱肆与粮台互相挹注。胡又喜贾,列肆数十,无利不趋,兼与外洋互市,居奇致赢,动以千百万计,又知人善任,所用号友,皆少年明干精于会计者,每得一人,必询其家食指若干需用几何,先以一岁度支畀之,俾无内顾忧,以是人莫不为尽力,而阜康字号几遍各行省焉。咸丰五年,杭州不守,王公殉难,继者为左中丞宗棠。胡以前抚信任,为忌者所潜(谮),左公闻之而未察,姑试以事,命筹米十万石,限十日,毋违军令。胡曰:大兵待饷,十日奈枵腹何?左公曰:能更早乎?胡曰:此事筹已久,若待公言,已无及矣。现虽无款,某熟诸米商,公如急需,十万石三日可至。左公大喜,知其能,命总办粮台如故,而益加委任。时浙闽次第肃清,而陕甘回乱起,肆扰关内外,朝命左公督师往剿。左公欲贷洋款,洋人不可,计无所出,商之胡。胡曰:公第与借,某作保,合当允行。果借得五百万金。洋人不听大帅言而信胡一诺,左公益信爱胡,倚之如左右手,屡奏称其顾全大局,积保至道员,加二品顶戴,赏穿黄马褂。胡又有慷慨名,每遇兵荒祲岁,动捐数十万金，无所吝，富而好义，人尤称之。以是京内外诸巨公囊中物无不欲以阜康为外库，寄存无算。不赀之富，虽西商百余年票号无敢与抗衡者，可谓盛矣。沪上大贾与外洋贸易，蚕丝为最，胡每岁将出丝各路于未缫时全定，洋人非与胡买不得一丝，恨甚，乃相约一年不买丝，胡积丝如山无售处，折耗至六百余万金。又各省号友多少年喜声色，久而用侈，不免侵渔。渐成尾大。胡知大局将坏不可收拾，乃潜遣亲信友人分诣各肆，谨视号账。一日与妻密计，设具内宴，夫妇上坐，姬妾二十四人左右坐，酒池肉林，间以丝竹，欢宴竟日。妻小倦思息，胡命继烛，与诸姬洗盏更酌。夜方半，胡语诸姬曰：吾事寝不佳，诸姬随我久，行将别矣。汝等盛年，尚可自觅生路，各回房检点金珠细软，尽两箱满装携出，此外概不准带，自锁房门，无复再入，各予银二千，或水或陆，舟车悉备，今夕即行，一任所之，吾不复问。有数姬涕泣请留，胡亦不禁，余姬一时星散。胡即赴金陵见左公，备陈颠末，且曰：即今早计，除完公项外，私债尚可按折扣还，再迟则公私两负矣。左公许之。即日电发，各省号同时闭关。俟诸密友赍各号账回，分别公私，按折归款。事毕返杭，收合烬余，尚有二十四万金，赎回故宅三所，分居诸昆季。又十余年，夫妇皆以寿终。君字雪崖（岩），浙江钱塘人。其在粮台积功事迹，见左文襄奏议。赞曰：王壮烈身殉封疆，左文襄公在社稷，并相彪炳丹青。尚矣。胡君以阛阓中人，识王君于未遇，一念之厚，美报迭膺，遭际中兴，几于富甲天下，观其已事，虽古之猗顿、陶朱未能与媲，不可谓非奇人也。何公以翰林起家，扬历中外，洊陟兼圻。溯其崛起之初，有欲比之版筑鱼盐而不得者，岂所谓醴泉无源欤。而崇高富贵，顾不如善贾者末路犹得保全，良可悲矣。

此作亦可供参阅。（何公谓何桂清。王有龄谥壮愍，在浙江巡抚任殉难为咸丰十一年辛酉事。）陈氏四川宜宾人。同光间以举人官山东州县。

《一叶轩漫笔》（撰者署沙沤）云：

绩溪胡雪岩观察光墉，贾人子。在文襄公西征，转输军食，深资其力，师捷后膺卓荐。观察盛时，理财之名大著，富可敌国，资产半天下。当事借用外债千数百万。西人得其一言以为重。起第宅于杭州，文石为墙，滇铜为砌，室中杂宝诡异至不可状，侍妾近百人，极园林歌舞之盛。偶一出游，车马塞途，仆从云拥，观者啧啧叹羡，谓为神仙中人。其公独曰：雪岩字义近冰山，恐勿能久耳。未几果败，公私负逋近千万，录其市肆田舍陂池之属，不能偿其半。胡遂效开阁放柳枝故事，玉人尽散，而资用乃益困。初观察于杭州设庆余堂药肆，泡制精而取值贱，盖以济贫困者，有司独未判抵逋负，至是一家皆取给焉。为善食报，岂不然哉！

胡为杭人，盖无异词，此独曰绩溪，或其祖籍耶？

我佛山人（吴沃尧）《二十年目睹之怪现状》第六十三

回（“设骗局财神小遭劫”）有云：“……等到继之查察了长江苏杭一带回来（按：谓回至上海），已是十月初旬了。此时外面倒了一家极大的钱庄，一时市面上沸沸扬扬起来，十分紧急。我们未免也要留心打点。一时谈起这家钱庄的来历，德泉道：‘这位大财东，本来是出身极寒微的，是一个小钱店的学徒，姓古，名叫雨山。他当学徒时，不知怎样，认识了一个候补知县，往来得甚是亲密。有一回，那知县太爷，要紧要用二百银子，没处张罗，便和雨山商量，雨山便在店里，偷了二百银子给他。过得一天，查出了，知道是他偷的，问他偷了给谁，他却不肯说，百般拷问，他也只承认是偷，死也不肯供出交给谁，累得荐保的人，受了赔累，店里把他赶走了。他便流离浪荡了好几年。碰巧那候补知县得了缺，便招呼了他，叫他开个钱庄，把一应公事银子，都存在他那里，他就此起了家。他那经营的手段，也实在利（厉）害，因此一年好似一年。各码头都有他的商店。也真会笼络人，他到一处码头，开一处店，便娶一房小老婆，立一个家。店里用的总理人，到他家里去，那小老婆是照例不回避的，住上几个月，他走了，由得那小老婆和总理人鬼混。那总理人办起店理（里）事来，自然格外巴结了。所以没有一处店不是发财的。外面人家都说他是美人局，像他这种专会设美人局的，也有一回被人家局骗了，你说奇不奇？’我道：‘是怎么个骗法呢？’德泉道：‘有一个专会做洋钱的，常常拿洋钱出来卖，却卖不多，不过一二百、二三百光景，然而总便宜点。譬如今天洋价七钱四分，他七钱三就卖了；明天洋市七钱三,他七钱二也就卖了,总便宜一分光景。这些钱庄上的人,眼睛最小,只要有点便宜给他,那怕叫他给你捧□□,都是肯的,上海人恨的叫他钱庄鬼。一百元里面,有了一两银子的好处,他如何不买,甚至于有定着他的。久而久之,闹得大家都知道了,问他洋钱是那里来的,他说是自己做的。看着他那雪亮的光洋钱,丝毫看不出是私铸的。这件事叫古雨山知道了,托人买了他二百元,请外国人用化学把他化了,和那真洋钱比较,那成色丝毫不低,不觉动了心,托人介绍,请了他来,间他那洋钱是怎么做的,究竟每元要多少成本。他道:做是很容易的,不过可惜我本钱少。要是多做了,不难发财,成本每元不过六钱七八分的谱子。古雨山听了,不觉又动了心,要求他教那制造的法子。他道:我就靠这一点手艺吃饭,教会了你们这些大富翁,我们还有饭吃么?雨山又许他酬谢,他只是不肯教。雨山没奈何,便道:你既然不肯教,我就请你代做,可使得?他道:代做也不能。你做起来一定做得不少,未必信我把银子拿去做,一定要我到你家里来做。这件东西,只要得了窍,做起来是极容易的,不难就被你们偷学了去。雨山道:我就信你,该请你拿了银子去做,但不知一天能做多少?他道:就是你信用我,我也不敢担承得多。至于做起来,一天大约可以做三四千。雨山道:那么我和你定一个合同,以后你自己不必做了,专代我作,你六钱七八分的成本,我照七钱算给你,先代我作一万元来,我这里便叫人先送七千两银子到你那里去。他只推说不敢担承,说之再四,方才应允。订了合同,还请他吃了一顿馆子,约定明天送银子去,除了明天不算,三天可以做好,第四天便可以打发人去取洋钱。到了明天,这里便慎重其事的送了七千两现银子过去。到第四天,打发人去取洋钱,谁知他家里,大门关得紧紧的,门上贴了一张招租的贴子,这才知道上当了。'我道:'他用了多少本钱,费了多少手脚,只骗得七千银子,未免小题大作了。'德泉道:'你也不是个好人,还可惜他骗得少呢!他能用多少本钱,顶多卖过一万洋钱,也不过蚀了一百两银子罢了。好在古雨山当日有财神之目,去了他七千两,也不过是九牛一毛,太仓一粟。若是别人,还了得么!'我道:'别人也不敢想发这种财。你看他这回的倒账,不是为屯积了多少丝,要想垄断发财所致么?此刻市面,各处都被他牵动,吃亏的还不止上海一处呢。'"古雨山即胡雪岩。受骗事亦其话柄之一。

搜辑关于胡氏之各说,未能尽也,然已可供谈助矣。略加商订,姑为披露。至更事征考而详辨之,为综括有条理之叙述,则期诸异日。

——民国三十二年

二一　壬午两名医

清孝钦后以太后主国事者数十年，初〔训〕政负中兴大业之誉，晚节召动摇邦本之祸，实中国近代史上极重要之人物，而当光绪初年，大病几殆，使其死于是时，则孝贞既逝，德宗犹在幼冲，政局将若何演变，诚不易料。其幸而疗治获痊，遂复绵历垂三十年之寿命，盖薛福辰、汪守正两名医之力为多。斯二人者，其关系亦殊巨已。

庚辰（光绪六年）孝钦患病甚剧（时孝贞犹健在），诏各省保举名医。前任山东济东泰武临道薛福辰，以大学士直隶总督李鸿章，暨湖广总督李翰章、湖北巡抚彭祖贤荐，见（现）任山西阳曲县知县汪守正，以山西巡抚曾国荃荐，均为孝钦疗疾，诊疗渐效。辛巳（光绪七年）六月以病体粗愈报大安。（孝贞已前逝于是年三月，训政之事，遂专于孝钦矣。）诏予诸臣奖叙，福辰因之得简广东雷琼遗缺道，补督粮道，守正则简江苏扬州知府，均仍留京继续医治。壬午（光绪八年）十二月，病乃全（痊）愈，报万安，诏谓"慈禧端佑康颐昭豫庄诚皇太后，深宫侍养，朝夕起居，上年六月间已报大安，犹未如常康复，年余以来，随时调摄，现在慈躬已臻全

(痊)愈,实与天下臣民同深庆幸。道员薛福辰,知府汪守正,与太医院院判庄守和等,由总管内务府大臣带领请脉,所拟方剂,敬慎商榷,悉臻妥协,允宜特沛恩施,以示奖叙。薛福辰著赏加头品顶带(戴),补〈补〉直隶通永道,汪守正著赏加二品顶带(戴),调补直隶天津府知府,均著即行赴任,太医院左院判庄守和,右院判李德昌,均赏加二品顶带(戴)。……”对于薛汪二人,除优加顶带(戴)外,并移官近地,盖仍备将来宣召也。(道员加头品,知府加二品,均不循常例,称破格之奖。院判六品官耳,而骤加二品,则太医另是一途,又当别论也。)当是时,薛汪医名著于海内。

二人虽精于医,而经历政途,医事固非其本业,一生事迹亦不限于能医。本篇题曰二名医者,以其治愈孝钦之病,志其最有关系之事也。曰壬午者,以全功竟于是年,本年又值壬午,此恰为前一壬午之事,往迹追述,作六十年之回顾也。

关于二人,翁同龢光绪二年丙子五月二十九日日记云:“薛君福辰来。此人薛晓帆之子,号抚平,能古文,通医,十年前工部司员也。今为济东道,其政事未可知,独于洋务言之甚悉,以为中国无事坐失厘金每年千万,是大失计,又言破洋人惟有陆战,陆战之法,曰散阵、行阵、小阵,其守法则用滇黔地营,必可操六七成胜算也。”光绪六年庚辰六月二十三日云:“旨下直省荐医,李相荐薛福辰,曾沅浦荐汪守正,与御医李德立同至长春宫,召见请脉。”二十四日云:“薛与汪议论抵牾。薛云西圣是骨蒸,当用地骨皮等折之,再用温补。汪亦云骨蒸，但当甘平。”翌年辛巳二月初四日云：“汪子常，名守正，汪小米之胞侄，所谓振绮堂汪氏，藏书最富者也，山西阳曲县知县，曾沅浦荐医来为西圣治病者也。”李慈铭辛巳二月十一日日记：“夜云门邀同敦夫饮聚宝堂，招霞芬、玉仙。玉仙近日有山西阳曲县知县汪守正之子某，随其父入都，为訾郎，以九千金为之脱弟子籍。守正钱唐(塘)监生，巧猾吏也。去年西朝不豫，各省大吏多荐属员之知医者入京，守正其一也。晋中久大祲，而守正囊橐之富如此。……此辈可愤绝也。”光绪十年甲申三月二十日云：“汪子常郡守来，以扃试不得入。汪名守正，杭州人，今为天津知府。”(时李以课所领书院士在津。)二十二日云：“汪子常来。其人老吏，倨而猾，以后不必见之。”李好诋诃，其于汪氏，所言恐不免过刻。

欲详知二人生平事历，宜更求之。薛福成为福辰弟，有《诰授光禄大夫头品顶戴都察院左副都御史薛公家传》，见《庸盦文别集》卷六，又觅得重修《平阳汪氏迁杭支谱》，卷五(“志乘”)有《子常公传略》(汉川谢凤孙撰)，二人生平乃可征。兹录于下：

薛传

公讳福辰，字抚屏，别号时斋，江苏无锡薛氏。……公幼习制举业，先考光禄公谓学有根柢则枝叶自茂，教以温经读史，兼览百子，熟玩朱子《近思录》，涵而操之，务俾理博才赡，又综考有明以来制艺之卓然者，而撷其华，师其意，由是沿流溯源，学乃大进。咸丰五年中顺天乡试第二名举人，援例以员外郎分发工部行走。会光禄公知湖南新宁县事，选知浔州府，未及行，卒于官，公奔走经营，归丧于乡，身留湖南，清理官逋。事未蒇，而粤寇陷无锡，太夫人挈家侨徙江北，公未得音问，偕弟福成，走数千里，微服穿贼境，屡濒于危，航海涉江，始觐太夫人于宝应，相见悲喜，遂奉母乡居以避寇。公弟福成、福保等，始皆从公学制举文，至是见时变方殷，兄弟互相切磨，研极经济及古文辞，浩然有用世之意。公入都，浮沉工部，积六七年，居闲无事，乃大肆力于医书，始宗长沙黄元御坤载之说，以培补元气为主，继乃博究群书而剂其平，出诊人疾，无疢不疗。盖公之学凡三变，初攻时文，中治古文辞，最后研医术，用力尤劬，而遭遇之隆亦终以此。累试礼部不第，居工部又久不补官，出参伯相湖广总督合肥李公幕府，积劳改知府，分发山东补用，又以治河功改道员，补济东泰武临道。越四年，丁内艰。服阕入都，格于例，不补官，将归隐矣。适皇太后慈躬不豫，遍征海内名医，伯相李公鸿章与总督李公瀚章、巡抚彭公祖贤交章论荐，供奉内廷者三年，每制一方，覃思孤往，凑极渊微，或与同值诸医官龂龂争辩，必得当乃已。一日辩声甚厉，皇太后在内闻之，问曰：此薛福辰耶，何戆也！然由此知公益深。公援引古书，亦精核无间，诸医终无以夺也。而公之担荷亦独巨云。迭赐文绮、银币、金币、黄玉、搬指，又赐御宝云龙福寿字，又赐“职业修明”匾额及七字句对联，又赐貂裘、蟒玉、珠串，恭报皇太后大安，特简广东雷琼遗缺道，补督粮道。旋报皇太后万安，特赏头品顶带（戴），调补直隶通永道，赐紫蟒袍、玉带钩，又赐福寿字及黄辫荷包，并赐宴体元殿，长春宫听戏，西厂子观灯，又赐七字句对联。当是时，公之功在天下，殊恩异数，焜耀络绎，有将相大臣所不敢望者，天下不□为侈而以为宜。莅官通永，三年擢顺天府府尹，以抨劾骫骳吏，为群小愠焉。御史魏迺勷摭琐事劾公，且请以太医院官降补，迺勷坐言事不实镌职去，寻转宗人府府丞。公夙研经世事，在山东为巡抚丁文诚公所倚任，凡整军、治狱、赈饥及防河大工，壹埤遗之。塞侯家林决口也，公综理全局，联络兵民，捧土束薪，万指骏作，穷四十五日夜之力，河流顺轨，民困大苏。通州为出都孔道，僦车者公私骈集，牙侩把持，大为民病，公创设官车局，排斥浮议，力任其难，商气称便。尹顺天时，值岁大祲，灾黎嗷嗷待哺，公精心擘画，集巨款，选贤员，瀶痍嘘槁，全活甚众。为监司时，即深恶属吏之瘝官者，纠弹不少贷。伯相李公暨丁文诚公、前顺天府尹沈公秉成，屡以治行尤异密荐，天子亦自知之，顾以医事荷殊眷，而吏治转为医名所掩，颇用此郁郁不乐。公素性通敏，阅事多，于世路险巇，人情曲折，必欲穷其奥而探其隐，然天性径遂，凡人一言之善，或一事稍可人意，则倾诚推服，必逾其量倍蓰，或稍拂其意，则贱简之也亦然，其待交游与在家庭之间，莫不皆然。顾用情未协于中，则意气稍不能平，意气不平，而养生之道戾矣。会迁都察院左副都御史，而公已疾不能视事，累疏陈请，始允开缺调理。扶疾南还，未浃月，遽以光绪十五年七月二日卒于无锡里第，年五十有八。……福成曰：余昔见公好围棋，嫂王夫人屡谏未听，则举棋局而投诸井。王夫人早卒，而公复笃好之。曩居通永道署中，见公秉烛达旦，或演棋谱，或与客对弈，其起居失时，稍致人言者，未始不用此为累。公之得风痹疾也，医者言用心过度，内受伤损而不自知，允矣。人之精力几何，公于治事用心本专，复耗之于技艺，此必不支之势也。不然，以公之遇与年，其建树讵止于此耶？由今思之，贤哉嫂也。甚矣养生之术之不可不讲也。

汪传

先生讳守正，字子常，杭州钱塘人也。性纯孝，年十五，侍父病，刲臂肉和药以疗，卒不起，誓将身殉，以母在未果。服阕则锐意进取，博母欢心。十九受知昆明赵蓉舫学使，补博士弟子员，有声黉序。后屡踬乡闱。闻发逆势焰焰，慨然有经世之志，遂纳粟为知县，分发河南。时周勉民、方伯屏、藩中州，知先生才行，委权鲁山县篆。鲁山产丝，为生计大宗，向苦官吏诛求。先生请于上，举数百年积弊悉汰去。再权郾城县。郾城为捻匪出入之冲，先生募勇训练，躬自督剿，民赖以安。有某寨主张文刚者，素通捻匪，党众势强，为地方患害有年矣。县官束手，莫可谁何。先生至，廉得其情，设机布弩，将禽获之，而以蜚语去官。当是时，发逆方张，国家需才，而先生以廉能被劾，闻者愤惋。先生顾洒然曰：一官何足惜哉！独张文刚未获，民患方深，吾滋戚耳。方先生之云官也，鲁山、郾城两县民如婴儿之恋慈母，或发为讴歌，以寄慕思。及吴少村中丞抚豫，具闻其状，乃强先生起，委以军事，以勋劳得复原官。相继抚豫者，为张文达公、李子和中丞，皆倚先生如左右手。及张李二公去，先生乃改官晋。晋抚曾忠襄公重器先生，犹加于张李二公也。补虞乡县知县。虞乡向无书院，先生捐俸创建以造士，士风大振。旋调平遥。平遥多土豪侵掠富户，先生威济以恩，强梁敛迹。岁大祲，赤地千里，先生集资巨万，躬率吏役振恤，全活无算，复设育婴堂，以养幼孩。所事条理精密，皆先生一人手订。忠襄公益以是知先生。自是晋省凡有大祲及一切兴作救灾之事，靡不借重先生，而先生亦罔不为之尽力，而各中其机要，于是山西之民，无士农工贾，靡不知先生名矣。先生尤精医理。当其令阳曲时也，会慈禧皇太后圣躬不豫，忠襄公以知医奏保先生。先生入内廷视药，不数月而圣躬愈，恩赏特隆，复蒙旨擢扬州府知府，未及赴任所，旋调天津。先生感恩遇，益自奋发，思所以报称。既履天津任所，则杜绝私谒，严察属吏，慨然以吏治民生为己任。沧州民以河堤溃构讼，久不决，死伤甚众。先生请款修复，宿祸以寝。法越衅起，先生创办芦团，民资保障。朝廷睹先生之才,将大用以宏济艰难,偶因政见与直督合肥李相国不合,相持不下,遂调宣化府以远之。不数岁,郁郁以终,惜哉!年六十六。赞曰:先生以一县令视疾内廷,圣眷优渥,恩赏屡加,而其才行志节又足以符际遇之隆,独以其抗直之气不自遏抑,戢翮茧翰,赍志以没,岂非命耶!虽然,是亦何损于先生哉?吾曩与先生犹子禳卿内阁晤海上,旋即别去,近复与禳卿之弟鸥客茂才同寓次,久且益亲密,为余言先生,辄娓娓不倦。先生没且三十年,能令犹子辈不忘如是,则盛德遗型,必有远过乎人者,余故乐为论次云。

二人均以医术蒙孝钦优眷,然福辰曾任监司,后官至副宪即止,未为甚显。官京尹时,为言路所论,词近揶揄,自负经世才而以医进,用致人言,中怀抑郁,以病早退遽卒,不克跻名臣之列。守正则由令而守,颇为峻擢,而以迕上官见疏,终于一郡,晚节尤形落寞焉。

薛传中所指御史魏迺勷摭琐事劾之,情事亦颇可述。光绪十二年丙戌十二月,迺勷以玉粒纳仓福辰临期未到,上疏劾其玩视大典,援引邵曰濂事,(十一月十九日上谕:"御史贵贤奏京卿衰病恋栈请旨惩儆一折。太常寺卿邵曰濂,本年春间迭次请假,至八十日之多,当差已属怠惰,现在将届恭祀圜丘,典礼綦重,该京卿又复临期请假,实属性耽安逸,旷废职守,著交部议处。"旋照部议革职。)请予严议,并谓福辰惟能医事,可改用太医院官。十一日奉谕:"御史魏迺勷奏薛福辰玩视大典请旨严议一折。玉粒纳仓与坛庙大典不同，且邵曰濂获咎系因久旷职守，该御史参劾府尹薛福辰临期不到，辄谓较邵曰濂情节有加，深文周内，措词已属失当，至请以太医院官改用，尤属胆大妄言。不可不予以惩儆，以杜攻讦之渐。魏迺勷著交部议处。玉粒纳仓，向系兼尹府尹联衔具题，届期躬诣太常寺交收，此次薛福辰因何临期不到，毕道远曾否前往，均著明白回奏。”次日福辰回奏，略谓“先得礼部知会，以十月二日辰刻玉粒纳仓，是日黎明先诣先农坛会同交收，以府署稍远，由署趋诣太常寺已交辰末(未)”云云。未予处分。十四日即迁宗人府府丞。(宗丞、京尹均正三品，而宗丞班在京尹之上，为大三品卿之一，京尹犹小三品卿也。此系升擢，惟京尹有地方之责，事任较重，宗丞则闲曹耳。)二十日谕：魏迺勷照部议降三级调用。迺勷以言官弹一京卿，竟以“胆大妄言”获此重谴，则缘对福辰以疗病进用含讥刺之意，致触孝钦之怒耳。在福辰若可快意，而实难免隐憾在心，耻以医进而为人指目也。至迺勷请以京卿改用太医院官，设想颇奇，却非并无前例。如雍正九年辛亥正月十九日谕：“刘声芳在太医院效力有年，屡加特恩，用至户部侍郎。伊于部务茫无知识。上年夏秋间，朕体偶尔违和，伊并不用心调治，推诿轻忽，居心巧诈，深负朕恩，著革去户部侍郎，仍在太医院效力赎罪行走，从前所赏伊子荫生及举人，俱著革退。……翼栋，朕闻其通知医理，加恩用至副都御史，乃伊识见昏庸，遇事推诿，著革去副都御史，补授御医之缺，效力行走。”此旧事之可资复按者。魏劾薛疏原文，一时未及检得，不知亦引及此项旧例否。

(刘声芳盖本由太医院官擢至卿贰者,与《中和月刊》三卷第六期载太医院志殊恩一节内所述乾隆时医官吴谦历升列卿擢任部堂,暨同治时院判李德立曾以三品京堂候补,均非恒例。又按院志所称李德立以京堂候补,盖指同治十三年甲戌十一月事。时以穆宗"天花之喜"加恩,左院判李德立以三四品京堂候补,右院判庄守和以四五品京堂候补,旋穆宗于十二月遽逝,李庄均撤销京堂,并摘去翎顶。)太医院官虽亦列仕版,其堂官(院使院判)且亦颇具京堂体制,而士大夫终以方技轻之,此是相沿一种风气,古昔实不尽然。如章炳麟《区言》一(《菿汉昌言》五)有云:方技之官,汉人亦不贱视。《衡方碑》:方尝为颍川太守,免归,征拜议郎,迁太医令。《杨淮表纪》:淮从弟弼由冀州刺史迁太医令。议郎刺史之与太医令,虽同为六百石,望之清浊,权之重轻,岂可同年而语?今世虽士人知医者,宁卖诊市上,必不屈居是职,而汉人不耻也。可以参阅。

薛福辰、福成兄弟,一以医术著,一以使才著,而均官至都察院左副都御史。(光绪十五年己丑,福成以湖南按察使膺出使英法义(意)比四国大臣之命,开缺以三品堂候补。出国之前,奏准给假,回无锡原籍省墓。时福辰亦以中风不语开左副都御史缺归里,旋卒,福成为料理丧葬事宜。迨光绪二十年甲午,福成差竣以左副都御史还朝,六月抵上海卒。其为福辰所撰家传,作于甲午,盖绝笔云。)其名之辰与成,音亦相近。福成之入曾国藩幕,由于乙丑(同治四年)上书之邀特赏。其辛卯(光绪十七年)九月《自跋上曾侯相书》云："同治乙丑之夏，科尔沁忠亲王战没曹南，曾文正公奉命督师北剿捻寇，并张榜郡县，招致贤才。余上此书于宝应舟次，文正一见大加奖誉，邀余径入幕府办事。……文正语（李）申甫曰：吾此行得一学人，他日当有造就。又谓余曰：子文长于论事，年少加功，可冀成一家言。……厥后余从公八年，前后出入莫（幕）府，共事者三十余人，多一时贤俊，余颇得晨夕晤谈，以扩见闻充器识，皆文正提奖之力也。按《求阙斋》乙丑五月日记云：故友薛晓帆之子福成，递条陈，约万余言，阅毕嘉赏无已。余在莫（幕）府尝见文正手稿。近阅湖南刊本，归入品藻一类，而讹为伯兄抚屏之名，想由校者之误。恐后世考据家或生疑义，故并及之。"自道遇合之由与获益于入幕者如是，盖后来建树实基于斯，并辨明成之误为辰，诚重其事也。至所云《求阙斋日记》湖南刊本，指王启原所编《求阙斋日记类钞》而言，时曾氏日记印行者仅此。福成疑其误由于校者。尝翻阅福成未及见之印影本《曾文正公手书日记》，则曾氏此节手迹（乙丑闰五月初六日），实是"阅薛晓帆之子薛福辰所递条陈，约万余言，阅毕嘉赏无已"。上书即为福成事，则仍曾氏书此一时笔误耳。

福辰善医术，而不善养生，福成所为传，慨乎其言之。（曾国藩同治十年辛未四月日记云："近来每日围棋二局，耗损心力，日中动念之时，夜日初醒之时，皆萦绕于楸枰黑白之上，心血因而愈亏，目光因而愈蒙，欲病体之渐痊，非戒棋不为功。"亦颇可与福成所云合看。）兹附述一大臣讲养生而享大年者，其人为官至大学士（体仁阁）之全庆，卒年恰在光绪壬午也。其养生之术颇奇，乃以磕头为妙法。翁同龢壬午正月初四日日记云："谒全师。师言：每日磕头一百廿，起跪四十次，此法最妙。"（全庆尝以工部尚书充咸丰六年丙辰会试副考官，为同龢座师。）传授此法，即在是年。同龢仿行之。据《无罣礙室随笔》（见《国闻周报》）引常熟秉衡居士《荷香馆琐言》云："吾乡翁松禅相国，每夜必在房行三跪九叩头五次乃卧，其法传自全小汀相国庆。翁相晚年气体极健。自谓得力于此。"可见同龢于师门所授，已实行且有效矣。（磕头四十五，起跪十五次，盖行其八分之三。）全庆寿八十二，同龢则七十五也。运动肢体，为卫生之道，斯即藉磕头起跪以为运动耳。类是者实古已有之，陆游《老学庵笔记》卷上云："张廷老，名琪，唐安江原人，年七十余，步趋拜起健甚，自言夙兴必拜数十，老人气血多滞，拜则支体屈伸，气血流畅，可终身无手足之疾。"是前乎全庆。宋人已早有行之者矣。（续于《文艺杂志》检得《荷香馆琐言》，已谓与张廷老事暗合。）全庆卒于壬午四月，十九日谕："致仕大学士全庆，学问优长，老成恪慎，由道光年间翰林，受先朝知遇之恩，洊陟正卿，协赞纶扉，朕御极后，擢授大学士，历管部旗事务，迭司文柄，宣力有年，克尽厥职，前以重遇鹿鸣筵宴赏加太子少保衔，嗣因患病奏请开缺，准予致仕，赏食全俸，方期克享遐龄，长承恩眷，兹闻溘逝，轸悼殊深，著赏给陀罗经被，派辅国公载濂，带领侍卫十员，即日前往奠醊，加恩晋赠太子太保衔，照大学士例赐恤，入祀贤良祠，任内一切处分，悉予开复，应得恤典，该衙门察例具奏，伊子吏部郎中麟祥著赏加四品衔，用示笃念耆臣至意。”寻赐祭葬，予谥文恪。大年荣遇，福命颇优也。全庆叶赫纳喇氏，正白旗满州人，字云甫，号小汀，嘉庆二十四年己卯举人，道光九年己丑进士，两次入阁，（同治十一年壬申以刑部尚书协办大学士，翌年癸酉充顺天乡试正考官，以举人徐景春试卷磨勘斥革，降二级调用，光绪四年戊寅又以刑部尚书协办大学士。）光绪七年辛巳以大学士予告，服官六十年，（道光元年辛巳即以荫生官京曹。）一生宦迹，虽无赫赫之名，当时朝中老辈，盖无出其右者矣。（咸丰戊午科场大狱，全庆以兵部尚书偕怡亲王载垣、郑亲王瑞华、兵部尚书陈孚恩奉命查办，同治元年壬戌，追论其事，坐附和成谳降四级调用。）

——民国三十一年

二二　吴汝纶论医

吴汝纶以古文老师而信仰西医最深，于中医则极端诋斥不遗余力。其见于尺牍等者，有如下列：

> 手示尊体自去冬十月起疾，今五月中尚未平，殊为系念。吾兄体素强健，何以如此？此殆为服药所误。今西医盛行，理凿而法简捷，自非劳瘵痼疾，决无延久不瘥之事，而朋好间至今仍多坚信中国含混医术，安其所习，毁所不见，宁为中医所误，不肯一试西医，殊可悼叹。执事久客上海，宜其耳目开拓，不迷所行，奈何愿久留病魔，不一往问西医耶？岂至今不能化其故见耶？千金之躯，委之庸医之手，通人岂宜如此？试俯纳鄙说，后有微恙，一问西医，方知吾言不谬。（辛卯六月晦日《答萧敬甫》）

> 今侄还京后，想益调摄强固。是否尚服西药？每恨执事文学精进而医学近庸，但守越人安越之见，不知近日五洲医药之盛，视吾中国含混谬误之旧说，早已一钱不直（值）。近今西医书之译刻者不少，执事曾不一寓目，颛颛焉惟《素问》《灵枢》《伤寒》《金匮》《千金》

《外台》等编，横亘于胸而不能去，何不求精进若是？平心察之，凡所谓阴阳五行之说果有把握乎？用寸口脉候视五脏果明确乎？《本草》药性果已考验不妄乎？五行分配五脏果不错谬乎？人死生亦大矣，果可以游移不自信之术尝试否乎？以上所言，吾将斫树以收穷庞，未可以客气游词争胜，愿闻所以应敌之说！（癸巳三月二十五日《与吴季白》）

绂臣灾病应退，某岂敢贪天之功？但平日灼知中医之不足恃，自《灵枢》《素问》而已然，至《铜人图》则尤不足据，《本草》论药又皆不知而强言，不如西医考核脏腑血脉，的的有据，推论病形，绝无影响之谈，其药品又多化学家所定，百用百效，而惜中国读书仕宦之家安其所习，毁所不见，其用医术为生计者又惟恐西医一行则已顿失大利，以此朋党排摈，而不知其误人至死者不可胜数也。今绂臣用西医收效，自此京城及畿南士大夫庶渐知西术之不谬，不至抱疾忌医，或者中上庸医杀人之毒其稍弛乎。（丁酉正月二十一日《答王合之》）

中医之不如西医，若贲育之与童子。来书谓仲景所论三阳三阴强分名目，最为卓识。六经之说仲景前已有，仲景从旧而名之耳。其书见何病状与何方药，全不以六经为重，不问可也。西人之讥仲景，则五淋中所谓气淋者实无此病，又所谓气行脉外者实无此理，而走于支饮留饮等病，亦疑其未是。此殆亦仲景以前已有之常谈，未必仲景创为之也。盖自《史记·仓公扁鹊传》已未尽得其实，况《千金》《外台》乎？又况宋以后道听涂(途)说之书乎；故河间、丹溪、东垣、景岳诸书，尽可付之一炬。执事谓其各有独到，窃以为过矣。(二月十日《答王合之》)

前书言柯病新愈而咳嗽未已，近来如何？又言中西医皆不用，此似是而非。中药不足恃，不用宜也；若不用西医，则坐不知西医之操术何如，仍中学在胸不能拨弃耳。实则医学一道，中学万不可用，郑康成之学尤不可用。中医之谬说五脏，康成误之也。咳嗽一小疾，然可以误大事。中医无治咳嗽之药，亦不知咳嗽之所关为至重，此皆非明于西医者不能自养。(三月二十三《与廉惠卿》)

医学西人精绝。读过西书，乃知吾国医家殆自古妄说。(十一月十七日《答何豹臣》)

闻目疾今年稍加，深为悬系。又闻近服中药，医者侈言服百剂当服旧观，前属张楚航等传语，倘已服百剂，其言不效，则幸勿再服，缘中医所称阴阳五行等说绝与病家无关，此尚是公理，至以目疾为肝肾二经，则相去千里。吾料公今所服药大率皆治肝补肾之品，即令肝肾皆治，要于目光不相涉也。况中药所谓治肝补肾者，实亦不能损益于肝肾也乎？然且劝公勿久服者，中药性质言人人殊，彼其所云补者不补，其所云泄者不泄，乃别有偏弊，而本草家又不能知，特相率承用，而几倖其获效，往往病未除而药患又深，此不可不慎防者。

尊甫先生不甚通西医之说，其于中医似颇涉猎，尝抄撮经验良方，令我传钞。今若语以中药之无用，必不见信，然目疾所谓一痛耳，若因药而致他病，则全体之患矣。此不可以尝试者也！（戊戌十二月四日《与贺松坡》）

汝堂上属买燕菜、鹿茸等物，一时无人携带。自西医研精物理，知燕菜全无益处，鹿茸则树生之阿磨利亚及骆驼粪中所提之阿磨利亚，皆与茸功力相等，而价贱百倍，何必仍用此等贵物乎？西医不但不用鹿茸，亦并不用阿磨利亚者，为其补力小也。汝平日不考西书，仍以鹿茸为补养之品，何其谬耶！（己亥五月二十四日《与千里》）

令四弟如系肺疾，应就西医，并宜移居海澨，借海风所涵碘质以补益肺家，服麦精鱼油以调养肺体，仍戒勿用心，勿受外感。此病甚不易治，中医不解，亦无征效之药。其云可治，乃隔膜之谈。若西医用症筒细心审听，决为可治，乃足信耳。（九月二十日《与廉惠卿》）

前初见文部大臣菊池君，即劝兴医学。昨外务大臣小村君亦谆谆言医学为开化至要。且云他政均宜独立，惟医学则必取资西人，且与西人往来论医。彼此联络，新学因之进步，取效实大等语。是晚医学家开同仁会款待毓将军及弟等，长冈子爵、近卫公爵、石黑男爵皆有演说，皆望中国明习西医，意至恳至。东京医家集会者近百人，可谓盛会。而弟所心服者，尤在法医。法医者，检视生死伤病以出入囚罪，近年问刑衙门获益尤多。吾国所凭《洗冤录》件作等，直儿戏耳。恐议者以医为无甚关系，故具书此间所闻，以备张尚书采择。（壬寅六月十日《与李亦元》）

敝国医学之坏，仍是坏于儒家，缘敝国古来医书列在《汉书·艺文志》者皆已亡佚，今所传《难经》《素问》大抵皆是伪书，其五脏部位皆是错乱。其所以错乱之故，缘敝国汉朝有古文、今文两家之学，古文家皆是名儒，今文则是利禄之士，古文家言五脏合于今日西医，今文家言五脏则创为左肝右肺等邪说，及汉末，郑康成本是古文家学，独其论五脏乃反取今文，自此以后近二千年，尽用今文五脏之说，则郑康成一言不慎，贻祸遂至无穷，其咎不小。敝国名医以张仲景、孙思邈为最善。仲景《伤寒》所称十二经，今西医解剖考验实无此十二经路。苏东坡论医专重孙思邈，今观《千金方》所论五脏亦皆今文之说。此敝国医道所以不振之由也。（《同仁会欢迎会答辞》）

犬孙目疾，若中药虽可见效，吾不主用，缘中药难恃，恐贪其效而忽其敝（弊）。中医不能深明药力之长短。孙儿障翳苟不碍瞳人，即可置之不问久亦自退，较胜于用不甚知之药。观西医不见病不肯给药，则知中国欲以一药医百人其术甚妄也。（辛丑二月二十七日《谕儿书》）

汝纶于西医之极口推崇，于中医之一笔抹摋（杀），其态度可以概见。光绪二十年（癸卯）卒于里（桐城），其所聘学堂教习日本人早川新次以报丧书寄其本国，中述延美医治疗事，谓："正月九日下午，突有先生之侄某，遣使送书，报先生病状，且言先生不信汉医，专望西医之诊视，乞伴米（美）国医偕来。小生不敢暇，即与米（美）医交涉。十日晨发安庆，夜半到吴氏宅。直抵病床询问，见其容态已非现世之人，惊其病势之急激，知非等闲之病。亲戚辈具述疝气之亢进，腹部膨胀如石，热度高，米（美）医不能确定病名，小生疑为肠膜炎也。是夜及次日，米（美）医种种治疗，病势益恶。先生自觉难起，……小生酬知己之恩，正在此时，与米（美）医议良策，奈传教兼通医术之人内科非所长。先生病势益恶，至十二日早朝呼吸全绝。……先生于卫生医术，生平注意。……今兹之病，斥一切汉医不用，辩汉医之不足信，特由安庆奉迎西医，闻生等一行到宅，甚为欣喜，岂料米（美）医毫无效验？米（美）医云：'若在上海或日本，得与他医协议良法。'小生亦觉此地有日本医士一人，或可奏功。遗憾何极！"盖笃行其志，到死不肯一试中医也。壬寅在日本考察学制时，西历七月七日《日本新闻》云："先生昨日午前往观医科大学，于本学附属医院见割胃癌病者，由近藤教授执刀破腹部，切割胃管，通胶皮管于下，以进饮食。先生观此大手术，颜色不变，晏然省察焉。"又六月二十二日云："君……聘医亦好西医。李鸿章尝戏谓曰：'吾与执事笃信西医，可谓上智不移者；余人皆下愚不移者也！'"汝纶师事鸿章，其笃信西医之由来，殆即受教于鸿章。至观破割大手术而神色夷然，亦缘信之既深，故无疑诧之感耳。

——民国二十三年

二三　杭州旗营掌故

清室入主中夏，以八旗将士驻防各省要区，控制形胜，为一种特别之制度。此项旗营，在所驻之地，自成一局面，为时二三百年，其文献殊有征考之价值，而资料则颇感缺乏。三六桥（多）以诗名，家世杭州驻防（正白旗蒙古人），于杭营掌故，素极究心。己丑（光绪十五年）有《柳营谣》之作，用竹枝词体，述杭营诸事，共诗一百首，附注以为说明。时犹髫年（约十四五龄），所造已斐然可观。既见诗才夙慧，尤足考有清一代杭州驻防旗营之史迹。举凡典制风俗人文名胜，以及轶事雅谈，略具于斯，洵可称为诗史，研究旗营故实者之绝好资料也。其自序云："吾营建自顺治五年，迄今二百四十余载，其坊巷桥梁古迹寺院之废兴更改者，既为杭郡志乘所略，而其职官衙署科名兵额一切规制，又无纪载以传其盛。自经兵燹，陵谷变迁，老成凋谢，欲求故实，更无堪问。夫方隅片壤，尚有小志剩语，纪其文献，吾营八旗，实备满蒙大族，皇恩优渥，创制显荣，其间勋名志节，代不乏人，倘无一编半册，识其大略，隶斯营者非特无以述祖德，且何以答君恩乎？童子何知，生又恨晚，窃不忍任其湮没无传，以迄于今，每为流留轶事，采访遗闻，凡有关于风俗掌故者，辄笔之，积岁余方百事，即成七绝百首，名曰《柳营谣》。盖如衢谣巷曲，聊以歌存其事，不足云诗也。后之君子，或有操椽笔而为吾营创志乘者，则此特其嚆矢耳。己丑冬日自记。"以诗存事，旨趣可见。诗如左：

灯词宠赐早春时，会典房中永宝之。
何日新宬重建复，碧纱笼护御题诗。

（乾隆六年颁到御制灯词一卷，藏于会典房，房已毁于兵燹。）

彩毫飞落九重云，会议堂开赐冠军。
欲访三司公署地，查家衖口剩斜曛。

（会议府向在查家衖，库司、左司、右司并在焉，御书"冠军"二字颜其大堂，今古木衰草而已。）

喜际昇（升）平息鼓鼙，更衣宫里仰宸题。
天然凤舞龙飞笔，留幸杭城九曲西。

（乾隆十六年南巡，阅兵于大教场，筑更衣宫供诗碑焉。杭城西北昔有九曲，故一名九曲城。）

五小营门九里城，穿城河水最澄清。
临流稚子学垂钓，圣代于今休甲兵。

（营城内外计有一千四百三十六亩四分零，周围九里，穿城二里，自钱塘门而北而东南又辟五门，屏山带水，胜甲省垣。）

平南军府建高牙，二百年来是一家。
今日四夷皆我守，弓刀挂壁啸龙蛇。

（顺治二年金大将军领平南大将军印统兵抵浙，五年议设驻防官兵共三千九百数十人，七年冬筑营城以判兵民，八年又遣官兵协防，十五年增甲兵五百副于营外，康熙八年始奉旨永不住民房。）

树石参差水竹环，倚园新作雅游还。

御书楼上凭阑眺，西背平湖北面山。

（军署向有西园，去年长乐初将军重葺，易名倚园，御书楼在园正东。）

艳说鱼轩两莅杭，廿年风景感沧桑。

材官齐祝婆婆福，书额重来仰北堂。

（将军希侯太夫人，即咸丰初年将军倭侯夫人也。重莅杭营，故于军署二堂颜曰“重来”，为彭雪琴尚书书。）

竹马争骑迓使君，新将军是旧将军。

蔼然斋额亲题处，九载重看墨尚芬。

（吉仲谦将军重镇杭州，倚园有蔼然斋，为光绪六年驻节时手题。）

都署新成涵碧亭，真如画舫水边停。

秋来妙又如书屋，雨打残荷倚槛听。

（恭问松都护今岁广葺其署，建亭沼上，颜曰“涵碧”。昔松赐亭固莲溪两都护先后题有停舫、寄庐、听秋书屋、万花堂、伴鹤轩诸胜。）

书巢遗址仰流芳，敢恃聪明乱旧章？

我喜趋庭闻故事，重悬楹帖复镶黄。

（嘉道间南尊鲁协戎任镶黄旗，颜其档房曰“书巢”，为查声山旧书，又自集《尚书》语罔以侧言改厥度，毋作聪明乱旧章为联。今家大人协领是旗，仍其旧句悬之。)

四旗裁去近千人，万顷沙田泽沛春。

此即盛时司马法，兵当无事本为民。

(乾隆二十八年裁去汉军四旗九百余人，赐以萧山沙田，有不耕者准其外补营勇。)

同承恩泽镇之江，敢享承平志气降？

调自六州归一本，和亲康乐答家邦。

(乱后八旗调自乍浦、福州、荆州、青州、四川六处，以复旧额。)

涌金门外春秋祭，忠义遗阡表八旗。

男女当年同血战，居然似死竟如归。

(忠义坟在涌金门外，裒葬庚辛阵亡官兵并妇女，列入祀典，春秋致祭。)

万古纲常未丧师，昭忠贞烈两崇祠。

至今月黑霜清夜，恍有英风拂树枝。

(昭忠、贞烈两祠在双眼井旁，总纪庚辛死事男女。)

汉字教成满字来，两傍满汉学堂开。

宏文自是承平象，不羡弯弓跨马回。

(书院后即设满汉两官学。)

八旗学校分文武，弓箭诗书两不荒。

家艺渊源迈千古，栽培将相答君王。

(武义学曰弓厂，乃各旗自设者。)

弓胎骍角箭翎雕，试取穿杨百步遥。

闻说将军亲选缺，争将全技献星轺。

（官制，由前锋领催挑取骁骑校，递上至于协领皆然，每一缺出，与选者齐赴教场听候考选官缺，拟定正陪，奏送引见。）

大阅争后壁上观，鼓声雷动落云端。

马蹄风卷红旗滚，两翼双开阵势宽。

（三年大阅，五年军政。）

鼓角声残大阵还，八旗兵马拥城湾。

旧时军令何严肃，一月惟教一日闲。

（道光元年奏，遵于每月朔停操一日，余则逐日轮习各技。）

旌旗处处风留影，砧杵家家月有声。

难得八方无事日，格林炮队选精兵。

（格林炮来自德国，营中购置多尊。）

霜天吹角马如飞，卅二排兵拥绣旗。

都趁晓风残月出，炮山今日试红衣。

（红衣，大炮名，年例九月试演于秦亭山西，俗呼为炮山。）

杂技营中博且专，居然骑马似乘船。

碑能直立钟能挂，傥使随园见早传。

（营操有杂技一门，马上尤娴，有立碑、挂钟诸名目。袁子才有《蹁马歌》。）

五年一赋出关行，远比寻常上玉京。

相马繇来如相士，空群须比古人精。

（营例阅五年遣员出关购马一次。）

当年花市聚群芳，叫卖声声紫韵长。

今日只遗灯夜好，看灯人似看花忙。

（迎紫门直街即南宋之花市，古名官巷。朱淑真词云，花市灯如旧。）

红颜命薄本寻常，剩得芸编说断肠。

欲觅调朱施粉地，绿杨城角旧门墙。

［元（宋）朱淑真故居，在宝康巷，今为东城筑断其半。］

二仙巷里吊诗人，我与庐陵有夙因。

目送飞鸿风瑟瑟，一张桐雅日随身。

（二仙巷在花市南神堂巷北，当即旧时东城山门巷。元张光弼移居寿安坊。胡虚白有诗云：二仙巷里张员外，头白相逢尚论诗。余家藏古琴一张，背镌真书“桐雅”二字，其下又镌瓦当文“飞鸿延年，龙池之右”，行书“延年高雅对孤桐，与和长松瑟瑟风，不为野夫清两耳，为君留目送飞鸿，庐陵张光弼”三十三字，风诏之下，有隶书“仪清阁宝玩暨万年少题”数十字，声音清越，断纹匀细，每抚银丝，益思尚友。）

沧海桑田几变更，俞园无复种香粳。

同居七世家风古，连理枝宜此挺生。

［俞家园在井亭桥南，宋时为秫田。《宋史》，民俞举庆七世同居，家园本（木）连理。］

金山当日寓河边，周北楼租四五椽。

可惜弁阳生太早，不然得月两家先。

（元郭畀寓楼在施水桥坊。《癸辛杂识》，余有小楼在军将桥，夏日无蚊。云云。）

真珠曲阜水安桥，红白莲花共五条。

更有鳌山兼兔岭，至今何处问渔樵。

（真珠桥在真珠河上，曲阜桥在军将、施水二桥之间，西岸跨街，小永安、红莲花、白莲花三桥并在梅青院东，今俱废。鳌山头在清湖桥南新开街，兔儿岭在坍牌楼，今罕有知者。）

朱棺悬葬是何人，剪纸无从证夙因。

何不学仙化辽鹤，百年同此蟪蛄春。

（镶红、正红两旗协署墙界下有朱棺悬诸窟室。）

城隅旧地访平章，入梦梅姬漫独伤。

一树棠阴无处憩，花公祠宇失堂皇。

（贾似道故宅在分箕兜，旧为镶白旗协领署。乾隆中香公格任此，梦贾妾梅姬乞焚楮帛。花公禅布康熙间任此，有政绩，去后该旗感而立祠署旁。今皆废。）

何氏山林莫浪推，来观甲帐接楼台。

一邱一壑尤天巧，侍御当年此构材。

（将军署系柴孝廉故宅，其祖明侍御公构也。）

上方寺里上方池，放鸭调鹅任所之。

寄语儿童休下钓，断碑记读放生祠。

（寺在将军府西。寺废，西池尚存，有残碑两方，知为当时放生所也。）

梅花深处昔敲门，友竹交松别有轩。

阅罢金经调绿绮，禅房茶熟正香温。

（嘉庆间梅青院僧印海善琴所居，有友竹交松轩，为噶学山题赠。）

梅青古院好滋培，一秀才捐一树梅。

放鹤亭前人不返，十分清丽为谁开。

［院为宋林和靖未隐时所居，嘉庆五年将军范恪慎公创为八旗士子肄业之所，见马湘湖明经《补梅记》。光绪初掌教盛恺庭观察捐资重葺，议每入泮者裁（栽）一梅于庭。今颇成林。］

曾说城西有客行，机头蕊榜见分明。

我来织女如重遇，先问乡人及第名。

（《夷坚志》，建炎春一士人步城西，有虹自地出。圆影若水晶，老木椏槎，闻茅舍机杼声，女子四五，绾乌丝丫髻，玉肌云质，揎腕组织，视之，锦文重花中有字数行，首曰李易，问之，曰登科记。）

六井于今五处无，白龟池尚傍西湖。

朱家楼阁元家宅，惟听天中唱采蒲。

（白龟池系钱塘六景之一，宋朱师古元、元仇远曾居是地，今惟蒲荡而已。）

井名谁把凤凰题，浪唤凰兮与凤兮。

石上都无仙翰影，碧梧枝上乱鸦啼。

（井在太阳沟，相传为凤氏所启，以故得名，并镌凤凰于井阑，今无存焉。）

轳辘甘井汲西城，簇簇松花水面生。

三十年来陵谷变，寒波空怅一盂清。

（松花井在长生桥西，昔常有松花浮水面故名。）

一坏（抔）黄土草纷纷，鱼腹瓜刀久不闻。

短碣搜寻重建立，行人始识杜仙坟。

（坟在钱塘门内，乾隆四十二年春正红旗协领佛公智重修，寻废。光绪戊子家大人获其墓碑，复为封治。仙名灵，字子恭，晋人也。朱竹垞《鸳鸯湖棹歌》，网得钱塘一双鲤，不知鱼腹有瓜刀。原注，钱塘杜子恭，就人借瓜刀，其主求之，曰，当即相还耳，既而刀主行至嘉兴，有鱼跃入舟中，破鱼得瓜刀，见《搜神记》云。）

坟寻苏小怅诗人，何处埋香瘗玉真？

且步史君新径去，钱塘门下吊乡亲。

（钱塘门内旧有苏小墓，详许绳祖《雪庄渔唱》。又有新径，见杨蟠《西湖百咏》。）

海棠纵不是甘棠，昭谏曾栽满县香。

今日川红花事了，江东犹说埒河阳。

（钱塘县治旧在城西，曾有罗隐手植海棠花，王元之有诗。）

显忠庙里灯如海，显忠庙外人如山。

元宵箫鼓喧阗处，一架烟花散玉环。

（庙在长生桥，祀汉大将军博陆侯，每岁元宵灯火极盛。）

春宵火树灿银河，月爆星球巧样多。

古庙尚留嘉泽号，黄沙衖口几回过。

（庙祀李邺侯，向在梅青院北，今建黄沙衖，亦设灯剧。）

演武场和立马来，景灵宫殿早成灰。

紫东一片如钲日，曾照宫花插帽回。

（承乾门外大教场，即宋景灵宫故址。《随隐漫录》，景灵宫谢驾回，宰相以下皆簪花。）

蕲王赐第在河东，御笔名园纪懋功。

想见骑驴湖上去，长生桥水照英雄。

（韩蕲王赐第在前洋街，宋高宗书“懋功”名其园，今废，即长生桥东北堍也。）

潘阆犹传旧姓名，一条穷巷景凄清。

低回且咏元之句，前日寻君下马行。

（潘阆巷为宋潘逍遥故居，在长生桥东。王禹偁诗，前日访潘阆，下马入穷巷。今其地为兵房。）

菩提讲寺证前因，老屋颓廊积绿尘。

一径桑麻三径竹，缅怀宰相赠诗人。

（寺在八字桥西，今栽桑竹，道光八年舅祖文吟香公读书于此，见瑞文端公《如舟吟馆诗钞》。）

莲荡于今尚姓吴，莲花当日比西湖。

更谁携得方池种，博取清风明月无。

（吴家荡在菩提寺东，昔时莲花最盛，今废。）

旧时轩月尚如轮，不见填词入道人。

行到莲池西尽处，更无矮屋奉高真。

（开元宫在吴家荡旁，为宋周汉国公主府，元时句曲外史张伯雨入道于此。外史《开元宫得月轩词》，有“环堵隘，花狼藉，沟水涨，云充斥，似石鱼湖小，酒船宽窄”之句。自阑入营中，惟矮屋数椽，中奉高真像而已。雍正癸卯二月十九日厉太鸿过之，有《木兰花慢》一阕，见《樊榭山房集》。今则荆棘丛生，陈迹不可访矣。）

清湖河水自西流，屋后今无载酒舟。

借问题诗高九万，癖斋可在黑桥头？

（咸淳《临安志》，高九、万喜、杜仲高移居清湖河诗，有“河水通船堪载酒”之句。杜仲高金华人，有《癖斋集》。黑桥今名板桥。）

水边先后起高楼，良相名人共不休。

城外湖山城内见，见山且看合双修。

（瑞文端公故第在清湖河北岸丁家桥相近，中有见山楼，眺尽湖山之胜，见公第瑞雪堂观察《乐琴书屋诗钞》。按其地似即赵松雪为祝吉甫所题“且看楼”遗址，惜无好事者复建之。）

浅绿垂杨两岸匀，平桥犹说石湖春。

轩开说虎今安在，况复轩中说虎人。

（石湖桥，因宋范成大居此故名，中有说虎轩。）

浅水长流过小桥，郭西风景此偏饶。

江郎一去无人管，欲把蕲王共手招。

（江学士桥，明江晓居此得名，亦称小桥，康熙《仁和志》谓江所居即蕲王赐第。）

小旸谷暖远嚣尘，卧雪何须送炭人。

我拟消寒依样筑，纵非黍谷也回春。

（小旸谷，宋孔仲石筑以御冬，不火而暖，见《杨诚斋集》。址在洗麸桥西。）

马家桥与洗麸桥，流尽兴亡水一条。

我欲沈沙寻折戟，清湖河畔认前朝。

（马家桥、洗麸桥由吴越王屯兵得名。洗麸俗称大八字桥，桥西即清湖桥，俗称二八字桥。）

短短红墙小小门，一官虽谪亦君恩。

桥东遗署今乌有，盖代威名世尚闻。

（年大将军雍正间谪杭州，后贬至正白旗满洲防御，其故署皆围红墙，在石湖桥东折东衖内。按年为防御时，日坐涌金门侧，鬻薪卖菜者皆不敢出其门，曰年大将军在也。见《啸亭杂录》。）

十官巷里道人闲，身在纷华市隐间。

遥想缥缃罗四壁，争将福地比嫏環（嬛）。

（宋陈起居十官宅巷开书肆，赵师秀、刘克庄辈皆有赠诗，址在鸿福桥东。）

载酒红桥绕绿云，紫云坊剩绿云纷。

数椽小屋临河辟，水竹谁家占一分。

（洪福桥，《乾道志》名洪桥，清流绿荫，为营中胜处。）

癸辛向访癸辛街，鞔鼓桥西迹已埋。

欲就草窗谈杂俎，不知何地是书斋。

（癸辛街在鞔鼓桥，宋周密居此，著《癸辛杂识》。）

杨王宅记癸辛街，瞰碧名园景最佳。

只惜紫云坊过晚，茂林修竹系人怀。

（杨和王宅在鸿福桥，大涤洞天记在癸辛街，有瞰碧园，具茂林修竹之胜，紫云坊在鸿福桥西，犹存一石柱焉。）

施水坊桥古迹存，我来偏不效争墩。

前修尚有都音保，鼎峙何妨说可园。

（《清尊集》分题武林古迹，施水坊桥其一也。都音保满洲人，善书，昔居桥边，见《武林城西古迹考》。即余可园左近也。）

天潢鹤俸慨然分，恤士曾传好使君。

梅院一龛应配享，王将军与宝将军。

（乾隆四十年，将军宗室富公重士恤兵，奏添养育兵，并捐廉佽焉。去后营中设生祠于梅青院。四十五年至五十年，将军王公、宝公悉宗其政体，前后垦牧田召租以济困乏，杭乍孤寡口粮及远差贴费皆自二公始，垂惠吾营，当议共祀以报之。）

岱防御画效倪迂，收拾西湖进紫都。

博得天颜曾一笑，南巡并得卧游图。

（防御岱彭号半岭，工画，曾绘西湖全图进呈御览。）

一个猫儿一饼金，谁欤论画补桐阴。

牡丹不用胭脂染，家学渊源两竹林。

（黄履中字德培，汉军人，裁汰后卖画为生，尤善画猫，一猫一金，以黄猫儿称。侄九如以画紫牡丹得名，一夕梦古衣冠人谓之曰，汝画牡丹，当用苏木汁如制胭脂法，则绝肖。醒而试之，果逼真。）

教棋卖字有王郎，妙墨争如学士梁。

倘使当时逢月旦，书名应并蒋山堂。

（王东冷，汉军人，裁汰后教棋卖字，游四方，书学频罗庵，能乱褚。）

军帅群钦多艺才，工棋善画漫相推。

张成风角翻新学，五两银鸡妙翦裁。

（嘉庆八年，将军宏公工棋善画，又精制器，尝以银片翦一鸡，高置竿头，占四方风信，历试不爽。）

梅花重补聘名师，教育深恩大树滋。

为语八旗佳子弟，报崇应建范公祀（祠）。

（将军范恪慎公礼贤下士，创立梅青书院，补梅延师，以汉学教授八旗子弟，至今因之。）

英雄原不碍风流，传说元戎艳福修。

画罢牡丹春昼永，闲凭妓阁看梳头。

（道光间将军湘上公善画牡丹，多内宠，教之妆点，有云鬟、月髻诸名目。）

就园都护最能文，儒雅多才更博闻。

听雨一编无觅处，天防著作掩功勋。

（双就园都护道光间任镶黄旗协领，升西安副都统，署宁夏将军，累著军功，后予告归杭，著《听雨斋诗文》。）

万竿苍雪绕斋齐，分照家君太乙藜。

竹牒可能重我授，并将古迹证城西。

（太夫子廷沄岩先生为吾营耆儒，著作甚富，有《城西古迹考》《诗文》等书，乱后多失传。）

瑞公威范震千家，百战功勋洵可嘉。

两浙灵声传不朽,忠魂甘葬万荷花。

(将军瑞忠壮公坚守旗营,屡建大功,卒以粮尽殉节于军署荷池,今建专祠在梅青院前。)

凛然忠义冠当时,蒙古家声百世驰。

足与湖山争浩气,段家桥北杰公祠。

(乍浦副都统杰果毅公辛酉杀贼阵亡,今专祠在湖上。)

我吊先贤赫藕香,不徒勋业与文章。

易名惜未邀殊典,气节千秋峙戴汤。

(赫藕香方伯由庶常改官,至江苏督粮道,庚申在藉(籍)佐瑞忠壮公克复杭城,赏布政司衔,次年巷战阵亡,死事之烈,可与应文节、汤贞愍二公并称,著有《白华旧馆诗稿》。)

东公清节尚流芬,千里还乡恋夕曛。

不惜廉泉偏挹注,二疏而后又重闻。

(东恭介公由正蓝旗协领历升福州将军,晚年归里,尽倾宦橐分给乡党,后复总制四川,卒于道。)

八桥居士老禅房,衣钵无人奉瓣香。

副本倘留长庆集,他年应学抱经堂。

(外祖裕乙垣公居八字桥西,又号八桥居士。嘉庆戊寅举人,有诗名,在京供职礼部员外,寓法华寺十余年,易箦时命侍者将生平著作尽纳棺中。昔卢抱经学士父存心藏妇翁冯景《解春集》遗稿,示学士诗云,外祖冯山公,文章惊在宥,衣钵无后人,瓣香落汝手。学士后梓行。)

绶带轻裘自不群,此真不好武将军。

当时翰墨淋漓处，争裂羊欣白练裙。

（将军连上公善书，得者宝之。）

都护清励雅爱才，高风犹听士民推。

公余别有怡情处，花木扶疏尽手栽。

（富兰荪都护爱士癖花，今都署花木多其手植也。）

姊妹才情一样长，题诗先后到山墙。

骚人尽解垂青眼，艳比兰芳与蕙芳。

（康熙初白晓月、色他哈两女士多才多貌。晓月有《半山题壁诗》，色他哈见而和之。复有名人方苞、荀倩等和诗。荀云，新吟为我旧吟谁，姊妹遭逢一样悲，绝胜金阊楼上女，兰芳名与蕙芳垂。）

分明飞燕掌中身，娘子偏教唤玉真。

听说能知休咎事，当年不让紫姑神。

（《睽车志》，程迥居前洋街，一日飞五六寸长一美妇，自称玉真娘子，能言休咎。）

不作诗仙作画仙，李家又见一青莲。

红妆屡倩描新照，真个神从阿堵传。

（李朝梓汉军人，乾隆间居潘阆巷，工画仕女。相传其家有楼为狐所居，一日李见一清代宫装丽姝，笑请写照，为描抚入神，后屡见而屡易其装，李尽抚之，由此得名，人称之曰“画仙”。）

镜中真个自生花，对脸传红未足夸。

一片青铜今莫宝，空将奇事说陈家。

（嘉庆丙子三月，军将桥东岸蒙古陈氏家有古铜镜忽生花，半月始灭。当时诗人多歌咏之。）

地傍湖山秀绝尘，新传八景出名人。

倚园花石仓河月，费尽丹青画不真。

（湖山之秀，汇于西城，吾营尽占其胜。吾师王梦薇先生每入营必低徊忘返，尝题柳营八景，曰梅院探春、倚园消夏、西山残雪、南闸春淙、吴荡浴鹅、井亭放鸭、仓河泛月、花市迎灯，并绘画征诗，一时传为美谈。）

修筑东西两岸堤，争输鹤俸覆香泥。

小桥官柳青青外，谁把桃花补种齐。

（光绪元年八旗捐栽杨柳于河岸，倘再间以桃花，当更可观也。）

新妆结队过门前，为赴关爷祝寿筵。

如此英雄真不朽，馨香俎豆二千年。

（俗称关帝为关爷，五月十三日为诞期，士女多寿之。）

参差红烛间沈檀，为赛今年合境安。

齐赴毓麟宫上寿，木犀香里倚阑干。

（临水夫人庙在双眼井西，曰毓麟宫，亦曰天圣母宫，闽人尤信祀之。）

锣鼓敲开不夜天，龙灯高纵马灯前。

娇痴儿女争相看，坐守春宵倦不眠。

（杭俗春宵有龙马灯会，必先入营参各署，以领赏犒。）

节物于今各处殊，吾家笑作五侯厨。

荆州圆子福州饺，岁暮春初相向输。

（难后八旗皆调自六州，所以节物各殊。）

糯粉新和红绿豆，厨娘纤手惯蒸糕。
品题何藉刘郎笔，春饼同煎馈老饕。

（俗于春首用红绿豆和粉蒸糕相馈。）

湖上春深兴更悠，招邀俊侣策华骝。
诘朝要放桃花血，逐队松鞍到处游。

（春分前后当以针刺马颈，谓之放桃花血。前一日须出骑，谓之松鞍。）

盂兰古会早秋乘，锣齐家家各自称。
偏说莲花桥水活，顺流今夜放荷灯。

（军将桥一名莲花桥。）

风流犹话半闲堂，闸斗秋开蟋蟀场。
一幅红绸新赐采，将军争识大头黄。

（营中斗蟋蟀以博胜，谓之秋兴。）

西去人家断复连，一湾流水绕门前。
落花枯草调鹰地，暖日清风放鸽天。

（俗喜调鹰放鸽，佳者只值数金。）

五色丝缠铁嘴巢，衔旗啄弹各相教。
忍饥就范如鹰隼，细草青缄蚱蜢包。

（铁嘴蜡嘴皆杭产禽名，饲以青虫，教之衔绒，能解人意。）

鞭如掣电马如龙，出猎归来兴不慵。
为有双禽将换酒，背驼红日下南峰。

（秋冬之际营人多出猎湖山。）

季冬一日最魂销，记得城池一炬焦。

为禁满城停宰杀，伤心往事话今朝。

（辛酉十二月朔为发逆陷城，今届是日，满城为禁屠宰。）

声名文物合推今，精绝诗书画与琴。

莫笑管弦闻比户，武城自古有知音。

（吾营以诗传者，赫藕香方伯有《白华馆遗稿》，外王父乙垣公有《铸庐诗草》，舅祖文吟香公有《亦芳草堂诗稿》，善雨人寺丞有《自芳斋诗稿》，贵镜泉观察有《灵石山房诗草》。以书名者，善寺丞之行书，固画臣姻伯之楷书，杏襄侯姻丈之隶书。以画名者，祥瑞亭协戎之马，家大人之山水牡丹，蔺云、织云两夫人之花卉。工琴者，盛恺庭观察，外舅文济川公，家六叔保子云公，柏研香杏襄侯姻丈，皆精绝灵妙，远近言琴者莫不以吾营为领袖。数年以来，甚至垂髫儿女尽解操缦，亦吾营中一韵事也。）

留月宾花乐事饶，声携吟屐井亭桥。

如逢水绘庵中主，尊酒论文一笑浇。

（荣竹农部郎随侍都护恭公来杭，颜其衙斋曰留月宾花馆，每逢佳日集吟社焉。）

谁为旗营唱竹枝，风流传遍逸园词。

吉璁去后难为和，敢比鸳湖百首诗？

（内兄守彝斋茂才有《杭营竹枝词》八首。昔竹垞太吏（史）作《鸳鸯湖棹歌》百首，同里谭吉璁和之，余则未敢窃比焉。）

自愧髫年闻见稀，池当人往又风微。

百篇吟就仍无补，数典而忘庶免讥。

六桥此诗，余所见为石印一册，盖庚寅（光绪十六年）所印，署《可园外集》。并有俞、王二序。俞序云：

国初平一海内，以从龙劲旅分驻各行省，是曰驻防。大者统以将军，其次为都统，又次之为城守尉。吾浙杭州乃东南一大都会也，于是有镇浙将军，有镇浙副都统，皆驻杭州，开军府，立满营，度杭城西偏以为城，其周九里，其门有五，规模闳远矣。二百数十年来，功名之隆盛，人物之丰昌，流风遗俗之敦厚，故家世族之久长，不可胜计，而纪载缺如，无以垂示于后。中间又经兵燹，一营俱烬，乱定之后，乃调集乍浦、福州、荆州、德州、青州、四川六处驻防，重建新营，粗复旧额。入其城者，但见衙署之鼎新，廛舍之草创，欲问其故事而遗老尽矣。乃有鋈溪协戎之哲嗣曰三多六桥者，著《柳营谣》一百首，凡有涉掌故者重以诗记之。上纪乾隆中高庙南巡之盛，下逮咸丰间瑞忠壮、杰果毅两公死事之烈，而凡杜仙之坟，凤氏凰氏之井，句曲外史之庐，临水夫人之庙，以至九月演炮，春分松鞍，云鬟月髻，湘公府之闺装，留月宾花，荣部郎之吟馆，事无巨细，一经点染，皆诗料也，即皆故事也，可以传矣。余春秋佳日，必至西湖，由钱塘门入城。必取道满营，如得此一编，于舆中读之，望将军之大树，观故家之乔木，其可慨然而赋乎。光绪十六年岁在上章摄提格仲春之月，曲园居士俞樾，时年七十。

王序云：

余于丙戌岁始于花市构屋以居，距杭防营仅数武地，暇辄入城，既爱其风土清淑，旋以琴酒获交其士大夫，又钦其温文尔匹，有儒将风。未几其子弟竞以文艺来从余游。有六桥世贲三多者，为有鋆溪协戎哲嗣，年少多才，且能留心掌故之学。忆杭城自顺治五年始设满蒙八旗防营，迄今垂㸃六十年，其中规模创制，文物声明彪炳可风者，殆不胜数，而纪载阙如，中丁粤难，一营燔焉。克复后，合官与兵仅存四十余人，余悉调自荆、青、闽、蜀、乍浦诸营，以复旧规。非特文献荡尽，即其坊巷风情，大非昔比。六桥惜其典则云亡，深抱数典忘祖之虑，爰为广询老成，穷搜故实，一名一物，莫不笔以载之。积岁余，所得既多，乃仿竹枝词体，成七绝诗百首，名曰《柳营谣》。而请序于余。其诗自开国至今，大而宸章官制，勋业忠贞，小而风俗园亭，世家古迹，厘然毕举，若讽若规，隐隐寓劝惩之思，寄今昔之慨，正不徒夸显荣存典则已也。余于防营栖游既习，思为创辑志乘，以传其盛，恒苦考证之隘，迄未卒业成书。今得是编，资我不浅。他日书成，不得不呼为将伯也。故喜而为之序。光绪庚寅春，王廷鼎书于花市小筑之瓠楼。

可资同览，因并录之。

——民国三十一年

二四　阉人掘藏事述

光绪四年戊寅，有告退太监苏德掘得藏银一案，经言路奏陈，派步军统领顺天府尹查覆。近于吴县彭君心如处，得观其曾祖芍亭先生（祖贤，官至湖北巡抚）手写日记，是年四月纪偕步军统领荣禄遵查此案情形颇详，时官顺天府尹也。兹移录如下：

（初五日）荣大金吾召见后，交到军机处交片，内开："本月初五日军机大臣口传面奉谕旨：著派荣、彭刻即往查看，钦此。"又交片："有人片奏：风闻京北上地村居住内监苏德，置有拆房基一所，在沙河镇街中，去岁十月营兵因刨挖碎砖，挖出银一缸，约有一万数千两，官员觊觎，将兵丁法取刑求，苏姓以人情势力，将银归己；今岁二月苏姓又挖出银七缸、金一铜箱，金系条，银系宝，每宝百两，系前明成化〈光化〉字样，约在十数万两，续又挖出银一窖，长五尺，深五尺，宽二尺，每日夜间装车载运，尚在刨挖；询问工人，据云苏姓已奏明皇太后赏给"等语。遵旨即刻驰赴沙河镇，时已酉刻，会同荣大金吾，各带司员，前往查看，并命苏德指引，据称如有以多报少情甘认罪。查毕取供，并取北路同知把总禀供，又派员赴上地村点查窖银秤见斤两确数。亥刻，金吾登舆回城（定例，提督司九门禁钥，不得在城外住宿）予宿于店。霸昌道续燕甫（昌）来见。（初六日）卯刻，燕甫邀至苏姓地，开更楼门，登楼复视。回店，昌平州吴履福来见。予回城，午刻到署。陈令（嵋）带苏文兴呈验样银，开呈秤银清单。计开：

第一袋碎银九十五斤

二袋小元宝一百二十七斤

三袋小元宝一百四十七斤

四袋方锭八十九斤

五袋小圆锭七十七斤

六袋小圆锭九十二斤

七袋小圆锭七十五斤

八袋小圆锭一百斤

九袋大元宝七十四锭重二百四十二斤有乾隆年号

共一千零卅七斤计一万六千五百九十二两

外有呈样大元宝一锭方圆小碇五个不在前数之内。

申刻酌定奏稿，与荣金吾删改，即缮稿缮折。

（初七日）寅刻入朝，卯刻奏事处传：折留中。……恭录四月初七日奉上谕："前据御史英俊奏，闻告退太监苏姓在沙河镇置有房基一处，上年营兵在该处刨出银一万数千两，官员觊觎，将兵丁等刑求，几致酿成重案，本年又刨出金银，约银十数万两，续挖出银一窖，询系该太监奏明皇太后赏给等语，当派荣禄、彭祖贤前往查看。兹据奏称：查明太监苏德在沙河置买铺房及空院一处，共刨出银一万六千六百余两，并无十数万两之多。据苏德供称，此项银两未敢擅动，曾经奏明，奉皇太后懿旨赏给，并无刨出银窖金条等事，实系情愿报效；上年营弁王振声暨该太监遣抱苏文兴，均赴北路厅同知衙门呈报，兵丁张邦振等挖出银两，私自藏匿，经该同知讯断，给还地主领回，将张邦振责惩，各等情。太监苏德在伊房刨出银两，曾据奏明，惟未声明银两确数，当奉皇太后懿旨赏给，现据荣禄等查明具奏，奉懿旨：著将此项银一万四千两交顺天府，以为资遣灾民之需，余银二千六百余两，著赏给苏德。钦此。”附录奏稿如左：“奏为遵旨会同查勘沙河镇刨出埋藏银两情形，恭折覆奏，仰祈圣鉴事：窃照本年四月初五日准军机大臣口传面奉谕旨：著派荣、彭刻即前往查看，钦此，钦遵。并准将附片原奏交阅前来。臣等公同阅看。查原奏内称：‘风闻京北上地村居住内监苏姓置有拆房基一所，在沙河镇街中，去岁十月间营兵因刨挖碎砖，挖出银一缸，约有一万数千两，官员觊觎，将兵丁法取刑求，苏姓以人情势力，将银归己。今岁二月苏姓又挖出金一铜箱银七缸，金系条，银系宝，每宝百两，系前明成化〈光化〉字样，约在十数万两，续又挖出银一窖，长五尺，深五尺，宽二尺，每日夜间装车载运，尚在刨挖。询问工人，据云苏姓已奏明皇太后赏给’等语。臣荣随带员外郎倭什鉴额、铎洛岜、中军副将赵清、参将王山宽，臣彭随带治中萧履中、候补知县陈嵋，会同前往。是日申刻齐抵昌平州属之沙河镇地方，传到内监苏德。先勘得沙河镇镇街路西有铺面数间，进内有大空院一所，询是关闭当铺房屋拆卸地基，四围有院墙。查看房基地身多有刨挖痕迹，地面高下不等。据苏德指验炕箱一处，称系在内陆续刨出小缸一口，瓦坛五个，当时铁镐磕碎一坛，尚有正坛四个，约计银万余两。臣等周历勘视后，回至公所，即据呈验缸坛。并询据苏德供称，系直隶景州人，在昌平州属上地村寄居，先前充当乾清门总管太监，同治十一年十一〔月〕因病乞休，是年置买沙河镇街西关闭当铺空院一块，临街瓦房六间，租与谷姓开设烧饼铺生理，上年十月间捕盗营兵丁由空院内挖出银两，经捕盗营把总王振声禀明北路厅，太监亦遣义子苏文兴呈报厅官，传到张姓等，追出银一千余两，当十钱五百吊，交苏文兴领回，本年三月十九日因盖房使用砖块，刨出小坛一个，内装银两，由是日至二十五日三次连前共刨出银五坛一小缸，约有万余两，分为三次用轿车四辆拉运到家，太监世受国恩，得此异财，未敢丝毫擅动，情愿报效，出于至诚。是月二十八日进内口奏，面奉皇太后懿旨，将此项银赏给太监，钦此，委无铜箱银窖金条情事，如虚情甘认罪；并据跪称，实系情愿报效，恳求转奏赏收各等语。质之该太监义子苏文兴，供俱相符。臣等饬派司员倭什鉴额等亲赴该太监寓所点视，大元宝七十五锭，余俱小宝，共方锭碎锭共计一万六千六百余两，宝上有乾隆年号者。臣等复加查核，仅止一万余两，并无十数万之多，且验视大元宝，每个重五十两有奇，并非百两，亦无前明成化〈光化〉字样。此臣等现在查看讯明之实在情形也。至原奏所称去岁十月营兵刨挖银一缸官员法取刑求苏姓以人情势力将银归己一节，臣等饬据北路厅同知郑沂禀称：上年十月二十日捕盗营把总王振声报，该弁亲戚苏文兴在沙河镇街置有房铺空基一所，嘱为照管，九月间派令雇工鲁楞、兵丁张邦振赴院内挖砖使用，闻有挖出银两私自藏匿情事，又据苏文兴报同前由；该同知传到张邦振、鲁楞查讯，初犹狡供不承，迨经掌责押追，始据吐实，陆续追出银一千三百五十八两，又以银易当十京钱五百吊；该同知以定律所载，官私地内掘得埋藏无主之物，方准收用，今张邦振刨出银两，系在有主地中，理应给主，当传苏文兴将银钱一并具领，张邦振隐匿不报，责惩保释在案。此上年十月捕盗营兵丁掘得银两该厅讯断给还地主领回之实在情形也。所有臣等遵旨前往沙河会同查看讯明各缘由，谨合词恭折复奏，伏乞皇太后皇上圣鉴。谨奏。请旨。”

（初八日）恭录初七日谕旨，录原奏，札饬霸昌道北路厅，传知苏德，饬令遵旨将所得埋藏银一万四千两交送本府兑收，以为资遣之需。

（十二日）苏德从沙河镇送到所掘藏银一万六千六百余两，予命经历在二堂弹兑库平一万四千归库存储，以备资遣之用，余银二千六百余两交苏德领回，赏给金花红绸。

上谕中谓苏德刨出银两曾据奏明惟未声明银两确数当奉皇太后懿旨赏给云云，似有回护；苏德之亟以情愿报效为言，或亦宫中授意也。时以久旱，灾民麇集，顺天府正办赈务，兼谋资遣，故即以此款拨给充用。

——民国二十六年

二五　谈李经方

曾国藩办理中法教案交涉，不理于众口，自谓“外惭清议，内疚神明”，以舆论所加，惟有引咎，不能求谅于人耳。其门人李鸿章久主外事，受谤尤重，且诋鸿章者或兼及其子经方，并举而逞其恶詈。吴汝纶(李文忠公神道碑)铭辞有云：“有舌烧城，以国倾公。”经方亦不免于众口铄金之势焉。甲午之役，清议之抨击，蔚为大观。诸臣论劾，其涉及经方者，如是年八月张仲炘谓：经方以八百万两开银行于倭，认倭王女为义女，并定为儿妇云云。九月翰林三十五人联合谓：“倭谍被获或明纵或私放外，有海光寺傍居民王姓，经天津县获究，而李鸿章之子前出使日本大臣某为之说情。……外间并有传闻，李鸿章有银数百万，寄存日本茶山煤矿公司。伊子又在日本各岛开设洋行三所，以致李鸿章利令智昏，为倭牵鼻，闻败则喜，闻胜则忧。虽道路之言，而万口流传，岂得无因而至?”十二月安维峻谓：“倭贼与邵友有隙，竟敢索派李鸿章之子李经方为全权大臣，尚复成何国体？李经方乃倭逆之婿，以张邦昌自命，臣前已劾之。若令此等悖逆之人前往，适中倭之计。”乙未四月易顺鼎谓：“抑微臣更有不忍言又不忍不言者:李鸿章之奸尚不及其子李经方之甚。李经方前充出使日本大臣,以己资数百万借给倭人,购船备饷。其所纳外妇,即倭主睦仁之甥女。其奸诈险薄,诚不减蔡京之有蔡攸,严嵩之有严世蕃。假使凭依城社,窃据津途,张邦昌、刘豫之事,不难立见。我朝贻谋之远,立法之善,为前古所未有。当此之时,而欲以岛夷入主中国,以大臣攘执太阿,盖亦忧忧乎难之。不图天地跃金,阴阳铸错,于倭生一睦仁,于中国生一李经方。以权奸为丑□内助,而始有用夷变夏之阶;以丑□为权奸外援,而始有化家为国之渐。俱成头角,各长羽毛,腐木虫生,履霜冰至。今日此事,尤为中国污隆本朝兴替一大关键。微臣悲江河之日下,痛沧海之横流,所为涕泗汛澜而不能自已者也。……惟有仰祈皇上天威独断,上思列祖列宗,下念薄海臣民,照崇厚例,将李鸿章拿交刑部治罪,并撤回李经方,革职严办。"其见恶于时如此。诸人所言,在今日观之,均堪发噱,而当时固为深博质叹之清议也。顺鼎之文,奇妙尤甚。天朝男子,被外国招为驸马,小说戏剧中常有之,流俗所耳熟能详者,于是经方亦援例见谓日本驸马,维峻所云,实当时盛传之说耳。至顺鼎谓是日君甥婿,仲炘谓是亲家翁,则又传说之歧出者,要皆为天朝男子作外国贵婿也。维峻谓经方以张邦昌自命,顺鼎谓张邦昌、刘豫之事不难立见,并化家为国等语,均言李氏假外援以窥窃神器。此种言论,发之更早者为刘锡鸿。锡鸿于辛巳(光绪七年)二月疏劾鸿章有"跋扈不臣,俨然帝制"之语。附片并谓前在埃及国,见新闻纸称李优待外人,若为中国主，接待之际，可望得意云云。可谓得风气之先。

台湾之交割，为至耻辱之使命，且颇棘手。经方膺命任此，似亦朝中有意以窘李氏。观言路谢口杭之奏："窃臣闻李鸿章、李经方为倭取定议条约，中有割台湾一款，以致该省人情汹汹，众怒如水火。……此事既属李鸿章、李经方始终主谋，岂有功届垂成反自逍遥事外之理？且该大臣等既能定割地请和之策，自必具有用夷变夏之才。国家用人专台，若忽舍而他求，臣恐其迫胁朝廷且未有已也。相应请旨饬李鸿章、李经方等迅速亲赴台湾，依限交割，以终遂其志，而间执其口。"愤嘲相乘，李氏诚难堪哉！命下后，鸿章知难避卸，致电经方，有"我父子独为其难，无可推诿"之语。经方以病辞，严旨斥为"藉病推诿"，并谓："现在日使将次到台，仍著李经方迅速前往，毋许畏难辞避。偌因迟延贻误，惟李经方是问，李鸿章亦不能辞其咎也！"乃不得不扶疾从事。和约之事既竣，鸿章父子均极黯然。鸿章旋奉派使俄贺加冕，并往英法德美等国聘问，以经方随行，原奏云："臣子李经方幼曾兼习西国语言文字，嗣充驻英参赞，游历法德美各邦，旋充出使日本大臣，于各国风土人物，往来道里，均所熟谙。臣年逾七十，精神步履日见衰颓，所有沿途舟车馆舍及随从仆役，约束指挥，势不能处处调动，而所至之地，各国官商士庶必多闻风来谒，不胜接待之烦。若得李经方同行，则程途之照料，宾客之酬应，均可分劳。……再马关之役，势处万难，所有办理各事，皆臣相机酌夺，请旨遵行，实非李经方所能为力。局外不察，横腾谤议，应邀圣明洞听。"特为中肯之语，亦见当时谤议之可畏也。(上谕本仅令李经述随侍前往,不及经方。)

关于经方之学习西文,曾纪泽《使西日记》戊寅(光绪四年)九月十七日云:"至李相署,与李伯行一谈。伯行聪慧绝人,从朱静山暨白狄克学英文英语,甫期年,已能通会。再加精进,必可涉览西书新报之属矣。西文条例虽极繁密,然于空灵处轻重分寸,不甚入细,故较华文为易。子弟口齿明亮者,塾课之暇,日令兼肄西文,三五年便可通晓。伯行志意专笃,手操铅笔,口诵话规,孜孜不倦。初时甚自隐秘,惟余与吴挚甫知之,近日李相始有所闻。余劝相国因延师而教之,以成其志。"盖纪泽实与奖勉焉。

经方为鸿章长子,然嗣子也。鸿章初无子,以季弟昭庆子经方为嗣。后虽生子经述等,经方亦仍为其子,不变前约。曾国藩辛未(同治十年)十一月初八日致弟国潢、国荃书有云:"纪鸿碍以一子出嗣纪泽。余自十月半由苏州归来,始闻其说,力赞成之。本月拟即写约告祖,不作活动之语。中和公出嗣添梓坪,因活动而生讼端,不如李少荃抚幼泉之子作呆笔耳。"又据曾纪芬《崇德老人自订年谱》纪是年事有云:"是年正月十八日伯兄嫂举一子,名广铭。二十六日仲兄嫂亦举第三子,名广铨。七月,广铭殇。仲兄嫂怜长兄嫂悲哀过度,愿听择一子暂为抚养,俟异日得子再行退还。伯嫂闻之甚喜,即传余上禀父母。文正公有时寝于上房,则由余侍奉宽衣等事,闻禀欣然云:'即行过继,照李少荃家之办法,何必言日后退还语?'至十一月二十二日移入新督署,广铨亦即抱归长房。"此事曾氏实取则于李氏。所示别于亲生者,袭爵仍由次子，曾李两家相同也。（纪泽卒于光绪十六年庚寅闰二月二十三日，翁同龢是月二十五日日记云，勿误认也。"又云："曾侯恤典甚优，加官衔，次子广□服阕引见，长子广铨赏员外。"以长次子有亲生非亲生之别，故同龢恐赐恤之旨有误，特嘱枢廷注意。）

经方除为出使日本大臣暨中日议和全权大臣外，后又曾为出使英国大臣（官至邮传部侍郎），实我国外交人物之老辈，近卒于大连，年八十矣。

——民国二十三年

一士剩稿

一　掌故答问[①]

问:清末议废八股时,颇有力争之者,于古亦有其比否?

答:隋唐本以诗赋取士,唐宋间场屋间之重赋,亦犹明清之重八股,其有识者亦极不以之为然。宋仁宗时石介、何群等上言,以赋取士,无益治道,及下朝臣议,则以为进士科始隋唐,数百年将相多出此,不为不得人,且祖宗行之已久,不可废也。(事见《宋史·隐逸传》)王荆公诗云:"当时赐帛俳优等,今日抡才将相中。"即刺讥此事。荆公变法,改用经义,原以救诗赋之弊,不料至明清,经义又变为腐烂之八股,转不如诗赋犹可觇实学矣。

问:殿试鼎甲名次,是否天子亲主之?

答:明清所谓殿试,又曰廷试,因在殿廷举行之故。唐宋即有廷试之称也,本于汉代之临轩亲策,故题目及论文,仍依汉代故事,不曰题而曰策问,不曰文而曰对策,开始用臣对臣闻四字,策尾用谨对二字。天子不能一一亲阅,则派读卷大

① 本文为瞿兑之、徐一士合著。

臣,不曰阅卷而曰读卷者,以示不敢代阅之意也。读卷大臣拟定名次后,以最前十本进呈,请于其中钦定一甲三人,其余以次为二甲第一至第七,大率即照原次序,不加更动,亦偶有因查出身籍贯而更改者,以非至御前不能拆弥封也。前十卷进呈之制,自康熙二十四年始,见《郎潜纪闻》引贡举考略。

前十本进呈后,间亦有因文字承契赏而特擢者,如同治癸亥科张之洞由第四本拔为探花,光绪乙未科骆成骧由第三本拔为状元,喻长霖由第十本拔为榜眼均是。

问:清代大考翰詹之制,其缘起若何?

答:有清大考翰詹之制,发轫于顺治间。顺治十年三月谕内三院云:"朕稽往制,每科考选庶吉士入馆读书,历升编检讲读及学士等官,不与分任,所以谘求典故,撰拟文章。充是选者,清华宠异,过于常员,然必品行端方,文章卓越,方为称职。乃者翰林官不下百员,其中通经学古与未尝学问者,朕何由知。今将亲加考试,先阅其文,继观其品,再考其存心持己之实据,务求真学,备朕异日顾问。自吏礼两部翰林侍郎三院学士詹事府詹事以下,各候朕旨亲试,分别高下,以昭朕慎重词臣之意。"(内三院者,内翰林国史院、内翰林秘书院、内翰林弘文院也,时为内阁及翰林院之合体。至所谓吏礼两部翰林侍郎者,指其时吏礼侍郎之兼翰林之职者,此沿明制。)旋御太和门亲试以甄别之,此后来大考制度之权舆也。乾隆二年五月谕云:"翰林乃文学侍从之臣,所以备制诰文章之选。朕看近日翰詹等官,其中词采可观者固不乏人,而浅陋荒疏者亦不少，非朕亲加考试，无以鼓励其读书向学之心。自少詹读讲学士以下，编修检讨以上，满汉各官，著于本月初七日齐赴乾清宫，候朕出题亲试。倘有称病托词者，著另行具奏，朕必加以处分。考试之日，著乾清门侍卫察视。”届日亲试，擢黜有差。于是大考翰詹渐垂为定制矣。（后来多在保和殿行之。）此为一种不定期考试，随时可以举行，并严禁规避，前列者固有升擢之荣，名次在后者则有降黜或罚俸之处分。故文字或书法荒疏者视为畏途，嘲翰林诗所谓“忽闻大考魂皆落”也。（间有特旨免试者，如同治五年徐桐、翁同龢是，以在弘德殿行走之故，尊重帝师也。）

问：清代各省主考（正副考官），例由京员简充，亦有由外膺简者否？

答：雍正间有之，梁绍壬《两般秋雨盦随笔》云：“大学士无锡嵇文敏公（曾筠），雍正癸卯以河南巡抚即为河南正考官；交河少司寇王公（兰生），雍正壬子以安徽学政即为江南正考官。典试由外改充，前此未之有也。”此盖仅有之例，后亦无闻，若主考之就简学政（或本省或他省），则不乏耳。

问：大挑缘起如何？

答：举人经三科会试不第，可就大挑一途，其制始于乾隆丙戌科，吏部议选法，一等用知县，又借补府经历直隶州州同州判属州州同州判县丞盐大使藩库大使，凡九班。二等以学正教谕用，借补训导，凡三班。见《郎潜纪闻》。

又按前乎此者，雍正五年闰三月谕曰："向来各省县令多循资按次照例选用之员，故其中庸碌无能者有之，少不更事者有之，以致苟且因循，贪位窃禄，诸凡阘冗，职掌废弛，此等之人，尚不能顾一身之考成，岂能为地方之凭藉乎。今因会试后天下举子齐集京师，朕思其中有才品兼优之士，是以特别遴选，畀以县令之任。朕之所望于尔等者，不仅在于办理刑名，征收税赋，簿书期会之责而已。"次月，又就会试下第举人挑选各省教职，论曰："向来教官因循偷惰，全不以教训为事，朕屡颁谕旨，而积习如故，因于尔等下第举人中择文理明通者引见命往。"斯为举人大挑之权舆，至乾隆时始垂为定制耳。

问：世俗相传，旧时富贵家择婿，往往以新登科第之少年未娶者为对象，甚至施以强迫，此真有其事否？

答：自科举制度施行后，登科者极为世重，富贵之家以为择婿之对象，事恒有之。其施以强迫者，亦尝为一种风气，宋人彭乘墨客挥犀有云："今人于榜下择婿，曰脔婚。其语盖本诸袁山松。其间或有不愿就而为贵势豪族拥逼不得辞者。尝有一乡先辈，少年有风姿，为贵族之有势力者所慕，命十数仆拥致其第，少年欣然而行，略不辞避。既至，观者如堵。须臾，有衣金紫者出曰：某惟一女，亦不至丑陋，愿配君子可乎？少年鞠躬谢曰：寒微得托迹高门固幸，待归家试与妻子商量看如何？众皆大笑而散。"势家于新登科者择婿，乃至拥逼图成，致有此项话柄，事甚可笑，而当时实有此风，固可概见。（先辈为唐宋时得科第者之称。）传奇（如《琵琶记》）戏剧（如《铡美案》）之演宰相天子招状元为婿事，亦有由来矣。

问：两淮产盐量为全国最，其引地亦最广，远者达湖南南部，虽属国家定制，其事殊不便于民，不审此制究何所始？

答：此制恐自唐已然矣。盖当时长江流域，概仰淮盐，而五岭之道险艰，粤盐产量又少，遂不为道远之民生计。有清一代，湘南诸县粤盐之私运，迄无法禁绝，故定制淮盐达衡州而止。《宋史·蹇周辅传》云：先是湖南例食淮盐，周辅始请运广盐数百万石分鬻郴全道州，又以淮盐增配潭衡诸郡，其由来已久可知。

问：陕豫鄂三省交界之区，即嘉庆时教匪滋乱之地，其地在古代已为乱原，其故何在？其沿革如何？

答：元至正间流贼即据荆襄上游作乱，终元世莫能制。洪武初邓愈以兵剿除，空其地，禁流民不得入。然地界秦豫楚之间，又多旷土，山谷阨塞，林箐蒙密，中有草木可采掘以食。正统二年岁饥，民徙入不可禁。众既多，罔禀约束，其中巧黠者稍相雄长，天顺成化中遂有刘通之乱，而项忠讨平之。不数年禁渐弛复乱，祭酒周洪谟著《流民说略》，言东晋时庐松之民流至荆州，乃侨置松滋县于荆南，淮州之民流聚襄阳，乃侨置南淮州于襄西，今当增置郡县，听附籍为编氓。于是朝廷采其议，命原杰抚治之，以襄阳所辖郧县居竹房上津商洛诸县中,道路四达,且去府治远,山林深阻,猝有盗贼,遥制为难,乃拓其城,置郧阳府,以县附之,并置湖广行都司,增兵设戍,而析竹山置竹溪,析郧置郧西,析汉中之郧阳置白河,与竹山上津房咸隶新府,又于西安增山阳,南阳增南召桐柏,汝州增伊阳,各隶其旧。是郧阳为明中叶以后新设之区域,其长官称抚治而不称巡抚,盖一特别行政区也。清代罢此制,遂伏乱阶云。

问:旗兵驻防之原委如何?

答:驻防之制,人多以为始于防汉人之反侧,其实非也。自顺治定都燕京,即于盛京设八旗驻防兵,而各直省之设驻防转在稍后。且驻旗兵以控形胜之议转自汉人发之,康熙初魏文毅裔介疏请撤满洲兵还驻荆襄,虽未及采用,而后来制度实推本于此也。定制除满蒙沿边各处外,西安、成都、荆州、广州、福州、杭州、江宁各有将军一人,立营垒,自成军区;旗兵长子孙为久驻计,往往习其地方言,惟不能杂居通婚耳。将军与总督同城者,总督有故,或摄其事,平时则不得干涉民政及军政。外此各险要处所,依次设都统城守尉等官,惟湖南、广西、云南、贵州无旗兵。当满人初入关之际,与汉人风俗习惯不同,必有不易融洽者,择地驻军不与汉民混杂,未尝非权宜之善策也。

问:帝王专制之害,似觉近代已较古代为轻,盖后世已将古制中之不近人情者稍加改革,故尊严虽未减,而为害已不若古昔之甚。不知有实证否?

答:近代帝王家之制度,确有胜于前代者。如清代家法,每日视朝,从不间断,且从无日晏视朝者。内监虽有营私纳贿者,犹不敢公然干预政事。皇子入学读书作文,与士大夫家完全相同,师傅得加责罚,故皇帝无不能亲裁章奏者,王公多能诗文。此皆昭然人所共知之事。大抵家法之改良自宋始,宋元祐间吕大防曾历举之云:"自三代以后,唯本朝百二十年,中外无事,盖由祖宗所立家法最善,臣请举其略。自古人主事母后,朝见有时,如汉武帝五日一朝长乐宫。祖宗以来,事母后皆朝夕见,此事亲之法也。前代大长公主用臣妾之礼,本朝必先致恭,仁宗以侄事姑之礼见献穆大长公主,此事长之法也。前代宫闱多不肃,宫人或与廷臣相见,唐入阁图有昭容位。本朝宫禁严密,内外整肃,此治内之法也。前代外戚多预政事,常致败乱。本朝母后之族皆不预,此待外戚之法也。前代宫室多尚华侈,本朝宫殿止用赤白,此尚俭之法也。前代人君在宫禁,出舆入辇。祖宗皆步自内庭,出御后殿,岂乏人力哉,亦欲涉历广庭,稍冒寒暑,此勤身之法也。前代人主,在禁中冠服苟简。祖宗以来,燕居必以礼。窃闻陛下昨郊礼毕具礼谢太皇太后,此尚礼之法也。前代多深于用刑,大者诛戮,小者远窜。惟本朝用法最轻,臣下有辜,止于罢黜,此宽仁之法也。"其事亲治内待外戚及宽仁之法四条,有清均尚承而不改。

问:清代皇子教育,其情事如何?又幼年皇帝,如何从师受业?

答:清代家法,皇子教育,甚为认真。其就学之所曰上书房,师傅选翰林充之,谓之上书房行走。大臣任教者,则有上书房总师傅之称。皇子每日进书房甚早,课程亦严。乾隆间赵翼尝为军机章京,㒓直内廷,其《簷曝杂记》,纪皇子读书云:"本朝家法之严,即皇子读书一事,已迥绝千古。余内直时,届早班之期,率以五鼓入。时部院百官未有至者,惟内府苏喇数人(谓闲散白身人在内府供役者)往来黑暗中,残睡未醒,时复倚柱假寐,然已隐隐望见有白纱灯一点入隆宗门,则皇子进书房也。吾辈穷措大专恃读书为衣食者,尚不能早起,而天家金玉之体,乃日日如是。既入书房,作诗文,每日皆有程课。未刻毕,则又有满洲师傅教国书,习国语及骑射等事,薄暮始休。然则文学安得不深,武事安得不娴熟?宜乎皇子孙不惟诗文书画无一不擅其妙,而上下千古,成败理乱,已了然于胸中。以之临政,复何事不办。因忆昔人所谓生于深宫之中,长于阿保之手,如前朝宫庭间,逸惰尤甚,皇子十余岁始请出阁,不过官僚训讲片刻,其余皆妇寺与居,复安望其明道理烛事机哉!然则我朝谕教之法,岂惟历代所无,即三代以上亦所不及矣。"其言似近谀颂,而情事要自可征。近支亲贵子弟,亦得承命入上书房读书。皇帝未即位时,亦皇子也,且清自康熙时建储发生纠纷,后罢建储之制,皇子中亦无复太子非太子之别。(光绪间孝钦立端王载漪之子溥儁(儁)为大阿哥,读书于弘德殿,又类建储矣,惟未几即废黜。)故言皇子读书,未即位之皇帝即在其内矣。惟值冲主践阼,势不能不特有读书之所,其事较皇子尤形郑重，乃更指定宫殿选任师傅授读，称某宫某殿行走。同治间祁寯（寯）藻、李鸿藻等之直弘德殿，光绪间翁同龢、孙家鼐等之直毓庆宫，宣统间陆润庠、陈宝琛之直毓庆宫是也。虽贵为天子，而对师傅敬礼有加；师傅之课读，亦从严格，不能敷衍了事。翁同龢尝傅穆宗，其傅德宗，在同列中尤专而久，观其日记中所纪，关于皇帝就学情事，可见大凡。师傅教授汉文，多以汉人充之，体制甚隆，除为文字上之教授外，兼有规励德性匡正过失之责，此在翁氏日记中，亦多可见。至教授满文及骑射之满师傅，亦称“谙达”，则体制较杀焉。

问：宋代制度有迥异于近代者为何？

答：最奇异者，为选尚公主者降其父为兄弟行，见《宋史·公主传》，不但改其辈，且改其名。如王溥子贻正，所生子克明，尚太宗女，改名贻永。（见本传）紊乱祖孙父子之序如此，诚匪夷所思者。然按《宋史·孙永传》，世为赵人，徙长社，年十岁而孤，祖给事中冲列为子行，冲卒丧除，复列为孙。盖昭穆之不讲，臣庶之家固有其俗矣。

问：宋制有所谓京朝官差遣院者何解？

答：自魏晋以来，百官铨选均属吏部。宋初承五代弊习，京外各官多由方镇擅除，欲矫其弊，乃不除正官，而但遣京朝官临时摄其任。譬如州县不除刺史县令，而但遣人知某州事知某县事。其税务工务诸官，亦皆遣人监临。至于诸路财务刑务各要政，则遣使为之，或曰某某使，或曰提点某某，或曰提举某某，皆临时差遣而非正式官吏，故不归吏部。太宗太平兴国五年，诏京朝官除两省御史台，自少卿监以下，奉使从政于外受代而归者，并令中书舍人郭贽等考校劳绩，品量材器，以中书所下阙员类能拟定引对而授之，谓之差遣院（见《续资治通鉴》）。宋亡而后，知府知州知县皆已成正式官吏，即无所谓差遣矣。

问：旧时府佐通判一职，对府属亦居长官地位，而事权不属，为人所轻，有“摇头大老爷”之目，此官始于何时，初制若何？

答：此官之置，始于宋初，每与长吏争权，有监郡或监州之称，欧阳修《归田录》云：“国朝自下湖南，始置诸州通判，既非副贰，又非属官，故常与知州争权，每云我是监郡，朝廷使我监汝举动，为其所制。太祖闻而患之，诏书戒励，使与长吏协和，凡文书非与长吏同签书者，所在不得承受施行，自此遂稍稍戢，然至今州郡往往与通判不和。往时有钱昆少卿者，家世余杭人也，杭人嗜蟹，昆尝求补外郡，人问其所欲何州，昆曰：但得有螃蟹无通判处则可矣。至今士人以为口实。”又《宋稗类钞》（清潘永因辑）云：“宋初惩五代藩镇之弊，置通判以分知州之权，谓之监州。有钱昆少卿者，余杭人，嗜蟹，尝求补郡，人问其所欲，昆曰：但得有螃蟹无通判处则可。此语风味似晋人。东坡云：欲向君王乞符竹，但忧无蟹有监州。即用其事。”亦本于宋人纪载，从知其时之通判颇有权力，异乎明清府佐之通判也。（元不设通判。）

问：州县衙门有公生明之额。昉于何时？

答：元许有容（壬）《至正集》云：“林州州治西北有公明亭，圮废已久，金承安间宋瓛记文石刻故在。一日其守若僚请书公生明三字，揭之州堂，日视以为儆。”疑即始此也。

问：山东曲阜县知县，曾由圣裔充任，此制何时改革？

答：清初沿前朝制度，以孔子后裔知曲阜县，乾隆间以其制非便，乃将曲阜知县一缺改为题缺（由本省大吏遴员奏补之缺）。二十一年谕：“吏部议覆曲阜县知县改为题缺一本，阙里为毓圣之乡，自唐宋以来，率以圣裔领县事。夫大宗主鬯，既已爵列上公，而知县一官，专以民事为职，奉法令则以裁制伤恩，厚族党则以偏枯废事，甚至因缘为奸簠簋不饬者有之，且亦非古人易地而官之道。我国家尊崇先圣，远迈前朝，延恩后叶，有加无已，岂于此而有靳焉。但与其循旧制而致瘝官，有乖政体，如何通变宜民，俾吏举其职，民安其治，于邑中黎庶，孔氏族人，均有裨益，著照该部所议。”自是孔裔乃不更领曲阜县事。

（原载《古今》1994 年第 51 期）

二　读翁松禅甲申日记[1]

甲申光绪十年，即翁相第一次入军机之第三年也，其元旦日记云：

> 丑正多到直房，同入相见一揖，两班章京亦一揖。寅初三刻召见，面赐八宝荷包二分，福字一张，入时三叩首贺新禧，被赐各一叩首。谕以风调雨顺，今年当胜去年，诸臣颂扬数语，即退。更朝衣冠，辰初三刻长信门外行礼毕，仍回直房，到方略馆。辰正三刻上升殿受贺，行礼毕，即赴方略馆换蟒袍补褂，驰赴寿皇殿，随同行礼。内务府官送到荷包一枚，于上到时在路南道旁叩头谢。

此为军机元旦入朝之礼节，不加诠释，恐今人多不解矣。清制无一日不召见军机，元旦君臣第一次见面，较之群臣尤为亲密，故半夜两点多钟即已入值，相见一揖者，军机王大臣无私见之礼，彼此平等；即章京之于大臣，亦不纯以堂属之体相待，有揖而无叩拜。又京官体制，本有揖而无屈

① 本文为瞿兑之、徐一士合著。

膝请安也。四点三刻召见，天犹未明，盖元旦夙兴，虽帝后亦不能耽于安逸。平时虽不如是之早，然阅奏折亦必在未明以前。长信门者，太后所居宫门。太后不临正殿，故先诣其官门。此乃正式朝贺，故更换朝衣，越一小时方诣太和殿朝贺皇帝，相距虽不甚远，然群臣两处趋走，亦甚苦矣。军机大臣为内廷差使之最贵要者，凡内廷典礼及扈从行幸，皆与群臣绝班，惟大朝会则仍按品级入班，如本官二品则入二品班，三品则入三品班，但军机大臣官未至一品者亦少耳。朝贺事毕即换蟒袍，蟒袍乃礼服，用之于嘉辰庆典。内廷官及三品以上冬季本应穿貂褂，惟元旦穿补褂者，因貂褂反穿不能缀补，不足以示吉庆之意，仍须穿有补服之白风毛外褂也。清制章服最繁，除朝服礼服外，平日穿常服，而常服又有补褂挂珠者，挂珠而不补褂者，不挂珠亦不补褂者，须视其日之吉凶事之轻重而别；例如朔望则补褂，斋戒则常服，忌辰则应穿元青褂，然若在斋戒期内，则仍应常服，良以祭为吉礼，故暂变凶从吉也。寿皇殿乃景山内奉祀真容之所，太庙乃大祀，惟四孟月行之，岁时令节则于寿皇殿行家人体，军机大臣以近密之故，亦许随同行体。

初六日记云：

> 黎明后即到书房，上已至。辰正汉书始，上坐讲论经史，读《平准（淮）西碑》一篇，写字，读熟书，未至午初即退。

按德宗是时年十四，而到书房如此之早，平日须兼读满文习弓箭，其间有召见臣工之事，尚须临御，而读书至未刻方罢，亦不得谓之不勤。翁公日记中每谓功课不紧，不乐诵读，恐亦督责太过耳。帝王典学一如常人子弟之入鏊（塾），诚前古所无，不可谓非帝王制度之一种进步也。

初七日记云：

> 是日同人先至懋勤殿，进春帖子，置正中案上，一跪而起，俗名跪春。

按春帖子为唐宋旧俗，惟宫廷中尚沿而不改。今所传东坡法书，尚有所书春帖子词，宋高宗亦有之。清制，军机及南书房诸臣于立春前进春帖子词五绝一首七绝二首，黄折红里楷书，上必以是时赐湖笔朱墨笺绢，为近臣荣遇，亦古风之遗也。

初十日记云：

> 龙湛霖请选宗室贵戚于书房后在养心殿辅导圣学，仿御前大臣职，云云。慈谕颇不谓然，折留中而已。

按此有鉴于穆宗之暱近小人也。养心殿者帝之寝殿。清制，未时以后即不与臣下相见，在左右者无非阿监之流，自易影响主德。然宗室贵戚亦岂多贤者，纵使实行，未必即能收效，翁公之意，颇惜其不见采用，其实殊不系乎此。惟此谕确属谠言，魏正始中何晏请以大臣侍宴游陈政事论经义，正即此意，君主时代政治根本宜莫逾此。

十七日记廷臣宴礼节，为各书所无，极有价值。略云：

> 午初一刻至南书房少坐，旋由甬道行至丹陛，分东西班，满东汉西，立戏毯边外北面。上升御座，奏事总管太监引入，就垫跪，一叩，即坐坐垫，菜席先设，入席，

赐饭及汤，人各二碗，一叩，特赐御前馔各席一器，一叩，赐奶茶，人各一盂，一叩，菜席撤去换果席，赐元宵，人各五，一叩。食讫，此时进酒者起，众皆离席立。进酒者出槅扇外，脱去外褂，仍挂朝珠，入中门跪，众皆就垫跪。太监实玉斝酒授进酒者，进酒者起，捧酒矩步由中搭渡上，折而西而北，近御座，跪献讫，由西搭渡趋下，于原处叩首，众乃就垫叩。兴，进酒者复由西搭渡升，跪接虚斝，由中搭渡矩步下，于原处跪。太监接斝，酬以爵。受爵一叩，饮讫一叩，众不叩。进酒者出，着褂入座，众咸坐。赐酒，人各一杯，一叩。赐果茶，一叩。饮讫，众起，挨次趋出殿外，檐下横排，一跪三叩。上起，众退。

此亦古礼之仅存者，廷臣宴每年皆在正月十六七，于乾清宫举行，但惟一品大臣得与。有一人一席者，有二三人一席者，大约殿内东西各列四五席。所备酒肴，大致与外间不异，惟盘脚而坐，最存古意。进酒者以一人为代表，所谓奉觞上寿。此人由上派定，谓之挐酒大臣。例以满人为之。矩步者，凡手捧物则于御前不趋，其行必依直线，如今军队行列然，不得斜行取近也。平日手不捧物，则以疾趋为敬，古人赐入朝不趋所以为优体也。

十九日记云：

沅圃（甫）之学，老庄也，然依于孔孟，其言曰：抱一守中。又曰：止念息心。又曰：收视返听，是为聪明。其养生曰：神水华池，时时致念。其为政曰：顺民心。

其处世曰恕，其临事曰简，其用兵则皆依乎此而已。

按曾忠襄是时方署礼部尚书，任两江者为左文襄，旋以病给假回籍，皖抚裕禄接署，而舆论殊不以为然，乃降谕改以曾署理。翁记中有“庶几威望副此席”之语，盖中兴宿将无多，朝野皆属望于曾也。忠襄之学术偏于老氏阴柔，与文正主张夙所颇异，然自有其一贯处。翁公二月初十日又记云：“曾沅圃（甫）来长谈，饭蔬而去。其人似偏于柔，其学则贯澈（彻）汉宋，侪辈中无此人也。”推崇可谓至矣。翁公于文正微有私怨，以文正劾其兄文勤，几陷不测，而雅重忠襄叔侄，于忠襄尤倾服出于至诚，其不以私害公，后之论者当两贤之。［关于忠襄，翁公日记更有如乙亥二月二十九日云：“晚访曾沅圃（甫），长谈，得力在宋儒书，大略谓用人当返求诸己，名言甚多，知其成功非倖矣。”癸未十一月二十六日云：“曾沅圃（甫）来，言时事三端：一中原民生宜恤，一越事不可动兵，一听言宜择，不宜轻发。其谈兵事总不以设险著形为然，多一险即多一败象。其言驭夷以柔以忍辱为主，其言用人则以虚以下人为先，真虚则善言日至矣，类有道之言也。”十二月初五日云：“其学有根柢，再见而益信，畏友也，吾弗如远甚。”庚寅十月初三日云：“闻曾沅浦（甫）制军于前日未时星陨，事关东南全局，可虑也。”又关于惠敏，庚午五月十二日云：“晤曾世兄纪泽，号劼刚，谈次觉其不群。”丙戌十一月二十一日云：“劼刚于各国事务能得要领。”庚寅闰二月二十三日云：“访劼刚，问其疾，则鼓在门矣。惊怛，入哭，改其遗折数处。此人通敏，亦尝宣劳，而止于此，可伤也。”撷录以资汇览。]

文正论文论事论人，均尚刚，有欲著挺经之说。其学术及处事，宗旨可见。然亦颇参以柔道。欧阳兆熊《水窗春呓》有云：“文正在京官时，以程朱为依归，至出而办理团练军务，又变而为申韩，尝自称欲著挺经，言其刚也。咸丰七年在江西军中丁外艰，闻讣奏报后即奔丧回籍，朝议颇不谓然。左恪靖在骆文忠幕中肆口诋毁，一时哗然和之。文正亦内疚于心，得不寐之疾。予荐曹镜初诊之，言其岐黄可医身病，黄老可医心病。盖欲以黄老讽之也。先是文正与胡文忠书，言及恪靖遇事掣肘，哆口谩骂，有欲效王小二过年永不说话之语。至八年夺情再起援浙，甫到省，集‘敬胜怠、义胜欲，知其雄、守其雌’十二字，属恪靖为书篆联以见意。交欢如初，不念旧恶。此次出山后，一以柔道行之，以至成此巨功，毫无沾沾自喜之色。尝戏谓予曰：他日有为吾作墓志者，铭文吾已撰，‘不信书，信运气。公之言，告万世’。故予挽联中有将汗马勋名问牛相业都看作粃糠尘垢数语，自谓道得此老心事出。盖文正尝言，吾学以墨禹为体，庄老为用，可知其所趋向矣。”文正之以柔济刚，是否即由于欧阳氏之进言，姑不论，要其参用柔道，益属不诬。其克集大勋以此，功高而善于自处亦以此。（其主刚犹不始于治军时，观道光庚子覆贺耦庚中丞书已可见。）忠襄赋性亦毗于刚，金陵之役，统师当艰巨，即与诸将帅不相得，多所龃龉。（与文正关系最密切之彭刚直，甚至尝以大义灭亲之说进。）以中怀之抑郁，当简授浙抚而欲请改武职，迨金陵既下即断然引疾归里。嗣官鄂抚，又与鄂督官文恭不睦，严劾罢去，尤见刚锐之气。而因是招嫉，亦不安于位。后此再起，乃尚柔道，督江数载，几于卧治，为政与文正有异同，而善处功名之际，精神上固颇一贯也。

三月初四日记云：

> 恭邸述惇邸语请旨，则十月中进献事也，极琐细，极不得体。慈谕谓本不可进献，何用请旨，且边事如是，尚顾此耶？意在责备，而邸犹刺刺不已。

次日又记云：

> 比入，仍申昨日之谕，两邸所对皆浅俗语，总求赏收礼物。垂谕极明，责备中有沈重语。臣越次言，惇亲王恭亲王宜遵圣谕，勿再琐屑。两王叩头，匆匆退出。天潢贵胄，亲藩重臣，识量如此。

翁公记中不甚于人有贬词，而此条诛伐如此，诚有不胜其慨愤者。惇王当存而不论，恭王久经忧患，历当重任，何以舍国事不恤而专效宦官宫妾之献谀，意其中亦有隐衷也。然朝议已有谴责恭王之意，初八日记即云：

> 今日入对时，谕及边方不靖，疆臣因循，国用空虚，海防粉饰，不可以对祖宗。臣等惭惧何以自容乎？退而思之，沾汗不已。

此时因外廷疏劾枢臣误国，正与醇王商易枢臣。初十日军机见起后，即有醇亲王起。翁记云："头起（指军机）匆匆退，而四封奏皆未下。二起（指醇王）三刻多，窃未喻也。"次日又记云："发两封奏，而盛昱一件未下，已四日矣，疑必有故也。"所谓有故者,即参劾军机也。清制封奏直达御前,虽军机不得见。如系特别重要,即留中不发。故黜陟大权,仍操于君上,若罢免枢臣,只须一纸硃谕也。又次日则记云:

> 闻昨日内传大学士尚书递牌,即知必非寻常。恭邸归于直房办事,起下传散,始闻有硃谕一道,恭亲王奕䜣大学士宝鋆入直最久,责备宜严,姑念一系多病,一系年老,兹特录其前劳,全其末路,云云。

于是军机全体罢黜,别简礼亲王世铎、户部尚书额勒和布、阎敬铭、刑部尚书张之万、工部左侍郎孙毓汶入军机矣。旧军机中,恭王开差家居,宝鋆休致,李鸿藻景廉降调,而翁同龢革职留任。翁以帝师之故,而革留仍可不去位,犹为优遇也。清制每召见一次,称为一起,召见某人称为某起,传某人入谓之叫起,召见谓之见起。大抵军机每日见起,余则自请对者必请递膳牌,特召入对者谕令递牌。所谓膳牌者,以用膳时呈递,犹民间之名刺也。若有大事召廷臣会议于御前,则谓之叫大起。此次易枢之事,起因于清流之分党。是时清流多附李高阳,而盛伯羲则持异议。故翁记云:

> 张子青来,始知前日五封事皆为法事,惟盛昱则痛斥枢廷之无状,并劾丰润君保徐延旭之谬,又牵连及于高阳之偏听。

丰润指幼樵副宪佩纶也。孙济宁为醇邸旧人,恭退而醇进。但醇王以皇帝本生父之尊,不便直枢廷,惟令要事会同商办,故济宁实主持其间,而旋以刑右许庚身佐焉。易枢而后，张皇战备，张赴闽而陈伯潜学士宝琛赴江，卒至张以马江之挫获重咎，身败名裂，陈亦缘事降绌，清流顿衰。醇王主战之意亦不坚，迨桂滇两路告捷，即从李文忠“见好便收”之说，而济宁遂赞和局之成矣。斯役为光绪初年清流之结局。惟张文襄早膺疆寄，事任愈隆，晚跻端揆，身名俱泰。

按《越缦堂日记》于三月十七日下云：

> 晨泊天津，始知十三日朝廷有大处分，枢府五公悉从贬黜。余濒行时寓书常熟师，言时局可危，门户渐启，规以坚持战议，力矫众违。不料言甫著于纸上，机已发于廷中。先是初八日同年盛庶子疏言法夷事，因劾枢臣之壅闭讳饰，一日逮两巡抚、易两疆臣而不见明诏。亦言及张树声之疏防边警，张佩纶之滥保非人。次日又闻东朝幸九公主府赐奠，召见醇邸，奏对甚久。是日恭邸以祭孝贞显皇后三周年在东陵，至十三日甫回京覆命，而严旨遂下，萌兆之成，其由来者渐乎。

是事前已略有机朕，外廷已微闻之矣。

翁公与张文襄不洽，世颇知之，而甲申之岁，翁公日记则于张甚有赞誉之语。四月二十四云：

> 邸抄内张香涛覆奏口外厅民编籍无碍蒙民一折，纚纚千言，典则博辨，余于此真低首而拜矣。

二十六日云：

> 张香涛来长谈，毕竟磊落君子人也。（按：张由山西巡抚被召入觐，二十八日简署两广总督。）

其称许如此。（惟“毕竟”二字似有微旨，或其时有短张于翁者。)又辛巳十一月十四日记云:“授张之洞为山西巡抚,盖特擢也,可喜可喜。”可以合看。不料后来相乖之甚也。至其龃龉情事,文襄极言之,如《抱冰堂弟子记》(罗惇曧《宾退随笔》云:“托名弟子,实其自撰也。”)云:“己丑、庚寅间,大枢某大司农某立意为难,事事诘责,不问事理,大抵粤省政事无不翻驳者,奏咨字句无不吹求者。醇贤亲王大为不平,乃于所奏各事皆奏请特旨准行,并作手书与枢廷诸公曰:公等勿藉枢廷势恐吓张某。又与大司农言曰:如张某在粤省有亏空,可设法为之弥补,不必驳斥。贤王之意盖可感矣。”大司农即谓翁公,时官户部尚书也。己丑七月,文襄即由两广总督调补湖广总督,是年十一月抵鄂就新职,庚寅已不在粤,盖指户部仍严究其粤任亏空耳。《宾退随笔》述此有云:“大司农为翁同龢,时同龢以户部尚书在枢府,与文襄最不协,恭亲王奕䜣被逐出枢廷,醇亲王奕譞以皇帝父不便入值,乃诏枢臣遇事与醇亲王妥议,醇王实隐执政权,故能调护文襄也。”大司农即翁,自无疑问,惟翁公甲申罢枢值,至甲午始再入枢府,张言大枢某大司农某,明是两人,大枢某盖谓其时枢臣孙毓汶,已(己)未文襄在署两江总督任有致翁公书,则正其二次值枢廷时。书云:“之洞方州窃禄,负乘滋惭,自去冬假节东来,江海即已戒严,南防北援,军多饷巨,既无术以减灶,复计拙于持筹,万不得已,仍出洋款下策,仰蒙大钧斡旋,得邀报可,惠及军民,欢同挟纩。至于之洞平日才性迂暗,不合时宜,道路皆知,若非密勿赞画,遇事维持,必更无所措手。比来屡闻芸阁叔峤诸人道及,备言我公于畴人广坐之中，屡加宏奖，谓其较胜时流，忘其侏儒一节之短，期以驽马十驾之效，并以素叨雅故，引为同心，惶恐汗流，且愧且奋。昔者李成为魏相而西河奏其功，国朝安溪在讲筵而诸贤展其用，是外吏之得以效其尺寸者皆由政本为之。方今时势艰危，忧深恤纬，所幸明良一德，翕然望治，我公蕴道匡时，万流宗仰，慨然以修攘大猷提倡海内，内运务本之谋，外施改弦之法，凡有指挥所及，敬当实力奉行，以期仰副荩悃。今日度支艰难，节用为亟，计相苦衷，外间亦能深喻。特以补牢治牖，用费实多，谨当权衡缓急，省啬为之，入告得请，乃敢举行。至铁政枪炮诸局，当初创设之时，因灼知为有益时局之事，而适无创议兴办之人，遂不能度德量力，毅然任之，所谓智小谋大，诚无解于《易传》之讥。然既发其端，势不能不竟其绪，用款繁巨，实非初议意料所及。今幸诸事已具规模，不能不吁请圣恩，完此全局，以后限断既清，规画较易。至其间用款，皆系势所必需，总由中华创举，以致无辙可循。比年来无米为炊，正如陈同甫所谓牵补度日者，尚何敢不力求撙节，必至万不容已之事，始敢采买营造。旁观者但诧手笔之恢闳，或未知私衷之艰苦，此诸事正为讲求西法之大端，伏望范围曲成，俾开风气，则感荷庆幸，岂独一人。公以敷陈古义之儒宗，兼通达时务之俊杰，变通尽利，鼓舞尽神，不能不于台端是望也。”生隙之后，又极致推崇如是，且力言翁期许之厚，而援文廷式杨锐辈为证。盖翁虽对张不满，然言谈之间，尚非有贬无褒。张即因其对与己相稔者所为许与之言，作感深知己之表示，以为修好之计，并以借款之获俞，称颂钧轴。时方以用款浩繁，蕲政府核准，翁则以帝师枢臣掌度支，惧其与己为难，故如此说法耳。此书在两人关系上甚可玩味，故录资考镜。其后两人仍难水乳，张晚岁犹衔憾不置。编订诗集时，于《送同年翁仲渊殿撰从尊甫药房先生出塞》一首，[诗云："玉堂春早花如雪，捧襟揽辔与君别。扶将老父辞青门，西行上陇水呜咽。陇岩之外路悠悠，轮台况在青海头。岂独鞍马忧憔悴，花门千骑充凉州。云中太守行召用，吏议虽苛主恩重。出塞不劳送吏嗔，过海喜有佳儿从。君家季父天下奇（谓叔平丈），曾辞使节披莱衣。君今为亲行万里，一门孝弟生光辉。幸免清羸似叔宝，更祝白发颜常好。盐泽羽琌须纵观，挏乳盘酥强一饱。闻道韩擒师且班，石城青盖入中原。边尘一斗为君洗，早晚金鸡下玉关。"同治初年药房由斩监候加恩遣戍新疆时所作也。其时两家交谊，足见一斑。张于咸丰壬子领解，与松禅为乡举同年。同治癸亥探花及第，仲渊则以恩赐进士得大魁，复有一层年谊。]加注云："药房先生在诏狱时，余两次入狱省视之，录此诗以见余与翁氏分谊不浅。后来叙（叔）平相国一意倾陷，仅免于死，不亚奇章之于赞皇，此等孽缘，不可解也。"往事回溯，愤懑一至于斯。雅故凶终，良可慨也。（《宾退随笔》云："文襄有送翁同书遣戍诗，自注言与翁氏交情极洽，而叔平必欲置我于死地，为不可解之语。文襄编诗集时，翁已得罪锢于家，文襄方以大学士在枢府，犹不能忘同龢也。"即指此。张于丁未始以大学士由湖广总督内召入枢廷，翁卒于甲辰，为时已三年矣，不当尚云锢于家。又按张年谱，己酉七月手定《广雅堂诗稿》，癸卯入京以后，时有删易，至是命工写印，翌月即卒。)《张文襄公年谱》(胡钧重编)甲子有云："翁文勤公(同书)因案获谴，同治元年逮入诏狱，公两入诏狱中省视。二年十二月，有旨发往新疆效力赎罪，是年三月就道，子曾源殿撰(字仲渊)随侍出塞，公赋诗送行。(诗载本集。按公试卷履历，文勤为受业师，仲渊殿撰与公乡举同年，又癸亥榜首。壬戌会试，翁文恭同龢为同考官，见公试卷被摈，为之扼腕，及癸亥登第，引为快事。公抚晋时，日或疏陈口外七厅改制无碍游牧，文恭见之，称为典则博辩，欲低头而拜，入京相见，又称为磊落君子。具见文恭自写日记中。其后文恭获咎，宣统纪元开复原官，实公在枢府斡旋之力，公与文恭分谊始终不薄如此，本集此诗自注不满于文恭，乃有感而发，读者勿以词害意。)"似有意回护，其实不必也。张语若彼，岂寻常不满之词。至谓有感而发，所感不即在文恭乎。(仲渊之举人，亦以恩赐得之，时张早捷乡闱，并非乡举同年，乡举同年乃文恭耳。至壬戌会闱中事，文恭日记中曰春闱随笔，三月二十五日云："见范鹤生处直隶形肆柒一卷，二场沈博绝丽，三场繁称博引，其文真《史》《汉》之遗，余决为张香涛，得士如此，可羡也。"四月初六日云："前所见鹤生处直隶形肆柒卷，在郑小山处，竟未获隽，令人扼腕。"固足见赏誉之情也。)沃丘仲子(费行简)慈禧传信录纪文襄之获擢晋抚云："后曰：(张)之洞、(陈)宝琛、宝廷、(张)佩纶四臣果孰堪大任者。(翁)同龢称：就四臣论，学问经济，之洞实首选。（后之洞自谓为同龢所厄者，以同龢后所恶，欲希宠也。）（李）鸿藻亦谓之洞胡林翼弟子，负干济才。后遂特简为山西巡抚。”希宠之说，语近深文。（辛巳张简晋抚，翁虽称善，然未必由翁荐扬。时翁未入枢廷，虽以帝师得君，而德宗尚幼，不能有所主持。高阳方以枢臣用事，与张投分甚深，或与有力。）翁张之始契而终乖，意者翁公累世京朝贵显，久直内廷，政策颇主内重，膺计相之任，复尚精核，对于疆吏手笔恢宏多所兴举者，每加裁抑，或为所难堪。如李文忠之在北洋，与翁即甚不洽。张翁相失，似亦因此。在施者当犹谓制裁出于分所应然，在受者则不免深感钳束倾轧之苦矣。至翁于己酉五月追复原官，张在枢府盖与有力。翁夙望在人，新君嗣统，斯亦收拾人心之一道，张未以私嫌妨国是也。翁张均负时望，同为晚清政界极有名之人物，所影响者甚巨，其二人间关系之演化，则颇为微妙，事甚可述。故于读文恭甲申日记之余，更为钩稽，用相参印。

左文襄五月销假抵京，再为枢臣。（谕称“该大学士卓著勋绩，年逾七旬，著加恩无庸常川入值”。）翁公十九日记云：

> 拜左中堂于旃檀寺，未见。昨日到，尚迟数日请安。

闰五月二十九日记云：

> 左相国来长谈，神明尚在，论事不能一贯，大不满意于沅帅，力主战，云云。

六月二十一日记云：

访左相谈，虽神情不甚清澈，而大致廓然。反覆云，打仗是学问中事，第一气定，气定则一人可胜千百人，反是则一人可驱千百人矣。

文襄为当时所倚之元老重臣，论兵虽属见道之言，主战亦出许国之诚，而精力之衰，已可概见。（其与忠襄不协，无非由于前后任之意见。）至七月初八日明诏宣示天下，罪状法国，饬各军协剿，十八日文襄奉旨以钦差出赴福建督师矣。廿五日记云：

左侯来辞行，坐良久，意极惓惓，极言辅导圣德为第一事。默自循省，愧汗沾衣也。其言衷于理，而气特壮，曰凡小事精明必误大事，有味哉。劝其与沅湄协力，伊深纳之，怅惘而别。

此别遂成千古，盖文襄竟殁于王事矣。（翌年文襄卒于差次，翁公七月二十八日记云："闻左相竟于昨日子刻星陨于福州。公于予情意拳拳，濒行尚过我长揖，伤已，不仅为天下惜也。"）

七月初二日记云：

延煦参左宗棠于乾清宫未往行礼，交部议处。

初六日记云：

醇王参延煦劾左宗棠行礼不到，意在倾轧，交部议处。

十一日记云：

是日吏议上，左相罚俸一年。

此为文襄拜钦差大臣之命赴闽督师前被劾获谴之一

事。六月二十六日德宗万寿,(生日本为六月二十八日,以避孟秋时享斋期,改以是月二十六日为万寿节。)诸臣至乾清宫叩祝如仪,文襄以衰惫未到,礼部尚书延煦上疏劾之,文襄交部议处,得罚俸一年之处分。当吏议未上,醇王愤延煦之危词耸听,特疏纠弹,延煦因亦交部议处。考其处分,则部议降三级调用,上谕加恩改为革职留任,仍罚俸一年,虽从宽典,罚已重于文襄矣。《慈禧传信录》所纪云:"宗棠虽出身举人,而科目中人多非同辈,朝官以其骄蹇,颇恶之。又称金顺为己部将,而于广众中诋官文不识一丁,竟得以功名终,旗员大都类然,于是满蒙籍诸官衔之尤刺骨。礼部尚书延煦遂以万寿圣节宗棠到班迟误行礼失节特疏纠之,略谓宗棠以乙科入阁,已赏优于功,乃既膺爰立,竟日骄肆,乞惩儆。疏入,后示枢臣曰:此关礼仪事,何非部臣公疏而只煦单衔耶?(奕)䜣谓宗棠实失礼,但为保全勋臣计,煦疏乞留中。后韪之。奕谖闻而大愤,是日特专折劾煦,谓宗棠之赞纶扉,特恩沛自先朝,煦何人斯,敢讥其滥。且宗棠年衰,劳苦功高,入觐日两宫且许优容,行礼时偶有失仪,礼臣照事纠之可已,不应煦一人以危词耸上听。言颇激切。后尝以历朝诸后垂帘无戡乱万里外者,居恒自负武功之盛,然实宗棠力也。故(李)鸿章等屡言其夸,后不为动。煦纠疏入,后已不怿,得谖奏,遂以谕斥煦,复敕部议处分。"所纪略得此事之轮廓,而颇有失实。最误者,乃谓后以延煦疏示枢臣奕䜣云云。三月间,恭王等已逐出枢廷,此时何能犹以枢臣而有所主张乎。且文襄未免吏议,煦疏亦非留中未发也。

因更考关于延煦劾左之谕云:"延煦奏,六月二十六日万寿圣节行礼,左宗棠秩居文职首列,并不随班叩拜,据实纠参一折,左宗棠著交部议处。"醇王奏云:"臣初以为纠弹失仪,事所常有,昨阅发下各封奏,始见延煦原折,其饰词倾轧,殊属荒谬。窃思延煦有纠仪之职,左宗棠有失仪之愆,该尚书若照常就事论事,谁曰不宜?乃藉端訾毁,竟没其数十年战阵勋劳,并诋其不由进士出身,甚至斥为蔑礼不臣,肆口妄陈,任情颠倒。此时皇太后垂帘听政,凡在廷臣工之居心行事,无不在洞烛之中,自不能为所摇动。特恐将来亲政之始,诸未深悉,此风一开,流弊滋大。臣奕譞于同治年间条陈宗人府值班新章,虽蒙俞允所请,仍因措词过当,奉旨申饬。今延煦之疏,较臣当日之冒昧不合,似犹过之。"奉谕:"钦奉懿旨,前据延煦奏,万寿圣节行礼左宗棠并不随班叩拜,当将左宗棠交部议处。兹据醇亲王奕譞奏称:延煦纠参左宗棠,并不就事论事,饰词倾轧,籍端訾毁,甚至斥为蔑礼不臣,肆意妄陈,任性颠倒,恐此风一开,流弊滋大等语,延煦著交部议处。"延煦原疏未能觅得,而就醇亲王疏推之,大端可见。《慈禧传信录》所述数语,亦颇得其仿佛。盖煦疏用重笔,醇疏亦用重笔也。醇王素重文襄,翁公日记中历历可征。至延煦谓"左宗棠秩居文职首列",大学士居文臣首班,而其时文襄且为首辅也。文华殿大学士李鸿章久为首辅,武英殿大学士宝鋆次之。李于壬午以丁母忧暂开阁缺。(开大学士缺而不补人,迨服阕仍补原缺。)甲申三月宝鋆休致,左遂以东阁大学居阁臣首席。是年八月李服阕,仍授大学士，有旨左宗棠班在李鸿章之次。十月更授李鸿章文华殿大学士，灵桂由体仁阁大学士晋授武英殿大学士。额勒和布授体仁阁大学士，有旨额勒和布班在灵桂之次。四相之序为李、左、灵、额，两汉相居前焉。普通之例，大学士以殿阁之衔为次，而有时不拘。左官东阁大学士十余年，班次晋而阁衔不改，犹之乾隆朝之刘统勋也。

是年慈禧太后五旬万寿，九月二十六日记云：

> 皇太后自长春宫移储秀宫，上龙袍褂递如意，内府官花衣递如意，有戏。

按后所居之宫，他书罕载，阅此可知之。皇帝龙袍褂，即臣下之蟒袍，俗称花衣。递如意者，满俗凡庆典皆如是，若令节及生日亦以如意赐臣下。十月初十日为万寿正日，记云：

> 到东茶房更朝衣，由景运门入，至西边朝房恭俟。辰初二刻，皇太后御慈宁宫，上率百官行庆贺礼，作乐宣表，一二品及内廷人员在长信门外行礼毕，醇亲王行礼，门开仗仍立，仍到东朝房换衣，坐帐房吃官饭。已(巳)初二刻入座，戏七出，申初三刻退，凡二十六刻。有小伶长福者，长春宫近侍也，极儇巧，记之，此辈少为贵也。

读此记，想见海疆多事战士致命之秋，宫廷之中尚粉饰承平如此。玉宇琼楼，龙旂雉扇，俨然全盛威仪。至宠狎伶竖，又非雅音法曲之比，翁公深有慨乎中矣。又二十日记云：

自前月二十五至今日，宫门皆有戏，所费约六十万，戏内灯盏等用十一万，他可知矣。

其言外致讥之意可见。

十一月初五日记授读作诗情形云：

膳后作诗，题为汉章帝。上援笔立书曰："白虎亲临幸，诸儒议五经。惜哉容窦宪，谏诤未能听。"每日臣侍侧，不免检韵或讲典故，今日臣离案观书，未发一语，真云章第一篇矣，喜而敬识。

按德宗冲年好学，记中屡言之，比年渐长，则颇惮于诵读，记中亦屡言之，然亦未始非师傅过于胶柱不能诱启之故。慈禧待穆宗虽亦责备，而督课不甚严，待德宗督课稍严，然不甚责备，记中亦常及之。其实姿性初不平常，观此诗可见。十四岁天子如此，亦难得矣。

（原载《古今》1944 年第 45 期）

三　状元与美人

《孽海花》一书,因所谓"状元夫人"之名妓傅彩云(赛金花)而命名。其清季所成者,第二回(金榜误人香魂坠地)为本书发起者金松岑(天翮)所作,先写一闺秀嫁丑状元事;当时甚为读者所注意,盖谴责小说方风靡一时也。

金氏痛詈科举制度,而以此项故事形容国人迷信科名之甚。其所写云:"……那顺治皇帝,天亶聪明,知道中国民情只重科名,不知种族,进了中国,开宗明义第一章就是开科取士。这回殿试出来的第一名,就是开国第一个状元了。这开国第一科第一名的状元,自然与众不同,格外荣耀。这人是谁呢?在下没看过登科记,记不真切,仿佛是姓房叫国元。当时词林传一段佳话,颇足表明全国科名的迷信。原来这房国元当日听了胪唱,自然照例的披红簪花,游街归第,正是玉楼人醉金勒马嘶的时候,不道这个风声,一传十,十传百,就传到了一个闺秀耳中。这闺秀的姓名籍贯,一时也记不得,但晓得他平日看见那些小说盲词山歌院本,说到状元郎,好像个个貌比潘安,才如宋玉,常常心动。这日听见房国元的消息,又是开国第一个状元,不晓得如何粉装玉琢，绣口锦心，不觉一往情深起来。眠思梦想，不到几个月，就恹恹成病了。闺秀的父母，先原不懂，再三诘问，这闺秀才告诉为这个缘故。父母只有此女，溺爱甚深，连忙替他去打听。谁知不巧，这状元早有正室了。父母回来告诉闺秀，原想打断他这条念头，谁知那闺秀对父母道：'儿志已定，宁为状元妾，不作常人妇的了。'那父母没法，只好忍了这口气，托冰人到房国元那里去说。那状元听了，也诧异得很，然感他一点痴情，慨然允了。到了结缡这日，有些好事文人，弄笔吟客，送催妆诗，赠定情赋，传杏苑之尘谈，作玉台之眉史，喧噪一时。闺秀这日也自谓美满姻缘，神仙眷属，几生修到矣！谁知到了晚上，更深客散，状元送客归房，那闺秀正在妆台左侧，忽见锦幔一掀，走进一个梢长大汉来，面黑如镬，眼大如铃，两道浓眉，一部长须，且痘斑满面，葱臭逼人！那闺秀大吃一惊，狂喊道：'何处野男儿！'旁边侍女仆妇都笑道：'这便是状元郎归房了！'闺秀这一气，直气得三尸出窍，六魄飞天。当时无话，知道自己错了。等得大家睡静，哭了一场，走到床后，不免解下红罗，投缳自尽。列位想，一个人最宝贵的是性命，看那闺秀，只为了状元两字，断送一生！全国人迷信这科名的性质，也就可想而知。性命尚且不顾，那里有工夫顾得到国家不国家呢？"此段文字，可谓出力描写，彼时读者多感兴味。曾孟朴（朴）民国修订并续撰之本，将此段删去。（其《修改后要说的几句话》言其理由："原书第一回是楔子，完全是凭空结撰。第二回发端还是一篇议论，又接叙了一段美人误嫁丑状元的故事，仍是楔子的意味，不免有叠床架屋之嫌，所以把他全删了。”又关于本书之撰著，据云：“金君发起这书，曾做过四五回。……把继续这书的责任，全卸到我身上来。我也就老实不客气的把金君四五回的原稿，一面点窜涂改，一面进行不息。……前四回杂糅着金君的原稿不少。即如第一回的引首词和一篇骈文，都是照着原稿一字未改，其余部分也是触处都有，连我自己也弄不清楚谁是谁的。就是现在已修改本里也还存着一半金君原稿的成分。从第六回起才完全是我的作品哩。”金君与本书之关系如此。美人误嫁丑状元之一段故事，当是金稿，其间或亦有曾氏点窜涂改之处也。）今惟“曾朴所叙”之《孽海花》通行，“爱自由者（金）发起，‘东亚病夫’（曾）编述”之《孽海花》浸废，此段文字恐将归于淹没，不更为人道及。以其尝被重视，故表而出之。

此丑状元之姓名作“房国元”，盖以“房”谐“亡”，由其“谴责”之意，可不深论。至其究指何人，若如所云“顺治皇帝……进了中国……开国第一个状元”，当然为顺治三年丙戌科状元傅以渐。以渐山东聊城人，官至武英殿大学士，为状元而宰相者，并无闺秀误嫁而自杀之事，且其貌非丑，亦与金氏所写不符也。

其貌之非丑，于何征之？征之于清世祖（顺治帝）所绘《状元归去驴如飞图》。陈云笙（代卿）《慎节斋文存》卷上有《御画恭纪》一篇云：“光绪丙申夏四月，东昌府（聊城县为东昌府治，今废府存县）学博王君少炜，邀余至相府街傅宅恭阅世祖章皇帝御画。一绫本山水，峰峦树石，纯是董北苑家法，气韵之厚，绝非宋元人所能，神品也。一纸本达摩渡江图，科头左顾，双手拥袂向右，赤足踏一苇，衣纹数笔如屈铁，气势飘逸，直逼吴道元，能品也。一绢本青绿，大树下一人，面如冠玉，微须，若四十许人，跨黑卫，二奴夹侍，一执鞭拥驴项而驰，一回顾若有所语，骑者以手扶其肩，即开国殿撰傅相国以渐也，神采如生，尤为妙品。上书唐人七绝，末'状元归去马如飞'，'马'易作'驴'，盖世祖戏笔也。家传中谓：相国官翰林时，常乘驴扈跸，两奴左右侍，若防倾跌，世祖顾之而笑，因绘图以赐。相国衣履悉如今式，惟貂冠朱缨无顶戴，盖国初制尚未定，至雍正十年始加顶戴也。山水上题'顺治乙未御笔赐傅以渐。'朱印三：〔一〕'广运之宝'，方三寸。一'顺治乙未御笔'，长四寸，广一寸二分。一'顺治御笔'，方一寸五分。达摩图题印皆同，但无寸五方印。是日同观者为曹大令倜、孙广文宗闵、王孝廉维言、暨予犹子新佐。"自跋："谨案：章皇帝统一天下，自乙酉入关登极，至是方十有八龄，文德武功，冠绝前古，万几之暇，娱神丹青，天纵多能，直合顾陆关荆为一手。观于赐图跸路，犹想见君臣相得之乐，千载一时，令人敬慕无已。是日又见傅相国自画盆景，凤仙花二本，朱粉阅二百余年如新，设色工妙绝伦。……"清世祖以创业之主，兼工六法，斯亦足见一斑。虽颂扬容有逾量，要为善于斯道者。（清初人记载，如王阮亭——士禛——《池北偶谈》卷十二——《谈艺》——云："康熙丁未上元夜，于礼部尚书王公崇简青箱堂，获恭睹世祖章皇帝御笔山水小幅，写林峦向背水石明晦之状，真得宋元人三昧。圣上以武功定天下，万几之余，游艺翰墨，时以奎藻颁赐部院大臣，而胸中丘壑，又有荆关倪黄辈所不到者，真天纵也。”卷十三——《谈艺》——云：“戊申新正五日，过宋牧仲慈仁寺僧舍，恭睹我世祖章皇帝画渡水牛，乃赫蹄纸上用指上螺纹印成之，意态生动，笔墨烘染所不能到。又风竹一幅，上有‘广运之宝’。”亦可参阅。）兼知以渐之亦能绘事也。至“状元归去驴如飞”，不独佳画可传，且属大有风趣。画中之以渐，见谓“面如冠玉”，其非丑状元可知矣。（世祖六岁在关外即位，翌年甲申即入关，非乙酉也。）张诗舲（祥河）《关陇舆中偶忆编》云：“顺治开科状元为东昌傅相国（以渐）。相国尝扈随圣驾，骑蹇驴归行帐，上在高处眺望，摹写其形状，戏题云‘状元归去驴如飞’。画幅仅二尺许，设色古茂。余道出东昌，登傅氏御画楼，其裔孙傅秋坪前辈（绳勋）出赐件获观，恭纪一诗。允宜采入画苑为佳话云。”可与陈氏所纪同阅。

世祖诚善画矣，而“状元归去驴如飞”图中之傅以渐，面貌是否毕肖，宜更有旁证。彭羿仁（孙贻）《客舍偶闻》云：“世祖幸阁中，中书盛际斯趋而过，世祖呼使前，跪，熟视之，取笔画一际斯像，面如钱大，须眉毕肖，咸叹天笔之工。际斯拜伏，乞以赐之，笑而不许，焚之。世祖御笔，每图大臣像以赐之，群服天纵之能。”盖画家的清世祖，于所绘人物，固具面貌肖真之特长，且喜为人图像，使以渐貌果丑陋，断不绘为“面如冠玉”耳。（其绘盛际斯像，颇似今之所谓“速写”。）

金氏所写之丑状元故事，实由康熙五十七年戊戌科状元汪应铨事而来。袁简斋（枚）《随园诗话》卷三云："汪度龄先生中状元时，年已四十余，面麻身长，腰腹十围。买妾京师，有小家女陆氏，粗通文墨，观弹词曲本，以为状元皆美少年，欣然愿嫁。结婚之夕，于烛下见先生年貌，大失所望，业已郁郁矣。是夕诸同年饮嬲巨杯，先生量宏兴豪，沉醉上床，不顾新人，和衣酣寝。已而呕吐，将新制枕衾尽污腥秽。陆女恚甚，未五更，雉经而亡。或嘲之曰：'国色太娇难作婿，状元虽好却非郎！'"此即金氏所写之根据无疑，惟并非顺治创业首科状元。金氏盖忆及此项故事，加以渲染，而于其时期及人物未遑致详耳。应铨字杜林，亦作度龄，江南常熟人，其先休宁人。（时江苏安徽二省共为江南省。）虽中状元，仕未大显（仅由修撰官至左赞善），其名不著于后。王东溆（应奎，常熟人）《柳南随笔》卷四云："吾邑向有官儒户，田多诡寄，弊窦百出。雍正二年奉旨汰去，而一二奸胥辈私以汪宫赞（应铨）出名，投牒县令，冀免革除。故事，官批讼牒，必以朱笔点讼者姓名。其人或系缙绅，则用圈焉。时县令为喻宗撘（桂），误以笔点汪名。汪闻大怒，作诗一绝云：'八尺桃笙卧暑风，喧传名挂县门东。自从玉座标题后，又得琴堂一点红！'"亦其轶事。又忆类斯之事亦有属之他人者，殆传闻之歧也。

傅以渐不独无以貌丑致一女子悔憾雉经而亡之事，且别有一段美人佳话，见于记载。毛祥麟《对山书屋墨余录》卷三云："溧阳伊密之，才气豪上，明季之佳公子也。喜蓄声伎。尝以三千金聘王素云于吴中，色艺为诸姬冠。一日忽有山东傅生投刺请见，阍人以非素识却之，不得，然后见。既见，不及他语，但曰：‘山东傅某。闻公佳姬中有素云者，艳倾宇内，愿一平视，公其许之否乎？’伊逡巡谢曰：‘劳君远涉，兹请少休，得徐议。’傅复慷慨言曰：‘某数千里徒步而来，无他渎也。公幸许我，诚当少俟，否则无过留。’伊首肯，傅始就座。时日已暮，即命酒款之。数巡后，灯烛辉映，环佩锵然，侍女十余辈拥素云出见。傅起立凝睇久之，叹曰：‘名不虚也！此来无负。’因即告别。密之坚挽之，傅曰：‘得睹倾城，私愿已遂，岂为饮食哉？’不顾径去。伊怏怏如有失，隐识此生非常流，既而曰：‘吾何爱一妇人，而失国士？’即乘骏马，追及之三十里外，挟以俱归，礼款益厚。一夕引之入曲室，锦绮华缛，供张悉备，乃揖傅言曰：‘君此来虽出无心，此中殆有天意。今吾以素云赠君，此室即洞房，今晚即七夕也！’傅辞以义不可，且嫌夺所爱。伊曰：‘君何疑？赠姬事，自古有之。念君力不能致佳丽，以吾粉黛盈侧，岂少此女，且以君为丈夫，故有是举，乃效书生羞涩耶！’语未毕，侍者已导素云出拜。傅惊喜过望。既留逾月，伊又为之治装，奁物外更资以数千金。傅归，偃然为富人矣。无何，闯寇肆逆，明社遂墟。我国家定鼎燕京，有诬告十旧姓蓄异谋者，密之亦为所陷，犹以平昔之惠，人多为之地，而久匿山泽，昭雪无由。时傅值朝廷开科，已由大魁历清要，十余年间，遂跻宰辅。密之得间寓书问起居。适傅扈跸出都，素云发书，始知伊尚未死，惊叹流涕，如感心疾。傅归，即谓之曰：‘妾幽忧善忘，不知母家安在。’傅曰：‘卿岂忘诸乎？若伊密之者非耶？’曰：‘然则密之又安在？’曰：‘痛遭冤祸，家没身亡已久矣。’素云曰：‘以君一介寒儒，岂无生人之累，乃得专心向学，坐致通显，此恩谅不忘。设密之而至今在也，将何以报？’曰：‘苟及其生而报之，身且不惜，他何计焉！’乃以书示傅，傅阅竟，方沈吟间，素云即截发与誓曰：‘脱不能报，富贵何为！’傅乃遍谋之朝士将同申奏，会以告讦者多不实，天子察前十姓枉，傅遂乘间以请，于是密之得蒙恩返里矣。方是时，傅尝迹伊所在，专使邀入都。密之复书峻却，且言：‘某昔日之施，君今日之报，前后之事既奇，彼此之心交尽。自兹以往，君为熙朝重臣，某为山林逸士，两无所憾，不在相见也。’傅与素云得书后，俱叹息不置，而时论亦以此益高之。”此项状元与美人之佳话，所纪纵或不免有所妆点，足资谈助，与丑状元故事适相反映。

又有名妓嫁状元以生活上之不惯而仳离者，其事亦可同览也。钮玉樵（琇）《觚賸续编》卷三（事觚）云：“吴门有名妓蒋四娘者，小字双双，媚姿艳冶，儇态轻盈，琴精弈妙，复善谈谑，花月之筵，坐无双双，不足以罄客欢也。毗陵吕状元苍臣遇于席，一见倾悦，以千金买之，携至京师，扃置花市画楼，穷极珍绮，以资服馔，自谓玉堂金屋，称人间偶配。而双双以为琼盎芙蓉，雕笼鹦鹉，动而触隅，非意所适。顺治甲午除夕，共相饯岁，出两玉卮行酒。吕斟其旧者奉蒋，曰：‘此我家藏重器，为卿浮白。’蒋以新者自与，仍以旧者还吕，曰：‘君虽念旧，妾自怀新！’吕意怫然，明年放归吴门。双双构室南园，颇有草木之胜。昆山徐生，其旧识也，泛扁舟访之，蒋留茗话。徐生曰：'四娘已作状元妇，何不令生状元儿，而重寻旧游耶？'双双曰：'人言嫁逐鸡犬不若得富贵壻，我谓不然。譬如置铜山宝林于前，与之齐眉举案，悬玉带金鱼于侧，与之比肩偕老，既乏风流之趣，又鲜宴笑之欢，则富贵壻犹鸡犬也，又奚恋乎！尝忆从苍臣于都下时，泉石莫由怡目，丝竹无以娱心，每当深闺昼掩，长日如年，玉宇无尘，凉蟾照夜，徙倚曲栏之间，怅望广庭之内，寂寂跫音，忽焉肠断，此时若有一二才鬼从空而坠，亦拥之为无价宝矣！人寿几何，难逢仙偶，非脱此苦海，今日安得与君坐对也。'徐生大笑而别。"吕即傅以渐次科顺治四年丁丑状元吕宫，号苍忱，亦作苍臣，江南武进人。官至内翰林弘文院大学士，亦状元而宰相者。其掇大魁晚于以渐一年，而入相则早一年。（宫顺治十年即为大学士，以渐翌岁始膺揆席。）

纪晓岚（昀）《槐西杂志》卷一有云："同郡某孝廉，未第时落拓不羁，多来往青楼中，然倚门者视之漠然也。惟一妓名椒树者，（此妓佚其姓名，此里巷中戏谐之称也。）独赏之，曰：'此君岂长贫贱者哉！'时邀之狎饮，且以夜合资供其读书。比应试，又为捐金治装，且为其家谋薪米。孝廉感之，握臂与盟曰：'吾倘得志，必纳汝。'椒树谢曰：'所以重君者，怪姊妹惟识富家儿，欲人知脂粉绮罗中尚有巨眼人耳。至白头之约，则非所敢闻。妾性冶荡，必不能作良家妇。如已执箕帚，仍纵怀风月，君何以堪？如幽闭闺阁，如坐囹圄，妾又何以堪？与其始相欢合，终至仳离，何如各留不尽之情作长相思哉？'后孝廉为县令，屡招之，不赴。中年以后，车马日稀，终未尝一至其署。亦可云奇女子矣。使韩淮阴能知此意，乌有鸟尽弓藏之憾哉！"此河间举人某，虽非状元，亦是科甲人物。此妓之事，甚可与蒋双双事合看，因附及之。至纪氏援之以论韩信，不免为迂阔之谈。

刘葆真（可毅，即《孽海花》第十三回之会元刘毅）有"书姚三保事"，其人亦一名妓也。文云："姚三保，故江宁伎，以色名。洞庭叶芝屏过江宁，其所善绳三保美。雨，芝屏饮且醉，夜往见三保。雨右至障右袂，左则障左袂，淋漓项脊皆湿，足践泥溅溅有声，迳登三保床。三保自他归，烛之，痘瘢连眷颊如钱，自咽以上酒声阁阁暴溢，瞋目曰：'此何所？'曰：'余姚三保也。'芝屏亟起持三保视曰：'嘻！'当是时，三保名闻青溪间，饶财者争先欲见不得，独喜与芝屏居。芝屏伯兄仕河南，号严正。三保欲归芝屏，伯兄坚不欲，曰：'吾家世无此凉德！'则强芝屏游西安。凡二年，假他事至江宁。老妪褓一子出，曰：'嘻！母死六日矣。'先是，芝屏游西安，有以白金三千媒三保者，事急，曰：'予一弱女子，芝屏夜冒雨过，不以为亵，义不可忘，呱呱者或得生，命也。'投之妪，仰药死。"此则不以貌丑为嫌，且情义挚笃，欲嫁未遂而为之死，亦颇可与丑状元故事作相反之陪衬，并缀录之。

（原载《古今》1944年第53期）

四　关于多尔衮史可法书牍

距今岁甲申前三百年之甲申，为明崇祯十七年，亦即清顺治元年，明清两代，于斯递嬗，洵中国历史上极可纪念之一甲申也。是年李自成陷北京，明思宗殉国，清军旋逐去李自成，入而定都，明则南都拥立福王由崧（弘光帝），史可法以阁部（大学士兵部尚书）督师江北，统率四镇，冀图兴复，事虽不终，节概凛然。清摄政王（睿亲王）多尔衮，对可法亦极重视，认为南都之代表人物，特与书招降，可法覆书，不为所屈，两书均甚可诵。世钦可法之孤忠大节，于覆书尤多称道，清人亦致赞誉焉。其文未至淹没不彰者，则清高宗搜求表扬之力也。汲修主人（清礼亲王昭梿）《啸亭续录》卷三云："纯皇帝尝阅睿忠王传，以其致明史忠正公书，未经具载回札，因命将内阁库中所贮原稿补行载入，以备传世，真大圣人之用心，初不分町畦也。尝闻法时帆言，忠王致书，乃李舒章（雯）捉刀；答书为侯朝宗（方域）之笔也。二公皆当时文章巨手，故致书察时明理，答书义严词正，不惟颉颃一时，洵足以传千古，亦有赖忠王阁部二人之名节昭著故也。"两书之见重，可见一斑。清修《明史》，《史可法传》中未载两人通书事。高宗敕修《历代通鉴辑览》，于是年十月“我大清兵西讨李自成，分兵下江南”之提纲下，缀以“先是我睿亲王多尔衮令南来副将韩拱薇、参将陈万春等赍书致史可法，可法旋遣人答书”之语，备录两书原文。御批云：“幼年即羡闻我摄政睿亲王致书明臣史可法事，而未见其文。昨辑《宗室王公功绩表传》，乃得读其文。所为揭大义而示正理，引《春秋》之法，斥偏安之非，旨正辞严，心实嘉之。而所云可法遣人报书语多不屈，固未尝载其书语也。夫史可法明臣也，其不屈正也，不载其语，不有失忠臣之心乎。且其语不载，则后世之人将不知其何所谓，必有疑恶其语而去之者，是大不可也。因命儒臣物色之书市及藏书家，则亦不可得，复命索之于内阁册库，乃始得焉。卒读一再，惜可法之孤忠，叹福王之不慧，有如此臣而不能信用，使权奸掣其肘，而卒致沦亡也。夫福王即信用可法，其能守长江为南宋之偏安与否，犹未可知，而况燕雀处堂，无深谋远虑，使兵顿饷竭，忠臣流涕，顿足而叹无能为，惟有一死以报国，是不大可哀乎。且可法书语初无诟谇不经之言，虽心折于睿王，而不得不强辞以辨，亦仍明臣尊明之义耳。余以为不必讳亦不可讳，故书其事如右，而可法之书，并命附录于后。夫可法即拟之文天祥，实无不可，而《明史》本传乃称其母梦文天祥而生，则出于稗野之附会，失之不经矣。”其对可法之赞叹称扬，与其表彰明末死难诸臣暨定《贰臣传》，宗旨固属一贯，要亦以可法立身行己之可敬耳。《清史列传》（清代国史馆稿）《和硕睿亲王多尔衮传》，即本其旨而兼录史书，至“心折”云云，关乎高宗本人发言之立场，宜其云尔也。可法自是文天祥一流人物，却不必附会梦兆，持论通达。

又按《东华录》（王先谦编）所载两书，详其月日，多尔衮系顺治元年七月壬子（二十七日）致可法书，兼具首尾，可法书则首列“大明国督师兵部尚书兼东阁大学士史可法顿首谨启大清国摄政王殿下”，尾缀“宏光甲申九月十五日”。福王由崧是年五月即帝位，诏以明年（乙酉）为弘光元年，斯时新君已颁新年号，却尚未到新年号之元年，而此书若仍称崇祯十七年，或有不便之处，乃书“弘光甲申”字样。（“弘光”作“宏光”者，王氏避清高宗讳，循例以“宏”代“弘”也。）严格论之，于义未合。

奭召南（良）从事清史馆十余年，与修《清史稿》，有《史亭识小录》十二篇，为献疑辨难之作，其《睿史二书不录说》一篇云：“或问余曰，当摄政王之入燕也，首致书于明阁部史可法，援引《春秋》，责备甚至，曲意招徕，许之封爵，史公报书不屈，亦复敷陈经义，备陈祥瑞，皆焕然大文也。自乾隆表章以来，无不艳称之者，子修《睿王传》也，独略而不录，抑有说欤？余曰，窃尝闻之矣，凡史官采录章疏文议，务取切中时势，关系成败，昭示功罪，乃著于篇。如《史记·韩信传》载蒯通反复陈说之言，即以明淮阴之不反。《汉书·甘陈传》所叙刘向、谷永、耿育之疏，即以明陈汤之有功。《通鉴》存荆邯之言，则明公孙之失势也。《明史》纪御史马录之奏，则知李福达之狱为不实也。是皆重伦物之文，亦即取为论断之资。今摄政王之致书也，所引《春秋》不书葬不书即位之义，按之东晋南宋往事，已不尽合。又谓翩然来归，尔公尔侯，焉有君子而可货取，诱致而效，宜废甲兵。又谓李闯非得罪于本朝，且将用为前驱，夫天下之恶一也，方以仗义讨寇为德，而忽借资寇兵。并其义举而涂抹之，失辞甚矣。史公复书，引经则合，侈瑞则非，江干涌木，焚表升云，是浮诞之谈，失秣厉之气，行文颇袭当日公牍俗体，非至文也。尝综国史考之，顺治元年二月睿亲王奉命出师伐明，（索文忠公索尼笔记谓为轮班出兵，盖承郑王上年出兵而言。）行过锦州，吴三桂乞师书至，犹以敌国自居，此间亦依违答之，迨李闯逼近，三桂迫促乞降，榆关战罢，受封平西。先是范文肃启事，仅以完守河北为书，既入燕京，乃窥南服。虎据鹰趾，太公已然，良平常规，有进无退，军谋内定，无假一纸书也。二年英豫二王灭闯之师，三年肃王歼献之师，堂堂正正，奚事文诰。昔建武招致陇蜀，数降手书，卒至用兵而后底定，手书何益哉？陈志不载诸葛出师后表，欧史不载世宗伐唐之檄，盖文诰不切事实，则屏而弗录，固前史之通义也。二书之不录，犹是志矣。若夫子云齐书，最多文札，班录扬赋，辄至连篇，但求取充篇幅，不顾取讥通人，庸足法哉！”其论虽亦言之成理，而似不免迂执。两书各表态度，在多尔衮方面，则卧榻之旁不容他人鼾睡之意气，已充分表见。在可法方面，则鞠躬尽瘁以死自誓之精神，亦宣白甚明。而当时双方强弱之势，尤以流露于两书字里行间，纵词令上或失检点，致有语病，固难掩其史迹上之价值。乃视如毫无关系之浮文泛语，遽为抹煞，岂史家所宜，此盖无待详悉推论者也。召南才士能文，史学亦雅具根柢，此说则意过其通，有欠允惬耳。至印成之《清史稿》，《睿忠亲王多尔衮传》中，实载致可法书，不如召南所云。按金息侯（梁）《清史稿校刻记》云："列传则《后妃》《诸王》为邓君、奭君及金君兆蕃原稿，皆金君复辑。"盖复辑者所补，非奭稿之朔也。（《多传》于致可法书之后云："可法旋遣人报书，语多不屈。"未著其内容，按《明史·史传》既失载，《清史〔稿〕·多传》固亦不妨撷录报书，俾资并观。）

草拟两书之人物问题，多书出李雯手，传说无异；史书是否即为侯方域所草，则颇有歧说。李莼客（慈铭）《越缦堂日记》光绪七年辛巳七月初二日云："史忠正复睿亲王书，近人考定以为桐城何亮工所作。亮工乃大学士如宠之孙，以诸生入忠正幕，而章躬庵《耻躬堂集》谓乐平王纲字乾维所为，礼亲王昭梿《啸亭杂录》又以为侯朝宗作，皆传闻异辞。朝宗亦尝在忠正幕，躬庵为当时人，亮工与纲它无所见，疑未必能为此文，惟朝宗文笔颇相似。王亮生《国朝文述》竟题为何亮工作，非传疑之慎也。睿忠亲王原书，云出李舒章手，相传无异词，盖当不谬。然原书简严正大，远胜答书，盖开国之辞直，亡国之辞枝，舒章《蓼斋集》中，亦未有能及此作者也。"对史书之果出谁手，亦难断定。（忆更有谓王猷定所草者。）至其对两书之轩轾，虽似成败论人，而细按之，则史书固然名作，实有不及多书处，盖形势所在，措词本有难易也。清人以新兴民族，挟方张之势，自入北京，即气吞全国，词令之间，操纵随心，义纵有未正，而词可甚严，理纵有未直，而气则极壮，气盛遂若言宜矣。明人则对清积怖已久，当京师沦陷思宗身殉之后，南都拥立，主昏政苟，幸北兵之未至，偷娱旦夕，将帅惟尚私争，督师仅存虚号，可法忠忱苦志，一筹莫展，双方形势上之强弱判然。（弘光之朝，以疆土及兵数论，犹非小弱，无如实际已无可为耳。）覆书虽对于招降表示不屈，而自懔弱点，措词之分际，良有难焉者，委曲回护之中，难免馁怯支饰之态。彼已完全不认有建国对立之资格矣，此犹不得不殷殷以世通盟好为言，弗敢以其蔑视而稍示决绝之意，可喟也。

史书侈谈祥瑞，可谓无聊之极思。"大江涌出栩梓数十万章，助修宫殿。"语尤可笑。夏存古（完淳）《续幸存录·南都杂志》云："……神木者，此系高皇帝建殿之余材，积在南工部库中，且朽矣，一时遂称为嘉瑞，致兴土木之功。迨三殿落成，国运从之以毕。当时大臣，处天崩地坼之变，不思祥桑之修省，徒引祯祥以愚民，不学无术，亦一至于此。……"愚民者更以愚敌，敌可以此愚之乎？（宫殿成，加恩大臣，可法由太傅晋太师，力辞未受。）

（原载《古今》1944 年第 48 期）

五　关于盛伯熙

清光绪初年，言事者意气发舒，或畅论国是，或勇于纠弹，京朝政状，颇呈活气。至甲申之岁（光绪十年），朝端乃突起巨变，有军机处王大臣全体更易之事。自雍正间设立军机处，渐夺内阁之权，形成实际上之政府，枢臣更动，固亦事所常有，而若此之同时获谴，全盘易置，在军机处实空前绝后之举也。

德宗幼龄嗣统，两宫太后循同治朝故事，垂帘听政，颇能虚衷求治，朝政号为清明。孝钦（慈禧太后）虽事权积重，而对于孝贞（慈安太后），以向来名分之关系，犹存严惮之意。迨辛巳（光绪七年）孝贞逝世，孝钦惟我独尊，浸骄矣。惟恭亲王奕訢，勋勤久著，夙望犹隆，时仍以皇叔领袖枢垣，孝钦不无顾忌，弗便任性而行，故思去之以自便，隐忍待机，已非一日。会法越事亟，言事者锐意主战，不满于政府应付之畏葸濡滞，多集矢枢臣，疏纠其失。时局正在紧张，机会大可利用，意园主人盛伯熙（昱，时官左庶子）一疏，言之尤力，遂为直接之导火线，成易枢之局，是年三月事也。孝钦特颁懿旨，其责备枢臣暨表示所由罢斥之语，为

"恭亲王奕䜣等始尚小心匡弼，继则委蛇保荣，近年爵禄日崇，因循日甚，每于朝廷振作求治之意，谬执成见，不肯实力奉行，屡经言者论列，或目为壅蔽，或劾其委靡，或谓簠簋不饬，或谓昧于知人，本朝家法綦严，若谓其如前代之窃权乱政，不惟居心所不敢，亦实法律所不容。只以上数端，贻误已非浅鲜，若仍不改图，专务姑息，何以仰副列圣之伟烈贻谋，将来皇帝亲政，又安能诸臻上理。"其处分之语，则"恭亲王奕䜣，大学士宝鋆，入直最久，责备宜严，姑念一系多病，一系年老，兹特录其前劳，全其末路，奕䜣著加恩仍留世袭罔替亲王，赏食亲王全俸，开去一切差使，并撤去恩加双俸，家居养疾。宝鋆著原品休致。协办大学士吏部尚书李鸿藻，内廷当差有年，只为囿于才识，遂致办事竭蹶。兵部尚书景廉，只能循分供职，经济非其所长。均着开去一切差使，降二级调用。工部尚书翁同龢，甫直枢廷，适当多事，惟既别无建白，亦有应得之咎，着加恩革职留任，退出军机处，仍在毓庆宫行走，以示区别。"同时谕简礼亲王世铎、户部尚书额勒和布、阎敬铭、刑部尚书张之万在军机大臣上行走，工部左侍郎孙毓汶在军机大臣上学习行走。（后数日又谕刑部右侍郎许庚身在军机大臣上学习行走。）翌日复特降懿旨："军机处遇有紧要事件，着会同醇亲王奕譞商办。"此次政局上之大变动，以绌恭为主，实际上即是以醇代恭。奕譞为皇帝本生父，不便入直，故特以会商要事之名义领枢政。枢臣夙以首席最蒙倚畀，事任极重，世铎庸碌尸位，奕譞实综机务，而才不逮奕䜣，政治上资望亦非其比，孝钦便其近己(奕譞妻为孝钦之妹)且易与也,故援以代奕䜣,事前与之密议乃发。(罢斥奕䜣等之旨,闻即为奕譞素甚接近之孙毓汶所草。)奕譞既夺政权于奕䜣之手,而孝钦即藉以大逞厥志矣。后此孝钦日益奢纵,政象日非,致危中国而促清运,论者每深慨于甲申之际焉。

命下之后,朝列骇然,群指目伯熙,伯熙亦不自安。张之洞《广雅堂诗集·朝天集》(光绪二十九年癸卯入觐时所作)有《读盛伯熙集》一首云:“密国文词冠北燕,西亭博雅万珠船,不知有意还无意,遗稿曾无奏一篇。”言外对此嗟惋之意可味。(时伯熙奏议尚无刻本,其后《意园文略》收奏议一卷,仅得十一篇,盖十之三四耳,此疏竟不传。当甲申斥罢枢臣时,原疏即未发钞也。)曩之洞官京朝时,与张佩纶等见称清流党,言事侃侃,大张清议。(于枢臣中,颇倚李鸿藻为重,之洞既擢任封疆,佩纶犹在朝,为清流党中棱锋最著者,气盛势炽,有炙手可热之概。伯熙虽亦清流人物,而弗善之。)此次弹章,原文不可见,而据翁同龢日记所述闻诸张之万者云:“盛昱痛斥枢廷之无状,并劾丰润君保徐延旭之谬,又牵连及于高阳之偏听。”亦约略可知其意态,盖总劾枢臣,复特论李鸿藻张佩纶也。(马江败后,同龢日记有云:“访语盛伯熙,……其评量人物良是,诋张幼樵一巧字甚切。”)易枢以后,佩纶旋被命赴闽,以当难关,偾事获咎,一蹶不振。其他清流人物,除之洞外,亦多失意。清议衰而政纪因之腐,孝钦恣意于上,遂酿成后来之恶果矣。伯熙素负清望,謇直敢言,此疏之上,固激于外患,本乎忠愤之忱,其效乃如斯，意固不能无悔，疏稿亦闷而不传耳。

伯熙于易枢后即感觉其失宜，乃又上疏云：“恭读邸钞，钦奉慈禧端佑康颐昭豫庄诚皇太后懿旨，军机处遇有紧要事件会同醇亲王奕譞商办，俟皇帝亲政后再降懿旨，钦此。仰见皇太后忧国苦心，以恭亲王等决难振作，以礼亲王等甫任枢机，辗转思维，万不得已，特以醇亲王秉性忠贞，遂违其高蹈之心，而被以会商之命。惟是醇亲王自光绪建元以后，分地綦崇，即不当婴以世事，当日请开去差使一节，情真语挚，实天下之至文，亦古今之至理。兹奉懿旨，入赞枢廷，军机处为政务总汇之区，不徒任劳，抑且任怨，醇亲王怡志林泉，迭更岁月，骤膺烦巨，或非摄养所宜。况久综繁赜之交，则悔尤易集，操进退之权，则怨讟易生。在醇亲王公忠体国，何恤人言，而仰度慈怀，当又不忍使之蒙议。奴才伏读仁宗睿皇帝圣训，嘉庆四年十月二十二日奉上谕，本朝自设立军机处以来，向无诸王在军机处行走者。正月初间，因军机处事务较繁，是以暂令成亲王永瑆入直办事，但究与国家定制未符。成亲王永瑆着不必在军机处行走。等因，钦此。诚以亲王爵秩较崇，有功而赏，赏无可加，有过而罚，罚所不忍，优以恩礼，而不授以事权，圣谟深远，万世永遵。恭亲王参赞密勿，本属权宜，况醇亲王又非恭亲王之比乎。伏恳皇太后懔遵祖训，收回醇亲王会同商办之懿旨，责成军机处臣尽心翊赞，遇有紧要事件，明降谕旨，发交廷议，询谋佥同，必无败事。醇亲王如有所见，无难具折奏陈，以资采择，或从容召对，虚心延访，正不必有会商之名始可收赞襄之益也”。玩其辞意，悔心已萌。奕訢当国，行事固有未洽人意处，而尚能持大体，防微渐，孝钦曾加挫抑，而不能竟去之。兹乃乘机斥逐，俾图自便。伯熙之劾枢廷，措词当极严厉，期其易于动听，以抒忧国之怀，而主旨不过鞭策政府。枢臣纵因之有所易置，度亦仅一二人之更动（如李鸿藻），此外或并有所裁抑（如张佩纶），非即欲逐去奕訢而尽易枢臣也。此次举措，出其意外，且于孝钦隐衷，似略已窥见，深虑将来之事局，故又抗章言之，力请收回奕譞会商要事之命，并因之而及诸王领枢之非祖制。（奕訢领枢，本缘政治上特殊关系，不可为训，犹取其资望较著，对孝钦可有所匡持耳。兹既罢去，若从此不以亲贵柄政，亦属甚善也。后来清卒以亲贵用事而亡，伯熙虽不及见，似亦虑之夙矣。）更主紧要事件决诸廷议之询谋佥同，微旨所在，（盖欲防孝钦之恣意。）庶几语长心重。同时锡钧赵尔巽二人亦以奕譞名分地位不宜膺枢臣商办之命为言，奉懿旨：“据左庶子盛昱右庶子锡钧御史赵尔巽等奏，醇亲王不宜参预军机事务各一折，并据盛昱奏称嘉庆四年十月仁宗睿皇帝圣训，本朝自设立军机以来，向无诸王在军机处行走等因，钦此，圣谟深远，允宜永遵。惟自垂帘以来，揆度时势，不能不用亲藩进参机务，此不得已之深衷，当为在廷诸臣所共谅。本月十四日谕令醇亲王奕譞与诸军机大臣会商事件，本为军机处办理紧要事件而言，并非寻常诸事概令与闻，亦断不能另派差遣。醇亲王奕譞再四推辞，碰头恳请，当经曲加奖励，并谕俟皇帝亲政再降懿旨，始暂奉命。此中委曲，尔诸臣岂能尽知耶？至军机处政事委任枢臣，不准推诿希图卸肩，以专责成。经此次剀切晓谕，在廷诸臣自当仰体上意，毋得多渎，盛昱等所奏应毋庸议。”自辩若斯，良以奕譞地位特殊，不得不有一番说词以拒言者也。（锡钧、尔巽疏均言及恐枢臣藉奕譞商办而有所推诿。）此犹云断不能另派差遣。翌年乙酉，奕譞即又拜总理海军衙门事务节制沿海水师之命，而颐和园工程用款，遂取自海军经费，并滥纳报效，倖门大开矣。（此为孝钦不顾法令不经部臣任意滥行而卖官之举动，伯熙其时亦尝疏谏。）使奕䜣犹在政府，固难有是也。（奕譞在亲贵中，亦有贤王之目，被利用于孝钦，乃致蒙讥。且以孝钦之猜鸷，奕譞处嫌疑之地，渐亦见忌而自危，庚寅以忧惧终。奕䜣闲废十年，至甲午始再起领枢，意气消磨，非复当年。戊戌四月逝世，未几有政变之事，庚子遂致大乱，国几不国矣，孝钦所致也。论者犹谓奕䜣若在，当能维持匡救，使变乱不作云。）

政象由甲申易枢而日非，伯熙忧之，建言率不见用，徒抱孤愤。戊子（光绪十四年）典试山东，以“立乎人之本朝而道不行，耻也”命题，牢骚可想。翌年己丑即引疾解职。（官国子监祭酒，久而不迁，盖以謇谔忤时之故。）抑郁家居者十载，己亥（光绪二十五年）十二月卒，年仅五十。时已历戊戌政变，庚子之乱亦正在酝酿，即将实现矣。

意园胜概

伯熙美才高致，雅望清阶，以天潢之隽，处饶裕之境，延接胜流，主持风会。居裱褙胡同，有园曰意园，景物宜人，交游谈宴，每集于斯。或被招下榻其间，为承平时一人文荟萃之所，士林称羡，其名夙著焉。诸家记载，关于斯园者，如李莼客（慈铭）《越缦堂日记》同治十二年癸酉四月初八日云：“同年宗室伯希孝廉（盛昱）柬约初十日赏牡丹，伯希……年少好学，家有园亭。”初十日云：“上午入城，至表背胡同，赴伯希之招。……牡丹半落，香色未减，亭馆清幽，廊槛迤曲。叠石为山，屈曲而上，上结小台，可以延眺。垂杨婀娜，薜荔四垂，其居宇亦雅洁闲敞，都中所仅见也。是日预坐诸君，皆同隽少年，意与烂漫，酒未及半，已大醉，同往山后习射。予独裴回花间，遍倚阑槛，甚得佳趣”。十二日云：“是日补作前日盛伯希（熙）家赏牡丹词一阕。《翠楼吟》（同年宗室伯希（熙）孝廉盛昱，肃恭亲王曾孙，协揆文悫公孙也。家有园亭极胜，其闺人及令妹皆能诗。初夏招赏牡丹，裴回阑槛，艳情欲语，赋此赠之）。曲槛留春，华轩敞夏，当年朱邸分赐。香尘随步径，还随处雕阑堪倚。小山纤峙，又飞阁流丹，回廊萦翠，重帘底，绿杨垂处，乱花横砌。最爱千朵娇红，似绛旛朱节，舞鸾飞坠。天风环佩响，更深院沉沉歌吹，艳情谁寄。正钿匣裁诗，金凫添麝，人微醉，锦屏双影，折枝横髻。”意园牡丹，见重京师，斯为招庚午乡举同年赏宴识之一番雅集。(越缦科名晚运,中举时年巳(已)四十二,适倍伯熙之年龄。至是伯熙二十四,越缦则四十五矣,故称侪辈曰同隽少年,谓伯熙年少好学。伯熙光绪丁丑成进士,越缦庚辰,迟伯熙一科。)杨子勤(钟羲)《雪桥诗话》续集卷八云:"意园林亭极胜,牡丹尤各色俱备。己亥春杪,余以换官出都,伯熙治具祖饯,赏咏竟日。偶读悉伯先生翠楼春赠伯熙一词,亦初夏招赏牡丹作也。"回遡癸酉旧事,相距已二十六年,越缦之卒,亦已五年,是年冬伯熙亦逝世矣。又所撰《意园事略》云:"所居意园,为文懿旧邸,有亭林之胜,庋金石书画之室曰郁华阁。"郁华阁为园中最名贵之所,与意园均每作伯熙之别称。如《事略》《文略》均称意园,《遗集》称郁华阁是也。奭召南(良)《伯羲先生传》云:"公生长华朘,而喜与文人游。……家有园亭,高高下下,俨具邱壑。喜莳花,庭前牡丹四畦,朱栏绕之,助其名贵。宜晴阁后奇石四五朵,杂以名花,饶有野趣。自去官后,交游日稀。公赋诗云:顾曲无人王粲死,旧欢渺渺隔山河。盖伤之也"。己丑后,意园文酒之会渐少,颇形索莫矣。就以上所引,可于意园景况,稍知梗概,而均言之未详。近阅《悔斋师友赠言录》。悔斋者,曹县徐继孺。伯熙戊子典试山东所得士也。首录《意园先生书一通》。(伯熙光绪二十一年乙未作,有"瑟缩家居,不与人事"语。想见意气萧索之态。)《悔斋跋识》(光绪三十一年乙巳)云:"继孺以光绪戊子应本省乡试,受知意园先生。己丑初春闱北上,先生招致意园居住,乃偕黄子柯、邹申甫两同年寓处泰堂之南院,蒋性甫盟弟后至,寓喜爽轩之西室。意园为先生祖文悫公旧邱(邸),亭台幽胜,地在东城裱褙胡同。门北向,入门而左为住宅,其右则意园也。圆门东向,有旧题意园二字者,意园门也。入园门南折,有室,为研香馆。其西迎门对峙作斗室,其上为平台,台上构小亭。由斗室中穿后壁而入,缭曲行石洞中,出洞登山,却达平台之上。凭栏西望,一带皆假山。其北有堂南向,为怀荩堂,先生家祠,春秋朔望祭奠之地,扁额墨色犹新,圣祖仁皇帝御书也。循假山而西,有书房三间,其后敞轩,古柏极茂。其西北隅书室三间,对面青石壁立如剑,自外窥之,竹石掩映,不见有室,是为半隐山房。再西为游廊。折而南,循西墙,为小亭,琴台石鼓,容六七人。循游廊而下,其南平敞,约五六亩,遍植花木,北望山势纡回,竹木蓊郁,翛然有出尘之想。循山南麓而东,一径曲折,通研香馆。其西迤南有角门,北向。入而东折,为喜爽轩。再东,正厅为处泰堂,扁额成亲王书。再东,偏院为知止斋,其东与住宅西墙相连。继孺等寓南院,出处泰堂东,过知止斋,折而北,抵大门,乃往来出入之路也。……比庚寅再寓意园,先生已退居林下。通籍后侍先生谈宴,与都中诸名流从容论议,颇有开发。壬辰散馆,三寓意园,……"悔斋笃于师门,寓意园者凡三次,纪之较悉。阅此,于园之内容,所知可略备矣。(徐继孺,字又穉,晚号悔斋,同治癸酉拔贡,官黄县训导。以光绪戊子举人成庚寅进士,入翰林。癸巳以编修典试陕西,甲午督学河南,差满回京后乞外,用保送知府指分山西,历署太原府汾州府,补潞安府,巡抚毓贤甚赏之。

庚子之乱，毓贤以教案被诛，徐亦缘是夺职严谴。民国六年在曹县原籍办保卫团，殉土匪陷城之难。其略历如此。民国二十四、五年间，豫省门人为刊《徐悔斋集》《悔斋师友赠言录》，风义可称。）

关于意园，更询诸知其原委之杨鉴资君。鉴资为雪樵先生子，雪樵则伯熙表弟，夙相契厚也。（伯熙纂辑《八旗文经》，雪樵相助以成之。并撰《意园事略》，著其生平。又为编刊《郁华阁遗集》《意园文略》，以传其诗文。）据所谈，意园与住宅在崇文门内西裱褙胡同，共一大门。旧时正门在麻线胡同，门南向，文悫尝封不入八分辅国公，斯即当时公府之门。迨伯熙之时，以既已不为公府，不欲仍其旧，乃改由后门出入。门在西裱褙胡同，北向，即以此为正门，故谈者均言裱褙胡同而不及麻线胡同焉。文悫营建意园，极意从事，房舍景物，诸费研讨，迭有改作，俾愈精致，盖历三次之修葺，始为定局。传至伯熙，以名流冠冕，主此名园，尤为相得益彰。惜伯熙逝世，后嗣不振，未能保守弗替，民国十余年间已易主，今麻线胡同山中商会北京支店即是也。易主之前曾至，昔年胜概，犹可得其仿佛。园中景物，假山最妙。有所谓十八磴者，脍炙人口，大雨之际，水势奔流，呈瀑布之观，说者谓在斯园中若睹黄山佳景云。（鉴资又言，甲申参劾枢廷奏稿，其尊人亦尝向伯熙询及，伯熙不愿谈也。）

鉴资以录存伯熙遗札二通相示，均已亥（即其逝世之岁）所作，甚可读。其一为致于次棠（荫霖）者，中有云:"去年初秋至满城为鉴兄送行,相晤之际,彼此都无一言,惟有暗泣。今者事机虽缓,而默观大局,亦惟有缄泪相寄而已。重光继照,忧国爱民,弟残废余生,苟幸遂其饔飧室家之计者,惟恃圣人忧勤惕厉之心。其甲兵之众,才能之多,可恃而未可深恃也"。念切忧时,语挚而旨深,"事机虽缓"盖指孝钦废立之谋,"重光继照"则谓孝钦之再出训政,"忧国爱民"云云,愤郁而以蕴藉出之。雪樵癸酉(民国二十二年)诗(见郁华故物有感而作)所谓"继照从知事已非"也。戊戌政变,事在八月,初秋暗泣,似已怵大变将作矣。(鉴兄似谓李秉衡鉴堂,亦伯熙稔交。李庚子御敌殉难,世论以仇外诋之,其人固非孝钦私昵,见危授命,何可厚非?至其由牧令洊跻封疆,政声尤著。惟素主守旧,对戊戌新政,当非所忻赞,若忠主忧时之心,要有一致耳。当时新党人物,伯熙似亦不皆推许也。)前此张香涛(之洞)曾劝其销假再仕,答书有"欲尽言责,则今之柄大权者非吾君"之语,深愤德宗之受制孝钦,亦可参印。至自谓"残废余生",则札中又有云:"弟今年右腿忽不良于行,近习医药而不肯自治,带此末疾,以明其不出而就官,非故为高尚,上负君父之深恩,藉此略可自解。然牵引臂筋,遂复久荒笔墨,少悒悒耳"。于氏时官湖北巡抚,湖广总督即张香涛,札云:"方今蒙泉硕果,并在鄂中。香涛前辈,清德雅量,时辈无双,又与三哥为故人。顾香翁道广,三哥节高,其行政用人,岂能事事相合。积之数年，门生属吏，恐将各有所主。万一意见参差，君子相争，小人遂得以指其隙，傥一网打尽，岂非吾道之深忧。更愿三哥时时敛心抑志，有面折，无后言，全交之道，不外此六字，弟所敬献刍荛惟此。香翁与三哥，金石之交，久而弥坚，愿三哥之坚益求坚，默存而内省也。”督抚同城，势位相亚，同官相处，易生扞格。张于性行有异，伯熙深虑其政见牴牾，交道不终，手书劝诫，恳挚如斯。后张于果不相得，亦征先见。

又一则致梁节庵（鼎芬，时在张幕）者，亦殷殷以张于恐生意见为虑，属为调护。其言云：“鄂多君子，张主权，于主经，恐日久有意见，兄已作书与次老预劝之。君子和而不同，小人同而不和，彼此相救则善，彼此相非则败。兄于次公事事奉以为师，然谆谆不令兄坐火车，兄亦不从也。弟与两君皆至交，望时时调护之。”可同览。于历官亦颇有声，而以守旧闻，其力阻伯熙乘火车，足见一斑。札又云：“编录八旗文字，乃承许可，并浼香公付梓，感何可言，亦不待言。子勤书来，谓弟言经字胜于业字，此廉生以三场策问对《八旗文经》，故欲改之，究竟经字业字孰胜，仍当请香公酌定。兄已有函致谢，并求其作刻书序，序文即以业字改经字发挥亦好。此书体例，杂仿前人总集，不题撰人，仿《新安文献志》也。拙序意甚隐，弟与子培必了了。子勤信中又谓底本全付吾弟，今续得文数篇，即以缄上。子勤谓奏议类宜多采，又谓子培云编录时别有意，子培洵是解人，鄙见仍未可滥收也。烦渎清神，何以克报。”（致于札亦有云：“去年编录文遂成五十六卷，香涛允为刻梓，已别具函，晤时代致谢忱，并促成之也。”）为关于《八旗文经》名称体裁暨付梓缘起之事，可供读斯书者之考镜。斯书之成，由雪樵致力相助，梁氏及王廉生（懿荣）、沈子培（曾植）亦与商及也。伯熙叙文，谓：“《典论·论文》曰，文章经国之大业，讵虚语哉！”命名文经及尝欲改经字为业字，根据相同，后卒仍而未改，或即决于张，“文业”自不若“文经”较适耳。书成而伯熙旋逝，不获见其行矣。

（原载《古今》1944 年第 46 期）

六　北平的轿车

近阅报载北平市各项车辆统计，内有轿车三辆。昔日此物北平甚多，为都人代步唯一之具。清末马车人力车等兴用，渐颇取而代之，惟乘轿车者尚属不少。迨入民国，乘者益减，遂形统计衰替，驯致街市中绝不易睹，似为天然淘汰之结果。今北平已无复此物之存在矣，据此统计，居然犹有三辆，得备一格，可谓晨星硕果也。物稀为贵，此残余之三辆轿车，庶几名物，而于报端见之，亦颇足令人兴怀旧之感焉。

清初京朝官乘轿（肩舆），后多改乘轿车。俞曲园（樾）《春在堂随笔》卷九云："王渔洋《香祖笔记》，言京朝三品官以上，在京乘四人肩舆，舆前藤棍双引喝道，四品官自佥都御史以下，只乘二人肩舆，单引喝道。按此，可见国初京朝官威仪之盛。余道光中入都，尚书以上犹无不肩舆者。至光绪丙戌，余送孙儿陛云入都会试，相国张子青，尚书徐荫轩，见访寓庐，皆乘四人肩舆。然时谓汉人肩舆止此一顶半而已。所以云半顶者，以荫轩尚书乃汉军，不纯乎汉也。后闻潘伯寅许星叔两书皆乘肩舆，则余已出京矣。"其时贵官率亦乘轿车也。

轿车驾以骡，故亦谓之骡车。惟骡车之在北平，实犹后起，其前乃驾以驴或马，称驴车马车，特此马车非西式之马车耳。车之有旁门近于西式马车者，号后挡车，其制为纪晓岚（昀）所创。姚伯昂（元之）《竹叶亭杂记》云："乾隆初只有驴车，农中丞起在部当差，犹只驴车，惟刘文正（统勋）有一白马车，见马车即知刘中堂来矣。自川运例开，骡车始出，名曰川运车。乾隆三十年后，京中惟马车多，骡车尚罕。车之有旁门，自纪文达始创。车旁开门，碍于转轴，于是将轮移后，始有后挡之制。"是为关于轿车之掌故，可资征考。盖自乾隆季叶，北平驾车以骡者始渐多。光绪季年暨宣统间，京朝贵官，乘轿车（骡车）者尚夥，一品官乘轿或轿车，二品以下仍以轿车为常。忆盛杏孙（宣怀）官邮传部侍郎时即乘轿，在当时二品官中为罕见。盖曾加太子少保衔，宫保之身分较尊，与普通之侍郎稍有不同耳。其间西式之马车已兴，喜乘者亦已不乏矣。（大抵司交涉或与外人方面有交际往来者，马车尤为必备之具。）

关于潘伯寅（祖荫）之轿车暨改而乘轿，传有趣事。谏书稀庵主人（陈恒庆，字子久）《归里清谭》（又名《谏书稀庵笔记》）云："潘文勤伯寅，……为工部尚书。……尚书尚俭，不乘肩舆，一车而已。驾车白骡，已老矣。某岁伏雨过多，道涂泥泞，行至宣武门外，老骡陷于淖，不能起。尚书告其仆曰：'前有一车，悬工部灯笼，急呼之，予附其车。'问之，果为工部司员，且门生也。是早为尚书堂期，故早起入署，急下车相让。尚书曰：'此车为吾兄之车，吾兄入车内，予坐车前足矣。不允，予将徒行。'乃同车而行。其白骡从此病惫，乃赁一轿，命仆人舁之。仆未练习，一日行至正阳门，雨后路滑，前二人仆，尚书亦仆于地，道旁观者大笑。有识之者曰：'此管理顺天府事，父母官也。奈何笑之！'尚书起立，曰：'本来可笑！'乃乘轿而归。京师传为笑柄。凡骡之青色者，年老则变白。潘府中骡多白，故京师人语云：'潘家一窝白，陈家一窝黑。'"笑柄足供噱助，亦可谓之名人佳话也。（此工部司员既系潘氏门生，潘似不应以兄称之，盖陈氏涉笔时未遑致详耳。潘氏以工部尚书顺天府兼尹卒于光绪十六年庚寅，在兼尹任尽心民事，办赈尤瘁心力，于父母官之称，当之无愧。陈氏亦尝官工部司员，后历言路，由给事中外放知府。所云"陈家一窝黑"之陈家，盖即自谓其家。道光朝宰相陈官俊，其先世也。）

在新式车辆未兴用之前，轿车代步，其时亦颇觉方便，长途短途，均获其用。惟未经乘惯，不能适应其动荡之势者，则不免碰头之苦。黄天河（钧宰）《金壶浪墨》卷六云："道光三十年庚戌春，将以廷试入都。三月十日，与涟水张禹山、白沙水少泉、袁浦王紫垣会于王营，明日启行。车左右倾侧，辄与头角相触，避之且愈甚。车夫曰：'子读《易》乎？其道用随。柔子之体，虚与委蛇，左之右之，勿即勿离。骨干在中，不患脂韦。'予笑曰：'是诚名言，君子之徒也。内方外圆，利用如车。命名思义，说在老苏。有子之识，何为乎仆夫？'"诙谐语，甚有致。盖乘坐轿车，为避免碰头起见，须讲适应其动态之道耳。（若常坐此车，成为习惯，则不烦戒备而自能委蛇其间，左右咸宜矣。）至车夫之果否出口成章，可不深论也。

又无名氏《燕市百怪歌》有云："黄轮黑轿，巍然高耸，嗷然一声，谨防头肿！"碰头是患，传神之笔。歌作于民国初年，一时北平轿车已渐少，然在代步之具中犹保有相当之地位。今则在"燕市"欲一尝此"头肿"而"嗷然"之滋味，亦匪易易矣。

有署名"蘧园"者，著一小说曰《负曝闲谈》，逐回披露于《绣像小说》（小说定期刊物，每月二期，商务印书馆出版，创刊于光绪二十九年癸卯），第八回写周劲斋到京后坐轿车情状云："劲斋上了车，那管家跨了车沿，掌鞭的拿鞭子一洒，那车便电掣风驰而去。周劲斋在车里望去，人烟稠密，店铺整齐，真不愧为首善之区。忽然那里转了湾（弯），望（往）左边一侧，劲斋的头在车上咕咚一响，碰得他头痛难当，随即把头一侧。那里知道，这车又往右边一侧，劲斋的头又在车上咕咚一响。这两下碰得他眼前金星乱迸！……好容易熬了半日，熬到一个所在。"乘车挨碰，写得颇有趣味。余于民国二十二年对此书曾为评考，就此节所书有云："写周劲斋坐车挨碰，并非挖苦，的是南方人没坐惯北方的轿车（骡车）难免的事。一次挨碰，必是脑袋上左右连碰两下，过来人当知之，此处描写得甚细。至于'那车便电掣风驰而去'，形容的字眼实在太用得过火了。不过在书中所写当时的北平城市，'行'的工具之车，不但没有什么摩托车电车之类，就连马车人力车脚踏车之类也还没有，则轿车比载重的所谓大车来，便算快得多。著者更特加以动目的形容，于是乎‘电掣风驰’矣。记得庚子年，我同吾兄凌霄等，随侍先君在山东，由武定府往省府的路上，先君坐的是一辆双套轿车，（两个骡子拉着走叫双套，是上长路用的。不上长路的，用一个骡子拉，叫做单套，如周劲斋所坐的便是。）我们坐的是一种‘大车’。（极笨大，便于堆放多数行李。一辆大车上套着的牲口，多至五头，往往牛马骡驴四项俱全。）大车走得极慢，和轿车同时出发，我们眼看走在前面的那辆轿车，觉得飞也似的快（也就仿佛所谓‘电掣风驰’）打尖，住店，都是轿车先到了许久，然后大车从容不迫的来到。时至今日，在‘行’的工具中，轿车自然也早已算落伍了。所谓快所谓慢，本来不过是比较之词而已。”今谈轿车，斯亦可资参阅。清代北平富家及讲究排场者，对于轿车暨驾车之骡，多加意讲求，用相矜诩。其时好事者且有赛车之举，以行速自豪。民初犹间有之，今早无闻矣。

（原载《古今》1944 年第 47 期）

七　赣闽乡科往事漫谈

《古今》第七期载陈君《海藏楼诗的全貌》，论及同光体诗人，谓“同光体的代表，当然要推陈三立和郑孝胥。”盖散原海藏，两雄并立，均诗坛健者也。溯两人科名，皆为清光绪八年壬午举人，赣闽二榜，乡荐同年。又如陈叔伊（衍）、林琴南（纾），亦于是年同登闽榜，同以诗鸣。（林氏翻译小说最有成绩，诗非特长，亦不欲以诗人名，然其诗亦差足颉颃同时辈流，论者或以之与其画并称焉。）可称科举与艺林之美谈。（此闽榜三人，均未成进士，赣榜之陈，则光绪十二年丙戌会试贡士，光绪十五年己丑殿试进士。）关于两省是科旧事，有足述者，距今六十年矣。

是年宝竹坡（廷）以礼部右侍郎充福建正考官，（翰林院编修朱善祥副之。）《石遗先生年谱》卷二（叔伊之子声暨根据其日记等所编，或云各卷均其自纂，托名其子等也）是年（二十七岁）云：“九月举于乡，登郑孝胥榜。同榜有林琴南丈群玉者，方肆力为文词，家君尝见其致用书院试卷骈文一篇，甚淹博，仿佛王仲瞿。至是苏堪丈问其为诗祈向所在，答以《钱注杜诗》《施注苏诗》。苏堪丈以为不能取法乎上，意在汉魏六朝也。琴南丈甚病之。（案丈后大挑二等，官教谕，自号畏庐。）是科座主为礼部侍郎宗室宝廷，号竹坡。揭晓，家君往谒，知为搜遗卷取中。竹坡先生，立朝直言敢谏，与吾乡陈弢庵阁学（宝琛）丰润张幼樵学士（佩纶）为一时清流眉目。先生嗜酒耽诗，好山水游，归途坐江山船，买榜人女为妾，自劾落职。福建典试，差囊可得六千金，先生到手立尽。次年初春，家君公车入都往谒，则著敝缊袍，表破殆尽，绵见焉。"郑孝胥为解元，林纾榜名群玉也。此谓林后以大挑官教谕，惟林恒自称为举人，不言曾登仕版，盖以科名为重，头衔虽尝曰教谕，实际上亦并未任此苜蓿一官耳。至述郑、林论诗，对林意寓不满，叔伊、琴南颇相轻也。

竹坡官翰林时，即屡上封章，侃侃言事，与张幼樵等被目为翰林四谏，又号清流党，直声清望，蔚为时彦。以此受知，累擢遂跻卿贰。此次典试闽省，归途遽以道中买妾上疏自劾，是年除夕奉旨："礼部右侍郎宝廷奏，途中买妾，自请从重惩责等语。宝廷奉命典试，宜如何束身自爱，乃竟于归途买妾，任意妄为，殊出情理之外。宝廷著交部严加议处。"翌年癸未正月十二日奉旨，宝廷照吏部议即行革职。一时哗传，以为笑柄。李莼客（慈铭）于宝事有所记，附书于其《郇学斋日记》丁集下，壬午十二月三十日所录上谕后。据云："宝廷素喜狎游，为纤俗诗词，以江湖才子自命。都中坊巷，日有踪迹。且屡娶狭邪，别蓄居之。故贫甚，至绝炊。癸酉典浙试归，买一船妓，吴人所谓花蒲鞋头船娘也。入都时，别由水程至路河，及宝廷由京城以车亲迎之，则船人俱杳然矣，时传以为笑。今由钱唐江入闽，与江山船妓狎，归途遂娶之。鉴于前失，同行而北，道路指目。至袁浦，有县令诘其伪，欲留质之。宝廷大惧，且恐疆吏发其事，遂道中上疏，以条陈福建船政为名，且举荐落解闽士二人，谓其通算学，请特召试。而附片自陈，言钱唐江有九姓渔船，始自明代，典闽试归，至衢州，坐江山船，舟人有女，年已十八，奴才已故弟兄五人皆无嗣，奴才仅有二子，不敷分继，遂买为妾。明目张胆，自供娶妓，不学之弊，一至于此。闻其人面麻，年已二十六七。宝廷尝以故工部尚书贺寿慈认市侩李春山妻为义女，及贺复起为副宪，因附会张佩纶、黄体芳等，上疏劾贺去官。故有人为诗嘲之云：昔年浙水载空花，又见闽娘上使槎。宗室八旗名士草，江山九姓美人麻。曾因义女弹乌桕，惯逐京娼吃白茶。为报朝廷除属籍，侍郎今已婿渔家。一时传以为口实云。”如所云，是竹坡典试而途中纳船娘，斯已为第二次矣。李氏自负素高，以怀才不遇为憾。见当时号为清流党诸人，身膺清华之职，声气隆上，势焰大张，颇不满之，时有讥词，故对竹坡亦甚作谴责之语。要之竹坡正色立朝，风节夙著，虽细行不检，贻人口实，在晚清政界犹不失为一铮铮人物，宜分别论之，固未可以一眚而掩其大端也。既以此罢斥，知交为谋再起不获，竟落拓以终。夙亦能诗，郑等出其门下，蜚声骚坛，颇为师门生色。

龙顾山人（郭则沄）《十朝诗乘》卷二十一云：“竹坡罢官，以纳江山船妓自劾。先是旗员文某典己卯闽试，途次眷船妓，入闱病痫，不克终场，传为笑柄。次科竹坡继往，李文正谂其好色，谆勖自爱。宝文靖笑曰，竹坡必载美归矣。既而果于桐严舟中昵一妓，归途竟娶之，并载而北。途经袁浦，县令某诘之，不能隐，虑疆吏发其事，乃中途具疏，以条陈船政为名，附片自劾。文靖于政府先睹之，笑曰：佳文佳文，名下不虚哉。文正就阅，始知之，恚甚，强颜曰：究是血性男子，不欺君父。然亦无由曲庇，卒罣吏议落职。……竹坡退居，赋《江山船曲》解嘲，有云：本来钟鼎若浮云，未必裙钗皆祸水。会有诏求才，尚颂臣阁学首荐之，被严斥。尹仰衡太守诗云：直言极谏荐宗卿，露竹霜条旧有名。匡济自应求国士，谪居竟为赋闲情。盖犹隐系东山之望。”可以参阅。清流党之活动，当时枢臣中，李鸿藻实阴右之，宝鋆则屡被弹劾，对之素无好感。观此，李之关切与宝之阳赞而实幸其败，一恚一笑，衷怀可略见矣。

竹坡在清江浦所上之疏（借用漕督印拜发），为敬陈闽中三事，海防、船政、关税也。附片一为荐举下第生员并请开算学特科，谓“窃思闽省近海，当不乏熟悉洋务之士。第三场策题，以火器轮船海防发问，榜后复广为采访。有生员杨仰曾者，留心时务，颇知兵法，兼明算学，著有《孙子抉要》《利器善事》二书，讲求制造之法。兼能自造新器，有巡环炮、车水雷船、飞雷等物，皆不袭旧法。本科应试，策对颇详，因首场文不出色，未经中式。奴才出闱后，闻人称道其能，索其书观之，并与之谈论，深悔拘于格式，致失有用之材。……拟乞天恩，将生员杨仰曾发交北洋大臣李鸿章差遣，如实有可用，即乞破格恩施，量才器使，以备驱策，而为留心时事者劝。此外尚有生员林齐霄魏琦，亦颇留心时事，所著策论，皆深切时势，足见草茅不乏有用之材。明年会试，多士云集，可否榜前特开一科，以算学考试，愿应者赴部呈明，拔其尤者，破格录用，既可得有用之材，即藉以开风气，不数年天下当增无限通晓算学之人，又何患制造推测不及外国哉。”又一即为途中买妾自请从重惩责片，惜《竹坡侍郎奏议》未收。（或原未存稿，或编集时删去。）不获见其原文。

曾孟朴（朴）《孽海花》中，演述竹坡纳江山船女为妾事颇详。小说家言，不辞装点渲染，且以福建主考为浙江学政，尤非实。此书虽标署历史小说，然究系小说而非历史，于此等处固可不必十分顶真。乃谈掌故者亦往往从之而误，谓督浙学，所见非一矣，实为自上《孽海花》之当，曾氏可不任咎耳。（其他谈掌故以根据《孽海花》而误者尚有之，不仅此也，如曾代李莼客撰一门联曰："保安寺街藏书十万卷，户部员外补缺一千年。"谈者亦多信以为真。其实李氏一登仕版，即以郎中分户部，并未降级而为员外，亦未尝有侈言藏书十万卷之事。其联语言及藏书见于印行之日记者，惟光绪十二年丙戌十二月二十五日书厅事春联"藏书粗足五千卷，开岁便称六十翁"而已。《孽海花》写当年朝士之派头、神气、谈吐之类，颇有妙肖之处，事迹则不遑详考，不宜漫然据为典要。）

《江介隽谈录》（撰者署"野民"，姓名待考）述竹坡有云："光绪十六年庚寅十一月十一日卒，年五十有一。娶夫人那罗氏，……先公卒。有四妾：李、胡、盛、汪。二子：寿富（小字一二，字伯茀），戊戌进士。富寿（小字二一，字仲茀），笔帖式。三女：新篁、筍卿、籜秋，皆殇。有冢孙伯攘，亦蚤殇。次孙橘涂，寿富出也。寿富、富寿既同殉庚子之难，宣统己酉，橘涂（年十七）与从弟某某相继以喉疫逝，公遂乏祀，弥可伤矣。……公诗早年雄杰自憙，晚年多尚冲澹，尤嗜韦、柳、白、傅诸家云。吴北山先生尝学诗于公，述公五十自书春联云：人见恶犹如往日，自知非岂独今年。观此，则当时邪枉丑正，实繁有徒，公特默烛于几先，假辞以自求退耳。"一时隽才，蹶而不振，憔悴京华，穷郁早卒，身后又家门萧索如是，诚属可伤。寿富以戊戌进士膺馆选，学识志节，杰出侪辈，庚子之变，偕弟慷慨殉难，其人卓然可传。汪，即壬午所纳江山船女也。至谓假辞以自求退，作此种说法者，亦颇有之。大抵谓其预料清流党将失势，故早为抽身之计，若壬午纳妾之事不过一种手段者，不免过为识微之论，事实上殆未必然。《孽海花》言其纳妾后，"一日忽听得庄仑樵（张佩纶幼樵）兵败充发的消息，想着自己从前也很得罪人，如今话柄落在人手，人家岂肯放松，与其被人出手，见快仇家，何如老老实实，自行检举，倒还落个玩世不恭，不失名士的体统。"谓自劾乃恐人先发，与李莼客之说略似，较所谓假辞求退者为近理。惟张幼樵获谴戍，乃因甲申（光绪十年）之役，其事在后，竹坡岂能于壬午闻之乎？（书中于事之后先，颇有错乱，或以临文之便，或由未暇致详。）

苏堪乙未(光绪二十一年)有《怀座主宝竹坡侍郎(廷)》诗云:“沧海门生来一见,侍郎憔悴掩柴扉。休官竟以诗人老,祈死应知国事非。小节蹉跎公可惜,同朝名德世多讥。西山晚岁饶还往,愁绝残阳挂翠微。”于其晚年情况,感慨系之,时距竹坡之卒五年矣。

当竹坡之被命典闽试,其同治戊辰同年翰林,交谊夙厚,志意相孚,同被目为清流党健者之陈弢庵(宝琛),则以闽人典试江西,(以翰林侍讲学士拜江西正考官之命,旋迁侍读学士,副之者翰林院编修黄彝年。)有“岁寒松柏”之佳话。孙师郑(雄)《诗史阁笔记》录张仲昭(志潜,幼樵子)函速其事云:“先是同治癸酉,弢老分校顺天乡闱,年才廿六,房首乃一耆宿,年已六十有二。光绪乙亥,又与洪文卿同任顺天乡试分校,文卿戏语弢老,谓衡文应取少年文字,气象峥嵘,他日桃李成荫,罗列鸾台凤阁间,师门得以食报,无再取老师宿儒迂疏寡效之松柏为也。弢老颇不谓然。洎壬午典试江右,洪适督学。弢老询以士风如何?洪戏对云:来此三年,尽栽桃李,无一松柏。弢老入闱后,遂以‘岁寒松柏’命题,所取多章江硕彦,陈散原即于是科获隽,此为立雪所闻。”又杨味云(寿楠)述此云:“陈弢老于壬午科放江西主试,学政洪文卿(钧)为监临,戊辰同年也。闱中论取士之法,洪曰:吾所取皆才华英发之士,所谓春风桃李也。陈曰:吾所取者必为岁寒松柏。遂以‘岁寒然后知松柏’一章命题。及填榜,洪举所识知名之士,另列一单。填至二十名,尚无一人,洪意不乐。陈曰,少须,此前列者犹岁寒松柏也。

至三十名后，单上之名累累如贯珠。陈笑曰，春风桃李来矣。洪大笑，亦服其精识。此节彀老为余面述。”二说颇有异同。佳话流传，“岁寒松柏”之与壬午赣闱，要为谈科举旧事者所乐道。前乎此壬午者，乾隆二十七年壬午湖南乡闱之事，亦有可合看处。因附缀之。袁简斋(枚)《随园诗话》卷三云：“吾乡吴修撰鸿督学湖南，壬午科湖南主试者为嘉定钱公辛楣、陕西王公伟人。诸生出闱后，各以闱卷呈吴，吴所最赏者为丁甡、丁正心、张德安、石鸿翥、陈圣清五人，曰：此五卷不售，吾此后不复论文矣。榜发日，吴招客共饮，使人走探。俄而抄榜来，自第六名至末，只陈圣清一人。吴旁皇莫释。未几五魁报至，则四生已各冠其经，如联珠然。吴大喜过望，一时省下传为佳话。先是陈太常兆仑在都中，以书贺吴云：今科楚南得人必盛。盖预知吴、钱、王三公之能知文能拔士也。吴首唱一诗云：天鼓喧传昨夜声，大宫小征尽合鸣。当头玉筍排班出，入眼珠光照乘明。喜极转添知己泪，望深还慰树人情。文昌此日欣连曜，谁向西风诉不平。一时和者三十余人。后甲辰三月，余游匡庐，遇丁君宰星子，为雇夫役，作主人，相与叙述前事，彼此慨然。且曰：正心管领庐山七年，来游者先生一人耳。”“如联珠然”犹之“累累如贯珠”，惟一在五魁，一在三十名后而已。洪文卿以学政为监临，躬亦在闱，其事更饶兴味也。[监临例以巡抚充任，或由学政代办，嘉庆间曾谕斥其非是。陈钧堂《郎潜纪闻》初笔卷二(四)云：“嘉庆戊辰恩科，浙江学政刘凤诰代办乡试监临，闱后人言藉藉，有‘监临打监军小题大作，文宗代文字矮屋长枪'之对语。密旨查询，经巡抚阮元以对语达天听，上复遣侍郎托津等三人抵浙按问，刘获重谴，阮亦以徇庇夺官。谕旨中有云：'乡试士子系由学政录送入闱，刘凤诰本当避嫌，何以辄将监临之事交伊代办，已属非是，'何以近科秋闱，竟违祖训，仍有以学政监临者。"以职掌论，学政代办监临，诚未免界限不清，虽经谕斥其非，而后来淡忘，又时有之，巡抚以事繁为理由也。]

弢庵壬申（民国二十一年）有《散原少予五岁今年八十矣记其生日亦九月赋寄庐山》诗云："平生相许后凋松，投老匡山第几峰。见早至今思曲突，梦清特地省闻钟。真源忠孝吾犹敬，余事诗文世所宗。五十年来彭蠡月，可能重照两龙钟？"挚语可诵，首句本事，即回顾五十年前赣闱试题之一段文字因缘也。甲戌（民国二十三年）散原北上，皤然二老，聚首北京。翌年乙亥弢庵卒（寿八十有八），散原挽以联云："沆瀣之契，依慕之私，幸及残年偿小聚；运会所适，辅导所系，务摅素抱见孤忠。"又诗云："一掷耆贤与世违，猥成后死更何依。倾谈侍坐空留梦，启圣回天俟见几。终出精魂亲斗极，早彰风节动宫闱。平生余事仍难及，冠古诗篇欲表微。"语极沈著凝练，老门生年亦八十三矣。（越二年继卒。）师弟互以诗诣相推许，均精卓为后学所宗。

竹坡、弢庵，立朝铮铮，志同道合，均有声于光绪初年之政局。竹坡既废绌，（时张香涛官晋抚，亦清流党重要人物，与竹坡夙契，弢庵与书，谋荐起之，未果。）甲申之役，弢庵以内阁学士会办南洋事宜，亦缘事镌级归里。（家居二十余年，至宣统间始再起。）庚寅闻竹坡逝世，有《哭竹坡》诗云："大梦先醒弃我归，乍闻除夕泪频挥。隆寒并少青绳吊，渴葬悬知大鸟飞。千里诀书遗稿在，一秋失悔报书稀。梨涡未算平生误，早羡阳狂是镜机。"［未（末）句为感慨语，不宜看得过于认真。］翌年辛卯有《二月十八夜泛月入山道得苏盦江南寄诗苏盦竹坡试闽举首也感赋以答》云："诗筒把向春江读，江上潮生月满船。夜梦欲因度云海，前游可惜欠风泉。别来痛逝知君共，他日论文识子偏。缄泪寄将频北望，解装一为酹新阡。"又《鼓山觅竹坡题句不得怆然有赋》云："小别悲同永诀看，当年闻语泪先潸。国门一出成今日，泉路相思到此山。月魄在天终不死，涧流赴海料无还。飘零剩墨神犹攫，剔遍荒苔夕照间。"均情文相生词意兼到之作。重莅北京后，辛亥（宣统三年）有《灵光寺忆竹坡示畏庐石遗》云："岩扃犹剩题名墨，池水应怜皱面人。约略老坡眠石处，却从榛莽告晁秦。"亦见情致。宝门郑、陈、林三人，皆为弢庵诗友，相唱和。

（原载《古今》1943 年第 14 期）

八　六红

苏州拙政园，久负盛名，《古今》登载《拙政园记》二篇（见第十二、十四两期），斯园掌故，读此可得其详矣。又按明徐树丕（清初犹存）《识小录》云："拙攻园在娄门迎春坊，乔木参天，有山林杳冥之致，实一郡园亭之甲也。园创于宋时某公，至我明正嘉间御史王某者复辟之。其邻为大横寺，御史移去佛像赶逐僧徒而有之，遂成极胜。相传御史移佛像时，皆剥取其金，故号剥皮王御史。末年患身痒，令人搔爬不快，至沃以沸汤，如此踰年，溃烂见骨而死。其子即贫，孙某至以吊丧为业，余少时犹识之。当御史殁后，园亦为我家所有。曾叔祖少泉，以千金与其子赌，约六色皆绯者胜。赌久，呼妓进酒，丝竹并作，俟其倦，阴以六面皆绯者一掷，四座大哗，不肖子惘然叵测，园遂归徐氏。故吴中有花园令之戏，实昉之此。后人于清朝之十年贱售与海宁陈阁老，仅得二千金云。"亦颇足资考镜。王氏子以摴蒱而失斯园，乃归于徐氏，其间徐氏盖以诈欺之术施之，树丕言之颇悉，关于斯园之一段小史料也。徐之所以得园，行为实甚卑劣，而树丕于先世恶行，若津津乐道焉，虽极状王氏之不堪，乌足掩徐之罪耶。

骰一掷而六色皆绯,俗所谓六红也。余因上述一节而更漫述明清人所纪其他六红故事,以供谈佐,姑就近中浏览所及,弗能备也。

骰,赌具也。徐、王拙政园之得失,亦正由于赌。嫖赌向来并称,清人记载中有涉及六红之关乎嫖者,如施闰章《矩斋杂记》云:“泾川孝廉章某,少励操行,以圣贤自誓。既领乡荐,意稍懈。久不得第。万历间赴公车,同寓少年,挟妓集饮,强之杂坐。微酣,少年请卜兆,以骰子六红为花状头,夺者得妓。章一掷得之,遂不辞让。妓体毒将发,逡巡中夕,谓不敢污贵人。某大醉,漫骂曰:若嫌我老耳,新状头不病也。一狎而中毒,榜放又不第,归至半途,疮溃其鼻,惭见故乡,自经于逆旅。人皆语曰:可怜六粒骰子,断送半生道学。”此言明人事也。又醒醉生(汪康年)《庄谐选录》卷五云:“某观察,无锡人,尝游吴下,悦妓张小红,小红亦属意观察,欲嫁之。观察曰:若汝掷骰得全彩,吾当娶汝。小红应声取骰盆至,一掷果六子皆四点。观察大喜,娶以归,生六子。”此言清人事也。一得意,相传亦佳话,一失意,身死遗笑柄,亦所谓有幸有不幸欤?

章某虽系入都会试,六红之卜,却非为科名。其有以卜中式与否者,如《庄谐选录》卷十一云:“乡前辈沈运使栻,乡试待榜,以博祝曰,若中式当全绯。一掷六子皆赤。次日报捷,中式二十四名,遂成进士,入词林,官至河东盐运使。”此为一科名得意者。又宋荦《筠廊偶笔》卷下云:“京师一孝廉,会试后,夜候发榜,与友人掷骰子,约曰:六子皆红者中。孝廉得五红,其一立盆边良久始落,亦红,又先世神主忽然摇动,合家闻叹息声,移时,报孝廉中矣。”此亦一科名得意者。彼卜于乡试,此卜于会试也,祖先神主且为之摇动,并有叹息之声闻于众,尤可见科举魔力之深入人心非同小可矣。[小说中,如《官场现形记》第一回写赵温中举,祠堂设祭,有云:“赵温一见,认得他是族长,赶忙走过来,叫了一声大公公。那老汉点点头儿,拿眼把他上下估量了一回。单让他一个坐下,同他讲道:大相公,恭喜你,现在做了皇帝家人了,不知道我们祖先积了些什么阴功,今日都应在你一人身上。听及老一辈子的人讲,要中一个举,是很不容易呢。进去考的时候,祖宗三代都跟了进去,站在龙门等帮着你抗(扛)考篮,不然,那一百多斤的东西,怎么抗(扛)得动呢?还说是文昌老爷是阴间的主考,等到放榜的那一天,文昌老爷穿戴着纱帽圆领,坐在上面,底下围着多少判官,在那里写榜,阴间里中的是谁,阳间里的榜上也就中谁,那是一点不会错的。到这时候,那些中举的祖宗三代,又要到阴间里看榜,又要到玉皇大帝跟前谢恩,总要三四夜不能睡觉呢。大相公,这些祖先,熬到今天受你的供,真真是不容易呢。”又《儒林外史》第四十二回《公子妓院说科场》有云:“大爷道,……放过了炮,至公堂上摆出香案来,应天府尹大人戴着幞头,穿着蟒袍,行过了礼,立起身来,把两把遮阳遮着脸,布政司书办跪请三界伏魔大帝关圣帝君来镇压,请周将军进场来巡场。放开遮阳,大人又行过了礼,布政司书办跪请七曲文昌开化梓潼帝君进场来主试,请魁星老爷进场来放光。六老爷吓得吐舌道,原来要请这些神道菩萨进来,可见是件大事。……大爷道,请过了文昌,大人朝上又打三恭,书办就跪请各举子的功德父母。六老爷道:怎的叫做功德父母?二爷道:功德父母是人家中过进士做过官的祖宗,方才请了进来,若是那考老了的秀才和百姓,请他来做甚么呢?”均可合看。盖世俗对科举之观念,又如是者。]又有以六红(四)卜而得六“三”者,明叶绍袁《天寥年谱别记》(一名《半不轩留事》)自纪万历三十九年应南京乡试时事云:“辛亥……八月试秣陵。……九月十日,放榜期也。九日之夜,余与陈发交崐山德荣德元兄弟同集宗人中秘白于隅园夜饮,呼卢错觥。有客祝曰:如四君皆捷,当得全红。余得全三焉,坐皆大喜曰,此十八学士登瀛洲也。及五鼓榜发,虚无一人。又一客曰,全三则红伏于下,三翻而后红见,固是后来之兆也已。乙卯德荣歌苹,戊午德元,辛酉陈发交,迨甲子而后及余。余遂于乙丑先登南宫,戊辰德元,甲戌发交,亦相次而及也。止辛未阙,是年德荣读礼,后遂谢去,以六馆起家,终为美谈之恨。”骰之“三”“四”二色,适居两端,全红俟翻而后见,遂以为后来四人均得中举之兆,且三人获成进士焉。

其关乎军事者,明杨循吉《苏谈》云:“韩公雍初任浙江参政,居忧在郡中,而两广蛮弗靖,朝廷以都御史起之,令往征焉。公将行,祖客骈列。酒间,公持骰子祝曰:看吾此行,能抚定诸夷,不负委任,愿一掷六红。展手而六骰皆四在盆焉，众客欢庆，公为引满。及到广，一征悉定，卒如所祝。”斯亦一相传之佳话也。宋人所传之狄青事，颇可参阅。蔡绦《铁围山丛谈》云：“南俗尚鬼，狄武襄青征侬智高，时大兵始出桂林之南，道旁有一大庙，人谓其神甚灵，武襄遽为驻节而祷之，且曰：胜负无以为据，乃取百钱自持之，与神约，果大捷，则投此期尽钱面也。左右谏止，傥不如意，恐沮师。武襄不听。万众方耸视，已挥手，倏一掷，则百钱尽红矣。于是举军欢呼，声震林野，武襄亦大喜，顾左右取百钉来，即随钱疏密布地而钉帖之，加诸青纱笼覆，手自封焉，曰：俟凯旋，当谢神取钱。其后破昆仑关，取智高，平邕管。及师还，如言取钱，与幕府大夫共视之，乃两字钱也。”此为狄青鼓励部曲之“神道设教”的一种作用，藉斯以壮士气，兼对敌方为先声夺人之举。韩雍所为，或亦即师其意，所用之骰，殆如拙政园得失公案中之六面皆绯乎？（彼为诈欺，此则权谋。）

又相传有一六么之故事，可附及焉。采衡（蘅）子（清人，宋姓，名待考）《虫鸣漫录》卷一云：“金陵城北大香炉地方，有小土地庙，甚灵。有摇会人某，先期祈祷，许得会酬愿。至期掣第一签，欣然持盒摇毕，揭视，六骰俱么，怒掷而归。少顷，会中来邀，云已得会。盖续摇者皆系六么，后不压先，会应某得。喜甚，乃新其庙。至今人呼为六点得会土地庙云。”骰之“四”色施以红，相传始于唐明皇之赐绯，通常即呼曰红，每视为最贵。“么”色号为最贱，并无赐绯之说，然亦或施以红，与“四”同色，特六么不称六红耳。

右述数则，杂凑而已，就意义而论，虽无关宏旨，而此类故事之流传，亦颇可见世俗之迷信心理也。

（原载《古今》1943 年第 22 期）

九　谈长人

北平西直门外园艺试验场，旧为农事试验场，更前为万牲园（以其中动物园得名，或作万生园，则合动植物而言之），再前则俗呼为三贝子花园者也。名称虽屡易，今俗犹多称为万牲园。（老北平则每仍三贝子花园之称，从其朔也。）乃北京名胜之一，久为都人士游览之所。园之收票人，尝以长人任之。前有二长人：一名刘文清，一名魏长禄，均身长八尺以外之伟丈夫（忆二人中刘尤较长），昂然立于门首，颇呈一种奇观，游人莫不注目，长人若万牲园之商标矣。（张恨水《春明外史》第二集第四回写杨杏园、李冬青游万牲园有云："走到大门口，那收票的长人，从旁边弯着腰走过来，也没有言语，对人伸出一只大手。杨杏园知道他是要收票，便拿出门票交给他。李冬青的票，在小麟手上，他也学样，走过去交给他。人离得远不觉得，走得近了，大小一比，小麟只比他膝盖高上几寸，那长人俯着身子接了票去。小麟记起他童话上的一段故事，笑着问李冬青道：姐姐，这个人好长，是不是大人国跑来的小孩子？这句话不打紧，说得李冬青禁不住笑，用手绢握着嘴笑了。"写得颇为有趣。有一时期，两人同立门首，一左一右，谑者号为哼哈二将，尤形壮观。）刘、魏二长人先后病死，游园者咸有若有所失之感。数年前又一长人张恩成来京，身长亦八尺，刘、魏之伦也。遂为试验场雇用，上承刘、魏，司收票之职，以弥阙憾。至今年九月一日，张恩成忽以自杀闻，此后未知更能得长人若彼者以补其缺否？

张恩成，山东福山人，今年二十七岁，幼居乡间，未读书。据闻自十五岁起，食量兼人，发育特速，至十九岁已达七尺。家贫，居矮小之屋，入室必低首俯身，卧必斜身，尚须稍歪其首，发育生长因而颇受限制，否则其身当更长于今耳。（至园任事前曾由市公署传见，量其长度为英尺八尺三寸。）其背略伛偻，头亦稍偏，均以此故。在场服务约五年。近以生活费用增高，食量既巨，复有妻子之累，（其妻身不满四尺，生一子一女，子六岁，女二岁。）月薪三十七元，不足赡生，忧郁之余，乃服毒自杀，医疗不及而死。其身体过长，死后棺木成为问题，幸赊得一长八尺许之巨棺，勉强入殓，双腿犹踡曲棺中云。所遗妇孺，生计无着，惟冀慈善家之施助而已。（八年前中国全国运动会在沪举行时，特约河南长人王家禄为收票员，盖仿万牲园之意。会后返籍，以家贫而食量过大，终于饿毙，其事可与张恩成同慨。）张事“新北京报”记之颇详，兹撮述大略。

张恩成之万牲园收票前辈刘长清，曾于民国十七年间为美国电影业者聘去，入明星之林，一时“刘大人”之名颇著，归后报纸曾载其谈话，并谓“刘君身体虽然如此粗大，但是说话非常和蔼，俨然一位‘尖头曼’（Gentleman）。”刘氏自谓在美每工作三日薪金百余元。归国过沪时，管际安（上海影戏公司监制）、史东山（大中华影片公司导演）曾要求加入，以患病谢绝。（仍回万牲园之职，未久即逝去。）当与新闻记者谈话时，被询以“据说黄柳霜之妹有嫁先生之意，确否？”答曰：“不确。”盖其时曾有此项谣传也。（或谓魏长禄亦尝出洋，今记忆不清矣。）

清同光间，有詹姓先以长人之资格而出洋，其事颇可述。程麟《此中人语》云：“近有徽人詹五？旅居海上，身长寻丈，躯甚伟，门中出入，必弯腰俯首而过。间或出外游玩，则观者如堵，途为之塞云。”所纪殊略，未及其出洋事。陈其元《庸闲斋笔记》云：“詹长人者，徽之歙县人，身长九尺四寸，人竞以长人呼之，遂亡其名，而以长人名。长人业墨工，身长故食多，手之所出不能糊其口之所入，不家食而来上海，依其宗人詹公五墨店以食。食虽多而伎甚拙，志在求食者，论其伎且将不得食，困甚。偶游于市，洋人谛视之，大喜，招以往，推食食之。食既饱，出值数百金，聘之赴外国，于是乘长风而出洋矣。出洋三年，历东西洋数十国，旋行地球一周，计水程十余万里，恣食宇内之异味。每到一国，洋人则帷长人使外国人观之，观者均出钱以酬洋人。洋人擅厚利，稍分其赢与长人，长人亦遂腰缠数千金，娶洋妇置洋货而归，昔之长人今则富人矣。同治辛未，余摄令上海，出城赴洋泾浜，途遇长人。前驱者呵之，见其仓皇走避，入一高门，犹伛偻而进。异之，询悉其故，将呼而问之，乃以澳斯马国明年将斗宝，长人又被洋人雇以出洋，往作宝斗矣。闻长人言，所到之国，其国王后妃以及仕宦之家，咸招之入见，环观叹赏，饮之食之，各有赠遗，外国之山川城郭宫殿人物，皆历历在目中，眼界恢扩，非耳食者可比。噫！昔者一旬三食犹难，今则传食海外，尊为食客之上，可谓将军不负腹矣，际遇亦奇矣哉。”又张华叟《四铜鼓斋笔记》云：“长人詹五，徽州农家子也，父母均以疫死，与妹同居，妹年十三詹年十五也。家贫，为人牧牛，藉以度日。一日从田沟中得大鳝，短而粗。久苦无肉食，商诸妹，杀鳝燃火煨熟，分而食之。夜半，身暴长。五本席地而卧，觉头足均触墙。醒已天明，视手肥大倍于往日，失声狂呼。妹闻声出视，五见妹身高齐屋顶，大惊，急跃而起，头触中梁痛甚，盖不知己身长亦如妹也。二人偕出，村人咸集，叱为妖。五有族叔，向客汉口，开詹大墨庄，适回家，见五异焉，遂携五到汉口。时余随宦在鄂，得一见。其长约一丈，身颇瘦削，头则大如斗。衣深蓝布长衫，食量极宏，赠以大面饼二十枚，顷刻而尽。观者如堵，啧啧叹为奇。后为西人雇往外洋，观者每人索金钱一枚。五大安乐，历游各国都城，得赀甚厚。在外十余年，通西语，改装娶西妇。光绪十三年六月，自英回华，寓沪老闸路，自起新宅，来往多西人。余回家过沪，遇于味莼园。次年三月，詹乘人力车至跑马厅，身重车小，从车中跌下，受伤而死。西妇尽得其赀财，另嫁西人而去。其妹自羞身长不类常人，竟于暴长之后一夜服毒自毙云。”二书所纪，互有详略异同，可参阅。盖一事而传说有歧，大抵如是耳。张谓食鳝暴长,颇涉怪异,疑出附会。陈所云“澳斯马”国,即“奥斯马加”(Austria-Magyar),时奥大(地)利与匈牙利合为奥匈帝国(联邦)之称也。“斗宝”盖即赛会(现代式)之意,上所纪容有未尽谛处。以长人资格出洋,“詹长人”要为“刘大人”之老前辈,其时电影事业未兴,否则当早呈身银幕矣。又据王浩《拍案惊异》云:“婺源北乡虹水湾詹衡均,身长九尺,头如斗大,腰大十围。娶吾祖母俞太恭人之使女节喜为妻,生子四人。长庭九,身如常人,次进九,三寿九,四五九,身长如其父。同治四年冬,夷人聘五九(二十五岁)至夷场,闭置一室,来看者,每夷一洋,每月詹得聘金六十元。五年正月,夷主要看长人,因以九千元包聘长人到英吉利国,代长人娶一妻一妾,同到外国,居为奇货,亦可怪也。闻将回沪,特记之。”此又一说,所记虽简单,而书其家世,于其来历颇明晰。此詹五九盖即长人詹五,其籍贯为婺源,与歙县同隶安徽徽州府,因而或传为歙人也。(歙为徽州府附郭邑,民国裁府留县,婺源则于民国二十三年划归江西,两县乃不同省矣。)其父即为长人,两兄亦如之,不始于彼,且未言有妹事,食鳝暴长之说,其不足信益可见矣。(夷场谓上海租界。)

又瞿元灿《公余琐记》所纪长人事云:“道光初,湘城(按:谓湖南省城也)有廖大汉、吴大汉者,先后充抚标材官,中丞校阅,使捧大纛为领队。余童稺时犹及见吴大汉,每过市,身极长者及胁,次者及乳,又次者及脐而已。同治三年秋,有长人至衡山,身丈许,头面手足大相称。宿旅店,俯而入,主人为设长榻,踡其足不能转侧,每藉藁地卧。自言张姓，永州人，家乡村，素贫，父母蚤丧，仅一妹，长大与相若。幼时状貌皆不异常人，年十余岁，偕拾薪于野，经稻陇。见田中黄鳝粗如巨梃，长约八九尺，共掷石毙之，扛之归，烹而食之，昏昏如中酒，僵卧一昼夜，既醒，觉遍体奇痒，肌肤胀欲裂，搔之搥之仍不适，兄妹相扶而起，则皆暴长。自是饮食数倍于昔，每日需斗米。己无膂力，妹不习女红，人无肯赡之者，常不得一饱，因与妹分道乞食云。后闻张至长沙，或怜而给之，食果腹者数阅月。旋值赛会，邑人醵钱与之，使装为无常，周行街市。甫三日，梦神召执役，竟死。旧闻明季靖南侯黄将军得功微时颇短小，遣产不足自给，佣为人豢鸭，辄无故失去，揣水中有物吞噬，涸水迹之，得巨鳝，沽酒大醑，数日不饥，顿变为伟丈夫，两臂能举千钧。尝途行遇盗，手格之，皆披靡，因邀入其党，黄正色拒之。后投身营伍，屡立功，卒为名将。同一食鳝，张则仅易形体，遂以庸人终，亦有幸有不幸也夫。”此所云之永州张氏，与《四铜鼓斋笔记》中之徽州詹氏，籍贯不同，姓氏亦异，当非即指一人，而均为与妹食鳝暴长，情事何其大相类似欤？亦见食鳝暴长之说沿传颇盛也。（装鬼而即被神召以死，亦话柄之趣者。）至引作陪衬之黄得功事，无论事之有无，黄氏要非大异乎常人之长人耳。又俞樾《右台仙馆笔记》云：“粤西有姚三者，幼时不异常人。年十八时，偶钓于池，得一鱼，无鳞，烹而食之，忽暴病，月余病愈，则躯体骤长尺许。已而屡病屡愈，病愈体必加长，数年之间，长及一丈矣。然其首仍与常人无异，询其故，则食鱼时弃鱼头未食，一犬食之，俄而犬首亦大倍于前。惜此犬旋为人扑杀,否则亦必有可观矣。"此书张语怪之帜,其自序所谓"搜神述异之类""惟怪之欲闻"暨附诗(征怪奇之事),所谓"正似东坡老无事,听人说鬼便欣然。""不论搜神兼志怪,妄言亦可慰无聊"者是。斯亦其语怪之一,颇怪得有趣,不必更究其言之合理与否矣。所纪之奇鱼,未详何种,惟谓无鳞,鳝固亦以鱼名而无鳞者,自可类观。

《公余琐记》所纪之廖、吴两大汉,以长人而为武弁,前乎此而见于记载者,有张大汉其人焉。景星杓《山斋客谭》云:"张大汉,淮人,名大汉。身高丈余,总河三韩靳公见而奇之,召入衙,与之语,盖村农也。询其常习武否?曰:善铁槊。欲试之,期以明日将槊来,曰:昨寄十里外农家,可立取也。许之,瞬息至。命选标下善槊者十余将,与之校,皆莫能胜。公喜,询能食几何?曰:不知,但平生仅二饱耳。叩其故,曰:一日过舅家,舅知其腹粗,具肉腐各十斤,菜三十束,饭斗米以饷,是日得饱。次年春访叔氏于远村,叔闻舅语,亦具如舅氏食以给。但惟有此二饱耳,盖未尝有三也。公大异之,谓曰:子今至是,饱得三矣。命照前给之。群使好戏,每物增广,大汉一啜无余,乃前跪谢曰:拜公惠食,大汉今日真饱矣。公大笑,命补帐下千兵。乘骑足不离地,出唯步行随公云。"写来颇为生动,廖、吴之老前辈也。此军界三大汉,遥遥相对,颇可各传,惜廖、吴两大汉事未得其详耳。靳公盖谓靳辅,康熙时之名河督,辽阳人,曰三韩者,似以汉时朝鲜有三韩(马韩、辰韩、弁韩),而辽阳之地于晋至隋时曾隶高句丽之故,然实不免牵强。(所云兵盖谓千总之职。)

因万牲园长人张恩成之死，遂连类杂述清代以来诸长人，以资谈佐，所引各书所载，姑就浏览所及录之，不能备也。至记载未必尽确，或情事相牴牾，亦足见信史之难焉。

（附志）右稿草寄后，又见邓文滨《醒睡录》，亦略记詹长人事，并言与之同受雇于洋人者更有一罗短人，其说云："湖北汉阳有一短人，罗姓，约二尺有余，洋人奇之，雇去作把戏玩卖人观看，三年，给厚资送归，娶妻，生子，大如常人。同治十二年，余在汉口亲见之，约四十余岁，唇上有须寸许，口音如常人。给食物等件，学洋人口音为戏。""安庆有一长人，九尺，詹姓，洋人亦雇去，与短人同卖，供人观玩，得重资而归。"并录之，以广异闻。此谓詹地为安庆，或詹曾至安庆欤。又《公余琐记》之记长人，附述黄得功事。按许秋垞《闻见异辞》（此书多纪怪异之事）有云："硖石镇民家有畜群鸭于河，每晚检之，辄少其一，以为乞儿偷匿，勿足怪也。后吴六奇至硖，闻而异之，随群鸭所之。至夕阳西下，瞥见水纹旋起一潭，鸭随潭影而灭。次日，吴以一绳系鸭，影复灭，随手收绳，钓起巨鳝一条。烹食之，遍体奇痒，令人以竹棒日击百遍，血出方止。半月后顿生神力，能敌万夫。后投军得功，官至提督，此食鳝之验也。"与黄事颇相似，盖本一种传说歧而分属者也。尝闻旧时应武试者练功有饮鳝血增力之说，斯或与有相因之关系也。

（原载《古今》1942 年第 10 期）

十　谈林长民

民初政客好蓄长髯，以大胡子名者颇不乏人，若林宗孟氏（长民），亦其中一有名之人物也。

林氏为福建闽侯人，清末留学日本，卒业于早稻田大学政治科，后来之政治生活，基于是焉。

当在日本时，即为留学界知名之士，众皆属目。曾充留学生公会会长，排难解纷，周旋肆应，翕然被推服。说者谓其有数长：一有才，既具学识，尤善治事，处理公众事务，秩然不紊，遇有困难，亦能善为应付，解除症结。一有口才，善于辞令，辩才无碍。一有财，家本素封，交际所需，不匮于用，是以各方酬酢，不感扞格，留学会长之胜任愉快，斯亦一重要条件。（所谓无贝之才济以有贝之财也。）一有胆，遇事肯担当，不畏葸。具此数长，用能翘然杰出于同时辈流。留学界中之优秀分子，如汤济武（化龙）、刘崧生（崇佑）等，均甚相引重，互订深交。梁任公（启超）时在日主办杂志，发摅政论，林等与通款曲，均后来所谓研究系之中坚也。

归国后，与刘崧生在闽创办法政学堂（私立）。时各省设立咨议局（犹民初之省议会），遂充福建咨议局书记长

(犹秘书长)。刘氏则由议员而任副议长,同为咨议局之要人,齐名一时,已渐作政治活动。

民国成立,益从事于政治活动,世多知政客中有林长民其人矣。迨袁世凯解散国会,政党失败,政客多落寞。民国三年,在所谓总统之下,有参政院之设立,以副总统黎元洪为院长,汪大燮为副院长,林氏则为秘书长。黎本军人,汪虽久历政途,而于此类议事机关,亦非素习,故院务多倚林以办。

参政院不过袁氏实行独裁政治时一形式的机关,除奉令承教为机械的动作外,势难有所发摅。林氏之任秘书长,亦不过无聊中一相当位置,在政治上固无甚意义也。而处理事务,夙具特长,丰采谈吐,亦为人所注意,时称其秀在骨。余于斯际尝与相晤,见其躯干短小,而英发之概呈于眉宇。貌癯而气腴,美髯飘动,益形其精神之健旺。言语则简括有力,盖无愧政客中之表表者。

其平生在政界地位最高时,为任段内阁之司法总长。民国六年有复辟之举,段祺瑞誓师马厂,兴兵入京,以梁启超、汤化龙为参赞,林氏亦赞画其间。复辟既败,段以国务总理重组内阁,梁、汤、林联翩被任阁员(国务员)。当时全体阁员为:国务总理兼陆军总长段祺瑞,外交总长汪大燮,内务总长汤化龙,财政总长梁启超,海军总长刘冠雄,司法总长林长民,教育总长范源濂,农商总长张国淦,交通总长曹汝霖,汤、梁、林、范号为研究系四阁员。(民初政党活动时,汤、梁为民主党领袖。民主党旋与共和统一两党合组为进步党，与国民党对立。嗣政党瓦解，产生许多小政团。宪法研究会为政团之一，中多旧民主党人物，后来研究系之称本此。梁、汤以历史之关系被目为研究系首领，林、范则亦系中重要分子，范较接近于梁，林较接近于汤。）未几，段与代理大总统冯国璋发生暗潮，（段对南主战，谋武力统一，冯则主和，阴挠之。）以川湘两路军事失败去职，梁、汤等在阁已颇与段意见不尽合，至是随段下台。（段旋再起，另是一局面矣。）林氏之居政府，仅此一度，下台后镌一小印，曰"三月司寇"，以为纪念。

在司法总长任时，对同乡等之求职者，苦于粥少僧多，每向之力言官之不可做，谆劝回家种田。其曾习法学而必须位置者，则特设一机关（其名称似为法制委员会之类，记不清矣）以安插之，其中多为清末在闽所办法政学堂之学生云。其后游英（似以考察之名义出洋），约二三年而归，寓北京景山附近，庭中有栝树二株，故称所居曰双栝庐。

林氏能文，兼能诗，书法亦佳。（闻清末赴日留学之前，书法不工，迨归国，忽已大进，见者颇异之。）游英归国居京，时约在民国十一年，其友王莪孙（世澂）、黄哲维（濬）办《星报》，林氏常以诗稿送登，几无日无之。笺纸精雅，书法美秀，切嘱另钞付排，不愿使其污损，然并不收回，《星报》同人每分取藏弃焉。又闻前此蒲伯英（殿俊）与刘崧生相继办《晨钟报》及《晨报》，林氏颇为后援。

林并为白话诗，其乡前辈林贻书（开謩）壬戌（民国十一年）正月六十生日，寿以诗云："世俗爱做寿，近来尤喧哗。人人征诗文，称述他爹嬷。爹比古贤人，嬷是今大家。若是做双寿，鸿光来矜夸。我那儿有空，下笔恭维他！彦京好孩子，孝敬老太爷。表章两三事，事实到不差。分笺来索诗，我诗太槎枒。贻书三先生，认识我的爹。我小的时候，常听爹咨嗟；称赞文恭后，个个有才华。后闻先生显，更乘东海槎。我时在日本，仿佛迎公车。一览已无余，公言无乃夸。前事一转眼，沧海填平沙；先生六十岁，我发也成华。六十不为老，公健尤有加；我爹早下世，楸树几开花。彦京诸兄弟，你真福人呀！做寿来娱亲，用意良可嘉。倘若举音觞，那么就过奢；门外多饥寒，日暮啼无家！”在其历来所为诗中，成一别调。（或以“嬷是今大家”之句为疑，因班昭称曹大家，“家”应读如“姑”，不宜仍读本音也。其实“姑”“家”二字，古音本同，后乃相歧。今两字异读已久，不必特将曹大家之“家”仍读“姑”音矣。俞荫甫（樾）《春在堂随笔》卷九云：“虞山王应奎《柳南随笔》，曹大家家字当读姑，钱宗伯诗误读本音。余谓此论亦未是。盖家字读如姑，乃古音如此。《左传》：侄从其姑，六年其逋，逃归其国，而弃其家。《离骚》：羿淫游以佚畋兮，又好射夫封狐，固乱流其鲜终兮，浞又贪夫厥家。并其证也。若以古音读者，不特大家之家应读姑，即凡国家室家家字无不应读姑，若依今音读，则何不可皆读如加也。《后汉书·曹世叔妻传》：帝数召入宫，令皇后诸贵人师事之，号曰大家。章怀注：家字无音。可知唐初并无异读。《广韵》《集韵》十一模皆不收家字，不从今音，则曹大家之家字竟无韵可归矣。唐宋妇人每称其姑曰阿家，以曹大家例之，似阿家亦应读姑。然马令《南唐书·李家明传》注曰：江浙谓舅为官，谓姑为家。若家必读如姑，岂官必读如公耶。”所论通达有致，例证可征。从知“家”字纵与“姑”字同义时，亦无须读音同“姑”也。俞说可为读林氏此诗者解惑，故缀录之，俾览观焉。又“家”均读如“姑”之古音读法，今尚有保存未改之处，闽中方音即然。）

民国十四年，段祺瑞在临时执政任，设国宪起草委员会，以林氏为委员长，林遂又与段氏为缘。是时余见之，形容枯槁，呈老态，美髯却已剃去，匪复昔年丰采矣。未几罹郭松龄之难而死，其事甚出一般人意料之外。林与郭无素，其相从由于友人之介绍。郭举兵后，将大有作为，急欲得一有政治才略之名人相助，时军势正顺，前途若甚可乐观，林乃应其延揽入幕，亦欲藉郭之成功而握奉天方面政治上之大权也。（闻郭已示意将以奉天省长借重。）至当时北京情形，则“国民军”方与段派有恶感，执政府方面要人有被拘捕者。林感于段氏前途不妙，且颇自危，其亟赴郭军，斯亦为一原因。不图值郭氏之败，卒与祸会。盖军溃之后，乘乡间大车而逃，途中遇张（作霖）军，以机关枪对车射击，急下车避之，竟仍死于机关枪扫射之下，惨已。时为民国十四年十二月下旬，寿仅五十耳。事后其家多方访觅其尸骸，终未能得。

当其将赴郭氏之招，知交中泥之者颇多，不听而往。林白水（万里）尤甚不谓然，于其行也，在所办《社会日报》中著论非之，有“卿本佳人，何为作贼”之语。盖不满郭氏所为，而深咎其不自贵重顾藉，轻身从之也。

梁任公挽以联云：“天所废，孰能兴，十年补苴艰难，直愚公移山而已。均是死，容何择，一朝感激义气，竟舍身饲虎为之。”警卓沈挚，允为传作，语中有自己在，回遡政治生涯，悲愤感慨之意深矣。梁久失志抑郁，于此一倾吐其怀蓄，言为心声，今日诵之，犹可想见其激昂之态度焉。

（原载《古今》1944 年第 38 期）

十一　漫谈蟫香馆主人

今岁值壬午，上溯六十年，前一壬午为清光绪八年。是岁为乡试年分，本科举人不乏后来有名人物，其最贵显者为天津徐菊人（世昌），清末之太保大学士，民初之大总统也。严范孙（修）与徐同乡同年，虽人爵之尊，不逮徐氏，而其人生平，实尤可称。终身事迹，以兴学一端为最大，行谊节概，亦足资士林取范。曩曾略有所纪，以匆匆属草，资料未备，语焉不详。顷见《古今》第二期载童君《记严范孙（修）先生》一文，可补余旧作所未及，表彰先正，盖有同心。《古今》注意文献，承来函征稿，觉关于严氏者，尚多可谈，因就近岁致力搜集之资料，更草此篇，以念当世，而供史家之要删。蟫香馆者，严氏书斋名也。

严氏兴学，始于督学贵州之时。民国十八年三月三十一日陈宝泉在追悼会报告之《严范孙先生事略》云：……“时当光绪戊戌之前，……首改南书院为经世学堂，聘黔儒雷玉峰主讲席，并捐廉购沪楚书籍运黔，照原价发售，捐资垫付运费，贵州新学之萌芽自兹始。……杨兆麟君（字次典，贵州人，官编修）尝为泉言：‘经世学堂开课，适当学政驻省之时，范公每日按时到堂听讲，无少迟误，虽学子无其勤也。'任满，奏请开经济特科。"归京以迕掌院学士徐桐，请假旋里，后即在津兴学，由家塾扩充而为学校，致力地方教育。《事略》云：

清季负海内教育家之重望者，南曰张(謇)，北曰严，此确论也。惟张为教育界之政治家，严则教育界之道德家。其所谓道德者，尤以家庭教育为最著。自律至严，门无杂宾，室无媵妾；其教子弟也，和平与严肃并用，子弟行事之轨于正者，虽重费不惜，否则必以词色矫正之。……自家塾扩充为敬业中学，招生百余人，后以传学者众，移其校于南开，即今日之南开学校也。至当日在家塾读书者，虽人数无多，而成就甚伟。……先生于国民教育尤具热心，当时天津有私塾而无学校，先生为联合津中士绅，出资改组蒙养学塾为天津民立第一小学堂，……行之数月，成效甚著。于是官绅闻风兴起，本邑卞绅继设民立第二小学堂，天津府凌公福彭、天津县唐公则瑀，约公出组织官立小学堂，草具规模，未备也。时直隶总督袁世凯素器公之所为，尤欲以天津学校为全省之模范，于是筹款拨地，任公之意为之，天津教育始为之一振。

继遂主直隶(今河北)全省教育。《事略》云：

先生于天津之兴学，成绩既著，于是直隶学校司胡公景桂首荐公自代。先生初不肯应，嗣胡公以最诚恳之情感之，始允；且言须赴日本考察后始就职。甲辰赴日本考察教育,……学校司者(后又改学务处),即……今日之教育厅也,特权力较大。在任一年,以劝学筹款为首务,劝学所宣讲所均公所创设。至今虽略易名称,而其制未废。此外所创设者,为天津模范小学,天河师范,北洋师范,高等法政,女子师范学堂。造就师资,尤公所注意,居天津时,既推荐赴日习师范者二十人,任省政时,规画每府除应设一中学外,并应设一师范学堂。去任后师范经费尚未筹集,更设法竭力赞助之。至各县小学之兴替,其权操之州县长官,故对于州县官奖诫分明,不少假藉。公居职时,各县教育无不蒸蒸有起色者此也。斯时袁世凯之器公尤甚。泉尝谒袁,袁曰:"吾治直隶之政策,曰练兵,曰兴学。兵事自任之,学则听严先生之所为,予供指挥而已。"先生曾荐泉与高步瀛君编纂《国民必读》《民教相安》二书,以启发国民之知识,印行十万册。此外先生复指导同人编辑教育杂志,中小学教科书等,均盛行于全省焉。乙巳清廷设立学部,被任为学部侍郎。先生雅不欲就,政府敦促之始就道。临行时聚泉等而言曰:"予此行身败名裂,举不可知,所可惧者,予所私立之各学校工厂,未知能保存否耳。(斯时公所私立之学校约五处,工厂两处。)此后对于兴学之事,予只能勉助开办费,经常费多未确定,久则胡易为继?"盖先生兴学,具唯一之热诚,深恐功败垂成,故不惮言之详焉。

其官学部,《事略》云:

先生之入都也，同僚甚倚重之。然斯时多囿于官僚积习，欲其能直摅胸臆，为清季教育界开一新纪元，未能也。盖先生早见及之，故独注意延揽人材，……以为国家培些许元气。……其时学制已为奏定章程所限，不能大有更张，故多从实施入手。于京师设督学局，以统一都中教育；设图书局，以编辑教科及参考各书；设京师图书馆，以搜罗故籍；京师分科大学，以造就通材。提学使之制，亦公所手定者。……先生入都办事，其周详审慎之态度，尤为人所难及。从政余暇，则聘专家开讲习会，督率部员听讲。今为时远矣，同时僚友，有谈及先生往事者，谓受先生之指挥，虽受苦而有余甘云。清德宗逝世，摄政王当国，教育益不理，赖张文襄公（时为管学大臣）左右之，始勉强自安。逮文襄逝世，公确见天下事决无可为，遂谢病辞职。盖先生之政界生涯，于此终矣。

此为清季严氏自督学贵州暨在本籍办学以迄服官学部殚心学务之梗概，教育家的严氏之重要史料也。

陈嵩若［中狱（岳）］曾偕赵幼梅（元礼）同编《严氏遗诗》，更纂有《蟫香室别记》，述严氏轶事，甚有致。其可与上文所引《事略》参阅者，摘录如次：

公光绪甲午督黔学，尝有剀切劝学示谕，后段曰："本院五千里外奉使而来，夙与尔诸生无一面之亲，相知之雅，三年两试，不得不视文章为进退。然私心所祷祝者，窃欲得朴雅之才，不愿得浮华之士。校其文艺以觇其所造，察其气质以验其所养，面课其言论以测其浅深，密访其行谊以核其真伪。文非一手，不能数题而并工；学不十年，不能当机而立应。浇薄戾傲者，名虽久著，亦黜之以儆效尤；敦笃懿实者，辞或未醇，亦进之以资矜式。优行之举，选拔之试，亦恃此为弃取焉。勉矣夫！纵本院无真鉴，而乡里有公评；纵人可欺，己不可诬也。”末申以五事：一劝经书成诵，二劝读宋儒书，三劝读《史记》《汉书》及《文选》，四劝行日记法，五劝戒食洋药。[按：洋药谓鸦片也。严氏“蝉(蟫)香室(馆)使黔日记”中，极以此项痼习为忧。]

公供职学部，……僚属虽钞胥之末，亦靡不假以辞色。赵衰冬日，盖历来官所未有。

公在学部，尝手书应整顿事宜三则，告诫僚属：(一)守时限也。日本人尝言：欲知学堂管理之善不善，先观其时限之准不准。由此例推，知非细故。本部员司，或来或否，或早或迟，颇有自由之习。研究之日如期而至者较多，余日则参差不齐，漫无节制。大率已(巳)午之间，门庭寂然，午前后则欢呼并作矣。司务厅为本部门户，总务司为各司领袖，此两处事尤重要，而来迟者最众。诚恐相习成风，日久愈难整顿，宜于新章发布之初，责成丞参严定功过。(二)戒喧笑也。办公非会客之所，亦非闲谈之地。即有论议，不妨平心静气；若杂坐喧呶，哄堂笑谑，非惟体制不肃，亦恐扰及他人。每司俱设叫钟，则指使仆役，自无庸声威并作。

（三）崇俭朴也。本部曾通饬各学堂裁节冗费，欲践其言，当自本部始。近日部用稍侈矣；凉棚不已，继之以冰桶，冰桶不已，继之以风扇；晏安之途愈辟，则勤奋之机愈阻。即为卫生计，亦但取适用，不须美观。他如桌椅箱厨，乃至笔墨纸等类，皆宜核实预算；日计不足，积少成多。

公于张文襄倾倒甚至。文襄殁日，公在鲍家街京寓，方与赵幼梅夜谈，闻报，公戚然动容曰："此我朝有数人物，奈何死乎！"命驾急往，彻夜未归。

严氏与张之洞之相得，亦可征焉。之洞《广雅堂诗集》，严氏曾加手注，于诗中所用典故，注释甚详，淹博可观，影印之《严范孙先生注〈广雅堂诗〉手稿》是也。（其子智怡跋语，谓："是集乃民国八九年先公家居时所手注，一时流览，有得辄记眉端，未曾排比。尝托陈丈筱庄持稿示高丈阆仙，高丈微以详于典故略于本事为言，先公亦深韪之。第以时过境迁，搜采事实，颇非易易，藏之箧衍，尚待增补，固未为定稿也。智怡深惧先公手泽之湮没，……乃先将手稿付之影印，盖即以此作草本，并代写官也。"）

其在民国，《事略》云：

国变后，虽往来南北，未尝忘情国事，而出处之界则甚严。有章式之赠先生诗云："八表同昏炳一灯，身肩北学老犹能。垂帘卖卜披裘钓，不数君平与子陵。"先生颇爱玩之，是可以见其志矣。……所最难处者，时袁世凯被选为大总统，而与先生有特殊之知遇也。（袁被免职时,先生独与之送行,又传有保留袁之奏折,惜未见。)袁于清季组阁,即荐先生为度支大臣,先生以非所素习辞之。民国以来,关于国务员之网罗,或见诸明文,或暗中推挽,盖无役不与,然先生一以淡然处之,不稍为动。惟关于故人交谊,于其子弟之教育,颇为尽力,藉以报袁之知遇焉。先生对于民国建国之意见,欲使孙黄袁梁四派,互相握手,以同策中国政治之进,于民国元二年间,颇有所致力。既见事不可为,乃漫游欧洲。及归国而袁政府之专横益不可制矣。先生自此遇事韬晦,惟于帝制发动之初,争之甚力,有云:"若行兹事,则信誓为妄语,节义为虚言,公虽欲为之,而各派人士,恐相率解体矣。"逮西南起义,袁颇自危,公首劝其撤去帝号。袁逝世,公曾建议于政府当局,请整顿内外金融。彼时财政紊乱,政纲不举,竟未见之实行。公亦自是专心教育事业,不甚谈国事矣。此后数年间,天津私立第一小学,南开学校,进步皆绝速,(南开学校,除中学外,更增设分科大学及女子中学,学生逾数千人。)则公之用力之所在可知矣。民国七年,更偕范静生孙子文诸君为美洲之游。……六十岁后,时制古今体诗,联合同志,主持城南诗社。斯时尤留意国学,组织存社及崇化学会,延章式之先生及诸名宿主讲,盖鉴于国学日替,姑为补偏救弊之谋,与当年之提倡新学,其用心正无以异。……卒后近者哀伤,远者惊叹,门人私谥为静远先生云。

晚年事迹，大致如是。惟谓袁世凯免职时，严“独”送行，稍有未符。当时车站送别者，实尚有宝熙杨度刘若曾等也。《蟫香馆别记》云：“近人陈藻青《新语林》载：‘项城放归彰德，亲故无敢送者，独严范孙杨哲子便衣送至车驿。袁曰：“二君厚爱，我良感，顾流言方兴，我且被祸，盍去休。”严曰：“聚久别速，岂忍无言？”杨曰：“别自有说，祸不足惧。”’予尝亲询公，知当时相送者，尚有刘仲鲁宝沈盦，所言未及朝政，即杨哲子亦未为亢论也。”又关于保留世凯之奏，《别记》云：“宣统御极，项城罢职，公专疏密保其仍留外务部尚书任。疏上留中，公日记中亦未载疏稿。刘芸生挽公诗有曰：‘朝焚谏草欲回天。’盖实录。然公答予诗，因项城事有句曰：‘本为衰朝惜异才。’可喻其旨矣。”按此所云答诗，系乙丑（民国十四年）作，凡绝句四首，其二云：“本为衰朝惜异才，几番铸错事同哀。拾遗供奉吾何敢，幸未人呼褚彦回。（来诗有杜陵救房琯太白识汾阳之句。）”其旨诚堪共喻也。（其三云：“秀才学究两无成，技类屠龙况未精。庠序莘莘人艳说，吾心功罪未分明。”兴学造士，群情翕然钦重，而此诗自视欿然若斯，兢兢之意亦可见。）

《事略》言其少年时代云：“十四岁入邑庠，有神童之目。性至孝，父丧三年不入内寝。”其游庠为夏同善督学顺天所得士，旋食饩。按其会试硃卷所载，系府学廪膳生，非邑庠（县学）。

壬午捷乡试，出同考官程夔房；正考官为徐桐，毕道远、乌拉喜崇阿、孙家鼐副之。《别记》云：“光绪壬午，公应顺天乡试，同考官程午坡先生夔得公二场经艺卷，叹为典核华瞻。头场首题为‘子曰雍之言然’，公以偃陪作起讲，程初阅未荐，至是覆阅，知非恒流手笔，即为补荐。正考官徐公荫轩击节欣赏，与副考官乌公达峰毕公东河孙公燮臣三人传观，已定首选矣；嗣以二场《礼记》题‘春秋冬夏风雨霜露无非教也’，公误将雨霜二字颠倒，群相惋惜，乃改为副榜第一。孙公以贝卷二场无佳者，竭力怂恿，宜仍列正榜，惟名次当稍抑之，毕公亦以为然，遂定为第一百九十一名。”盖缘经文特佳获售，而当时曾有波折也。（顺天乡试，顺直生员列为贝字号，故曰贝卷。）翌年癸未捷会试，中第三名，出同考官尹琳基房，徐桐又充正考官，瑞联、张之万、贵恒副之。覆试二等第七十一名，殿试二甲第十一名，朝考一等第十名，遂入翰林。徐氏迭主乡会（朝考亦在阅卷大臣之列），与严氏师生之谊甚深，后虽以守旧派之立场摈严，而严犹笃念师门。《事略》云：“座师徐桐恶其所为，尽撤去其翰林院职务，遂请假回籍。然戊戌之变，亦未与其祸，公自挽诗所谓‘几番失马翻侥幸’者，此其一事也。”《别记》云：“光绪乙未，公奏开经济特科，实戊戌变政先声，然公亦以此失欢于座师徐荫轩相国。公黔轺甫还，徐榜于司阍室曰：‘严修非吾门生，嗣后来见，不得入报。’然公于徐仍执弟子礼甚恭。后徐死庚子之难，客有述前事者，公泫然曰：‘吾师仁人，为人误耳。’”己酉（宣统元年）严氏有《五十述怀》诗云：“世变沧桑又几经，十年风景话新亭。鼎湖影断朝霞阙（两宫大丧，尚未奉安），剑阁声残雨夜铃。（距辛丑回銮未满十年。)大地山河几破碎,中兴将相遍凋零。河清人寿嗟何及,但祝神狮睡早醒。""最堪思慕最堪伤,师最恩深友最良。(李文忠师徐东海师张丰润师贵隋樵师,陈君奉周陶君仲铭王君寅皆,均殁于近十年。)筑室至今惭木赐,(四师之丧,余适家居,均未会葬。)铭碑何日托中郎?(余欲撰亡友诸人事略,乞当代君子铭诔,以不达于辞,至今未果)。秋阳江汉风千古,华屋山邱泪几行。逝者全归复何恨,賸余百感对茫茫。""两度瀛山采药归,渔竿初志竟乖违。(余癸巳(巳)旧句云:"有约环瀛纵游后,万花深处一渔竿。"今乃自偣其言。)不渐高位腾官谤,可有微长适事机?推毂徒贻知己累,滥竽敢恃赏音稀?百年分半匆匆去,差向人前忏昨非。""恶风卷海浪横流,秦越相携共一舟。何屑升沈谈宠辱,莫缘同异定恩仇。随波每怵趋庭训,(先君有句云:"落红无力恨随波。"盖喻言也。)补漏弥怀忝祖忧。(先本生王考殁时,余年十三,病中召余榻前,训之曰:"若兄诚笃,吾无忧;若佻薄,可忧也。古句云:'马行栈道收缰晚,船到江心补漏迟。'小子慎之!"今三十八年矣,言犹在耳,每一追诵,汗未尝不发背沾衣也。)五夜扪心乎负负,君亲恩重几时酬?"襟期亦可略睹;第二首见对师友之风谊焉。徐东海师,即指徐桐也;张丰润师,谓张佩纶。《别记》云:"公尝应学海堂月课,丰润张幼樵时为山长,批公卷曰:'五艺再求典实,可借书更作之,幸勿以征逐之故荒其本业也。'公如命更作,并屡为人诵此批,谓:'后日幸获寸进,微名师督责之力不及此。'"又云:"有好事者戏为联刺张幼樵,有'北洋赘婿,南海冤魂’之语。某孝廉录入日记，公见之，深以文人轻薄相戒，促删去之。赵幼梅云。”

请设经济特科之奏，系上于丁酉（光绪二十三年）九月，时尚在贵州学政任也。其《蟫香馆使黔日记》，九月二十四日有“是日拜发条陈设科折”之语，即谓此。（世或以其请开特科而传为倡废科举，系出误会。严氏此折旨在注重提倡科学，并非倡废科举。）慈禧回銮后，虽重采前议，有经济特科之试，则事类妆点，世不甚重视之矣。严氏卒后，其子智怡曾拟将折稿影印，以贻亲友，会智怡卒，未果行。（《使黔日记》为严氏督学贵州时所记，始于由京出发，讫于解任回抵京师。其在黔甄才课士暨体卹寒畯诸端，可于此得其大凡。）

严氏自乙巳（巳）（光绪三十一年）十一月拜学部侍郎之命，至庚戌（宣统二年）二月辞职得请，以后未再服官。乙丑（民国十四年）有《过教育部门车马塞途感赋》诗云：“只道门前雀可罗，依然毂击复肩摩。纷纭朝局浮云幻，沉滞郎曹旧雨多。九食三旬官俸禄，十寒一暴士絃歌。街头卖饼师应记，又见高轩换几何。（共和初元，袁树五尝谓人云：“学部教育部尚侍丞参总次长司长参佥，十年以来，殆百数十易，惟门外卖汤面饺者，尚是旧人。”今又隔十余年矣，个中人又不止百数十易，而卖汤面饺人故当如旧也。）”想见情致。

王仁安（守恂）序其诗有云：“一日与范孙闲谈，范孙笑而问曰：‘今人尚新体诗，曾见有工新体者，谓我诗颇与新体近之，是何说也？’守恂笑而答之：‘此无他，公之诗，情真理真，不牵强，不假借，不模糊，不涂饰，如道家常，质地光明，精神爽朗，能造此境，又何新旧之殊与古今之异？’相与一笑而罢。”又赵幼梅序谓：“先生之诗，不多作，亦不尚宗派，而天怀淡定，纯任自然，温柔敦厚之旨，每流露于不觉。……盖非寻常雕章琢句者之可几也。”于严氏之诗，均道得著。严氏虽不以诗鸣，而其诗亦自可传耳。

《别记》云：“公于丁卯亲拟家训八则：（一）全家均习早起，（二）妇女宜少应酬，（三）夜不出门，（四）消遣之事宜分损益，（五）少年人宜注重礼节，（六）少年人宜振刷精神，（七）勿妄用钱，（八）周恤亲友。”又云：“公论礼，谓宜斟酌古今。鉴于近世丧礼多悖古制，因亲拟八则，以诏子侄：（一）人死登报纸告丧，不必致讣。（二）孝子不必作哀启；如作哀启，但述病状。（三）不嗱经，不树幡竿，不糊冥器，不焚纸钱。（四）乐但用鼓。（五）首七日辰刻发引，即日安葬。（六）发引前一日开吊。（七）开吊款客，不设酒，不茹荤。（八）通知亲友，不受一切仪物；如以诗文联语相唁者，可书于素纸。”又云：“公殁于己巳（巳）二月初五日（按民国十八年三月十五日也）。先是，正月间，城南同社以公年七十，方谋征诗为寿，公乃作避寿辞曰：‘寿言之体，有文无实。言苦者药，言甘者疾。使人谀我，人我两失。便活百年，不作生日。’其时公已病矣。正月二十一日，病小差，复预作自挽诗。同社咸以为戏言，不图遂成诗谶也。”均足资研究严氏者之参镜。［其自挽诗云：“小时无意逢詹尹，断我天年可七旬。向道青春难便老，谁知白发急催人？几番失马翻侥幸，（戊戌失欢掌院，免于党人之祸。庚子避地未成，免于流离之祸。辛亥弃产，约已立矣，因彼方中侮，反获保全。）廿载悬车得隐沦。从此长辞复河恨，九泉相待几交亲！"]

《事略》述事竟，系之以论曰：

> 先生为人，外宽厚而内精明。事变之来，往往触于机先，故数当危疑之局，而未与于难。自治严，遇人则厚；居官时京外馈遗，一概谢绝，而亲故之婚丧庆吊，应之惟恐不丰也。交游遍海内外，至其门者均有宾至如归之乐，且皆仰为中国教育家焉。其处事之法，细密而精严，每举一事，规模务取其小，及扩而充之，便至于不可限量。国变后，纯用间接法以促事业之进步，自居于赞助地位而已，亦时势使之然也。然于社会之教育实业自治公益等事，无论出于何人，必赞助之，不遗余力，绝非若前清遗老之流，以苟简自安者可比。又，慈善事业，尤先生家传之美风，平时亲友之赖以举火者多矣。庚子一役，全活尤众，至今路人称之。近年天津屡惊战祸，公集合邑中同志，出任维持，地方得免于难，以人望之归也。公之著述，有《严氏教女法》《欧游讴》《张文襄公诗集注》《诗集》《日记》等书。诗文不自检束，散见者虽多，既未暇编订，先生复谦挹不欲刊行。然先生之自律，以实不以文，窃愿观先生者，应注意其平生事业及实践道德，无徒以文字间求之也。

尤可觇严氏之为人矣。（其著作已有印本者，为《使黔日记》《广雅堂诗注》《教女歌》《欧游讴》《手札》。闻有《自订年谱》，尚未印行也。）**天津大公报有《悼严范孙先生》**（民国十九年三月十六日社评）云：

> ……以兴学为务，……荜路蓝缕，惨淡经营，……数十年前严氏提倡之诚，赴义之勇，饮水思源，有令人不能不肃然起敬者。民国成立以还，……袁世凯炙手可热之时，北洋旧部鸡犬皆仙，独严以半师半友之资格，皎然自持，屡征不起，且从不为袁氏荐一人。以袁之枭雄阴鸷，好用威吓利诱，侮弄天下士，独对严氏始终敬礼，虽不为用，不以为忤。……公私分明，贞不违俗，所谓束身自爱抱道徇义者，庶几近之。继袁当国者，如黎冯，如徐段，如曹张，或与有旧，或慕其名，皆欲罗致之，而卒不能，其处身立世之有始有终，更可见矣。然以此认为严氏以遗老自居，则又不然，盖从未闻其以遗老招牌有所希冀也。就天津论，以严氏资望，尽可操纵地方政治，干预公务；乃严氏平居除教育及慈善事业外，惟以诗文自娱，从不奔走公门，一若官僚政客劣绅土豪之所为。门生故旧，多主学务，亦尽可朋党比周，把持教育，乃从未尝有私的组织，受人指摘。以天津人事之复杂，派别之纷歧，入主出奴，甲是乙非，乃独对严氏，无论知与不知，未闻有间言，非所谓众望允孚者欤？迹其狷介自持之处，固有类于独善其身者流，非今日所宜有；然就过去人物言之，严氏之持躬处世，殆不愧为旧世纪一代完人，而在功利主义横行中国之时，若严氏

者，实不失为一鲁灵光，足以风示末俗。严氏其足为旧世纪人物之最后模型乎？在吾人理想的新人物未曾出现以前，对此老成典型，自不能无恋恋之私。有心世道者，或将与吾人抱同感欤！

所论多中肯。惟严氏以年辈论，固可为旧世纪人物之典型，而平日主张新旧学并重，于新的方面，并不落伍，殆未可专指为旧世纪人物也。

（原载《古今》1942年第8期）

十二　辛丑回銮琐志

庚子之役，清孝钦后（西太后）酿成巨变，迨联军至京，仓皇挈德宗（光绪帝）奔避至陕。和约之缔，创深痛巨，国殆不国，而事定回京，兴高采烈，臣下逢迎，沿途办差，多所糜费，阉人随从，交极恣横，地方官以办差不力获咎者，有临潼知县夏良材，其事颇可述。

关于此案，辛丑八月二十六日上谕云："升允奏首站要差，办理不善，请将该地方官惩处一折。据称：本月二十四日，临潼首站，于应备供应全未办理，次日新丰中伙及零口住站俱极草率，侍从官员甚或枵腹，该县辄称连日有冒称王公仆从结党攫食，藉口并不设法，实属疲玩无能，请将该署临潼县知县夏良材即行革职，并自请议处等语。此次回銮，迭经谕令沿途地方官于一切供应务从俭约，并先期行知定数，内监人等及扈从各官，亦均三令五申，不准稍有扰累情事，朝廷体恤地方之意，已无微不至。乃该署县夏良材，应备供应漫不经心，藉口搪塞，多未备办，所有随扈官员人等不免枵腹竟日，殊属不成事体。以误差情节而论，予以革职，实属咎有应得。朕仰承慈训，曲予优容，着加恩改为交部议处。升允自请议处，着宽从免议。该抚仍当督饬经过各地方，懔遵前旨，妥为备办，如有冒名攫食之人，即令派出各营立时查拿，严行究办。”就此论而观，夏良材固有应得之咎也。（升允时以陕西巡抚督办前路粮台。）

胡延《长安宫词》咏此有云：“绣岭云开驻彩旃，行厨日午断炊烟。去时饥渴来时饱，信是温凉两样泉。”自注：“回銮前一月，东路五州县各发帑金万数千有差，行宫跸路及随扈王公大臣供张悉取给于公，不以累县官。临潼一尖两宿，领帑较多。去年圣驾经此，知县舒绍祥仓卒供应，极为整齐，从官亦皆果腹。本年八月二十四日圣驾还驻华清宫，翌日驻跸零口，署知县夏良材竟不为从官设食，王公以下莫不枵腹，以至人人怨怒。巡抚升允劾之，两圣不欲以供张之故重谴州县，加恩交吏部议处。良材藉口于兵丁攫食，其实署内仅设一厨，即无攫夺之事，亦断不足供千人之食也。骊山温泉，别有一源极寒，浴之已疾。”又甓园居士（刘焜）《庚子西狩丛谈》（记述吴永所谈）卷四（上）云：“八月二十四日辰刻，两宫圣驾自西安行宫启跸，……冠裳跄济，异常热闹……较来时光景，当然大不相同。驻跸临潼县骊山行宫。二十五日由骊山行宫启銮，至临口镇驻跸。自骊山至此四十里，均临潼县境，临潼令夏良材，绝无预备，乃避匿不出，王公大臣，多至枵腹，内膳及大他坦均不得饱食，（按“大他坦”者，谓阉人所居，因亦以指众阉也。胡延《长安宫词》注言西安行宫事有云：“内监惟御前供奉者在宫中，余俱在宫门外东街箭道，谓之大坦坦。”坦坦即他坦，由满语音译，无固定之字也。）大他坦且无烟火，夜间殿上竟不具灯烛，上赏内监银二百两，令自觅食，此亦绝异之事。上年予在怀来时，拳匪围城，溃兵四窜，正性命呼吸之际，而两宫仓猝驾至，予尚能勉力供应，不至匮乏。此次则半年以前已有行知，有人可派，有款可领，何以草率至此？闻夏令实已领款二万七千金，捺不肯发，所以诸事不备。该令籍隶湖北，为陕藩李公之同乡，临时委署此缺，本期藉皇差以得津润，既贪而庸，欲牟利而无其才，故至于如此荒谬。然两宫竟未有嗔责，此亦更历患难，心气和平，所以务从宽大也。予恐前站有误，即驰……至渭南县……行宫即在县署，颇宏整，较临潼殆天渊矣。二十六日……申刻，驾到渭南行宫驻跸……督办前路粮台升允，奏参临潼县知县夏良材办事不当贻误要差，并自请议处。奉旨，夏良材加恩改为交部议处，其自请议处之处从宽免议。盖两宫以大驾方始发轫，不欲以供应之故重罪有司，致沿途官吏多增疑惧，用意故甚深厚也。……九月初一日……初四日，均驻潼关，四日……奉上谕，前因有冒充王公仆从于各州县供给恃强攫食，曾经降旨严禁，现在将入豫境，著松寿认真查禁，如有此等情事，著即严拿惩办，勿稍瞻徇。因前在临潼，夏令曾以先日预备供应均被掠食为词，故有是命也。”如胡、吴二氏所记，夏氏亦诚属办差异常草率，宜升允之参劾。（吴、胡二氏，均以办差勤谨蒙孝钦特赏而获优擢监司者，胡简江安粮储道，吴简广东雷琼遗缺道。）

惟又据知夏良材方面情事者所谈，则夏实以迕阉人而为所陷。盖当供张既具，阉人来示意，索银三千两，夏未应。

迨前站诸阉至，即将行宫所备诸物砸毁，并水缸亦击破之，且寻殴县令，夏骇而逃，避于乡村中。两宫到后，阉诉于孝钦曰："此间办差，一物未备，知县亦未在此伺候，请老佛爷示下。"后似微知其故，特于阉人婪索，实阴纵之，不欲深究，即曰："应用之物，任我这里拿几个钱去买罢。"遂有赏银之事。升允随扈，闻而亟将夏氏召至，带往宫门请罪，并具疏劾之。后召见升允，谕以事可从宽。帝亦言，回銮之始，不宜以办差罪有司。夏乃得免即行革职之处分，惟仍是罢去也。余所闻如此，意者夏氏办差容有草率之处，若完全无过，升允颇以刚正见称，似不应不为申理，遽加参劾。升折原文未见，其见于上谕者，惟云"王公仆从结党攫饮"（且加以"冒充"字样），为阉人开脱，则所谓面子问题耳。当时情形，盖阉人倡率滋事，王公仆从暨兵丁辈随而攫掠也。

升允颇以刚正不畏强御见称于时，其事有可附述者。后帝在西安时，有一阉人寓所失窃，告长安令某为缉之。越数日，遇令于宫门，询已破案否？令答尚未，怒而批其颊，令当众受辱，不能堪，申诉于升允。升允大怒，即往晤总管李莲英，语其事，并问曰："此事总管奏，还是我奏？"升允性素强果，李阉知不能回护，乃曰："此辈胡闹，必须严办，即请大人奏闻，一面并由某面奏。"事既上闻，孝钦批交咸宁县（长安、咸宁二县均为西安府附郭首邑，民国废府，裁并咸宁入长安）监禁，德宗更于"监禁"上加"永远"二字。（时帝稍得发舒，回京后乃又如前，不得有所主张矣。）处置颇为严厉，升允风骨亦可于兹略见。（惟回銮启程时，此阉仍得释出，随同回京，盖仍由李阉辈为乞恩于孝钦耳。）至回銮随扈时，《庚子西狩丛谈》卷四（上）云：“九月……初五日，自潼关启銮，至阌乡县驻跸。……昨日喀尔喀亲王那彦图之亲随，在潼关卷取铺垫等物，委员候补巡检李赞元向前阻止，该亲随竟缚而挞之于市。经升中丞据实奏参，奉旨，那彦图著交理藩院照例议处，其滋事亲随，著升允严讯惩办。此事颇快人意，吉帅之风骨凛然，不避亲贵，殊可敬也。……二十日，仍驻跸河南府，召见升允松寿。先是自西安启銮，以秦抚升允为前路粮台，负弩前驱。洎至潼关，豫抚松寿越境迎迓，上即命升回任办赈。升奏谓，陕中赈事藩司自能料理，臣愿从至开封。故入豫后辇路事宜，皆两抚同任照料……二十九日，仍驻跸郑州。……先是驾至汜水，升中丞迎驾后即乘马先行，忽有大车并轨奔驰，直冲前进，当令拿住，讯姓名，坚不肯说，即责以四十鞭。那王以前吝，乃奏参升允擅行鞭责宗室侍卫。盖此人固宗室侍卫，名海鸣。升亦奏辩，上派礼王查覆。本日奉谕，侍卫海鸣不应乘车奔驰，又不声明宗职，咎有应得；那彦图并未查明实情，率行具奏，迹近报复；该抚尚未查讯明白，即事鞭责，亦有未合。升允著交部察议。此后如有官弁太监人等恃强滋事，仍著升允松寿随时据实参办，不得因此案稍涉瞻徇，云云。此案当时各报纸纷纷议论，大都右升而恶那，谓不应加升以处分。但那已被议在先，海又被责受亏在前，亦藉此以平之也。”升允固清季彊臣中之矫卓者，惟以限于地位，对孝钦方面，亦难多所匡救耳。

豫省河南府(治洛阳县,民国裁府留县)知府文悌办差竭力铺张,所以迎合后意也。吴永谈其事,而与临潼令夏良材事作一比较。《庚子西狩丛谈》卷四(上)云:“九月……十五日……酉刻始抵新安县驻跸。予与(俞)梦丹先行……至河南府……道路坦平,沿途烽候堆房皆一律新修,焕然耀目。次日往瞻行宫,则局势宏丽,陈设皆备极精好,谓文守惨淡经营,已逾数月,殊不免有人劳鬼劳之感想。启銮前迭谕,沿途供应,不得逾侈,以节民力,而文守仍复铺张如此,殊失将顺之义矣。文悌先为御史,戊戌政变极力迎合,奏参新政人物,颇为舆论所不满。此次闻向豫省请领八万金,预备在洛供应,延方伯给以三万,怏怏而回,仍就地罗掘以供所需,故一切部署,无不力从丰赡。又以重赂深结李莲英,终日在李室,手持水烟袋,当户而立,与出入官员招呼点首,以示得意,豫中同官,皆心鄙之。松抚每告所属,谓我们河南现在已出了一个红员,盖即指文而言。临潼之草率,此间之繁靡,可谓过犹不及。盖两人各有目的,一图现在之利,一觑将来之名,用意不同,出手因而各异。但论损上损下之区别,则犹觉彼善于此矣。申刻驾入洛城驻跸。……先是此地预备寝宫,拟请皇太后皇上同居一处。适侍郎桂春在汴,力言无此体制,诸多不便,乃临时拓地改造。故皇上寝宫甚为逼窄,大阿哥住处尤窄。太后寝宫独宏敞,后窗外有极大地坑,上安木门,可以燃炭,从地道通入室内,盖预备在此过冬取暖也。行宫工程,原估二千四百串,现用至三万余两云。十七日,仍驻跸河南府,奉旨须留驻五天。……十九日，仍驻跸河南府。……历览三龛涌珠泉宾阳洞诸胜迹，房廊户牖，并加丹雘，与予夏间经此，已焕然改观矣。……二十四日早，自河南府启銮。”衡量文、夏二人，于文尤深致不满焉。至谓文悌“殊失将顺之义”，实则正是工于将顺孝钦之意旨。至谓旨之申俭约戒铺张，不过表面说法，所谓官样文章耳？若果出真意，对于文悌之耗民力以事华侈，何未闻加以谴责，且未几擢官贵州贵西道乎。后入直隶（今河北）境，直督袁世凯穷极奢丽以办差，深博后宠，倚畀日隆，尤可见矣。（其对夏良材示宽容，乃于“务从俭约”一类话头敷衍题面也。）后帝寝宫，相形悬绝，则王小航（照，晚以字行）《方家园杂咏》所谓“蔑主惟知太后尊”也。《杂咏》云：“炎凉世态不堪论，蔑主惟知太后尊。丙夜垂裳恭侍立，膝前呜咽老黄门。”《纪事》：“……保定行宫，太后寝宫，铺陈华美，供给周备，李莲英室次之，皇上寝官极冷落。宫监及内务府诸人趋奉太后事毕，各散去饮博或休息。李莲英伺太后已睡，潜至皇上寝宫，小阉无一在者，上一人对灯兀坐。莲英跪安毕，问曰：‘主子为何这时还不睡。’上曰：‘你看看这屋里，教我怎么睡。’莲英环视之，时正隆冬，宫中除硬胎之坐褥椅垫靠枕外无他物。莲英跪抱皇上之腿，痛哭曰：‘奴才们罪该万死也。’莲英出，旋抱衾枕至，曰：‘今夜已深，不能再传他们。这是他们为奴才所设被褥，请主子将就用之，奴才罪上加罪，已无法也。’……”盖李阉对帝犹知顾念，亦以将来事未可知，帝或有重握政权之一日耳。闻行宫诸室之陈设，李阉室之奢丽，几与孝钦室相埒，仅不用黄缎，为其差异。若德宗室,乃较之远逊,此大怪事。袁世凯辈殆已料定德宗难逃孝钦掌握,终无再起之望欤?若大阿哥溥儁(儁),虽曾蒙后眷,欲以代帝,而因其父端王载漪已开罪外人夺爵充发,势将废黜,(十月二十日,在开封降懿旨:"溥儁(儁)著撤去大阿哥名号,立即出宫,加恩赏给入八分公衔俸,毋庸当差。"闻此人今尚存居北京。)故已被目为赘疣矣。

又闻驻跸河南府时,值天寒,传命备木炭,供炉火用。洛阳令某亟选购进呈,阉人斥曰:"此何等物,可供上用耶。"令曰:"此即为本处最上等之木炭,无更佳于此者。"阉曰:"宫中用炭,例有一定尺寸形式,须完全一律。其速更易送来,勿误要差。"令无奈,挽人疏通,并致赂,始获原物收进云。

(原载《古今》1943 年第 30 期)

(附)辛丑回銮琐志补遗[①]

读徐一士先生辛丑回銮琐志,有与家严相关之记载,征引取材,虽系节录他书,颇与事实略有出入,又以语焉不详,爰加补赘,用为前朝轶事之余沫。

庚子之役,联军入京,两宫奔西安。翌年和约媾成,疆

---

① 本文为李丕之著。

吏为谋回銮时供应妥善计，于行在所经，设皇差支应局，局设委员以司其事。《庚子西狩丛谈》所载："委员候补巡检李赞元"者，即皇差支应局委员也。时家严以奉天附贡，分发陕西，是役适在潼关办理皇差支应事宜。支应皇差，仔肩之重，事务之繁，自不难想像（象）而得。加以阉珰豪奴，倚势扬眉，王公恃尊，凌轹小吏，周于应付之苦，雅非局外人所能臆度者。兹就所闻于严君者，笔而公之本编，事固无当于文献，或可有裨于谈助也。

支应局之职司，如铸造金银餐具，行宫所用之帘帐被褥及御用各物；此外尚为扈从王公及大臣之位叙一品者备公馆洎器用，下此者听其自营，不遑兼顾也。喀尔喀亲王那彦图为扈从大员之一，行辕中敷设之帘褥等物，皆制以红缎，加绣团龙于其上，从仪制也。离潼时，其亲随有所谓"管事大臣"者，束之行囊中。家严以公帑所置，事后尚待报销，未便听其携去，出而尼之。亲随不从，语多龃龉，辞且侵王。亲随遂向那王报告。王怒，令缚之，亲随遂即缚之。时支应局人员驰告升允，升允着亲随四人持名刺索家严去，追步出行辕，已在升中丞亲随之监护中，自无"挞于市"之理，不难以事理推测得之。《西狩丛谈》所载，或系误闻误笔也。家严赴陕抚行辕，途经权阉李莲英寓所。李适立门外，顾询何往？家严盛怒不答，李遂回谓侍阉曰："小李先生为什么怒形于色？"（家严时年未及卅故有此称）会有知者，以实对。谒升允，升允颇直其行，不以忤王为罪。返途仍遇李阉于其门外，呼家严与共话，且谓"那彦图扈从圣驾，尚敢胡为，实属不知王法。今天吃点亏，不要紧，等机会，大家吹风儿也会吹倒他。”銮舆既启，升遂逐以白简劾王。理藩院议处后，有旨：罚俸两年。评者多谓非李某不能干权贵，非升允亦无以全李某，有骨鲠之上司，斯有骨鲠之僚属，时论翕然两美之。

此后，家严遂为一般廷臣所注意，如北洋大臣荣禄（为孝钦后之侄，曾两度倩家严为书札）、荆州马将军等，咸加激赏，推诚延揽。虽未承教沐泽，而知遇之感，终身弗谖。嗣贻穀以礼部侍郎出任绥远将军，家严任其钦差晋边垦务大臣行辕总办，相与之关系，盖亦因缘是役也。

驻跸潼关时，家严因职务关系，与巨珰接触之机会殊多。此辈以李莲英为巨擘，启銮时，太后舆后李阉以骡车从之，一切要事，王公大臣匆遽中不能奏太后者，先向李阉谘启，阉辄倨坐车中，颐指手划，以处万事！皮学礼及崔玉贵为次要人物，然权变机警逊于李，恒喜以势屈人。

崔玉贵豢健走毛驴一，日可二百余里，哈巴狗儿一，极纤小玲珑之致，纳之袖中，扈驾入陕，仓卒中将与俱西，所谓性命以之者也。知府衙门为驻跸之所，知府某，侍卫于二门之外，崔适见之，招手呼之来，询以：“汝何人何职，终日蹀躞庭中，所典何事？”知府对曰：“卑职即潼关知府某某。”崔闻之遽喜曰：“甚好！汝既是此地知府，有一事须烦尊驾。”导之入门内，指墙下狗矢，着知府持畚帚扫除之，且曰：“老佛爷倘兴发出外散步，睹秽物必见责也。”知府不敢多言，惧有罪谴，遂吞声除之。

当日阉珰之所为，恣横无状，笔所难罄，徒知壅蔽内外，从中取事。内则乘间蹈隙，坚忍协谋，窥伺上意，颇能以小人之忠信邀功固宠；外则凭依宫廷，结党树权，诪张僭妄，擅作威福。于是佞倖势长，元良气消，上下离心，国运潜移。窃以为有清绝祀之条件固多，阉祸实为主要之一。覆亡之实，虽未踵秦汉唐明酷烈之迹，盖亦仅矣！

（原载《古今》1943 年第 33 期）

十三　两探花:胡家玉与黄贻楫

科举时代,以鼎甲为殊荣,殿试一甲凡三人,赐进士及第(二三甲则曰进士出身,赐同进士出身),谓之鼎甲。第一名称状元,胪唱后即授职翰林院修撰;第二三名称榜眼探花,均即授职翰林院编修。以视二三甲进士之选为翰林院庶吉士,下科时散馆试前列,始得在翰林院授职者(二甲授编修,三甲授检讨),待遇实为优异。散馆之试,为庶吉士一紧要关头,往往改官主事知县等而逐出翰林也。惟鼎甲虽经授职在前,已可放督学典试之差,应散馆试时地位较为稳固,而亦难绝对保险。如试卷发生疵谬,仍有不获留馆逐出翰林之虞。有清故事,大致如是。道光辛丑探花新建胡家玉,同治甲戌探花晋江黄贻楫,均于散馆时改官主事,回首玉堂,同病相怜,谈者每并举之。如龙顾山人(郭则沄)《十朝诗乘》卷十六云:“状元散馆罕斥退,榜探则恒有之。初得改员外,孙渊如后,一甲斥退者悉改主事。胡都宪(家玉)以‘乌有先生’误书‘先王’置劣等,吾乡黄比部(贻楫)以‘蔚蓝’误‘蔚蔚’置劣等,皆探花也。都宪闻黄事,叹曰:不图乃得此后辈。”(其《沧趣楼律赋序》,有“先王之讹,摘疵一字”语，亦即指胡事。）此探花前后辈二人，洵可相提并论焉。［关于乾隆间丁未榜眼孙星衍己酉散馆改主事事，李次青（元度）《孙渊如先生事略》（《国朝先正事略》卷三十五经学）云：“五十四年散馆试《厉志赋》，用《史记》‘匔匔如畏’语，大学士和珅疑为别字，置二等，以部曹用。故事，一甲进士改部，或奏请留馆。时和珅知先生名，欲令屈节一见。先生不往。曰：吾宁得上所改官，不受人惠也。遂就职。又编修改官可得外郎，前此吴文焕有成案，或谓君一见当道即得之。先生曰：主事终擢员外，何汲汲为？自是编修改主事，遂为成例。”］

胡家玉散馆见摈，如郭氏所云，由于误“乌有先生”为“乌有先王”，盖本诸前人记载。如欧阳宋卿（昱）《见闻琐录》后集卷四述及胡事有云：“总宪散馆题为‘拟司马相如《子虚赋》’，赋成，斑驳陆离，动人心目，惟‘乌有先生’误写为‘乌有先王’。倘遇爱才者，则王字出头一撇，加之甚易。而总宪素负才名，书法尤冠一时，忌之者众，故特摘其疵累，皆不肯援笔以保全之也。”即亦言“乌有先王”者。（忆他家所记更有同之者，此说传衍颇盛也。）惟据胡氏所记，则其误乃“管城先生”而非“乌有先王”。胡氏既于辛丑（道光二十一年）授职编修，未及散馆，即于癸卯（道光二十三年）简放贵州学政。任游回京，丁未（道光二十七年）始补应散馆之试，其自订《梦舆老人年谱》记丁未散馆云：“四月补散馆，越日阅卷，穆相居首，予卷分在黄侍郎（琮）处，拟第一，遂穆相定前后，置第二。众见首卷序赋皆有疵，以为不可作馆元，白穆相。穆怒曰，由诸公评定。季仙九取予卷细阅，惊而诧。众视之，则首句有‘即墨大夫问于管城先生曰’，‘生’字误作‘王’字也。复白穆，穆曰，此三等卷也。众曰：写作俱佳，一字笔误，置一等后可矣。穆不许，遂置二等二十名后。引见改部属，分刑部四川司。”其自记如此，当属可信，不知何以竟传为“乌有先王”也。至其题目，自亦非“拟司马相如《子虚赋》”矣。（究系何题，待考。）阅卷诸大臣本以穆彰阿所定首卷有疵，不堪为馆元（散馆试第一名之称），言于穆，盖欲以胡卷易之，不意触穆之怒，而“管城先王”适又被季芝昌看出，于是以穆之迁怒致翰林不保，得失之际，此一字之关系，洵非同小可哉。穆彰阿时以文华殿大学士为军机大臣，阁席枢席，均居领袖，宣宗倚任最隆，有权相之目，宜诸大臣纵有成全之意，难与固争也。（欧阳氏谓胡疵被摘缘忌之者众，似未必然。至援笔代改，亦未免言之太易。）

黄贻楫于甲戌（同治十三年）以探花授职编修，丙子（光绪二年）应散馆试，又以一字之误改主事，彼误于赋，此则误于诗。诗题为“际天菽粟青成堆（得青字）”。句中误“拖蓝”为“拖蔚”（非“蔚蓝”误“蔚蔚”），遂以三等改主事。李莼客（慈铭）丙子四月二十八日日记云：“钱唐张景祁赋足冠场，而开韵误书‘崔嵬’作‘崔巍’，遂置三等第一。黄贻楫诗中‘拖蓝水满汀’句，误书作‘拖蔚’，置三等第三。陆润庠诗首句‘一望茫无际’，‘茫’字误书作‘芒’。又用‘殷其雷’，‘殷’字为平声，而以一等得留。”当时所记如此。

盖此次散馆，赋极佳而以一字之误逐出翰林者，尚有一庶吉士张景祁［赋题为“拟唐李程《日五色赋》（以德动天鉴祥开日华为韵）”］，甲戌状元陆润庠，如李所云，亦几遭不测焉。又翁叔平（同龢）丙子四月二十日日记云：“黄贻楫诗中讹‘拕蓝’为‘拕蔚’，遂置三等。嘻，惜哉。”二十二日云：“访黄济川编修。散馆列三等，诗中讹一字也，命矣夫。”甚致叹惋。（拕字即拖字。）十八日举行散馆之试，二十八日乃降谕分别去留，黄氏二十二日头衔固犹是翰林院编修也，惟既列三等，已势在必去矣。

观胡黄二探花之事，其时科举制度下绳尺之严与束缚性之重，亦可略见一斑焉。

二人失翰林后，均官刑部主事。惟胡氏宦途利达，官至都察院左都御史，曾充军机大臣，足称通显。黄则沈冥部曹，落拓以终，视胡为不侔矣。（胡氏同治间官至兵部左侍郎军机大臣，缘事出军机。后迁左都御史，又缘事获谴，降五品京堂。光绪初补通政司参议，旋引疾开缺，其晚境亦颇不得意。）

（原载《古今》1943 年第 34 期）

十四　读崇德老人纪念册

近读《崇德老人纪念册》(衡山聂氏刊),其目为:(一)乐山公事略,(二)乐山公诫子书,(三)亦峰公办理新宁余李两姓械斗案纪略,(四)亦峰公勘讯赵莫两姓田坦案禀稿,(五)仲芳公轶事,(六)崇德老人高寿厚福之由来,(七)曾文正公手书功课单暨崇德老人跋,(八)崇德老人书不忮不求诗,(九)亦峰公、仲芳公、曾文正公、崇德老人小像,(十)崇德老人自订年谱。

崇德老人为湘乡曾文正(国藩)最幼之女,所谓"满女""满小姐"也。名纪芬,适衡山聂仲芳(缉椝)。诸姊均适名族,而处境皆不佳,惟老人遐龄淑闻,福德兼雄,灵光巍然,世钦人瑞。卒于壬午年十一月二十三日(民国三十一年十二月三十日),寿九十有一,其子其昌、其杰等为刊此册,用资纪念,嘉言懿行,于斯足征,洵贤妻良母之模范人物也。

此册可藉以考见曾、聂两家之事,而关乎政治暨社会之史料,以及名人轶事,复多寓乎其中。即就史料而论,其价值亦殊匪细,固吾人不可不读之书也。

曾、聂两家,其曾氏家世,以文正暨忠襄(国荃)之名著寰区，世多能详。聂氏家世，则知者较少，实亦湘中望族，其先且于雍乾间已以名德见重矣。《崇德老人自订年谱》乙亥（光绪元年）所纪云："初，聂氏自南宋居于江西清江。清初有应禅公者，迁于湖南衡山，是为第十三世。至第十五世乐山公讳继模，以名德重于乡里，精医理，常入县署狱中，为囚治病，自设药店，并以药施之，至老不衰，县令以公为封翁谢之，而公仍径行不辍。子环溪公（先焘），以乾隆丁巳进士选授陕西镇安知县，乐山公驰书训子，言甚深至，载于经世文编。寿至九十三，环溪公亦年七十八始卒。环溪公孙京圃公（镐敏）、心如公（镜敏）、蓉峰公（铣敏），联翩科第，扬历曹司，均在嘉庆初年，湘南于时称盛。亦峰公（尔康）即环溪公曾孙也，以咸丰癸丑翰林散馆，拣发广东知县，历宰剧邑，累官至高州府知府，补用道员。广东剧邑，号为难治，公勤恤民隐，循声昭灼，所刊冈州公牍等书，为公一生精力所萃"。可见大略。仲芳为亦峰公子，由监司而跻封疆，历抚江苏、安徽、浙江，（册中称中丞公。）开缺后丁母忧，以毁卒。（其弟季萱旋亦以哭母兄而逝。）得旨宣付国史馆孝友传，并赐一门孝友匾额，事迹具详册中。

关于乐山公驰书训子事，《乐山公事略》云："寄书训子，教以治民教士之法。陈文恭公时为陕西巡抚，见其书大为称赏，刊发通省官厅，以资策勉。此书后刻入《经世文编》，为世传诵。"册载原书，庭训官箴，深可玩味。以未尝服官之人，而言之委曲精详若是，尤为难得，书后附有环溪公跋云："桂林陈公抚陕时批先君子此书凡三番，初云：'布衣也，表里雪亮，总由根底深厚，人情物理无不洞悉入微，安得如斯人者出为民福。’既云：‘临潼旅次阅镇志，再绎此书，理足词挚，何其真切有味也？直可为居官龟鉴，不仅庭训可传已也。’最后云：‘只此一篇，抵过著书数十卷，爰乐为圈注，用广穀谷诒。’男焘谨述。”陈文恭（宏谋）为乾隆间名臣，久任疆圻，讲求吏治，称许此书，至再至三，信乎其可传也。左文襄（宗棠）于此书亦极注意，见《仲芳公轶事》。据云：‘先君初谒左文襄公于金陵，年方二十七岁。文襄问先君，有名继模作诫子书者，是府上先代否？先君答是先太高祖。文襄问尚能记忆其文否？答曰：能。文襄曰：‘我二十年前于《经世文编》中读此文，甚为嘉叹，至今尚能成诵。’即对先君背诵其文数段，先君于其漏落处为正其误，文襄甚喜，曰：‘数典不忘其祖，可嘉也。’”文襄虽以武略显，固亦重视吏治者。关于以医术济人事，《事略》更有云：“八十四岁，先焘丁继母忧归，以公高年，遂不复出。一日深夜，雪中有敲门乞赴诊者，子先焘起应门，告来人曰：‘老人年高，深夜不能惊动，候天明来可也。’公已闻声振衣起矣，即呼子入内曰：‘此是生产危急，何可迟误？’遂著屐偕行。其舍己济人之心，如此真切，殆医界所罕有也。”良足风已。

《亦峰公办理新宁余、李两姓械斗案纪略》《亦峰公勘讯赵、莫两姓田坦禀稿》，读之可见其宦粤政绩之一斑，盖心精力果，尤重民命，异乎俗吏所为也。

曾、聂两家之缔姻，忠襄所主持也。《崇德老人年谱》己巳（同治八年，十八岁）云：“十月间……，余之姻事即定议于此时，忠襄公作伐之函今犹在也，纳采回聘等事皆忠襄公代办。”又按文正日记是年十一月有云：“接澄沅两弟信，澄劝送眷回籍，沅拟以晚女许聂家，皆有肫诚顾恤之意。久宦于外，疾病相寻，如舟行海中，不得停泊，惟兄弟骨肉至亲能亮之也。”盖深感其意焉。

《年谱》纪幼时事，如癸亥（同治二年，十二岁）有云：“余幼时头上常生虱，留发甚迟。十一岁始留发，因发短年稚，须倩丁婆为余梳头。其时方行抓髻，须以铁丝为架而发绕之。余闻而以意仿制，为之过大，文正见而戏曰：‘须唤木匠改大门框也。’文正平日对儿女极严肃，惟亦偶作谐语。文正又尝对欧阳太夫人云：‘满女是阿弥陀佛相。’阿弥陀佛者，湘乡语云老实相也。”家庭琐屑，写来亦有趣致，文正性甚严正，即又以好作谐语著称也。

文正治家，以勤俭为主，其见于《家书》《家训》及《崇德老人年谱》者，不一而足，虽臻通显，而于保持勤俭之家风三致意焉。治家之善，令人叹服。崇德老人自幼亲承庭训，适聂而后，守文正之遗旨，亦以勤俭持家，历久不衰，盖文正之遗泽远矣。

其尤足动人观感者，文正在两江总督任时，为家中妇女定一功课单，分食事、衣事、细工、粗工四项，见《崇德老人年谱》戊辰（同治七年。十七岁）云：

是年三月由湘东下至江宁，二十八日入居新督署。五月二十四日，文正公为余辈定功课单如左：

早饭后　做小菜点心酒酱之类　食事

巳午刻　纺花或绩麻　衣事

中饭后　做针黹刺绣之类　细工

酉刻过二更后　做男鞋女鞋或缝衣　粗工

吾家男子于看读写作四字缺一不可，妇女于衣食粗细四字缺一不可，吾已教训数年，总未做出一定规矩。自后每日立定功课，吾亲自验功。食事则每日验一次，衣事则三日验一次。纺者验线子，绩者验鹅蛋。细工则五日验一次，粗工则每月验一次。每月须做成男鞋一双，女鞋不验。

右验功课单谕儿妇侄妇满女知之，甥妇到日亦照此遵行。

同治七年五月廿四日

家勤则兴，人勤则健，能勤能俭，永不贫贱。以侯相之尊，兼圻之贵，家中妇女，乃于此种功课单下勤其操作，使今日所谓新式家庭"摩登"妇女见之，当为失笑。然文正治家之精神(淳朴勤俭)，斯实寓焉。今时易事迁，固难尽泥，而其命意所在，仍足师法也。崇德老人能师其意，故克以善于持家闻。此册特影印文正手书此项功课单之原迹，并将老人民国三十年跋语(时年九十矣)一并影印。跋语云："吾家世居湘乡深山，距河甚远，地方俗尚勤朴。文正公历游南北，目睹都市浮华虚伪之习，早知大乱之将至。后居高位，深恐家人染奢惰之习，决计仍返乡居，以保存勤俭耕读之家风，此功课单即本斯旨。我国旧日女子习文事者，每每趋向浮华，而厌弃劳作。文正公教余等，于勤俭、早起、衣食工作数事，躬亲督责，不稍宽假。常言人之福泽有限，幼年享用则老年艰窘，凡人均应学多作有益于人之事，况此均分内之事乎？回思生平所得受用，皆由受此基本训练之所致也。近来女子教育摹仿西洋，以享乐为目的，视奢惰为当然，其影响于社会国家者已可见矣。因敬刊此单行世，或于民族复兴之教育有所贡献耳。民国辛巳仲秋聂曾纪芬敬识。”词意极其肫切，知湘人淑世之意深也。

崇德老人之手书影印于册者，更有所录文正《不忮不求》诗。以其垂训警切而醒豁，为极佳之格言，凡书数过，或以应乞书者，盖亦含有劝世之意。此为民国三十一年所书。（时年九十有一，即其逝世之岁也。）亦附有短跋云：“同治庚午，先文正公奉命赴天津办理教案，事机严重，虑有不测，手书遗训，作此二诗，以诫子孙。曰：忮不去，满怀皆是荆棘。求不去，满腔日即卑污。临难之际，惟以此为训。其重视可知矣。因敬录之，以勖后辈。民国壬午年仲春，崇德老人敬书并跋，时年九十有一。”文正书法，无待赘言。老人亦工于书，九十高龄，字画端劲清润，无一懈笔，盖德器福泽，亦可略见于斯焉。

老人适聂之初，盖亦尝历艰困，后乃渐臻康娱之境，其事颇散见于《年谱》。《崇德老人高寿厚福之由来》更为综括之叙述云：“文正公生平以廉俭率属，誓不以军中一钱作家用。嫁女以二百为限。先母结缡，在文正公及夫人逝世之后，奁资较诸子为丰。适先祖慈有存款为银号所倒失，先母遂尽出其所有二千金代偿，以舒堂上之忧。私蓄一空，且至贷欠，家计匮乏，备尝艰辛。先君蒙左文襄公器重，历加委任，幸得薪水以支家用。先母晚年谈及昔时情况，犹有时泪随声下焉。先慈生时，先外祖母欧阳侯夫人已年逾四十，且体弱多疾，故先慈秉赋不强，幼而多病。后因生育，益以忧劳，屡至笃疾，动经数月。中年以后，事境渐顺，体气渐充。六十以后居沪，诸子及媳，诸女及婿，孙曾外孙数十人，多在膝前。有媳七人，皆系出名门，能色笑承欢，婿四人，皆一时才彦，先慈顾而乐之，其晚景之愉快，固不在物质之享用也。窃综先慈生平，早年拂郁，而晚岁康娱，体质素弱，而竟享高寿，直至九十一岁冬月逝世时，耳目聪朗，神明不衰，一家蒙其福荫，子孙受其化泽，其致之之道，实由夙植德本，乐善不倦，仁慈惜福，……敬以所知缕列于左。”所列凡四项：为（一）戒杀放生，（二）节俭惜物，（三）济贫施药，（四）存心无我，各加叙述。又云：“先慈赋性仁厚，心气和平，生平无疾声厉色，对于他人之行事，常曲加谅解，故恼怒时少，愉悦时多。烟酒激刺有碍卫生之物，素不沾唇，牌赌看戏耗损精神之事，概行屏绝。他如饮食有节，起居有时，作事有恒，言语简默，皆为受福致寿之道，亦由恪守文正遗训所得受用也。”由屯而亨，家运之转移，本乎人事，老人厚德载福，其体质亦由弱而强，深得养生之道也。

仲芳中丞受知左文襄，畀任上海制造局差，由是著声，遂得置身通显，扬历封疆。故于文襄极感知遇，而文襄之相待，实亦不同恒泛也。“仲芳公轶事”云：“先君初谒左文襄公于金陵……（按此段即前引谈及乐山公《诫子书》一节）

即留饭，并命常进见，见必同饭。次年蒙委任两江营务处会办，营务处即今之参谋处，为筹划军事之机关。自平定新疆归来，数年间初无军事。而文襄注重军备不稍懈，设营务处于署内，每日数小时至处办事，并在处午餐，总会办皆陪食，其学问之博，谋略之远，治事之勤，求才之切，皆有不可及者。文襄膳食常有犬肉，一日以箸送犬肉至先君饭碗，先君伺隙潜置案上，文襄见之，即曰：'此名地羊肉，味甚美，何为不食？'先君对曰：'素戒食牛犬，不敢犯耳。'文襄笑而诺之。又明年，蒙委任上海制造局会办。时广西越南边事已萌动，文襄命先君赴沪，夜工加紧造械，除夕前一日奉札即行，不许在家过年也。又两年，蒙委充总办。先是局中素无造后膛枪炮之设备，先君在局凡八年，任内造成保民铁甲兵舰一只，此为中国自制铁甲兵舰之始。又仿英国阿姆司脱郎自升降式造成十二寸口径大炮四尊，分装于吴淞及大沽两炮台，此为当时各国海防巨炮最大之口径也，时所用之工程师为英人彭托，全用中国工匠，造成世界最新之武器。……同时无烟火药后膛枪七生的野战炮，亦皆造成。先君离局后，兵舰及大炮均未继续，十年前炮厂尚存未完工之大炮一尊，据称尚系五十年前之半制品云。曾文正公于咸丰季年即延揽科学专家，自制轮船机器。金陵事定之后，筹设上海制造局，招致天算科学人材，如李壬叔、徐雪村、华蘅芳，后又设方言馆训练学生，延英人傅兰雅君翻译科学书籍，……当时局中译印科学工程书籍百余种。先君离局后，傅君旋去。又数年，译书之举遂废。忆在光绪二十五六年已见《无线电》《爱克司光》两书，以后遂无出版，人亡政息，良可叹也。民国以来，因造枪机器已老，枪厂全停，只造子弹。光绪末年尚造野战炮，后亦渐停。机器日老，不复换新，遂使前人艰难缔造之规模，全行废弃，亦国运为之也。……昔年制造局交通不便，先君商之炮队营统领杨君金龙，利用军队，修筑马路，直通法租界，两旁植杨柳，即今之制造局路。其时制造工人各营弁兵湘人甚众，遂发起建立湖南会馆，初仅三楹，后加扩充，即今日之会馆也。”所叙制造局事，为其重要之史料，中国兵工事业之可追遡者也。（制造局兼办译书事业，以开风气而输入科学知识，亦其时一特色，影响颇巨。）至左文襄之嗜食犬肉，亦名人轶事之罕见他家记载者。（李文忠鸿章有食犬肉之传说，如《所闻录》云：“李至伦敦时，于英故将军戈登之纪念碑下表敬意，将军之遗族感激之，以极爱之犬为赠，此犬盖于各地竞犬会中得一等赏者也，以此赠李，盖所以表非常感谢之意。不意数日后得李氏谢柬，中有云：厚意投下，感激之至。惟是老夫耄矣，于饮食不能多进，所赏珍味，感欣得沾奇珍，朵颐有幸云云。将军之遗族得之大诧，报纸喧腾，传为笑柄。”此无稽之谈也，西人夙盛传华人均喜食犬肉，故有此谣耳。若文襄之事，聂亲见之，则信而有征矣。《所闻录》为民初上海发行中国图书局编印之《满清稗史》所收，未详辑者为谁何。）

《崇谱》所述，可相印证，并及崇德老人之谒文襄与文襄所以款接故人之女者，亦足使读者深感兴味。壬午（光绪八年）云：“是年春，中丞公随左文襄出省阅兵。……来宁就差，亦既两年，仅恃湖北督销局五十金，用度不继，遂略向左文襄之儿媳言之，非中丞公所愿也。是年始奉委上海制造局会办，进见之日，同坐者数辈，皆得委当时所谓阔差而退，文襄送客，而独留中丞公小坐。谓之曰：'君今日得无不快意耶？若辈皆为贫而仕，唯君可任大事，勉自为之也。'故中丞公一生感激文襄知遇最深。是年年终，奉文襄命赶制过山炮百尊，限日解宁，竟未遑在宁度岁也。"又云："文襄督两江之日，待中丞公不啻子侄，亦时垂询及余，欲余往谒。余于先年冬曾一度至其行辕，在大堂下舆，越庭院数重，始至内室，文襄适又公出。余自壬申奉文正丧出署，别此地正十年，抚今追昔，百感交集，故其后文襄虽屡次询及，余终不愿往。继而文襄知余意，乃令特开中门，肩舆直至三堂。下舆相见礼毕，文襄谓余曰，文正是壬申生耶？余曰：辛未也。文襄曰：然则长吾一岁，宜以叔父视吾矣。因令余周视署中，重寻十年前卧起之室，余敬诺之。嗣后忠襄公至宁，文襄语及之曰：满小姐已认吾家为其外家矣。湘俗谓小者曰满，故以称余也。"曾左夙交，后虽相失，旧谊仍在。因文正而厚其女及婿，谈吐之间，亦见老辈风韵，佳话可传。文正长于文襄一岁，文襄固久知之。同治元年壬戌，文正以两江总督拜协办大学士之命，文襄时官浙江巡抚，例于阁臣自称晚生，而致书文正，请仍循兄弟之称，谓仅幼于文正一岁也。迨文襄西征奏绩，以陕甘总督协办大学士，旋晋大学士，光绪元年乙亥答忠襄（时官河东河道总督，与书文襄循例自称晚生）书（见文襄书牍），举前事为言云："来示循例称晚，正有故事可援。文正得协揆时，弟与书言，依例应晚，惟念我生只后公一年，似未为晚，请仍从弟呼为是。文正覆函云，曾记戏文一出，恕汝无罪。兄欲循例，盍亦循此。一笑。”此为曾左雅谑之关乎年龄者，文襄是时忽对崇德老人发文正生年之问，似非耄而偶忘，殆故示懵懂（俗所谓倚老卖老），以作谈资欤？

至老人所云湖北督销局差，为湖广总督李勤恪（瀚章）所委，谱中亦述其事。辛巳（光绪七年）云：“其时李勤恪公瀚章为鄂督，中丞公嘱余于过武昌时以世谊谒李太夫人于节署。李太夫人在宁时，故与欧阳太夫人相过从，相距十年，中更多故，一见即殷殷款接。次日札委督销局差，月薪五十两，由制军之如夫人亲送至舟次。余以舟中狭陋，力辞其报谒，特移舟于汉阳以避之，不意其仍渡江而至也。制军又派炮船一艘护送至宁……”则所谓“曾李一家”，题中应有之义也。

仲芳中丞佐理制造局事，李勤恪（兴锐）时为制造局总办，意不谓然，尝具禀左文襄以沮之。《崇谱》甲申（光绪十年）云：“初李君兴锐为制造局总办，曾禀文襄，欲不令中丞公驻沪，预送乾薪。文襄拒之，并催中丞公速到差，不令在宁少留。李后为人禀讦，罗列多款，文襄密饬中丞公查覆，中丞公复委员密查。覆按所控，多有实据。中丞公将据以禀覆文襄，稿已成，旋又毁之，别具稿，多为李弥缝洗刷。继而李以丁忧去，居沪病足，中丞仍时往视之，未尝以前事介怀也。”按《文襄书牍》，关于聂任局差，有壬午覆李书云：

“聂仲芳非弟素识，其差赴上海局，由王若农及司道佥称其人肯说直话，弟见其在此尚称驯谨，故遂委之。又近来于造船购炮诸事，极意讲求，机器一局，正可藉以磨励人才，仲芳尚有志西学，故令其入局学习，并非以此位置闲人，代谋薪水也。来书所陈曾侯旧论，弟固无所闻。劼刚聪明仁孝，与松生密而与仲芳疏，必自有说。惟弟于此亦有不能释然于怀者，曾文正尝自笑坦运不佳，于诸婿中少所许可，即栗诚亦不甚得其欢心，其所许可者只劼刚一人，而又颇忧其聪明太露，此必有所见而云然。然吾辈待其后昆，不敢以此稍形轩轾。上年弟在京寓，目睹栗诚苦窘情状，不觉慨然，为谋药饵之资，殡敛衣棺及还丧乡里之费，亦未尝有所歧视也。劼刚在伦敦致书言谢，却极拳拳，是于骨肉间不敢妄生爱憎厚薄之念，亦概可想，兹于仲芳何不独然？日记云云，是劼刚一时失检，未可据为定评。《传》曰：‘思其人犹爱其树，君子用情惟其厚焉。’以此言之，阁下之处仲芳，亦自有道。局员非官僚之比，局务非政事之比，仲芳能则进之，不能则禀撤之，其幸而无过也容之，不幸而有过则攻之讦之，俾有感奋激厉之心，以生其欢欣鼓舞激厉震惧之念，庶仲芳有所成就，不至弃为废材，而阁下有以处仲芳，亦有以对曾文正矣。弟与文正论交最早，彼此推诚许与，天下所共知，晚岁凶终隙末，亦天下所共见。然文正逝后，待文正之子若弟及其亲友，无异文正之生存也，阁下以为然耶否耶？至于薪水每月五十两，具禀会后衔，均非要义，弟自有以处之，不必以此为说也。”语极恳到，盖眷念故交与栽成后进，均深具热情焉。述与文正交期终始，亦有光明磊落之概。当文正之逝，文襄家书与子孝威有云：“涤侯无疾而终，真是大福。（赠太傅，谥文正，饰终之典，极为优渥，所谓礼亦宜之也。）惟两江替人，殊非易易，时局未稳，而当世贤能殊不多觏，颇为忧之。”（壬申三月。）又云：“曾侯之丧，吾甚悲之，不但时局可虑，且交游情谊亦难恝然也。已致赙四百金，挽联云：知人之明，谋国之忠，自愧不如元辅。同心若金，攻错若石，相期无负平生。盖亦道实语。见何小宋代恳恩恤一疏，于侯心事颇道得著，阐发不遗余力，知劼刚亦能言父实际，可谓无忝矣。君臣朋友之间，居心宜直，用情宜厚，从前彼此争论，每拜疏后即录稿咨送，可谓锄去陵谷绝无城府，至兹感伤不暇之时，乃复负气耶？知人之明谋国之忠两语，亦久见章奏，非始毁今誉，儿当知我心也。丧过湘干时，尔宜赴吊，以敬父执。牲醴肴馔，自不可少，更能作诔哀之，申吾不尽之意，尤是道理。明杨武陵与黄石斋先生不协，石斋先生劾其夺情，本持正论。后谪戍黔中，行过枉渚，惧其家报复，微服而行。武陵之子长苍（山松）闻之，亟往起居，怡然致敬，呈诗云：乃者吾翁真拜赐，异时夫子直非沽，奭犹有意疑公旦，奚却由来举解狐。（后两韵不复记忆，《沅湘耆旧集》中可取视之。）此可谓知敬其父以及父之执者。吾与侯所争者国事兵略，非争权竞势比，同时纤儒，妄生揣拟之词，何直一哂耶！”又书牍中答袁筱坞（保恒）有云：“曾侯戛然而止，几生修到。弟挽之云：谋国之忠，知人之明，自愧不如元辅，同心若金，攻错若石，相期无负平生。盖亦道实也。顷接来书，知饰终之典备极优渥，朝廷恩礼劳臣，有加无已，涤侯有知，亦当感激图报来生。惟两江局势宏阔，嗣事颇难其人，为可念耳。”（壬申）又答刘岘庄（坤一）有云：“戡乱之才，殊难屈指，而曾侯之逝，于时局尤觉非宜。横览九州，同侣存者无几，宇宙之大，岂可无十数伟材错落其间，念之心痗。”（同上）披沥肝胆之言，衷怀尤备见矣。后来文襄对文正虽仍不免有不满之口吻，则气矜之隆，未泯争名之念，不愿见谓为文正系下之人物，又当别论耳。至“大福”“几生修到”云云，乃自懔晚节之意，时负西征重任，事尚未了，前途蹉跌堪虞也。

曾惠敏（纪泽）奉命出使时，于仲芳中丞有贬词。（不愿令其随使，语见《曾侯日记》，辛巳已有申报馆排印本。）即李以为言，而左文襄谓“劼刚一时失检，未可据为定评”者也。《崇谱》壬午云：“初，惠敏之出使也，中丞公本有意随行，以陈氏姊婿在奏调之列，未便联翩而往，不果。但本年春间来电调往，则以堂上年高，不听远离，余又方有身，不克同行，复不果。郭筠老曾为往复代酌此事，其手函尚在。”是惠敏所见已与昔异矣。迨惠敏不朝后，《崇谱》己丑（光绪十五年）云：“是年忠襄公奏保中丞公以道员留苏补用，并交军机处存记。得保后赴京引见，惠敏公在京邸，手画朝日江山于纨扇，并题诗赠行。其诗如次：朝暾出海月斜初，五色烟云饰太虚。凭我丹青摹造化，祝君绯紫启权舆。阳关四句唱三叠，天保六章图九如。诗画送君情趣永，携归兼当大雷书。”尤寓引重之意。（诗亦见惠敏诗集，题为题《所画聂仲芳观察妹丈扇》,末二句作"诗画证余情趣永,携归兼代大雷书"。有三字不同,盖后经改定者。)

文正同治十一年壬申二月卒于两江总督任,《崇德老人年谱》所述情事云:"是年正月二十三日,文正公对客,偶患足筋上缩,移时而复。入内室时,语仲姊曰:吾适以为大限将至,不自意又能复常也。至二十六日,出门拜客,忽欲语而不能,似将动风抽掣者,稍服药旋即愈矣。众以请假暂休为劝,公曰:请假后宁尚有销假时耶?又询欧阳太夫人以竹亭公逝世病状,盖竹亭公亦以二月初四日逝世也。语竟,公曰:吾他日当俄然而逝,不至如此也。至二月初四日,饭后在内室小坐,余姊妹剖橙以进,公少尝之,旋至署西花园中散步。花园甚大,而满园已走遍,尚欲登楼,以工程未毕而止。散步久之,忽足屡前蹴。惠敏在旁,请曰:纳履未安耶?公曰:吾觉足麻也。惠敏亟与从行之戈什哈扶掖,渐不能行,即已抽搐。因呼椅至,掖至椅中,舁以入花厅,家人环集,不复能语,端坐三刻遂薨。二姊于病亟时祷天割臂,亦无救矣。时二月初四日戌刻也。"所述有为诸记载所未详者。文正之逝,类所谓无疾而终者,故文襄云然。俞荫甫(樾)《春在堂尺牍》是年与兄壬甫有云:"还杭后闻人言曾文正师事,乃知真灵位业中人,来去分明,固自不同。其身后事皆自料理楚楚,然后归真。二月朔梅方伯入见,劝暂请假,公笑曰:吾不请假矣,恐无销假日也。至诚前知,岂不信夫?"亦可参阅。盖预忖将不久留于世,身后诸事,早经料理,无待临终之际也。文正秉赋素强,胡文忠(林翼)尝称其精力过一世人。乃以兵间积瘁，功成而后，忧劳未已，加之办理天津教案，苦心不为舆论所谅，自谓“外惭清议，内疚神明”，隐痛尤深，天年以损。年甫六十有二，遽为历史上人物，不克大展抱负，于政治上建立宏规，实中国之大不幸。

《崇谱》关于文正、忠襄置产之事，亦有所述。己未（咸丰九年）云：“忠襄公于是年构新居，颇壮丽。前有辕门，后仿公署之制，为门数重，乡人颇有浮议。文正闻而驰书令毁之。余犹忆戏场之屋脊为江西所烧之蓝花回文格也。”甲子（同治三年）云：“文正在军未尝自营居室，惟咸丰中于家起书屋，号曰思云馆。湘俗构新屋，必诵上梁文，工匠无知，乃以湘乡土音为之颂曰：‘两江总督太细，要到南京做皇帝。’湘谚谓小为细也，其时乡愚无知，可见一斑。忠襄公每克一名城，奏一凯战，必请假还家一次，颇以求田问舍自晦。文正则向不肯置田宅。澄侯公于咸丰五年代买衡阳之田，又同治六年修富厚堂屋费七千缗，皆为文正所责。文正、忠襄所自处不同，而无矜伐功名之意则一也。”又云：“文正官京师时，俸入无多，每年节啬以奉重堂甘旨，为数甚微。治军之日，亦仅年寄十金、二十金至家。及功成位显，而竹亭公已薨，故尤不肯付家中以巨资。至直督任时，始积俸银二万金。比及薨逝，惠敏秉承遗志，谢却赙赠，仅收门生故吏所醵集之刻全集费，略有余裕，合以俸余，粗得略置田宅。”文正、忠襄性行不尽同处，于此亦可略见。忠襄构新居，营建拟衙署规模，盖不免豪杰阔疏之病。若工匠俚颂，虽可笑，却颇有趣，在当时国人心目中，文正固中国第一人也。俗传有劝文正帝制自为者，为文正所拒，实则文正以忠义激厉将士，以纲常名教倡率群伦，使果作异图，何言以对同志及部下乎？稍知文正为人及其时情势者，必不能以此说进也。（有彭刚直玉麟以此相劝之说，最谬。）

惠敏之秉承遗志谢却赙赠，其见于《左文襄家书》者，如壬申六月与子孝威、孝宽等有云："曾文正之丧，已归湘中，致赙不受，劼刚以遗命为言，礼也。"又见于《李文忠朋僚函稿》者，如壬申二月致曾劼刚（纪泽）栗諴（纪鸿）有云："谨备联幛，并赙仪二千两。极知清风亮节，平生一介必严，岂敢漫以相溷？惟受知如鸿章之深且久，窃禄最厚，若不稍助大事，亦太靦颜。乞勿以恒情视之，即赐督存为幸。"三月致曾劼刚有云："吾弟守不家于丧之训，坚却赗赙。第思师门素无蓄积，即蒙赏银两，计归葬卜地一切，礼文周备，需费尤多，若寻常知交，自概屏绝，如鸿章兄弟等，谊同骨肉，仍不敢遽遗多金，亦虑有累清德，此戋戋者岂尚弗蒙鉴纳耶?"于文忠且然，他更可知矣。

《崇谱》又述及忠襄轶事，亦甚有致。庚寅（光绪十六年）云："犹忆先年忠襄公大阅来沪，查视制造局，局中供张筵席，遵谕以筵设于我宅，并云：余忌口，只吃肉汤煮白菜，别无所须。诸儿于是初谒叔外祖，老人顾而乐之云：吾在湘应试时，考生均衣竹布长衫呢马褂，汝等正与此辈考相公相同，检朴可风，可与吾同餐也。更衣之顷，中丞公传索宫保之小帽，忠襄公笑曰：无须。言次即从袖中取旧瓜皮帽一枚，冠之于首。今犹忆其帽污敝不堪，即此可见忠襄公平日服御之所讲究也。”写来情态宛然。

关于珍玩者，《崇谱》丙寅（同治五年）云：“文正在署中，无敢以苞苴进者，故太夫人无珍玩之饰。余所忆者，为黄提督翼升之夫人坚欲奉太夫人为义母，献翡翠钏一双，明珠一粒。某年太夫人生辰，又献纺绸帐一铺。此帐吾母留作余嫁奁之用，余至今用之未坏也。又邵位西丈之夫人因避寇率子女至上海，文正公闻之，派轮船威灵密迎邵夫人并二子及已嫁一女至安庆，每月赠银二十两，俾得赁居。后因邵夫人及长子相继逝世，其次子及婿送灵回浙，其女独处，文正命拜欧阳太夫人为义母，暂居署中，其女以其逃难时衣中所藏珍珠一粒为贽，此珠旋以赠忠襄夫人。忠襄夫人尝有累金珠花一副，为部将某回乡后所献，号为珍贵，此外所藏器玩，无非玉瓶如意之属，亦未见珍奇异常之物。”此可纠俗传湘军下金陵后洪宫珍异悉入曾氏之诬。李伯元（宝嘉）《南亭笔记》云：“曾忠襄为文正介弟，攻金陵既破，搜遗敌，入天王府，见殿上悬圆灯四，大于五石瓠，黑柱内撑如儿臂，而以红纱饰其外。某提督在旁诧曰：此元时宝物也，盖以风磨铜鼓铸而成。后遂为忠襄所得。……闻忠襄于此中获资数千万，盖无论何处，皆窖藏所在也，除报效若干外，其余悉辇于家。”又云：“忠襄既破南京，于天王府获东珠一挂，大如指顶，圆若弹丸，数之得百余颗，诚稀世之宝也。忠襄配以背云之类，改作朝珠，每出熠熠有光，夺人之目。忠襄病笃，忽发喘哮之症，医者谓宜用珠粉，仓卒间乃脱其一，碎而进之，闻者咸称可惜。又获一翡翠西瓜，大于栲栳，裂一缝，黑斑如子，红质如瓤，朗润鲜明，殆无其匹，识者曰：此圆明园物也。”若斯之类，良可喷饭。

甲申（光绪十年）之役，上海方面亦因而震动，《崇谱》是年云：“是年七月，法人侵入马江，击沉中国兵舰数艘，惟扬武舰曾还击数炮，虽扬武终被击沉，法提督孤拔亦被我军炮击阵亡，法人讳莫如深，中国反毫无所知。其时北洋连日来数电，云法人欲来占制造局，全局震动，纷纷迁徙。潘镜如家迁苏，蔡二源家迁租界，其余迁租界迁宁波者不胜纪载，并有中途遭抢劫者。适有卖珠翠之妪曾存翠簪一枝于我处，闻信急来取去，云明日即来攻局矣。余虽闻知，亦惟付之天命，并不知著急。一日中丞公忽云，余已定得一船，宜略为择要检点细软行李，预备紧急时即率小孩等婢媪上船避往松江。余云：君将如何？中丞公云：余有守厂之责不能走也。余曰：余向不以自己性命为重，死亦同死，不必搬动。中丞公云：君虽不畏死，其如诸儿何？余闻其言自有理，不觉涕泣，略事收拾，并未登舟，后亦未闻警报。八月，张太夫人因闻上海风声紧急，且知余方有身，遣一仆来沪接吾回湘。其时法人已将议和，故亦未行。”是役并未波及上海，而上海方面已惊扰如此，盖海疆寡备之故。李文忠于桂滇陆路大胜之后，以“见好便收”为言，亟成和局，置清议之责备于不顾，实深以沿海为虑也，于此亦可由一隅而见其概焉。

《崇谱》止于辛未（民国二十年），时年八十也。（八十以后事，其女婿瞿宣颖撮要附述于谱后。）是岁谈所见八十年来妇女妆束之变迁(附有图说),并及饮食风尚之类,可珍之社会史料也。

民国二十一年老人有《廉俭救国说》,自述旨趣,由其子其杰撰文(附载于《崇德老人八十自订年谱》)陈述古今中外成败得失之故,证之以事效,语重心长,亦甚可读。中有云:"余生值咸丰初年,粤乱初起,先文正公……初以乡绅任团练,后则总制各省军务,统兵至十余万,以廉率属,以俭治家,誓不以军中一钱寄家用,竟能造为风气,与一时将吏以道义廉洁相勉循,故克和衷共济,戡定大难。一二在上位者,克己制欲,而其成效有如此者。先公在军时,先母居乡,手中竟无零钱可用,拮据情形,为他人所不谅,以为督抚大帅之家不应窘乏若此。其时乡间有言,修善堂杀一猪之油止能供三日之食,黄金堂杀一鸡之油亦须作三日之用。修善者,先叔澄侯公所居,因办理乡团,公事客多,饭常数桌。黄金堂则先母所居之宅也,此即可知当时先母节俭之情形矣。厥后居两江督署,先公常欲维持乡居生活状况,平日衣服不准用丝绸。一日客至,予著羽纱袄,锭有阑干。客去而文正公入,以目注视,问母云:满女衣何华好?母亟答云:适见客耳。羽纱洋货,质薄而粗,价比呢廉,比湖绉更廉矣,所锭阑干,南京所织,每尺三十文耳,平日亦著此袄,外罩布褂,见客则去罩衣。先公所定章程,子女婚嫁皆以用二百金为限,衣止两箱,金器两件,一扁簪,一挖耳,一切皆在此二百金中。予等纺纱绩麻,缝纴烹调,日有定课,几无暇刻,先公亲自验功。昔时妇女鞋袜,无论贫富,率皆自制,予等兼须为吾父及诸兄制履，以为功课。纺纱之工，予至四十余岁，随先外子居臬署时，犹常为之。后则改用机器缝衣，三十年来此机器常置座旁，今八十一岁矣，犹以女红为乐，皆少时所受训练之益也。余所以琐琐述此者，盖社会奢俭之风，皆由少数人所提倡，贵人妻女实为奢侈作俑之尤，且每为男子操行事业之累，故先公对于予等督责如是之严也。余既早受此等训育，终身以为习惯，选购衣料，常取过时货，因其廉也。忆甲午年在沪道署中，先嫂曾惠敏公夫人来署，见余所买花边式样陈旧，因言：此物无人用矣，今所行洋花边，花色鲜美，胜此十倍。予曰：予已见之，且代人买过，然价视此数倍。余所买者，虽已过时，余自爱之，且喜其价为中国所得，金钱不外流也。嫂笑云：靠你一人所省，能有几何？余曰：虽然，若人人能如是著想，或皇太后能见及此，而不爱洋货珍玩，则所省多矣。盖时值慈禧太后六旬万寿，各省督抚纷纷在沪采办各国奇巧之物，以为贡品。……”录资与册中所纪合观。

余曩读《崇德老人八十自订谱》，即感觉甚深之兴味，以为其人可传，所述诸事，更足资治史之考镜，其价值不仅在家乘一方面。兹于老人逝世后，复获读《崇德老人纪念册》，年谱而外，并有其他数种，有裨文献，益非浅鲜。读后漫为谈述，辅以他项资料，用作引申，或可为读斯册者之一助欤？

老人诸子，以云台（其杰）为最有名（曾任上海商会会长）。初为基督教徒，继则皈依佛教，持戒甚严，不独茹素，并常绝食。中年办《家言旬刊》,多纠正物质文明之失而提倡中国固有文化之言论。又尝著《人生指津》,风行一时。近年因衰疾,以科学方法研究中药。其事可附述,爰据所知,缀志其略。

(原载《古今》1943 年第 37 期)

十五　再谈梅巧玲及其他

余前为文，谈梅巧玲事，以其卒年恰在前一壬午，其人又颇可传，故于昔人记载，就一时浏览所及，引述数则，聊以应景，实则对其事所知殊少，亦未遑详为考索也。顷读赵叔雍先生《〈谈梅巧玲〉补遗》，承以当时都人所撰梅桑一联相示，为之一快，深感见教之意。至谓"就正"于鄙人，非所敢当。惟以谦冲之度可佩，不敢辜负，爰更略为芹献，藉副雅命，尚望加以指教。（即鄙人他稿，亦望叔雍先生有以教之，以比来记忆力减退，撰述时恐有误也。）

叔雍先生谓"先公于光绪十四年再赴京师，其时梅年事已长，但掌戏班，……吾乡盛勗人（盛宣怀之父）与之至好，一日约先公杯酌，并邀巧玲至"云云。按梅氏卒于光绪八年壬午，似无疑义，不应光绪十四年尚在人间，恐系叔雍先生临文记忆偶误（或一时笔误），非斯年之事也。（盛宣怀之父康，字勗存，号旭人，此作勗人，盖字号可通用同音之字也。常州音"勗存"与"旭人"全同，北京音则"勗""旭"相同，"存""人"相异。）

又谓"慈禧太后及光绪均加殊赏"。按梅氏晚年，光绪帝尚幼,(梅卒之岁,帝年十二。)且甚不喜观剧。如《翁文恭日记》光绪五年己卯(时帝九岁)有云:“万寿,上在宁寿宫,未尝入座听戏,仍到书房云:钟鼓雅音,此等皆郑声,不愿听也。圣聪如此,岂独侍臣之喜哉。”(“雅音”“郑声”,盖即在书房受教于师傅者。)又光绪十年甲申(时帝十四岁)又云:“太后万寿,长春宫演剧,上只在后殿抽闲弄笔墨。太后出御台前黄座,上未出。”其对演剧之态度,亦可略见其概,似未必对梅曾加特赏也。既长,或传其好音律暨赏识余玉琴,不论确否,均与梅无关矣。

梅氏义名久著,叔雍先生谓其“义举初非一事”,良然。惟拙稿引孙静庵《栖霞阁野乘》与樊云门《寿梅妻序》所记者,同为焚二千金之借券,情事又小异而大同,谓为一事而传述有小节之异,似亦尚未为甚谬。至张逖先(祖翼)《清代野记》一则,不同处较多,或另系一事,亦未可知。(张氏此书,叙事多兴会淋漓,惟失考处不少,其纪斯事,言桐城方朝觐为咸丰已(己)未膺馆选,而按诸《馆选录》等书,此人未与其列。当更考之。)

顷偶见北京《立言画刊》第一百零六期(民国二十九年十月五日出版),有《梅巧玲义行》一篇,(撰者署“小梅”)据云:“冯君蕙林尝为余述巧玲事曰,梅老板掌四喜多年,待人接物,和蔼平易,士大夫均争相交纳。每有喜庆堂会,从不计泉刀,不较酒醴,间有不足开支时,则剥已身所得者,润及同人,事毕后,永不登阶求谒,即或因他事干求,不得不代为缓颊者,亦必语竟匆匆而去,盖恐落故意前来索值之嫌也。四喜底包各角，所挣包银，均比他班较厚，计眷口授金，俾能阖家糊口。偶见有首如飞蓬者，知其阮囊已涩，故意趋步就之与语，暗以钱钞数百，伪为握手以递人，耳语谆谆嘱之曰：‘剃剃头，勿致若辈齿冷也。’斯时虽无梨园公会，正乐育化会之组织，然每逢精忠庙会之期，各班伶人，勿论正配角一律诣庙拈香，宛若清明节北俗之吃会者然。（北方风俗，值清明节日，阖族人麇集家祠堂，饱餐一二日，齐至族冢（冢）供祭，名曰吃会。间有族人远移他方者，届期亦来认族。中国大家族制度，由此可见。）是日杂耍大鼓，应有尽有，以助娱乐。伶世家子弟，及挟有多资者，恒借此机以炫富，锦服骏马，睥睨同侪，争相点曲，一掷数金，鼓姬含笑前迎，软语道谢，大丈夫固当如是耳。一般清贫者流，远避垣角，莫敢仰视若辈，虽屏息不作一语，而心中未尝不黯然伤神，愧恨孔方之不光临我手也。巧玲必一一馈赠，计足一曲之资，以全体面，其怜贫有如此者。”亦颇可资谈梅事之参考。

《补遗》附及“赶三已死无京丑，李二先生是汉奸”一联，余所忆及者，则为“杨三已死无苏丑，李二先生是汉奸”。杨三为昆曲名丑，其人稍前于赶三。李合肥久被人诋为汉奸，会杨三死，谑者遂为此联，盖与赶三无涉。惟赶三与李氏另有一段话柄。甲午之役，李获褫夺黄马褂三眼花翎之谴，赶三于北京堂会戏某剧中抓词逗哏，有“脱去黄马褂拔去三眼花翎”之语，触李子之怒，大受窘辱，未几得病而死，亦未至辛丑也。（关于杨三之联及赶三之事，均曾见记载，一时不及检查，姑就所忆略述之，难保无未尽确处。）庚子之变，李受命于危难之际，入京议和，朝野目为救星。（在京人士，当创深痛钜之余，仰望尤切。）尽瘁而死，群情悼惜，斥为汉奸者盖鲜矣。

李合肥庚子议和，寓贤良寺（在东安门外冰渣胡同，距今东安市场甚近）。翌年辛丑和约甫就绪而卒，以恤典入祀贤良祠（地安门外迤西）。

近寄《古今》一稿，曰《关于〈御碑亭〉》，因此剧已摄入电影而更谈及也。然所表示之意见，仍只对戏剧的《御碑亭》，以未知戏剧而搬上银幕的《御碑亭》果是如何，不能批评也。余不独未看过银幕上之此剧，他剧之搬上银幕者亦未经一观，其陋诚可哂矣。特对于此举之因科学之进步而为艺术上之新的发展，颇怀好感，将来总当一观耳。

"国剧搬上银幕"之新鲜花样，余虽未尝观光，却早于昔人记载中见有类乎是者。汤芷卿（用中）《翼駉稗编》卷一云："少时在苏州官司马懋斌座中，阍人入白魏贰尹至。俄一人缥缨急装入，相揖就座。官喜曰，君至，我等又可看戏矣。魏逊谢。官命从人预备，时方未初，乃以厚毡蒙厅侧一室，拉魏及座客同入。魏向壁喃喃持咒，须臾，壁上现白光如镜，旋转数周，镜中现一小戏台，台上悬灯千百盏，拳如橘如，累累相贯，一室通明若昼。旋见门内人影往来甚夥，魏请客点戏讫，台上开场，生丑净旦，各尽其妙。至十六七出，魏曰：夜深矣。向台吩咐撤锣。灯烛尽熄，戏台亦隐，惟白光旋转壁上，移时始灭。"此书为清道光间所作，而先有类乎今日"国剧搬上银幕"景象之记载。"壁上现白光如镜",不俨似今之银幕乎?演剧于白光之中,不又俨似银幕上之国剧乎?今仗科学之力,昔则幻术之作用(似与俗所谓圆光之术有关)耳。写来颇饶趣味,故录供读者欣赏。此书好谈怪异,所记此事,是否确凿,姑不深求,聊作神话小说观可也。

道光间记载,乃有类乎"国剧搬上银幕"之事,奇矣。然此犹明言是幻术也,更有奇者,则道光时已有类乎飞机之实物见于中国天空。吴薌厈(炽昌)《续客窗闲话》云:"机巧之法,盛于西夷。缘彼处以能创新法取士,欲官者争造法器,穷工极巧,愈出愈奇,不第供耳目玩,且有切于实用者。魏地山明府语予曰:丙午谒选在都,九月上旬,偶出厚载门,鼓楼前,见通衢无数人咸翘首跂足仰望,哄诧异事。予因随众所指处瞩目,见半天一物,如舟无楫,如车无轮,长约三四丈,宽丈许,蓬蓬然四围如有旂帜,距地数十丈,看不甚明,由东北来,盘旋若鸢翔,忽坠下洋银十余,人争拾之,未几往西南迅逝,小如一叶,又如一星,转瞬不见。说者曰,此飞车也,泰西所制,车中人以千里镜窥觇下方,城郭人民,历历在目矣。或曰,他国有如是奇器,恐其以数百辆载精卒数千人,飞入都邑,将不能御,亦不及防,城郭守具,皆无用矣,岂不殆哉?薌厈曰:否否,此物藉风而起,须风而行。如我国之纸鸢,有大至丈余者,非大风不能起,风微即落。夫纸竹至轻之物,尚不能收放自如,况笨重如车耶?起即非易,收亦甚难,风力稍偏,即不能如意起落,况我军亦有轰天炮等火器足以仰攻耶?君毋作杞(杞)人忧也。"此书成于光绪元年乙亥（西历一八七五），所指丙午当为道光二十六年（西历一八四六）。其时距西洋之有飞机尚远，而言之历历，居然已有类似之物东翔于中国，彼为幻术，此乃若预言矣。虽称魏氏自言目睹其事，仍是一种讹传，齐谐志怪，固不妨逞奇耸听耳。至所载议论，可见当时人见解之一斑，现代之事，固非所知也。斯物所掷为银元，供人拾取，使其小小发点洋财，亦甚可笑。又吴氏视西人之制新器，同于中国人之应科举，目的在乎做官，可称为西洋“举业”，而如吴敏轩（敬梓）《儒林外史》第十三回（蘧駪夫求贤问业），马二先生对蘧公孙所谈不做举业“那个给你官做”者，斯尤奇妙之论。

康更生（有为）光绪三十一年乙巳（西历一九〇五）游巴黎，登气球，所撰《法兰西游记》（《欧洲十一国游记》第二编）中有云：“登球至二千尺，飘然御风而行。天朗气清，可以四望，俯瞰巴黎，红楼绿野如画。……此事非小，他日制作日精，往来天空，必用此物。今飞船已盛行于美，又觉汽船为钝物矣。至于天空交战，益为神物，……闻法人有制飞鸢，可跨人而携行李，亦自此而推之，要必为百年后一大关系事。”此所谓飞鸢，即近已盛行而制造甚精之飞机也，其关系作战筹事者固已甚钜，奚待百年乎？世变之亟，从可知矣。

近得读文载道先生《关于风土人情》，觉甚隽永。作者蜚声文坛，余素孤陋，对其作品所见未多，意其于此类文字尤擅胜场也。此篇有云：“我有时想，食味的真正价值，怕不在于食品的本身，主要还在食品中的风土性和它的诱惑力，以及食时的情调，由此而引起食者的心理与情绪的配合，这样才称得到‘享受’，而‘生活的艺术’也备于此中了。”云云。读之深具同感。按刘廷玑《在园杂志》卷一云：“东坡云：谪居黄州五年，今日北行，岸上闻骡驮铎声，意亦欣然。铎声何足欣，盖久不闻而今得闻也。昌黎诗：照壁喜见蝎。蝎无可喜，盖久不见而今得见也。予由浙东观察副使奉命引见，渡麻河，至王家营，见草棚下挂油馃鬼数枚，制以盐水合面，扭作两肢，如粗绳，长五六寸，于热油中馃成黄色，味颇佳，俗名油馃鬼。予即于马上取一枚啖之，路人及同行者无不匿笑，意以如此鞍马仪从，而乃自取自啖此物耶？殊不知予离京城赴浙省，今十七年矣，一见河北风味，不觉狂喜，不能自持，似与韩苏二公之意合也。”亦颇有致，似有可与此相印证者，特载道先生之论更为精湛耳。（油馃鬼，即今北京所谓麻花儿也。余昔在济南，彼处称此物曰油果子，或简称曰果子。至彼处所称之麻花儿，北京则曰脆麻花儿，又天津呼油馃鬼为油条。）

拙稿《谈长人》引《山斋客谭》所纪之张大汉及《公余琐记》所纪之廖大汉、吴大汉，谓此军界三大汉颇可合传。兹又按龙顾山人（郭则沄）《十朝诗乘》卷十九云：“幼时闻先王父按察公言，曩抚部徐清惠建节涖闽，所至携一材官，躯干奇伟，其长如曹交。尝从清惠过吾家，门低，楣及其胸，躯俯乃得入。邻里聚呼观长人，庭为之塞。清惠言是赵姓名桓，北通州人，曩于北直治团练，其人为勇目，喜其魁梧，特拔之，相从久矣。近阅江弢叔《伏敌堂集》，有《咏赵桓》诗云：春秋长狄久绝种，赵桓忽生通州乡。量以工部营造尺，乃有八尺九寸强。折床毁椅坐卧窘，戴头起立愁触梁。偻而出门走入市，肩齐于檐颐过墙。背后群儿戏相逐，误入胯下如门厢。来经沪上众夷骇，愿欲贡之英国王。可怜舆马不能载，时自阔步衢路旁。却防泥印大人迹，致令方士欺汉皇。或更指为帝之武，小儒笺释弥荒唐。又愁他日秋井塌，专车一骨考莫详。临洮大人巨无霸，以今准古其相当。记读前史《五行志》，是名人痾为不祥。虽然今世用人法，以貌魁岸为才长。其长在身人所识，必有遭遇殊寻常。即无战功猎大贵，保汝支食三人粮。弢叔时以佐职客闽，侘傺寡合，故藉抒抑塞之感。"是又一赵大汉也，可合称清代军界四大汉。

（原载《古今》1943 年第 17 期）

（附）"谈梅巧玲"补遗①

顷读徐一士先生文，谈梅巧玲事，胜朝遗迹，为之神往。余生也晚，仅与文孙往还，初未尝能涉开天之盛况。但幼侍庭闱，所习闻于先公之掌故至夥，兹撮其足以补本文之遗佚一二则，以为古今补白，兼就正于一士先生。

梅巧玲义举，初非一事。先公官粤东时，辄与同官往返，互述清苦。有铨粤之散馆翰林李君，每告先公曰："食贫

① 本文为赵叔雍著。

自守，固属廉隅，但余在京清苦，此行并资斧亦付阙如，友生筹措，殊不足敷，不得已以告之梅巧玲，巧玲假吾三百金，始治行装。今来此半载，尚未及还，弥为怅歉，此后诚不知如何得了也。”因此知巧玲豪侠，对于京朝士夫，每多佽助。各家传说不一，实缘事而异，并非小节之不同也。

梅氏之死，与桑春荣先后无几日，都人士为撰挽联曰："庾岭一枝先折；成都八百同凋”所以扣梅桑二字，不过工巧而已。先公述此联时，并述别一联："赶三已死无京丑，李二先生是汉奸。”盖赶三为北京名丑，与罗百岁齐名，其死时与李合肥同时。李以辛丑之役，忧勤致疾，卒于贤良祠，其所以保全国家于一发千钧之际者甚大，而都人士不为曲谅，辄致浮谤，号曰“汉奸”，因撰斯联以辱之。实则庚子之变，若不得李之忍辱负重，则瓜分迫于眉睫，宗社早付邱墟矣。虚憍之气，为国家之累者，匪伊朝夕，附记及此，又不禁慄慄以惧矣。

巧玲体肥硕，技则至精，所演盘丝洞作半袒妆，尤为都人士所剧赏，盖宜于环肥之剧也。先公谓光绪五年在京，屡观其盘丝洞、探亲相骂（与赶三配，赶三骑真驴上台）及五彩舆（鄢茂卿事）诸名剧，轰动九城。其时宫中时时传差演剧，慈禧太后及光绪均加殊赏。都人士以梅体硕，因称之“胖巧玲”。宫中演剧时，帝后谈及其名，亦以胖巧玲呼之。易实甫“梅郎曲”中涉巧玲事，有“市人皆称梅老板，天子亲呼胖巧龄。”盖记实也。

先公于光绪十四年再赴京师，其时梅年事已长，但掌戏班，夙已辍演，亦不应招赴宴会。惟吾乡盛勗人（盛宣怀之父）与之至好，一日约先公杯酌，并邀巧玲至，且郑重语先公曰："梅老板久不外出应酬，特约来，俾一相见。"其时京朝风会，伶工子弟多出预文酒之会，是日来者十余人，均其后辈。迨巧玲至，诸子弟为之肃然与行请安礼，巧玲逐一抚循，且问其师父近状何如？班中营业何如？亲切有味，子弟见其霭然之状，又如对严亲慈师。言次盛谓梅老板善八分书，何不乞其挥藻楹帖。先公因以属之，旬日后即送一联来，上款题某某先生，下款"梅芳"二字，饶有汉隶意味，惟甚拘谨耳。其日衣蓝衫黑快靴，出言温恭得体，举止落落大方。盛极绳其掌班时，厚遇同班及散财义举，则唯唯不敢当。盖其时风尚，伶官多好与名士达人往还，挟以增重，并不措意于馈遗，即欲觅资斧，亦辄取之于亲贵达官，决不课之于寒士。方其来往时，厮养均称梅老板而不名，此易五诗之本事也。

畹华既以剧艺名世，方其南来谒先公时，因为述同光间事，畹华敬受而聆之。及其行也，先公命于旧簏中检觅楹帖，越三日而不可得，盖南船北马，不知遗落何所。以禀先公，弥为扼腕，曰："倘能得之，应属畹华，加一小跋，以志三世论交之盛事也。"忽忽述此，盖又几二十余年，先公谢宾客者亦已五载，日月居诸，沧桑变迭，秉笔杂记，诚不胜其"往来成古今"之感矣。

（原载《古今》1942 年第 14 期）

十六　关于《御碑亭》

《御碑亭》夙号名剧，名伶演之，足娱视听，在艺术上自有其相当之价值也。惟斯剧情节，似不无可商者。

近者，斯剧已摄成电影，出现于银幕，当更为艺术上之一种发展。《华北影坛新供献——〈御碑亭〉评介》（见民国三十一年十一月二十日北平《电影报》）有云："《御碑亭》一剧，又名《金榜乐》，是一出具有教育性的家庭悲喜剧。譬如剧中柳生春的'正诚'与孟月华的'贞节'，都是值得人模仿和钦佩的。这里不但教人向善，而是更能发扬出东方固有的美德。此片的演员都是舞台上的超越角色，有着相当的实力。此外不论剧本、摄影、录音、布景、灯光，都是力求完美。这是一部极有价值的、蓄着无限意义的京剧影片，值得一看，特为推荐给古城的观众。"盖除表示关于艺术方面诸事之精美外，并介绍其道德上之意义、价值及效用。此种论调，固多数谈剧者之见解也。余曩作剧话，曾论及斯剧，聊为旧话之重提，以就正于当世。

余自幼即喜观剧，（近十余年，兴致阑珊，乃极罕涉足剧场矣。）然于音律等等缺乏基本之知识，亦不过随便看看，随便听听而已，对此道实门外汉也。谈剧文字，所作甚少。民国二十七年九月，《新北京报》主者忽敦约逐日为撰此类文字，辞以不能，则固请，谓在谈剧之标题下无论说些什么均所欢迎。余乃有《爱吾庐剧话》之作，每日写一小段，至翌年三月始止，为时盖逾半载，实余文字生涯中一特例。所谈不涉及板眼、腔调之类，不敢强不知以为知也。惟于剧情等时有扬榷，或谈有关戏剧之掌故，亦或由谈剧而阑入其他，如俗所谓“跑野马”者，（今谈“关于御碑亭”，而述及余之作剧话，亦可谓“跑野马”矣！）适成其为余之剧话而已。（当其时，某君语余曰：“甚喜君之剧话，每日必阅之。”余曰：“君懂戏乎？余于此道实门外汉，随意漫谈，固不足言剧话也。”某君曰：“我不但不懂戏，且尚不看戏；所观者为君之‘话’，不管‘剧’不‘剧’也！”似可反证此种不具戏剧基本知识之剧话，不足为真的剧话。）其论戏情者，有《御碑亭》一篇，即对传统的见解而作翻案。时有自言“不会评戏”之王君（署名“里人”）先对斯剧加以讨论，余更起而论之。王君之作，题曰“偶然想起”，见于《北京益世报》（民国二十七年十二月九日），其文云：

第一，先得声明，我不大喜欢看戏，更不会评戏，这里说的虽多少与戏剧有关，其实是另外一件事。

某年月日，我曾看过一出叫做《御碑亭》的戏。戏的情节大略这样：一位投考的举子，中途遇着暴雨，跑到御碑亭里躲避。这时另有一个不相识的妇女也在亭子里避雨，两人不交一言的过了一夜，次日天明雨歇，各自散了。这个举子投考时文章做得不好，却因为在御碑亭里不曾做下亏心的事，有阴功，所以中了进士。

我想神的赏罚和人间的应当差不多，都该以行为作标准。譬如“奸淫”要受罚，因为“奸淫”是一种恶劣的行为，同时却没听说因为“不奸淫”而受赏的。因为“不奸淫”是绝对消极的静止的状态，根本不成一种行为。

传说蜀先主时曾一度禁酒，人家藏有酒具的都要受罚。一天和法正外出，遇见一个走路的，法正说：“这人犯了奸淫罪，该死！”先主很惊讶说：“怎见得他犯了奸淫罪呢？”法正说：“因为他有淫具。”于是先主一笑会意，从此便除去“酒具”之罚。夫不淫而有淫具，不该受罚；反之，有淫具而不淫，也不该得赏。这道理很浅显，不消细说。

因此想到，这种戏剧不但不能提高道德标准，反而把作者的卑鄙完全暴露了。他把不调戏良家妇女，这种最低限度常人应有的态度，认为难能可贵，算作一件阴功，不正反映出自己的龌龊可怜吗？中国的戏剧，本来浅薄俚俗的居多，不必深论。然他所表现的这一类的思想，常和《名贤集》《阴骘文》《关圣帝君劝善文》一类相副而行，深入人心，也有些可怕。

余既见此，乃于“剧话”中亦谈斯剧，分五日写登，其文如左：

《御碑亭》，向号为提倡道德之名剧，然理实难通，余昔年曾略论之。顷于本月九日《益世报》琼林版，得见“里人”（王君）之《偶然想起》，论此剧益明快，……语气虽若近刻，而自是通达之论。此剧不但有将道德标准降低之弊，且将女子写得太软弱、太无能。通常女子体力虽较逊于男子，然岂真如红楼梦中对于薛宝钗、林黛玉之诙谐的形容，一口气可以吹化、吹倒耶？一女子与一男子相值于无人之地，纵男子有轨外之行动，女子何便毫无抵抗之力，且不作抵抗之想，（柳生春不过一文弱书生耳。）而只有如孟月华所唱“倘若是少年人他淫恶心盛，那时节倒叫我喊叫无门。”“倘若是少年人心不正，岂不失却我的贞节名”乎？果如是，女子贞节之失（完全被动的），亦太易易矣。（十二月十二日见报）

此剧之本事，见于小说者，似《贪欢报》（又名《三续今古奇观》）中有之。此书多描写淫亵之事，而以果报为说，盖讽一劝百，故以淫书而被禁止（坊间曾见有删节之本）。其中各篇，不描写淫亵之事者，或仅此一篇，似系开卷第一篇也。

人人常演之《御碑亭》剧，于此书所写，盖已有所修正。此书似谓孟月华回家后，作诗一首，有当时彼人如果相迫只可从之之意；剧中所演，则诗句不同，所以尊重其人格也。又，剧中柳生春有“我若离开此处，要有歹人到来，如何是好”等白，盖不但不侵犯，兼有保护之意，似为书中所无，编剧者殆亦觉但不侵犯未可即认为应中进士之大阴功，故加此耳。虽然如是，全剧犹不免欠通处。此剧或系根据他书所载之此项相传的故事，兹姑就此书言之耳。——（十三日见报）

王君谓："传说蜀先主时曾一度禁酒，人家藏有酒具的都要受罚。一天和法正外出，……于是先生一笑会意，从此便除去'酒具'之罚。夫不淫而有淫具，不该受罚；反之，有淫具而不淫，也不该得赏。……"取譬亦颇妙，所以申示不应将"不奸淫"（常人应有的态度）看作类乎奇迹之优卓的行为也。

惟所云法正，乃简雍事。《三国志·简雍传》："时天旱禁酒，酿者有刑。吏于人家索得酿具，论者欲令与作酒者同罚。雍与先主游观，见一男女行道，谓先主曰：'彼人欲行淫，何以不缚？'先主曰：'卿何以知之？'雍对曰：'彼有其具，与欲酿者同。'先主大笑，而原欲酿者。"盖符于王君所论赏罚"该以行为作标准"也。至王君谓为法正事，或以《法正传》有诸葛亮"法孝直若在，则能制主上令不东行"之叹，而联想偶失，亦未可知。其人之为谁氏，于此题无关宏旨，兹顺笔及之，非敢有吹毛求疵之意，聊为曝献而已。——（十四日见报）

此剧中，有道一闻妹淑英之报告，便断定"那黑夜，在碑亭，定有隐情"，而"难留下贱人"，遂不顾"实实难舍结发人"，"思想恩爱泪难忍，孤单凄凄闷愁人"，遽然为"从前恩爱一时尽，若要相逢万不能"之休妻的举动，已够荒唐矣；而淑英初闻月华述夜之事，亦即先有"听他言，不由我，心中暗笑。有几个，柳下惠，心不动摇"之测度，盖均不信一男一女黑夜相遇于无人之处，而能无苟且之行为。将一般人之道德标准降低到如是，不诚如王君所谓"把作者的卑鄙完全暴露了”乎？

有道闻妹言而立即休妻，以其“定有隐情”，断断乎不可恕也，却又语妹以：“哎呀，方才是你多口，惹出这样事来！从今以后，要你闭口无言，才是我的妹子！”其意若曰，虽有“隐情”，只要自己不知，亦属无妨，惟妹不应不将“孤男寡女”同在碑亭一宵之事代为对己隐瞒耳！亦可笑之甚。——（十六日见报）

有道休妻，自属荒唐，而月华被考官褒以“贤德烈女”“难得”云云，亦殊溢美而不伦，是又将一般人道德标准降低之故，盖以为不为勾引男子之荡妇，便算“难得”之“贤德烈女”耳。

科举时代，因果者每藉考试之事而张其说，虽意在劝善，而盲试官却可引以解嘲，谓文劣而入彀者当是本身（或先世）有阴功（或命运之佳）也。此剧写生春之中式，赖朱衣神出现，亦劝善之意。纪昀（昀）《阅微草堂笔记》喜谈因果命运之类，而“滦阳消夏录”卷五有云：“李又聃先生言：昔有寒士下第者，焚其遗卷，牒诉于文昌祠。夜梦神语曰：‘尔读书半生，尚不知穷达有命耶！’尝侍先姚安公，偶述是事。先姚安公咈然曰：‘又聃应举之士，传此语则可；汝辈手掌文衡者，传此语则不可！聚奎堂柱有熊孝感相国题联曰：赫赫科条，袖里常存惟白简；明明案牍，帘前何处有朱衣！汝未之见乎？’”虽犹以立场不同为说，而二者之不相容性固甚著矣。

关于此剧，犹有余义，以已接连五天，姑止于此。——

（十七日见报）

然则此剧竟可一笔抹杀乎？斯又有未可一概而论者焉。除艺术上自有其优点足供欣赏外，更可作为研究旧时代社会思想之一资料，以其本为基于旧时代社会思想之产物也。社会重视科第，重视贞操，谈因果报应者借"一举成名"之光荣，为修己敦品之劝勉，乃有此类传说暨戏剧之流行。骤视之若天道报施不爽，足令人束身规矩不敢为非，细按之则矜凡人所应持守者为奇迹卓行，于理难通矣。（降低道德标准。）所谓"人禽之界"，不宜即看作道德远高乎常人者与所谓"衣冠禽兽"者之界也。谈因果报应者，以劝善惩恶相揭橥，非无苦心，特所示于人者或不尽合理，斯固可为其一例已。提倡道德，诚当务之急，特未可专恃此类因果报应之说耳。

顷又思之，斯剧主旨，在揭明贞操之重要，诫人勿犯淫行。所欲风示观众者，盖以不淫之获善报，反映出犯淫则获恶报，高第以奖不淫，即所以示酷罚将用以惩淫，垂戒在此。我国传统的戏剧（所谓"京剧"之类），词句或情节欠通者不少，然大都可以节取，或关乎社会背景，或关于民间意识，每含有史料（抽象的）等价值，是在观者之审为抉择焉。（观众如不深求，则对斯剧亦可仅生贞操宜重淫行宜戒之感，而于剧中不合理处弗予措意也。）

右所论乃就戏剧的《御碑亭》言之，未必即适合于电影的《御碑亭》也。电影的《御碑亭》，《评介》又有云："在这古老的都城中，京剧一向是占有相当的势力，以其牢不可破的陈腐方法演出，适合于一般观众的口味，若干年来，仍然保守着古老的浅浮演法，所以京剧始终没有任何新的演进！……为了舞台观众的一种习惯心理，而想利用电影来着手改良京剧，阐扬京剧。……这次又摄成了这部《御碑亭》。”如所云，大有“破陈腐旧套”之意，对于斯剧，不仅“阐扬”，而且“改良”，俾有“新的演进”，或将原来之欠通处加以不少之更易，而具变通尽善之成绩欤。

关于《御碑亭》一剧故事之来历，又据天津《庸报》（民国三十一年十一月三日）“满庭芳”版载《御碑亭故事来源考》云：“《御碑亭》一剧演王有道休妻故事，《续古今奇观》中载此事，题为‘王有道疑心弃妻子’，里面的故事与现在舞台所演丝毫无异。王有道因妻子避雨御碑亭，一夜未归，疑其与同避雨之柳生春必有尴尬之事，因此而不问皂白即写休书弃之，遂构成冤柳公案。幸遇试师申嵩，为之证明，完好如初。这个故事流传很久，……多不直王有道之所为。偶读明之《欲海慈航录》记载一事，情节与此剧甚相似，但未说明为王有道之妻，亦未言及姓王之故事。原文为：“明天顺间，某生浙人，读书山中。一日归途遇雨，遥见前有汉光武庙，趋赴之，先有一少妇在焉。生乃拱立一隅，目不流盼。抵暮雨益猛，势不能行，遂各面壁而坐。鸡鸣雨止，某生先行，妇感其德，归以告夫。夫亦儒生，竟以瓜李之嫌出之。”故事是如此，但没说明以后是否又破镜重圆。以情节而论，乃与《御碑亭》前半之情节相同。另据明人《不可录》载：“杭学庠生柳某，因探亲遇雨，投宿荒园内。先有一少妇避雨，生竟夕无异志，拱立檐外，至晓而去。少妇乃庠生王某妻也。妇感生德，以告其夫，夫反疑而去之。后王获乡荐，适与柳生同房，因话避雨事，王乃感叹，迎其妻完聚，且以妹为柳续弦。'《不可录》所载与现在京剧所演相同，但也没说明王有道及柳生春，只言王某与柳某，且无以后申嵩判明之经过，不过均可以为《御碑亭》剧本的来源而已。"所述可资参稽。《续古今奇观》之名颇生，或言《续今古奇观》耶？惟《续今古奇观》（一名《拍案惊奇》）中似无此篇，疑亦指《三续今古奇观》。要之，此项传说之流衍，由来已久（情事亦遂不无异同），《御碑亭》剧本系直接根据何书所编，殆不易确断也。

（原载《古今》1943 年第 16 期）

十七　我的书法

我幼年多病，九岁即废塾课，仗着父兄随时教导，得以略知文理。可是读书而不习字，成了习惯，所以我的字写得很坏，（其实还够不上说坏，写字数十年，对于字之应该如何写才算合式，至今不懂。）凡见过的都知道。现在写几段关于我写字的旧事，以博《古今》读者一笑。当年因字坏受窘的情形，回思如在目前，似亦可为今日青年中不喜习字的一种鉴戒也。

“文章是你自己做的吗？！”

我十五岁那年，山东巡抚周馥在省城（济南）开办一个“客籍学堂”（后来升格为“客籍高等学堂”），招收外籍学子。家中为我报名，叫我应考。所考的只是作一篇文。我于作文是初学，听说考试的时候至少要有三百字才叫做“完篇”，进场以后，见到题目，努力凑成功三百多字。起草既毕，在卷子上誊清，又大大的为了难。字的恶劣不像样，且不必说，对于一个格内装进一个字的“天经地义”，就苦难恪守，只好竭力对付着写，往往两个字占三个格，甚至笔画多的字一个字便占满了两格。写完了，自己越看越不像样，没法子，也只好交了卷出场。出榜以前，心中忐忑不定。等到看榜，居然取在前列。

行过开学礼之后，本堂（校）监督（校长）曾叔吾先生按着考取的名次一一传询。我上去的时候，见他先翻看试卷，又抬眼把我打量一下，问道："文章是你自己做的吗？"盖因我年龄既小，字迹又甚恶劣，疑心考试时或有"枪手"的情弊也。我觉得很窘，胆子小，不敢多说话，只低低的答了一个"是"字。他又看了我一眼，似乎仍然不大放心，又问了两三句旁的，我于"毛骨耸然"中退下。（后来甚蒙叔吾师赏识，屡加奖擢。时承勗以讲求书法，实为愧对。）

拇指与小指

开始肄业之时，教我这一班的中文（国文）教习（教员）是徐守斋。第一次堂课（在教室作文），作了一篇短文。隔了一二天，阅毕发回，蒙他大圈特圈，心中当然一喜。他一本一本的发完了，叫我上前，对我伸出一只手，竖起大拇指头，说道："你做的这一篇，在班里是这个！"说着，缩回拇指，另把小指竖起，道："你写的字，在班里是这个！"言毕，全班都笑了。这使我于高兴之中深觉愧窘。（守斋善于诙谐，授课的时候常说点笑话，引起学生兴会。）

“书法不讲，惜哉！”

第二次堂课，又作了一篇，字数较多。上次文后未加批语，这一次又加了批，原文记得是：“笔阵纵横，识力超迈，为东堂特出之才。书法不讲，惜哉！”奖励之余，喟然兴叹，态度诚恳而严重，不是说笑话了。其如“孺子不可教也”何！（“东堂”是“东讲堂”的简称。当时教室叫做“讲堂”，按其方位称“东讲堂”“西讲堂”等，这一班在“东讲堂”授课。）

当时读了这个批语，未尝没有愧奋之心，但是因为不喜习字，早成习惯，并觉着缺乏基础，从头学起练起，已太迟了，（其实还不算太迟。）所以一直自暴自弃的下去。（不过渐渐的勉强做到一个字占一个卷格而已。）后来年纪越长，越不易再讲此道了。假使守斋师现在见我写字写了几十年还是这样糟法，更不知他要如何叹惜矣！

“鸦涂不堪！”

我写的坏字，久而久之，师长们看惯了，也就不大注意，好像“见怪不怪，其怪自败”似的了。不过有一次，我又忽然受了一个打击。这次打击，并非中文教习所给予，却是理化教习“大发雷霆”，颇出意料之外。

事情是发生于某次学期考试。当下学期开始之后，考试的卷子发交学生们阅看，（看完仍缴回存案。）我在我的理化卷子(忘记是物理还是化学了)内看见横批着四个很大的字:“鸦涂不堪!”知道向来不大看见我的“书法”的理化教习贾紫庭师发了怒了。(分数上也似乎因此特别扣了几分。)同学们见到的,无不大笑,我又受窘一次。

中文教习已经“见怪不怪”,不大理会我这个字的问题了,理化教习却来大挑其眼,岂非有点像俗语所说的“狗拿耗子,多管闲事”乎?但是不应当这样想。紫庭师所施于我的这种触目惊心的训戒,是我应该非常感谢的。

圈点遮丑

一方面,这回中文教习籍陆侪师所看的两本卷子(一经义,一史论),卷内一行一行的连圈夹着密点,极为绚烂,并有大加嘉奖的眉批总批。恶劣的字体,经这样一烘托,便好像不怎么难看了。圈点可以遮坏字的丑,实有如此情形也。(不过丑总还是丑,遮遮而已。)

说到这里,引一段书。南亭亭长(李宝嘉)《文明小史》第二十四回(太史维新喜膺总教,中丞课吏妙选真才)有云:“……抚台收齐卷子……又打开一本,却整整的六百字,就只书法不佳,一字偏东,一字偏西,像那七巧图的块儿,大小邪正不一。勉强看他文义,着实有意思,……心里暗忖:‘捐班里面要算他是巨擘,为何那几个字写得这般难看呢?’随即差人请了王总教来,把卷子交给他,请他评定。这番王总教看卷子,……提起笔来,先把金子香的卷子连圈到底。说也奇怪，那歪邪不正的字儿，被他一圈，就个个精光饱湛起来！……”圈字遮丑，写来颇能传神，真是“说也奇怪”了。（这回小说中所写的情事，可正该用着曾叔吾师所诘问的“文章是你自己做的吗？”）

“添注无，而涂改亦未尝有也！”

在“客籍高等学堂”毕业之后，到京应学部的考试。临场患病，力疾入场，写的字比平常还坏。当考中文某一门时，（经、史、文、兵，记不清是那一门了。）同学杜召勋兄的坐位正在我前面，他回头向我的卷子一望，皱皱眉，摇摇头。其时不便交谈，交卷下来之后，他对我说：“我以为你总该要写得稍为好些，那知更不像样了！”我说：“你当然写得很好。”他笑着说：“添注无，而涂改亦未尝有也！”他本是壬寅年的举人（十七岁就中举），写作俱佳，这次考试，四门中文卷，在匆促的时间里，写得异常整齐，概无添注涂改，这个工夫真可佩服。至于我添注涂改了多少，那就不用说了。

科举时代，应乡会试的，必须在卷子上自己注明添注几（字），涂改几（字），无则注以“无”。相传有一笑柄。一位应试的，很细心，某场卷子写毕，居然一个添注涂改也没有，应当注上“添注无，涂改无”六个字。他当时一高兴，掉起文来，注的是：“添注无，而涂改亦未尝有也！”他这一高兴不大要紧，卷子交上去之后，就因为“犯规”而被“贴出”，不完场就落第了！杜兄之语，是根据这个笑柄而来，有趣得很。

在校的时候，中文教习孙竹西师曾对我说："你的字不如杜生。"我说："岂但不如而已哉？"

"就是写得乱点儿！"

民国初年，我在北京，胡孟持兄从济南来信，托我替他访购某一种帖。（他是我的内兄，素来讲究书法，喜欢碑帖之类。）我因为对于此道是大大的外行，恐怕弄错了，就回信辞谢。后来在济南见面，谈及此事，我说："我不会写字，从来没临过帖，完全不懂，大哥派我这个差使，岂能胜任呢？"他微笑道："你的字很好，就是写得乱点儿！"词令颇妙，可称蕴藉而"幽默"。

窃比老王！

那个老王？湘绮老人王壬秋是也！他论书法有云："余自廿五以后，迄今五十年，日书三千，作字以亿兆计，然无他长，比人加黑耳。虽复淡墨轻烟，色如点漆，故曰入木三分，笔重故也。"拿我这样"鸦涂不堪"，而要上攀湘绮，自然是荒乎其唐的瞎说，然而下笔却也甚重，字迹也称得起"比人加黑"，只是"漆黑一团"罢了！打一个诨，就此收科。

（原载《古今》1943年第23期）

十八　老头儿

“老头儿！靠边儿！”今年秋间的一天，正在街上蹒跚而行的时候，听得后面有人这样叫着。当时猛一听，不大注意，接着又是一声，回头一看，一辆拉着座的人力车正在后面，旁无他人，恍然于所谓“老头儿”也者，便是这位车夫对我的称呼，急忙闪在一旁，让他的车过去，还承他“道”了一声“劳驾”。

这是我今年留须后第一次在街上被人唤作“老头儿”的情事，以后就时常听见这个称呼，习惯成自然，不像初听时觉得有点儿新鲜了。

岁月侵寻，冉冉老至，须子既留，自然更可取得“老头儿”的资格了。我不会做诗，否则“闻人称老头儿有感”很现成的一个题目，大可吟诗一首！

《奇冤报》张别古有言曰：“老了，老了，可就不能小了；再要小了，那可费了事了！”谅哉言乎！年光岂能倒流？“老头儿”之少年光景，惟有依稀仿佛于回忆中而已。

严范孙（修）自挽诗，有“向道青春难便老，谁知白发急催人”句，叹青春之易逝，感老境之倏来，朱颜年少，为时几何,此言可发人深省。

至于我此次取得“老头儿”资格的留须一事,并非出于预定的计画(划)。以年纪而论,本早在可留之列;不过这个现在也没有一准,早也可,迟也可,留也可,不留也可,都无多大关系。这天在一个洗澡堂子里,浴后理发(推光头),理发者在给我刮脸的时候,或者以为我的须子以留起来较为合式,就以商量的口气问了一句:“须子留起来吧?”我以无可无不可的态度随话答话道:“好吧。”于是乎我的须子留起来矣。

曾见有人在五十三岁的时候,“白发苍颜五十三”的小印,颇为有致,我却不能用,因为已经过了这个岁数。并且虽然苍,而须发均尚未白,(发已略有数茎白者,还不够颁白的程度。)只可说“已成老翁,但未白头耳”。

明查宾王(应光)《靳史》卷九有云:“真定贾尚书,副臬东省,年才五十六,须鬓皤然,不事涅饰。御史以其老而肮脏,将劾之,正色问曰:‘贾宪副高寿几何?’对曰:‘犬马之年,八十有二!’御史默然。既退,同列问曰:‘何以不实对?’贾曰:‘渠以我为老,虚认几岁,成其袖中弹文之美,不亦可乎!’”此人甚有风趣。五十六的岁数,我也快到了,不知道到那时候会不会“须鬓皤然”?

国学补修社旧侣心民先生,为我写了一篇“印象记”,文笔生动细致,惓惓之情,甚为可念,只是揄扬处太过分,使我惭愧异常而已。(我是一个极其平凡的人,根本不值得写什么“印象记”也。)他和我见面的时期,我还没有留须,所以他虽然说我现出老态，可是"一眼望去只想到是个中年人罢了"。现在如见留须后的我，我想他对我当也有由"中年人"确实进入"老头儿"的阶段之感了。

因为我好谈清代旧事，久被人误猜想为岁数已经很大，见面才知道和预料不符。心民于"印象记"里也说："在没有认识徐先生以前，我总以为……一定是个须发皆白的老者，……可是事实上却大错而特错了。"这类情事，以前即往往有之，其例不一。

关于我的年纪之误会，有一件颇为有趣的事。我四十五岁那年续娶，在西长安街新陆春行结婚礼。有一位崔先生，是某大学的教授，他送的礼品，称论上谦抑得过火，仿佛下款用的是"后学"字样。（他因为常看我写的随笔之类而和我认识的，在未见面之前，他大概也当我是个岁数很大的"老头儿"。及至见面，虽已知其不然，却还误认我是个宿学前辈，于是就以谦恭的态度用了这样称谓。其实论年纪，他大约比我不过小个十岁或稍多的光景，论学问，他是个深造有得的学者，我则学少根柢，他如何可用什么"后学"字样呢？"朋友相交，弟兄相称"，那才是正理呀。）礼毕将归之时，他那学校毕业的学生在新陆春聚会，也来到了，顺便参观礼堂，看见了崔先生礼品上的称呼，要知道这个新郎是怎样一个老前辈，就到帐房里打听打听。遇见我的一个侄孙（在那里替我料理事务），彼此接谈，问过"贵姓"之后，知道他和我同姓，就问和新郎是否一家，他答以新郎是"家叔祖"。他们一听，越发要看一看这个老新郎，以为人已到了祖字辈，总该是“皤然一公”了。他便指给他们看，他们看见了，觉得很奇怪，以惊讶的口气说了一句：“原来如此年轻！”后来我这侄孙告诉我，不觉失笑。年将半百，又做新郎，居然被人诧为年轻，不能不说是一件有趣的事。[（三十二年十二月上旬）]

（原载《古今》1944 年第 39 期）

十九　关于“一士”

余写稿以“一士”自署，逾三十年，近者辑理旧稿一部，为单行本之印行，亦即以“一士类稿”标名，是余之为“一士”，固无疑问矣。（无论取名“一士”者，尚有几何人，余总为若干“一士”中之一也。）至余之何以取得此名，其中尚有一段轶事，若不自行说破，谁其知之乎？

当清末宣统三年辛亥民国将建之际，上海等处新出之报纸颇夥，征求地方通信。余与吾兄凌霄，时均在济南，遂起而担任。凡为之通信者三数报，笔名亦有三数种。其中之一即为“一士”，用诸上海《民声报》。为此报执笔者，非余，实吾兄凌霄，其时“彬彬”“凌霄”等笔名，吾兄尚未用之也。此际若问“谁是一士”？当然吾兄是“一士”而我非“一士”。

民国元年，北京《新中国报》出版，亦日刊之报纸也。出版之前，接其致“徐一士”函，敦约担任济南通信事务。盖以组织此报之人物，内有旧在上海《民声报》者，主张必须延揽“一士”相助，故有此举。（吾兄为《民声报》通信时，以优美之文词写清民递嬗间之地方社会情状，虽为期甚暂，已博读者欢迎。后来为上海《时报》等作北京通信，遐迩交称，实发轫于是。)时吾兄在北京，余乃书告，谓可语以在京，就近改以杂著相助。答书谓不克兼顾，属余即以"一士"自承，为作济南通信，可省周折，好在昔任通信事务时，本含有分工合作之性质也。经此一番授受，余遂俨然"一士"矣。

余之于《新中国报》，始而专作济南通信，继则因性之相近，或以谈掌故之笔记代之，间亦为写论评之属。《新中国报》主者汪君览而善之，函属多为杂著，通信之多寡有无，反若无大关系矣。时通信及杂著均署"一士"也。

翌年春，至北京，(清季两至北京，此为第三次。)仍从事新闻事业，惟变通信之役为编辑之役，发端即由《新中国报》之文字因缘也。北京新闻界相识者，莫不相称以"一士"，渐且不限于新闻界焉。久假不归，以至于今。

编辑职务之余，又每为上海各报作北京通信，并仍撰笺记之属，载之杂志或报纸，惟其间作辍不恒耳。大抵笔记之属署"一士"者为多，而通信则另用其他笔名，且常有更易。

余用"一士"之名，始于新闻事业，后乃专属于笔记类之撰述。而当余从事新闻事业时，亦颇好以研究掌故之态度临之，对于制度及人物，最为留意。(惟其时重要人物之言论，每难令人满意，因其不免隐讳粉饰之习，不易据为典要也。今若《古今》所载，则异乎是，常可饷吾人以珍贵之现代史料。周佛海先生多所发表，为益尤宏，盖光明坦白之态度，济以畅达谐适之笔调，能使情事昭然，引人入胜，允为《古今》之特色，朱朴之先生《往矣集序》有云："他的文字之能博得大众之热烈欢迎，依我个人的分析，全在一个‘真’字。”知之深故言之切也。）当时史料，如杂志报纸之类，存储颇夥。迨值非常时期，乃荡然焉。

余性拙滞，实与新闻事业非宜，故由厌倦而脱离，久已不谈此道。惟以此与“一士”有关，略言其一番过程而已。

民国十八年间，天津《国闻周报》社特约吾兄暨余为撰笔记，乃以“《凌霄一士随笔》等稿，用兄弟合作之方式，逐期披露。（其后《随笔》外之专篇，每仅署“一士”。）稿多由余执笔，吾兄助搜资料，并酌加指导。此项稿件，常期登载，引起读者之注意，而发生“凌霄”“一士”为一人抑为二人之问题。其误认“凌霄一士”四字为一人所用之一个笔名者，殊不乏人，知者或笑之。然推本溯源，二者固先后为一人之笔名也。

“一士”二字，三画一竖，共仅四笔，易于书写，易于记忆，可谓有相当之便利，因此之故，同时用之者往往而有。就近数年间之事言之，其非我而被误认为我者，如王小隐君某次由鲁来北京，相约小叙，座间有昆剧名伶韩君青（世昌），忽向余询及常为《立言画刊》写稿否？余茫然，答以未曾。后乃知《立言画刊》屡载有署名“一士”者谈咏剧伶之稿，君青误以为即余所作也。又《新民报》尝载某君一稿，谈徐季龙（谦）事，引“徐一士”之说而驳之，双方之是非可不论，而确与我无干，盖另有一“徐一士”曾发表此项文字，或另一“一士”而被误认即“徐一士”耳。至“徐一士”，除余而外，据余所知，实更有其人。民国十余年间，友人薛君在南京，来书道及，于某浴室留言牌上，见“徐一士”云云，以为余亦至南京矣，亟从事访问，乃知此“徐一士”为一素不相识之人也。（此“徐一士”亦未必即是谈徐季龙之“徐一士”）同名或姓名均同，亦属寻常，要均为关于“一士”之事，故类书之。

（原载《古今》1944 年第 57 期）

附录

徐一士先生印象记[①]

偶而从《古今》上读到一士先生的文字，我感觉到一种与慈爱家人久别重逢般的欣喜，虽然我失去听徐先生谈话的机会才不过半年。这原因一半是由于徐先生的谈话态度曾屡次深深的印在脑际，一半也是这些年来不大容易读到“脍炙人口”像徐先生一类的文章了。

在没有认识徐先生以前，我总以为徐先生既然是有名的掌故专家，一定是个须发皆白的老者，或者还多少带一点清末官场文人的味儿，（因为徐先生对清代官制异常熟习，总以为他是做过一两任的清室的遗老。）可是事实上却大错而特错了。我第一次见到徐先生是在三年前一个深冬的晚上，一位老师介绍我到瞿兑之先生所办的国学补修社去听讲，那是一个私人的组织，以利用业余或课余时间研究国学为目的。除瞿先生自任社长外，另有导师数人，轮流讲话。

---

① 本文为心民著。

徐先生便是社中导师之一，但事先我并不知道。当时同座二十余人，谁是先生谁是学生我也闹不清楚。（因为从年龄方面说来，有的学生比先生还大。）我却把一位老者误认作徐凌霄先生（因曾在报纸上见过照片）。等到一位坐得靠近的同学指明我的错认，并暗暗指我认识一士先生时，我心里不禁暗暗欣喜，那位掌故名家的风采，到底给我瞻仰到了。

或许因为年龄身体不大结实的关系，先生的像貌很是清癯。背略驼，冬天棉衣穿多尤其显得出。牙齿已剩得不多，凹下去的两唇代替了胡须现出他底老态，但一眼望去只想到是个中年人罢了。鼻上架一付无边老式眼镜，近视程度相当深，再加上他的谈吐，使你于感觉到学者的风度之外，还想到形容小品文常用的四个字：冲淡隽永。因为他不但彬彬儒雅，而且也颇会幽默。

补修社本是一个研究性质的小组织，导师们一面彼此互相研究，一面诱掖后进，（听讲的多半是大中学生或职业青年。）所以采取谈话的方式。不像教师在讲台上讲书那样死板，也不像朋友聊天那样无意义。每星期聚会一次或两次，先生和学生爱到不到，并不强迫。徐先生除了因病或不得已事故而外，总是仆仆风尘老远跑了来。他担任讲历史掌故或名人轶事。他说话的态度异常亲切，可是他的亲切和瞿兑之先生不同。瞿先生是亲切里面带有严肃，一开口便令你不自觉的聚精汇（会）神的去领略；而徐先生则是亲切里面含有慈爱的意味，使你在不能聚精汇（会）神之外，还感觉到像家人父子促膝谈心时的情趣，且能抓住你的往意力，不让你忽略一句话甚至一个字。徐先生腹内的宝藏真多得不可胜计，尤其是笔记一类的书籍，未寓目的想来不很多吧。（徐先生近有《近代笔记过眼录》连载于中和月刊。）博闻强记四个字，大可当之无愧。令人最佩服的是，他能够融会贯通从许多种不同的记载里面找出事件的真像，对于历史尤具有他人不可及的眼光，这不是一天两天可以做得到的。而且记忆力特强，（虽然他谈话中每每夹一句“我的记性坏透了”，但这坏透了的记性，已不是常人所能赶得上了。）能够滔滔不断讲两三小时不止。历史本是死东西，有的人说来平铺直叙毫无趣味，像有些历史教员之类；有的人却能妙趣横生。徐先生极善于利用他丰富的材料，并善于用耐人寻味的幽默态度说出来，高兴起来，还像演剧似的作一种生动的表情。（譬如有一次谈到希特勒的照片总是一贯的作风时，徐先生便瞪起两眼将手一举，做雄视全欧的演说姿态。）每次谈话时，他事先虽然预计以一个人或一件事为范围，但往往古今中外会牵带出许多事来（譬如从曾国藩谈到张宗昌之类，联系是极偶然的）。有一个时期，关于曾左胡李的轶事谈得特别多，大约讲了两三个月，每次自成段落为一小故事，各次联到一块又可视为一个大故事。我每次总想，“这次定好好写一段笔记”，但一次也没有完全记下来。原因是徐先生虽然有点口吃，可是说话非常之快，且由于肚内掌故太多的关系，每每说着说着就另生枝叶，枝叶中又生枝叶，往往说得多远，令人几乎忘了本题，可是他自己却知道适可而止，把话头转回来。他说的话绝不凭空臆造，都是有根据的，每引一段书，必告诉我们书名作者姓名和刊行年代，甚至于还叙述一下作者的生平和这书在某时期所引起影响。

先生为人极其和蔼热心，同学偶有询问，无不竭诚解答。一个细小的问题，甚至说上一点钟。若是他不能答覆的，便答应回去查书或请教别人。这种谆谆善诱态度，最值得我们永远纪念。

他住的地方离社非常之远，少说点也有十来里吧。北京洋车的昂贵，电车的拥挤，他都能安之若素。在寒风刺骨的严冬，或烈日如火的酷暑，一支不大讲究的手杖，一个磨光了四角的提包，老是跟着他远远的跑来。有时社中师生到得不多，甚至于只两三人，他也是照样亲切的谈话，并不因人少而减却趣味。这一种精神实在令我们感佩。

徐先生的日常生活，相当俭朴，从来没看见他穿过讲究的衣服。冬天老是一件旧大衣，夏天老是一件旧大褂。有时为了遮太阳，还喜欢提一把黑布洋伞。如果再加上“老残”手上的串铃，说句笑话，倒真像一位走方郎中了。

也许是一种病态，每说几句话，嘴角的肌肉必大大的牵动几下，一直牵到眼角，这也是一个唯一的特征。纸烟瘾相当的深，可是不挑牌子，同穿衣吃饭一样的不考究；并且一枝烟总要弄熄它两三次，但说不到几句话又伸手去擦洋火了。爱惜物力也许是先生的习惯吧！

记得《古今》上曾登有一篇徐先生“我的书法”，那篇文章多少有点自谦。可是先生的自谦并不是虚伪而是诚实，因为在他自己的眼里，总以为字写得不好是毕生憾事，他是时常埋怨自己的书法的。但如果要说他的书法糟糕到怎样下不去，那实在是罪过；先生虽不以字名，可是下笔之快，明眼人一眼就可以看得出来。他的原稿果然是“漆黑一团”，可是你要细看，每一个字都有他特出的作风和笔力，再加上快劲儿，徐先生实在也大可以“无憾”了。

站在学生的立场，我对徐先生的认识也只仅此而已。因为除了听讲之外，没有别的机会见面。现在因为补修社停顿，连听讲的机会也失去了。

（原载《古今》1943 年第 31 期）